经济学原理 第6版
Principles of Economics

宏观经济学分册

〔美〕曼昆 著
N. Gregory Mankiw

梁小民 梁砾 译

北京大学出版社
PEKING UNIVERSITY PRESS

北京市版权局著作权合同登记号　图字：01-2011-8059
图书在版编目(CIP)数据

经济学原理：第6版.宏观经济学分册/(美)曼昆(Mankiw,N.G.)著；梁小民,梁砾译.—北京：北京大学出版社,2012.7
ISBN 978-7-301-20827-4

Ⅰ.①经…　Ⅱ.①曼…②梁…③梁…　Ⅲ.①宏观经济学－高等学校－教材　Ⅳ.①F0

中国版本图书馆 CIP 数据核字(2012)第132419号

N. Gregory Mankiw
Principles of Economics, sixth edition
978-8-000-06060-6
Copyright © 2012 by South-Western, a part of Cengage Learning.
Original edition published by Cengage Learning. All Rights Reserved.
本书原版由圣智学习出版公司出版。版权所有，盗印必究。
Peking University Press is authorized by Cengage Learning to publish and distribute exclusively this simplified Chinese edition. This edition is authorized for sale in the People's Republic of China only (excluding Hong Kong, Macao SARs and Taiwan). Unauthorized export of this edition is a violation of the Copyright Act. No part of this publication may be reproduced or distributed by any means, or stored in a database or retrieval system, without the prior written permission of the publisher.

本书中文简体字翻译版由圣智学习出版公司授权北京大学出版社独家出版发行。此版本仅限在中华人民共和国境内(不包括中国香港、澳门特别行政区及中国台湾地区)销售。未经授权的本书出口将被视为违反版权法的行为。未经出版者预先书面许可，不得以任何方式复制或发行本书的任何部分。

本书封面贴有 Cengage Learning 防伪标签,无标签者不得销售。

书　　　　名：	经济学原理(第6版)：宏观经济学分册
著作责任者：	〔美〕曼　昆　著　梁小民　梁　砾　译
责 任 编 辑：	李　娟
标 准 书 号：	ISBN 978-7-301-20827-4/F·3216
出 版 发 行：	北京大学出版社
地　　　　址：	北京市海淀区成府路205号　100871
网　　　　址：	http://www.pup.cn
电　　　　话：	邮购部 62752015　发行部 62750672　编辑部 62752926　出版部 62754962
电 子 信 箱：	em@pup.cn
印 　刷 　者：	北京宏伟双华印刷有限公司
经 　销 　者：	新华书店
	787毫米×1092毫米　16开本　24.25印张　460千字
	2012年7月第1版　2016年11月第16次印刷
定　　　　价：	52.00元

未经许可，不得以任何方式复制或抄袭本书之部分或全部内容。
版权所有，侵权必究
举报电话：010-62752024　电子信箱：fd@pup.pku.edu.cn

献给 *Catherine*、*Nicholas* 和 *Peter*，
作为我给下一代的另一种贡献

作者介绍

　　N. 格里高利·曼昆（N. Gregory Mankiw）是哈佛大学经济学教授。作为学生，他曾在普林斯顿大学和麻省理工学院学习经济学；作为教师，他讲授过宏观经济学、微观经济学、统计学和经济学原理。多年前他还在长滩岛当过一个夏天的帆船运动教练。

　　曼昆教授是一位高产的学者和一位学术与政治争论的经常参与者。他的著作发表在许多学术杂志上，例如《美国经济评论》、《政治经济学杂志》和《经济学季刊》，以及更具普及性的报刊上，例如《纽约时报》和《华尔街日报》。他也是最畅销的中级经济学教科书《宏观经济学》（沃思出版公司出版）的作者。除了教学、研究和写作之外，曼昆教授还是国民经济研究局的合作研究人员，国会预算办公室、波士顿和纽约联邦储备银行的顾问，以及 ETS 考试研发委员会下设的经济学高阶水平考试委员会成员。从 2003 年到 2005 年，他担任总统经济顾问委员会主席。

　　曼昆教授现在与妻子 Deborah，三个孩子 Catherine、Nicholas 和 Peter，以及宠物狗 Tobin 住在麻省的威尔斯利。

前言:致学生

19世纪伟大的经济学家阿尔弗雷德·马歇尔(Alfred Marshall)在他的教科书《经济学原理》中这样写道:"经济学是一门研究人类一般生活事务的学问。"虽然自从马歇尔那个时代以来,我们对经济了解得更多了,但经济学的这一定义在今天依然如同在1890年他的教科书第1版出版时一样正确。

作为一个21世纪初的学生,为什么你还应该学习经济学呢?原因有三个:

学习经济学的第一个原因是,它有助于你了解你所生活在其中的世界。有许多经济问题会激起你的好奇心。为什么在纽约市找公寓如此困难?为什么如果旅客周六停留一个晚上,航空公司对往返机票的收费就要低一些?为什么约翰尼·迪普(Johnny Depp)作为电影明星得到的报酬如此之高?为什么许多非洲国家的生活水平如此低下?为什么一些国家通货膨胀率高,而另一些国家物价稳定?为什么在一些年份找工作容易,而在另一些年份困难?这些只是经济学课程可以帮助你回答的许多问题中的几个。

学习经济学的第二个原因是,它将使你更精明地参与经济。在你的日常生活中,你要做出许多经济决策。当你是学生时,你要决定在学校学习多少年。一旦你参加了工作,你要决定把多少收入用于支出,多少用于储蓄,以及如何将你的储蓄用于投资。有一天你会发现你要管理一家小企业或一个大公司,而且你要决定为你的产品制定多高的价格。本书各章提出的观点将使你从一个新角度去思考如何最好地做出这些决策。学习经济学本身不会使你富有,但它将提供一些有助于你努力致富的工具。

学习经济学的第三个原因是,它将使你更好地理解经济政策的潜力与局限性。经济问题总是市政府、州政府大厦和白宫决策者所关心的。各种不同形式税收带来的负担是多少?与其他国家自由贸易的影响是什么?保护环境的最好方法是什么?政府的预算赤字如何影响经济?作为一个选民,你可以帮助政府在这些引导全社会资源配置的政策之间作出选择。对经济学知识的理解将有助于你履行这一职责。而且说不准,也许有一天你自己也会成为那些决策者中的一员。

因此,经济学原理可以运用到生活中的方方面面。无论以后你阅读报纸、管理企业还是坐在白宫椭圆形的办公室中,你都将会为学习过经济学而感到欣慰。

N.格里高利·曼昆
2010年12月

体验曼昆

教学的艺术、参与的力量、发现的火花

我们知道你经常缺少时间。但是,当体验了曼昆第 6 版的学习工具时,你可以使你的努力与结果最大化。运用产品支持网站,你可以迅速地强化每一章的概念,磨炼你的技能。

如果印刷本的学习指南更适于你的需要和学习习惯,曼昆第 6 版的学习指南在其准确性、语言的简洁性和提高你学习效率的实践性方面,是无与伦比的。

产品支持网站

http://www.cengage.com/cgi-wadsworth/course_products_wp.pl?fid=M20b&product_isbn_issn=9780538453059

在这里,你可以找到免费的各章"即问即答"的答案,以及与你的老师可能使用的 PowerPoint 相对应的学生笔记大纲材料。

学习指南

学习指南旨在帮助你达到个人的最佳状态,它完全基于教科书而设计。第 6 版的学习指南覆盖了所有章节的内容——不仅全面,而且精准。每一章节都贯穿了教科书中相应章节的内容,非常方便实用。学习指南的章节里包括了所有的关键术语和概念——这意味着你可以确信,只要你能做出学习指南中的题目,你就理解了教科书中的全部内容。

学习指南中使用的问题"类型"反映了你在学习当中发现的最有效的方式。我们的学生调查表明,那些和你一样的学生们觉得填空题、搭配题和没有单一答案的问答题都不太有时间效率——而这本学习指南没有设计这类问题。

学习指南图

第 1 篇　导　言

- 第 1 章　经济学十大原理 —— 少数几个重要思想指导着经济学的研究。
- 第 2 章　像经济学家一样思考 —— 经济学家既可以作为科学家来观察世界,也可以作为决策者来观察世界。
- 第 3 章　相互依存性与贸易的好处 —— 比较优势理论解释了人们如何从经济上的相互依存性中获益。

第 2 篇　市场如何运行

- 第 4 章　供给与需求的市场力量
- 第 5 章　弹性及其应用 —— 经济如何协调独立的经济主体?通过供求的市场力量。
- 第 6 章　供给、需求与政府政策 —— 用供求的工具来考察各种政府政策的效应。

第 3 篇　市场和福利

- 第 7 章　消费者、生产者与市场效率
- 第 8 章　应用:赋税的代价 —— 为什么供求均衡对整个社会是合意的?消费者和生产者剩余的概念解释了市场的效率、赋税的代价,以及国际贸易的利益。
- 第 9 章　应用:国际贸易

第 4 篇　公共部门经济学

- 第 10 章　外部性 —— 市场结果并不总是有效率的,政府有时可以弥补市场失灵。
- 第 11 章　公共物品和公共资源
- 第 12 章　税制的设计 —— 为了给政府的各种计划提供资金,政府通过其税制筹集收入,设计税制要关注效率与平等的平衡。

第 5 篇　企业行为与产业组织

- 第 13 章　生产成本
- 第 14 章　竞争市场上的企业 —— 企业理论阐明了竞争市场供给背后的决策。
- 第 15 章　垄断
- 第 16 章　垄断竞争 —— 有市场势力的企业会使市场结果无效率。
- 第 17 章　寡头

第 6 篇　劳动市场经济学

- 第 18 章　生产要素市场
- 第 19 章　收入与歧视 —— 这几章考察了劳动市场的特点,大多数人在劳动市场上赚到了自己的大部分收入。
- 第 20 章　收入不平等与贫困

第 7 篇　深入研究的论题

- 第 21 章　消费者选择理论
- 第 22 章　微观经济学前沿

微观经济学中增加的论题包括家庭决策、不对称信息、政治经济学以及行为经济学。

第 8 篇　宏观经济学的数据

- 第 23 章　一国收入的衡量
- 第 24 章　生活费用的衡量

用于监测整体经济发展的生产总量和物价总水平。

第 9 篇　长期中的真实经济

- 第 25 章　生产与增长
- 第 26 章　储蓄、投资和金融体系
- 第 27 章　基本金融工具
- 第 28 章　失业

这几章描述了长期中决定关键真实变量的力量，这些变量包括 GDP 的增长、储蓄、投资、真实利率和失业。

第 10 篇　长期中的货币与物价

- 第 29 章　货币制度
- 第 30 章　货币增长与通货膨胀

在决定物价水平、通货膨胀率和其他名义变量的长期行为时，货币制度至关重要。

第 11 篇　开放经济的宏观经济学

- 第 31 章　开放经济的宏观经济学：基本概念
- 第 32 章　开放经济的宏观经济理论

用贸易余额、国外净投资和汇率描述了一国与其他国家的交易。

开放经济的长期模型解释了决定贸易余额、真实汇率和其他真实变量的因素。

第 12 篇　短期经济波动

- 第 33 章　总需求与总供给
- 第 34 章　货币政策和财政政策对总需求的影响
- 第 35 章　通货膨胀与失业之间的短期权衡取舍

总需求与总供给模型解释了短期经济波动、货币政策和财政政策的短期效应，以及真实变量和名义变量之间的短期联系。

第 13 篇　最后的思考

- 第 36 章　宏观经济政策的六个争论问题

最后一章提出了在经济政策六个主要争论问题上争论双方的观点。

目 录

第 8 篇
宏观经济学的数据

第 23 章
一国收入的衡量

23.1 经济的收入与支出 4
23.2 国内生产总值的衡量 5
　23.2.1 "GDP 是市场价值……" 6
　23.2.2 "所有的……" 6
　23.2.3 "最终的……" 6
　23.2.4 "物品与劳务……" 7
　23.2.5 "生产的……" 7
　23.2.6 "一个国家之内……" 7
　23.2.7 "……在某一既定时期内……" 7
　参考资料　其他收入衡量指标 8
23.3 GDP 的组成部分 9
　23.3.1 消费 9
　23.3.2 投资 10
　23.3.3 政府购买 10
　23.3.4 净出口 11
　案例研究　美国 GDP 的组成部分 11
23.4 真实 GDP 与名义 GDP 12
　23.4.1 一个数字例子 12
　23.4.2 GDP 平减指数 14

案例研究　近年来的真实 GDP 15
新闻摘录　地下经济 16
23.5 GDP 是衡量经济福利的好指标吗 18
案例研究　GDP 与生活质量的国际差异 19
新闻摘录　超越国内生产总值 20
23.6 结论 22
内容提要 22
关键概念 22
复习题 23
问题与应用 23

第 24 章
生活费用的衡量

24.1 消费物价指数 27
　24.1.1 如何计算消费物价指数 27
　参考资料　CPI 的篮子中有些什么 29
　24.1.2 衡量生活费用中的问题 30
　新闻摘录　为 CPI 而逛商店 31
　24.1.3 GDP 平减指数与消费物价指数 33
24.2 根据通货膨胀的影响校正经济变量 35
　24.2.1 不同时期的美元数字 35
　参考资料　指数先生进入好莱坞 36
　24.2.2 指数化 36
　24.2.3 真实利率与名义利率 37
　案例研究　美国经济中的利率 38

---

* 本书完全沿用《经济学原理》(第 6 版)英文版的篇章序号，同时为照顾读者的阅读习惯，对全书页码进行了重新编排。

24.3 结论 39
内容提要 40
关键概念 40
复习题 40
问题与应用 41

第9篇
长期中的真实经济

第25章
生产与增长

25.1 世界各国的经济增长 46
 参考资料 一张图片顶一千个统计数字 47
 参考资料 你比最富的美国人还富吗 49
25.2 生产率：作用及决定因素 50
 25.2.1 为什么生产率如此重要 50
 25.2.2 生产率是如何决定的 51
 参考资料 生产函数 53
 案例研究 自然资源是增长的限制吗 53
25.3 经济增长和公共政策 54
 25.3.1 储蓄和投资 54
 25.3.2 收益递减和追赶效应 55
 25.3.3 来自国外的投资 56
 25.3.4 教育 57
 新闻摘录 提升人力资本 58
 25.3.5 健康与营养 59
 25.3.6 产权和政治稳定 60
 25.3.7 自由贸易 61
 25.3.8 研究与开发 61
 25.3.9 人口增长 62
 新闻摘录 一个经济学家的回答 63
25.4 结论：长期增长的重要性 67
内容提要 67
关键概念 68
复习题 68
问题与应用 68

第26章
储蓄、投资和金融体系

26.1 美国经济中的金融机构 71
 26.1.1 金融市场 71
 26.1.2 金融中介机构 73
 参考资料 对股市观察者而言的关键
    数字 73
 26.1.3 总结 75
 参考资料 金融危机 75
26.2 国民收入账户中的储蓄与投资 76
 26.2.1 一些重要的恒等式 77
 26.2.2 储蓄与投资的含义 78
26.3 可贷资金市场 79
 26.3.1 可贷资金的供给与需求 79
 26.3.2 政策1：储蓄激励 81
 26.3.3 政策2：投资激励 82
 26.3.4 政策3：政府预算赤字与盈余 83
 案例研究 美国政府债务史 85
26.4 结论 87
内容提要 87
关键概念 88
复习题 88
问题与应用 88

第27章
基本金融工具

27.1 现值：衡量货币的时间价值 91
 参考资料 复利计算的魔力与70规则 93
27.2 风险管理 94
 27.2.1 风险厌恶 94
 27.2.2 保险市场 95
 27.2.3 企业特有风险的多元化 96
 27.2.4 风险与收益的权衡取舍 98
27.3 资产评估 99
 27.3.1 基本面分析 99
 27.3.2 有效市场假说 100

新闻摘录　漫画家指导挑选股票　*101*
案例研究　随机行走与指数基金　*102*
新闻摘录　有效市场假说过时了吗　*103*
27.3.3　市场非理性　*105*
27.4　结论　*106*
内容提要　*106*
关键概念　*106*
复习题　*107*
问题与应用　*107*

第28章
失　业

28.1　失业的确认　*110*
28.1.1　如何衡量失业　*110*
案例研究　美国经济中男性与女性的劳动力参工率　*113*
28.1.2　失业率衡量了我们想要衡量的内容吗　*114*
28.1.3　失业者没有工作的时间有多长　*115*
新闻摘录　长期失业的上升　*116*
28.1.4　为什么有些人总是失业者　*117*
参考资料　就业岗位数　*117*
28.2　寻找工作　*118*
28.2.1　为什么一些摩擦性失业是不可避免的　*118*
28.2.2　公共政策和寻找工作　*119*
28.2.3　失业保险　*120*
新闻摘录　失业者对激励会做出多大反应　*121*
28.3　最低工资法　*123*
参考资料　谁在领取最低工资　*124*
28.4　工会和集体谈判　*125*
28.4.1　工会的经济学　*125*
28.4.2　工会对经济是好还是坏　*126*
28.5　效率工资理论　*127*
28.5.1　工人健康　*128*
28.5.2　工人流动率　*128*
28.5.3　工人素质　*129*

28.5.4　工人努力程度　*129*
案例研究　亨利·福特及其极为慷慨的每天5美元工资　*129*
28.6　结论　*130*
内容提要　*131*
关键概念　*131*
复习题　*131*
问题与应用　*132*

第10篇
长期中的货币与物价

第29章
货币制度

29.1　货币的含义　*138*
29.1.1　货币的职能　*138*
29.1.2　货币的种类　*139*
新闻摘录　鲭鱼经济学　*140*
29.1.3　美国经济中的货币　*141*
参考资料　为什么信用卡不是货币　*142*
案例研究　所有的通货都在哪里　*143*
29.2　联邦储备体系　*143*
29.2.1　美联储的结构　*144*
29.2.2　联邦公开市场委员会　*144*
29.3　银行与货币供给　*145*
29.3.1　百分之百准备金银行的简单情况　*146*
29.3.2　部分准备金银行的货币创造　*146*
29.3.3　货币乘数　*148*
29.3.4　银行资本、杠杆以及2008—2009年的金融危机　*149*
29.4　美联储控制货币的工具　*151*
29.4.1　美联储如何影响准备金量　*151*
29.4.2　美联储如何影响准备金率　*152*
29.4.3　控制货币供给中的问题　*153*
案例研究　银行挤兑和货币供给　*154*
29.4.4　联邦基金利率　*155*

29.5 结论 *156*
内容提要 *156*
关键概念 *157*
复习题 *157*
问题与应用 *157*

第30章
货币增长与通货膨胀

30.1 古典通货膨胀理论 *161*
　30.1.1 物价水平与货币价值 *161*
　30.1.2 货币供给、货币需求与货币均衡 *162*
　30.1.3 货币注入的影响 *164*
　30.1.4 调整过程简述 *165*
　30.1.5 古典二分法和货币中性 *165*
　30.1.6 货币流通速度与货币数量方程式 *167*
　案例研究　四次超速通货膨胀期间的货币与物价 *168*
　30.1.7 通货膨胀税 *169*
　参考资料　津巴布韦的超速通货膨胀 *170*
　30.1.8 费雪效应 *171*
30.2 通货膨胀的成本 *172*
　30.2.1 购买力下降？通货膨胀的谬误 *173*
　30.2.2 皮鞋成本 *173*
　30.2.3 菜单成本 *175*
　30.2.4 相对价格变动与资源配置不当 *175*
　30.2.5 通货膨胀引起的税收扭曲 *175*
　30.2.6 混乱与不方便 *177*
　30.2.7 未预期到的通货膨胀的特殊成本：任意的财富再分配 *178*
　30.2.8 通货膨胀不好，但通货紧缩可能更坏 *179*
　案例研究　《欧兹国历险记》与银币自由铸造的争论 *179*
　新闻摘录　通货膨胀威胁 *181*
30.3 结论 *182*
内容提要 *183*

关键概念 *183*
复习题 *184*
问题与应用 *184*

第11篇
开放经济的宏观经济学

第31章
开放经济的宏观经济学：基本概念

31.1 物品与资本的国际流动 *189*
　31.1.1 物品的流动：出口、进口以及净出口 *190*
　案例研究　美国经济日益提高的开放程度 *190*
　新闻摘录　分解生产链 *192*
　31.1.2 金融资源的流动：资本净流出 *193*
　31.1.3 净出口与资本净流出相等 *194*
　31.1.4 储蓄、投资及其与国际流动的关系 *196*
　31.1.5 总结 *197*
　案例研究　美国的贸易赤字是一个全国性问题吗 *198*
31.2 国际交易的价格：真实汇率与名义汇率 *200*
　31.2.1 名义汇率 *200*
　参考资料　欧元 *201*
　31.2.2 真实汇率 *202*
31.3 第一种汇率决定理论：购买力平价 *203*
　31.3.1 购买力平价理论的基本逻辑 *203*
　31.3.2 购买力平价理论的含义 *204*
　案例研究　超速通货膨胀时期的名义汇率 *205*
　31.3.3 购买力平价理论的局限性 *206*
　案例研究　汉堡包标准 *207*
31.4 结论 *208*
内容提要 *208*

关键概念 *209*
复习题 *209*
问题与应用 *209*

第32章
开放经济的宏观经济理论

32.1 可贷资金市场与外汇市场的供给与需求 *213*
32.1.1 可贷资金市场 *213*
32.1.2 外汇市场 *215*
参考资料 购买力平价是一种特例 *217*

32.2 开放经济中的均衡 *217*
32.2.1 资本净流出：两个市场之间的联系 *217*
32.2.2 两个市场的同时均衡 *218*
参考资料 分开供给与需求 *220*

32.3 政策和事件如何影响开放经济 *220*
32.3.1 政府预算赤字 *221*
32.3.2 贸易政策 *222*
32.3.3 政治不稳定与资本外逃 *224*
案例研究 中国的资本流动 *226*
新闻摘录 其他可供选择的汇率制度 *227*

32.4 结论 *229*
内容提要 *229*
关键概念 *230*
复习题 *230*
问题与应用 *230*

第12篇
短期经济波动

第33章
总需求与总供给

33.1 关于经济波动的三个关键事实 *236*
33.1.1 事实1：经济波动是无规律的且不可预测的 *236*
33.1.2 事实2：大多数宏观经济变量同时波动 *236*
33.1.3 事实3：随着产量减少，失业增加 *238*

33.2 解释短期经济波动 *238*
33.2.1 古典经济学的假设 *238*
33.2.2 短期波动的现实性 *239*
新闻摘录 经济衰退的社会影响 *240*
33.2.3 总需求与总供给模型 *241*

33.3 总需求曲线 *243*
33.3.1 为什么总需求曲线向右下方倾斜 *243*
33.3.2 为什么总需求曲线会移动 *245*

33.4 总供给曲线 *248*
33.4.1 为什么长期中总供给曲线是垂直的 *248*
33.4.2 为什么长期总供给曲线会移动 *249*
33.4.3 用总需求和总供给来描述长期增长与通货膨胀 *250*
33.4.4 为什么短期中总供给曲线向右上方倾斜 *251*
33.4.5 为什么短期总供给曲线会移动 *255*

33.5 经济波动的两个原因 *256*
33.5.1 总需求移动的影响 *257*
参考资料 再度审视货币中性 *259*
案例研究 总需求两次重大的移动：大萧条与第二次世界大战 *260*
案例研究 2008—2009年的衰退 *261*
新闻摘录 与大萧条平行的现代大衰退 *263*
33.5.2 总供给移动的影响 *265*
案例研究 石油与经济 *267*
参考资料 总需求和总供给的来源 *268*

33.6 结论 *269*
内容提要 *269*
关键概念 *270*
复习题 *270*
问题与应用 *270*

第 34 章
货币政策和财政政策对总需求的影响

34.1 货币政策如何影响总需求 274
  34.1.1 流动性偏好理论 274
  参考资料 长期利率与短期利率 277
  34.1.2 总需求曲线向右下方倾斜 278
  34.1.3 货币供给的变动 279
  34.1.4 美联储政策中利率目标的作用 280
  参考资料 利率降至零 281
  案例研究 为什么美联储注视着股市(而且股市也注视着美联储) 282
34.2 财政政策如何影响总需求 283
  34.2.1 政府购买的变动 283
  34.2.2 乘数效应 283
  34.2.3 支出乘数的公式 284
  34.2.4 乘数效应的其他应用 285
  34.2.5 挤出效应 286
  34.2.6 税收变动 287
  参考资料 财政政策会如何影响总供给 288
34.3 运用政策来稳定经济 288
  34.3.1 支持积极稳定政策论 289
  案例研究 白宫的凯恩斯主义者 290
  34.3.2 反对积极稳定政策论 291
  34.3.3 自动稳定器 292
34.4 结论 293
内容提要 293
关键概念 294
复习题 294
问题与应用 294

第 35 章
通货膨胀与失业之间的短期权衡取舍

35.1 菲利普斯曲线 297
  35.1.1 菲利普斯曲线的由来 298
  35.1.2 总需求、总供给和菲利普斯曲线 299
35.2 菲利普斯曲线的移动:预期的作用 300
  35.2.1 长期菲利普斯曲线 300
  35.2.2 "自然的"的含义 302
  35.2.3 使理论与证据一致 303
  35.2.4 短期菲利普斯曲线 304
  35.2.5 自然率假说的自然试验 305
35.3 菲利普斯曲线的移动:供给冲击的作用 307
35.4 降低通货膨胀的代价 310
  35.4.1 牺牲率 310
  35.4.2 理性预期与无代价地反通货膨胀的可能性 311
  35.4.3 沃尔克的反通货膨胀 312
  35.4.4 格林斯潘时代 314
  35.4.5 金融危机期间的菲利普斯曲线 315
  新闻摘录 我们需要更高的通货膨胀吗 316
35.5 结论 317
内容提要 318
关键概念 319
复习题 319
问题与应用 319

第 13 篇
最后的思考

第 36 章
宏观经济政策的六个争论问题

36.1 货币政策与财政政策决策者应该试图稳定经济吗 323
  36.1.1 正方:决策者应该试图稳定经济 323
  36.1.2 反方:决策者不应该试图稳定经济 324

36.2 政府反衰退应该增加支出
　　　还是减税 325
　　36.2.1 正方:政府应该增加支出来反衰退 325
　　36.2.2 反方:政府应该减税来反衰退 327
36.3 货币政策应该按规则制定还是相机
　　　抉择 328
　　36.3.1 正方:货币政策应该按规则制定 328
　　参考资料　通货膨胀目标化 330
　　36.3.2 反方:货币政策不应该按规则制定 330
36.4 中央银行应该把零通货膨胀作为
　　　目标吗 331
　　36.4.1 正方:中央银行应该把零通货膨胀作为目标 331
　　36.4.2 反方:中央银行不应该把零通货膨胀作为目标 333
　　新闻摘录　最优通货膨胀率是多少 334

36.5 政府应该平衡其预算吗 336
　　36.5.1 正方:政府应该平衡其预算 336
　　36.5.2 反方:政府不应该平衡其预算 337
　　新闻摘录　应对债务和赤字 339
36.6 应该为了鼓励储蓄而修改税法吗 341
　　36.6.1 正方:应该为了鼓励储蓄而修改税法 341
　　36.6.2 反方:不应该为了鼓励储蓄而修改税法 342
36.7 结论 343
内容提要 344
复习题 344
问题与应用 345

术语表 347

索引 351

第 8 篇　宏观经济学的数据

第23章
一国收入的衡量

当你上完学并开始寻找一份全职工作时,你的经历将在很大程度上受当时经济状况的制约。在一些年份,整个经济的企业都在扩大其物品与劳务的生产,就业增加,找到一份工作很容易。而在另一些年份,企业削减生产,就业减少,找一份好工作要花费很长时间。毫不奇怪,任何一个大学毕业生都愿意在经济扩张的年份进入劳动力队伍,而不愿意在经济收缩的年份进入。

由于整体经济的健康深深地影响着我们每一个人,所以,新闻媒体广泛报道经济状况的变动。实际上我们在翻阅报纸、浏览网上新闻或观看电视时都会看到新发布的经济统计数字。这些统计数字可以衡量经济中所有人的总收入(国内生产总值,即 GDP)、平均物价上升或下降的比率(通货膨胀或通货紧缩)、劳动力中失去工作的人所占的百分比(失业)、商店的总销售额(零售额),或者美国与世界其他国家之间贸易的不平衡量(贸易赤字)。所有这些统计数字都是**宏观经济**的。它们告诉我们的不是关于某个家庭、企业或市场的情况,而是关于整体经济的情况。

你可以回忆一下第 2 章,经济学分为两个分支:微观经济学和宏观经济学。**微观经济学**(microeconomics)研究个别家庭和企业如何做出决策,以及它们如何在市场上相互影响。**宏观经济学**(macroeconomics)研究整个经济。宏观经济学的目标是解释同时影响许多家庭、企业和市场的经济变化。宏观经济学家解决各种各样的问题:为什么一些国家的平均收入高,而另一些国家的平均收入低?为什么物价有时上升迅速,而在另一些时候较为稳定?为什么生产和就业在一些年份扩张,而在另一些年份收缩?如果可能的话,政府可以用什么方法来促进收入迅速增长、通货膨胀率低和就业稳定呢?这些问题在本质上都是属于宏观经济的,因为它们涉及整体经济的运行。

由于整体经济只是在许多市场上相互影响的许多家庭和企业的集合,所以微观经济学和宏观经济学密切相关。例如,供给和需求这种基本工具既是微观经济分析的中心,又是宏观经济分析的中心。但对经济整

微观经济学:
研究家庭和企业如何做出决策,以及它们如何在市场上相互影响。

宏观经济学:
研究整体经济现象,包括通货膨胀、失业和经济增长。

体的研究又提出了一些新颖而且迷人的挑战。

在本章和下一章中,我们将讨论经济学家和决策者用来监测整体经济状况的一些数据。这些数据反映了宏观经济学家试图解释的经济变动。本章考察国内生产总值,它衡量的是一国的总收入。GDP 是最受瞩目的经济统计数字,因为它被认为是衡量社会经济福利最好的一个指标。

23.1 经济的收入与支出

如果你要判断一个人在经济上是否成功,你首先要看他的收入。高收入者负担得起生活必需品和奢侈品。毫不奇怪,高收入者享有较高的生活水平——更好的住房、更好的医疗、更豪华的汽车、更充分的休假,等等。

同样的逻辑也适用于一国的整体经济。当判断一国经济是富裕还是贫穷时,自然就会考察经济中所有人赚到的总收入。这正是国内生产总值的作用。

GDP 同时衡量两件事:经济中所有人的总收入和用于经济中物品与劳务产出的总支出。由于这两件事实际上是相同的,所以 GDP 既衡量总收入又衡量总支出。对一个整体经济而言,收入必定等于支出。

为什么这是正确的呢?一个经济的收入和其支出相同的原因就是每一次交易都有两方:买者和卖者。某个买者的 1 美元支出正是某个卖者的 1 美元收入。例如,Karen 为 Doug 给她修剪草坪而支付 100 美元。在这种情况下,Doug 是劳务的卖者,而 Karen 是买者。Doug 赚了 100 美元,而 Karen 支出了 100 美元。因此,交易对经济的收入和支出作出了相同的贡献。无论作为总收入来衡量还是作为总支出来衡量,GDP 都增加了 100 美元。

说明收入和支出相等的另一种方法是用图 23-1 所示的循环流量图。你也许还记得在第 2 章中这个图描述了一个简单经济中的家庭和企业之间的全部交易。这个图通过假设所有物品与劳务由家庭购买,而且家庭支出了他们的全部收入而使事情简单化。在这个经济中,当家庭从企业购买物品与劳务时,这些支出通过物品与劳务市场流动。当企业反过来用从销售中得到的钱来支付工人的工资、土地所有者的租金和企业所有者的利润时,这些收入通过生产要素市场流动。货币不断地从家庭流向企业,然后又流回家庭。

GDP 衡量这个货币流量。我们可以用两种方法中的一种来计算这个经济的 GDP:加总家庭的总支出或加总企业支付的总收入(工资、租金和利润)。由于经济中所有的支出最终要成为某人的收入,所以无论我们如何计算,GDP 都是相同的。

图 23-1　循环流量图

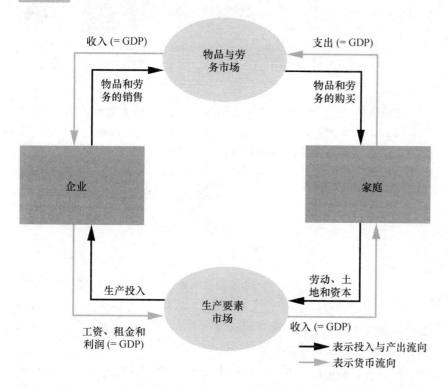

家庭从企业购买物品与劳务,企业用销售得到的收入来支付工人的工资、土地所有者的租金和企业所有者的利润。GDP 等于家庭在市场上为物品和劳务支付的总额。它也等于企业在市场上为生产要素支付的工资、租金和利润的总额。

当然,现实经济比图 23-1 所说明的经济要复杂得多。家庭并没有支出其全部收入:家庭要把他们的部分收入用于支付政府税收,还要为了未来使用而把部分收入用于储蓄。此外,家庭并没有购买经济中生产的全部物品与劳务:一些物品与劳务由政府购买,还有一些由计划未来用这些物品与劳务生产自己产品的企业所购买。但基本经验是相同的:无论是家庭、政府还是企业购买物品或劳务,交易总有买者与卖者。因此,对整个经济而言,支出和收入总是相同的。

即问即答　国内生产总值衡量哪两件事情?它如何可以同时衡量这两件事情?

23.2　国内生产总值的衡量

我们已经在一般意义上讨论了国内生产总值的含义,现在可以更准确地说明如何衡量这个统计数字。下面是 GDP 的定义,这个定义的中心是把 GDP 作为对总支出的衡量:

- **国内生产总值**(gross domestic product, GDP)是在某一既定时期一个国家内生产的所有最终物品与劳务的市场价值。

国内生产总值(GDP):
在某一既定时期一个国家内生产的所有最终物品与劳务的市场价值。

这个定义看来是相当简单的。但实际上,在计算一个经济的GDP时许多微妙的问题出现了。因此,我们来仔细探讨这个定义中的每一个词。

23.2.1 "GDP是市场价值……"

你也许听到过一句谚语:"你不能比较苹果与橘子。"但GDP正是要这样做。GDP要把许多种不同物品加总为一个经济活动价值的衡量指标。为了这样做,它使用了市场价格。由于市场价格衡量人们愿意为各种不同物品支付的量,所以市场价格反映了这些物品的价值。如果一个苹果的价格是一个橘子价格的2倍,那么一个苹果对GDP的贡献就是一个橘子的2倍。

23.2.2 "所有的……"

GDP要成为全面的衡量。它包括在经济中生产并在市场上合法出售的所有东西。GDP不仅衡量苹果和橘子的市场价值,而且还衡量梨和葡萄、书和电影、理发和医疗等的市场价值。

GDP还包括由经济中住房存量提供的住房服务的市场价值。就租赁住房而言,这种价值很容易计算——租金既等于房客的支出,又等于房东的收入。但许多人对自己所住的房子有所有权,因此并不付租金。政府通过估算租金价值而把这种自有房产包括在GDP中。实际上,GDP是基于这样一个假设:所有者将房屋出租给自己,隐含的租金既包括在房东的支出中,又包括在其收入中,因此,它计入GDP。

但是,还有一些物品没有纳入GDP中,因为衡量这些物品十分困难。GDP不包括非法生产与销售的东西,例如非法的毒品。GDP也不包括在家庭内生产和消费,从而没有进入市场的东西。你在杂货店买的蔬菜是GDP的一部分,但你在自己花园里种的蔬菜却不是。

这些没有包括在GDP中的东西有时会引起一些似是而非的结果。例如,当Karen为Doug给她修剪草坪而进行支付时,这种交易是GDP的一部分。如果Karen与Doug结婚,情况就变了。尽管Doug仍然会为Karen修剪草坪,但修剪草坪的价值就不属于GDP了,因为Doug的劳务不再在市场上出售。因此,如果Karen和Doug结婚了,GDP就减少了。

23.2.3 "最终的……"

当国际纸业公司生产出纸张,Hallmark公司用纸来生产贺卡时,纸被称为中间物品,而贺卡被称为最终物品。GDP只包括最终物品的价值。

这样做是因为中间物品的价值已经包括在最终物品的价格中了。把纸的市场价值与贺卡的市场价值相加就会重复计算。这就是说,会(不正确地)把纸的价值计算两次。

当生产出来的一种中间物品没有被使用,而是增加了企业以后使用或出售的存货时,这个原则就出现了一个重要的例外。在这种情况下,中间物品被暂时作为"最终"物品,其价值作为存货投资成为 GDP 的一部分包括在内。因此,把存货加到 GDP 上,而当存货中的物品以后被使用或出售时,存货的减少再从 GDP 中扣除。

23.2.4 "物品与劳务……"

GDP 既包括有形的物品(食物、衣服、汽车),又包括无形的劳务(理发、打扫房屋、看病)。当你购买了你最喜爱的乐队的 CD 时,你购买的是一种物品,购买价格是 GDP 的一部分。当你花钱去听同一个乐队的音乐会时,你购买的是劳务,票价也是 GDP 的一部分。

23.2.5 "生产的……"

GDP 包括现期生产的物品与劳务。它不包括涉及过去生产的东西的交易。当福特汽车公司生产并销售一辆新汽车时,这辆汽车的价值包括在 GDP 中。当一个人把一辆二手车出售给另一个人时,二手车的价值不包括在 GDP 中。

23.2.6 "一个国家之内……"

GDP 衡量的生产价值局限于一个国家的地理范围之内。当一个加拿大公民暂时在美国工作时,他的产出是美国 GDP 的一部分。当一个美国公民在海地拥有一个工厂时,这个工厂的产出不是美国 GDP 的一部分(它是海地 GDP 的一部分)。因此,如果东西是在一国国内生产的,无论生产者的国籍如何,都包括在该国的 GDP 之中。

23.2.7 "……在某一既定时期内……"

GDP 衡量某一特定时期内发生的生产的价值。这个时期通常是一年或一个季度(三个月)。GDP 衡量在这一段时期内经济收入与支出的流量。

当政府公布一个季度的 GDP 时,它通常按"一年的增长率"来计算 GDP。这意味着,所公布的季度 GDP 的数字是那个季度的收入与支出量乘以 4。政府采用这种习惯做法是为了更易于比较季度与年度的 GDP 数字。

此外,当政府公布季度 GDP 时,它提供的是用称为季度调整的统计程序修改之后的数据。未经调整的数据清楚表明,一年中某个时期生产的物品与劳务多于其他时期。(正如你会猜到的,12 月份的圣诞节购物旺季是一个高点。)当监测经济状况时,经济学家和决策者通常想撇开这些有规律的季节性变动。因此,政府统计学家调整季度数据,以避开季度性周期。在新闻中公布的 GDP 数据总是进行了这种季度性调整的。

现在我们再复习一下 GDP 的定义:

- 国内生产总值(GDP)是在某一既定时期一个国家内生产的所有最终物品与劳务的市场价值。

这个定义的中心是把 GDP 作为经济中的总支出。但是,不要忘记,一种物品或劳务的买者的每一美元支出都要变为那种物品或劳务卖者的收入。因此,除了运用这个定义以外,政府还要加总经济中的总收入。计算 GDP 的两种方法得出了几乎完全相同的答案。(为什么是"几乎"?尽管这两种衡量应该是完全相同的,但数据来源并不完全。GDP 这两种计算结果之间的差额称为统计误差。)

显然,GDP 是衡量经济活动价值的一种复杂指标。在高级宏观经济学课程中,你将进一步了解由这种计算所产生的细微差别。但即使现在你也可以看到,这个定义中的每个词都有某种含义。

即问即答 生产一磅汉堡包和生产一磅鱼子酱,哪一个对 GDP 的贡献更大?为什么?

参考资料
其他收入衡量指标

当美国商务部每三个月计算一次本国的 GDP 时,它还计算收入的其他衡量指标,以更全面地反映经济中所出现的情况。这些其他衡量指标与 GDP 的不同之处是不包括或包括某些收入范畴。以下按最大到最小的顺序简要地描述了五种收入衡量指标。

- 国民生产总值(GNP)是一国永久居民(称为国民)所赚到的总收入。它与 GDP 的不同之处在于:它包括本国公民在国外赚到的收入,而不包括外国人在本国赚到的收入。例如,当一个加拿大公民暂时在美国工作时,他的产出是美国 GDP 的一部分,但不是美国 GNP 的一部分(而是加拿大 GNP 的一部分)。对包括美国在内的大部分国家来说,国内居民是大部分国内生产的承担者。因此,GDP 和 GNP 是非常接近的。
- 国民生产净值(NNP)是一国居民的总收入(GNP)减折旧。折旧是经济中设备和建筑物存量的磨损或损耗,例如卡车报废和电脑过时。

在商务部提供的国民收入账户中,折旧被称为"固定资本的消费"。
- **国民收入**是一国居民在物品与劳务生产中赚到的总收入。它与国民生产净值几乎是相同的。这两个指标的不同是由于数据收集问题引起的"统计误差"。
- **个人收入**是家庭和非公司企业得到的收入。与国民收入不同,个人收入不包括留存收益——公司获得的但没有支付给其所有者的收入。它还要减去间接营业税(例如销售税)、公司所得税和对社会保障的支付(主要是社会保障税)。此外,个人收入还包括家庭从其持有的政府债券中得到的利息收入,以及家庭从政府转移支付项目中得到的收入,如福利和社会保障收入。
- **个人可支配收入**是家庭和非公司企业在完成它们对政府的义务之后剩下的收入。它等于个人收入减个人税收和某些非税收支付(例如交通罚单)。

虽然各种收入衡量指标在细节上不同,但是它们几乎总是说明了相同的经济状况。当 GDP 迅速增长时,这些收入衡量指标通常也迅速增长。当 GDP 减少时,这些衡量指标通常也减少。就监测整体经济的波动而言,我们用哪一种收入衡量指标无关紧要。

23.3 GDP 的组成部分

经济中的支出有多种形式。在任何时候,Smith 一家人可能在 Burger King 餐馆吃午饭;福特汽车公司可能建立一个汽车厂;海军可能获得一艘潜艇;而英国航空公司可能从波音公司购买一架飞机。GDP 包括了用于国内生产的物品和劳务的所有支出形式。

为了了解经济如何使用稀缺资源,经济学家研究 GDP 在各种类型支出中的构成。为了做到这一点,GDP(用 Y 表示)被分为四个组成部分:消费(C)、投资(I)、政府购买(G)和净出口(NX):

$$Y = C + I + G + NX$$

这个等式是一个恒等式——按等式中各个变量的定义,该等式必定成立。在这种情况下,由于 GDP 中每一美元的支出都属于 GDP 四个组成部分中的一个,所以四个组成部分的总和必然等于 GDP。现在我们来进一步考察这四个组成部分。

23.3.1 消费

消费(consumption)是家庭除购买新住房之外用于物品和劳务的支

消费:
家庭除购买新住房之外用于物品与劳务的支出。

出。"物品"包括家庭购买的汽车与家电等耐用品,以及食品和衣服等非耐用品。"劳务"包括理发和医疗这类无形的东西。家庭用于教育的支出也包括在劳务消费中(虽然有人会认为教育更适合于下一个组成部分)。

23.3.2 投资

投资(investment)是对用于未来生产更多物品和劳务的物品的购买。它是资本设备、存货和建筑物购买的总和。建筑物投资包括新住房支出。按习惯,新住房购买是划入投资而不划入消费的一种家庭支出形式。

正如本章前面所提到的,存货累积的处理值得注意。当戴尔生产了一台电脑但并不出售它,而是将它加到其存货中时,则假设戴尔自己"购买了"这台电脑。这就是说,国民收入会计师会把这台电脑作为戴尔投资支出的一部分来处理。(如果戴尔以后卖出了存货中的这台电脑,这时戴尔的存货投资就将是负的,抵消了买者的正支出。)用这种方法处理存货是因为 GDP 衡量的是经济生产的价值,而且增加到存货中的物品是这个时期生产的一部分。

要注意的是,GDP 核算中用的投资这个词不同于你在日常谈话中所听到的这个词。当你听到投资这个词时,你也许会想到金融投资,如股票、债券以及共同基金——在本书的后面我们要研究这个题目。与此相反,由于 GDP 衡量对物品与劳务的支出,因此这里投资这个词是指购买用于生产其他物品的物品(例如资本设备、建筑物和存货)。

23.3.3 政府购买

政府购买(government purchase)包括地方、州和联邦政府用于物品与劳务的支出。它包括政府员工的薪水和用于公务的支出。近年来,美国国民收入账户更名为更长的"政府消费支出和总投资",但在本书中,我们将继续采用传统且较短的术语"政府购买"。

要对"政府购买"的含义做一个说明。当政府为一位陆军将军或中小学教师支付薪水时,这份薪水是政府购买的一部分。但是,当政府向一个老年人支付社会保障补助或者向刚刚被解雇的工人支付失业保险补助时,事情就完全不同了:这些政府支出称为转移支付,因为它们并不用于交换现期生产的物品与劳务。转移支付改变了家庭收入,但并没有反映经济的生产。(从宏观经济的角度看,转移支付像负的税收。)由于 GDP 要衡量来自物品与劳务生产的收入和用于这些物品与劳务生产的支出,所以转移支付不计入政府购买。

投资:

498 用于资本设备、存货和建筑物的支出,包括家庭用于购买新住房的支出。

政府购买:

地方、州和联邦政府用于物品与劳务的支出。

23.3.4 净出口

净出口(net export)等于外国对国内生产的物品的购买(出口)减国内对外国物品的购买(进口)。一家内企业把产品卖给别国的买者,比如,波音向英国航空公司销售一架飞机,就增加了净出口。

"净出口"中的"净"指从出口中减去进口这一事实。之所以要减去进口,是因为 GDP 的其他组成部分包括进口的物品与劳务。例如,假设一个家庭向瑞典汽车制造商沃尔沃公司购买了一辆价值 3 万美元的汽车。这个交易增加了 3 万美元的消费,因为购买汽车是消费支出的一部分。它还减少了净出口 3 万美元,因为汽车是进口的。换句话说,净出口包括国外生产的物品与劳务(符号为负),因为这些物品和劳务包括在消费、投资和政府购买中(符号为正)。因此,当国内的家庭、企业或政府购买了国外的物品与劳务时,这种购买就减少了净出口,但由于它还增加了消费、投资或政府购买,所以并不影响 GDP。

净出口:
外国人对国内生产的物品的支出(出口)减国内居民对外国物品的支出(进口)。

案例研究
美国 GDP 的组成部分

表 23-1 说明了 2009 年美国 GDP 的构成。这一年美国的 GDP 超过了 14 万亿美元。把这个数字除以 2009 年美国的人口 3.07 亿,得出每个人的 GDP(有时称为人均 GDP)。2009 年平均每个美国人的收入和支出是 46 372 美元。

表 23-1 GDP 及其组成部分

	总量 (10 亿美元)	人均量 (美元)	占总量的百分比 (%)
国内生产总值,Y	14 259	46 372	100
消费,C	10 093	32 823	71
投资,I	1 623	5 278	11
政府购买,G	2 933	9 540	21
净出口,NX	-390	-1 269	-3

资料来源:U. S. Department of Commerce. 由于计算过程中的四舍五入,各部分之和可能与总量不等。

消费占 GDP 的 71%,亦即每人 32 823 美元;投资是每人 5 278 美元;政府购买是每人 9 540 美元;净出口是每人 -1 269 美元,这个数字是负的,因为美国人从出售给外国人的物品中所赚到的收入小于他们用于购买外国物品的支出。

该表说明了 2009 年美国经济的 GDP 总量及其在四个组成部分中的细分。在看这个表时,要记住 $Y = C + I + G + NX$ 这个恒等式。

这些数据来自经济分析局,它是美国商务部中提供国民收入核算的部门。你可以在它的网站 http://www.bea.gov 上找到最新的 GDP 数据。

即问即答 列出支出的四个组成部分。哪一部分最大?

23.4 真实 GDP 与名义 GDP

正如我们已经说明的,GDP 衡量经济中所有市场上用于物品与劳务的总支出。如果从这一年到下一年总支出增加了,下述两种情况中至少有一种必然是正确的:(1) 生产了更多的物品与劳务;(2) 以更高的价格销售物品与劳务。当研究随着时间的流逝经济中发生的变动时,经济学家们想区分这两种影响。特别是他们想衡量不受物品与劳务价格变动影响所生产的物品与劳务的总量。

为了这样做,经济学家使用了一种被称为**真实 GDP** 的衡量指标。真实 GDP 回答了一个假设的问题:如果我们以过去某一年的价格来确定今年生产的物品与劳务的价值,那么这些物品与劳务的价值是多少?通过用固定在过去水平上的价格来评价现期生产,真实 GDP 说明了一段时期内经济的整体物品与劳务生产的变动。

为了更准确地说明如何构建真实 GDP,我们来看一个例子。

23.4.1 一个数字例子

表 23-2 表示一个只生产两种物品——热狗与汉堡包——的经济的一些数据。该表说明了在 2010 年、2011 年和 2012 年这两种物品的价格和产量。

为了计算这个经济的总支出,我们把热狗和汉堡包的数量乘以它们的价格。在 2010 年,100 个热狗以每个 1 美元的价格售出,因此,用于热狗的总支出等于 100 美元。在同一年,50 个汉堡包以每个 2 美元的价格售出,因此,用于汉堡包的支出也等于 100 美元。该经济的总支出——用于热狗的支出和用于汉堡包的支出之和——是 200 美元。这个量是按现期价格评价的物品与劳务的生产,称为**名义 GDP**(nominal GDP)。

该表说明了这三年名义 GDP 的计算。总支出从 2010 年的 200 美元增加到 2011 年的 600 美元,然后增加到 2012 年的 1 200 美元。这种增加部分是由于热狗和汉堡包数量的增加,部分是由于热狗和汉堡包价格的上升。

为了得到不受价格变动影响的产量的衡量指标,我们使用真实 GDP,**真实 GDP**(real GDP)是按不变价格评价的物品与劳务的生产。我

名义 GDP:
按现期价格评价的物品与劳务的生产。

真实 GDP:
按不变价格评价的物品与劳务的生产。

表 23-2　真实 GDP 与名义 GDP

年份	热狗价格（美元）	热狗产量（个）	汉堡包价格（美元）	汉堡包产量（个）
	价格与产量			
2010	1	100	2	50
2011	2	150	3	100
2012	3	200	4	150

年份	计算名义 GDP
2010	（每个热狗 1 美元×100 个热狗）+（每个汉堡包 2 美元×50 个汉堡包）=200 美元
2011	（每个热狗 2 美元×150 个热狗）+（每个汉堡包 3 美元×100 个汉堡包）=600 美元
2012	（每个热狗 3 美元×200 个热狗）+（每个汉堡包 4 美元×150 个汉堡包）=1 200 美元

年份	计算真实 GDP（基年是 2010 年）
2010	（每个热狗 1 美元×100 个热狗）+（每个汉堡包 2 美元×50 个汉堡包）=200 美元
2011	（每个热狗 1 美元×150 个热狗）+（每个汉堡包 2 美元×100 个汉堡包）=350 美元
2012	（每个热狗 1 美元×200 个热狗）+（每个汉堡包 2 美元×150 个汉堡包）=500 美元

年份	计算 GDP 平减指数
2010	（200 美元/200 美元）×100=100
2011	（600 美元/350 美元）×100=171
2012	（1 200 美元/500 美元）×100=240

该表说明了如何计算假设的只生产热狗和汉堡包的经济的真实 GDP、名义 GDP 和 GDP 平减指数。

们在计算真实 GDP 时首先指定一年作为基年，然后用基年热狗和汉堡包的价格来计算所有各年的物品与劳务的价值。换句话说，基年的价格为比较不同年份的产量提供了一个基础。

假设在这个例子中我们选择 2010 年作为基年，然后用 2010 年热狗和汉堡包的价格计算 2010 年、2011 年和 2012 年生产的物品与劳务的价值。表 23-2 显示了计算过程。为了计算 2010 年的真实 GDP，我们用 2010 年（基年）热狗和汉堡包的价格和 2010 年生产的热狗和汉堡包的数量。（对基年而言，真实 GDP 总是等于名义 GDP。）为了计算 2011 年的真实 GDP，我们用 2010 年（基年）热狗和汉堡包的价格和 2011 年生产的热狗和汉堡包的数量。同样，为了计算 2012 年的真实 GDP，我们用 2010 年的价格和 2012 年的产量。当我们发现真实 GDP 从 2010 年的 200 美元增加到 2011 年的 350 美元，然后又增加到 2012 年的 500 美元时，我们知道，这种增加是由于生产量的增加，因为价格被固定在基年的水平上。

总之,名义 GDP 是用当年价格来评价经济中物品与劳务生产的价值。真实 GDP 是用不变的基年价格来评价经济中物品与劳务生产的价值。由于真实 GDP 不受价格变动的影响,所以真实 GDP 的变动只反映生产的产量的变动。因此,真实 GDP 也是经济中物品与劳务生产的一个衡量指标。

我们计算 GDP 的目的是衡量整个经济的运行状况。由于真实 GDP 衡量经济中物品与劳务的生产,所以它反映经济满足人们需要与欲望的能力。这样,真实 GDP 作为衡量经济福利的指标要优于名义 GDP。当经济学家谈到经济的 GDP 时,他们通常是指真实 GDP,而不是名义 GDP。而且,当他们谈论经济增长时,他们用从一个时期到另一个时期真实 GDP 变动的百分比来衡量增长。

23.4.2 GDP 平减指数

正如我们刚刚说明的,名义 GDP 既反映经济中生产的物品与劳务的数量,又反映这些物品与劳务的价格。与此相反,通过把价格固定在基年水平上,真实 GDP 只反映生产的数量。从这两个统计指标中,我们可以计算出被称为 GDP 平减指数的第三个统计指标,**GDP 平减指数**(GDP deflator)只反映物品与劳务的价格。

GDP 平减指数:
用名义 GDP 与真实 GDP 的比率乘以 100 计算的物价水平衡量指标。

GDP 平减指数的计算如下:

$$\text{GDP 平减指数} = \frac{\text{名义 GDP}}{\text{真实 GDP}} \times 100$$

由于基年的名义 GDP 与真实 GDP 必定是相同的,所以基年的 GDP 平减指数总是等于 100。以后各年的 GDP 平减指数衡量的是不能归因于真实 GDP 变动的相对于基年名义 GDP 的变动。

GDP 平减指数衡量相对于基年价格的现期物价水平。为了说明为什么这是正确的,来看一对简单的例子。首先,设想经济中的产量一直在增加,但价格保持不变。在这种情况下,名义 GDP 和真实 GDP 同时增加,因此,GDP 平减指数不变。现在假设,物价水平一直在上升,但产量保持不变。在这种情况下,名义 GDP 增加,而真实 GDP 保持不变,因此,GDP 平减指数也上升了。要注意的是,在这两种情况下,GDP 平减指数反映了价格的变动,而不是产量的变动。

现在回到表 23-2 的数字例子中。GDP 平减指数的计算在表的底部。对于 2010 年,名义 GDP 是 200 美元,真实 GDP 是 200 美元,因此,GDP 平减指数是 100(基年的 GDP 平减指数总是 100)。对于 2011 年,名义 GDP 是 600 美元,真实 GDP 是 350 美元,因此,GDP 平减指数是 171。

经济学家用通货膨胀这个词来描述经济中整体物价水平上升的情况。通货膨胀率是从一个时期到下一个时期某个物价水平衡量指标变动

的百分比。如果用 GDP 平减指数,两个相连年份的通货膨胀率用如下方法计算:

$$第二年的通货膨胀率 = \frac{第二年的GDP平减指数 - 第一年的GDP平减指数}{第一年的GDP平减指数} \times 100\%$$

由于 2011 年的 GDP 平减指数从 100 上升到 171,所以通货膨胀率就是 100%×(171-100)/100,即 71%。在 2012 年,GDP 平减指数从前一年的 171 上升到 240,因此,通货膨胀率是 100%×(240-171)/171,即 40%。

GDP 平减指数是经济学家用来监测经济中平均物价水平,从而监测通货膨胀率的一个衡量指标。GDP 平减指数的得名是因为它可以用来从名义 GDP 中剔除通货膨胀——也就是说,"平减"名义 GDP 中由于物价上升而引起的上升。在下一章中,我们将考察经济中物价水平的另一个衡量指标,被称为消费物价指数,届时我们还要说明这两个衡量指标之间的差别。

案例研究
近年来的真实 GDP

既然我们知道了如何定义和衡量真实 GDP,那么我们就来考虑这个宏观经济变量说明了近年来美国经济的什么情况。图 23-2 显示了 1965 年以来美国经济真实 GDP 的季度数据。

图 23-2 美国的真实 GDP

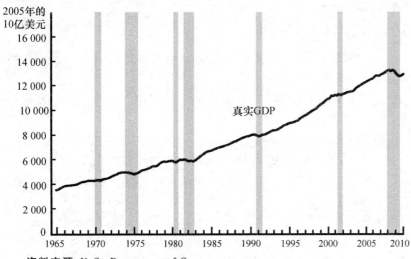

资料来源:U. S. Department of Commerce.

该图显示了 1965 年以来美国经济真实 GDP 的季度数据。衰退——真实 GDP 下降的时期——用垂直的阴影条表示。

这些数据最明显的特点是真实 GDP 一直在增长。美国经济 2009 年的真实 GDP 几乎是 1965 年水平的 4 倍。换言之,美国生产的物品与劳务的产量平均每年增长 3% 左右。这种真实 GDP 的持续增长使普通美国人比他的父辈和祖父辈享有更大的经济繁荣。

GDP 数据的第二个特点是其增长并不稳定。真实 GDP 的上升有时被称为衰退的 GDP 减少时期打断。图 23-2 用垂直的阴影条显示了衰退。(官方确定经济周期的委员会什么时候宣布衰退已经开始并没有什么固定的规则,但一个古老的经验规则是真实 GDP 连续两个季度下降。)衰退不仅与低收入相关,而且还与其他形式的经济灾难相关,如失业增加、利润减少、破产增加,等等。

宏观经济学的大部分内容是要解释真实 GDP 的长期增长与短期波动。正如我们将在以后几章中说明的,出于这两个目的,我们需要不同的模型。由于短期波动代表着对长期趋势的背离,所以我们首先考察长期中包括真实 GDP 在内的关键宏观经济变量的状况。然后在后面的章节中以这种分析为基础解释短期波动。

即问即答 定义真实 GDP 与名义 GDP。哪一个是更好的经济福利衡量指标?为什么?

新闻摘录
地下经济

国内生产总值忽略了许多发生在地下经济中的交易。

寻找隐蔽的经济
Doug Campbell

这里有一个我最近如何参与地下经济的简单而不起眼的故事:

今年冬天最冷的一天的午后,一个人敲我家的前门。他问道:"要清扫雪道吗?只要 5 美元。"

外面是冷风刺骨的华氏 15 度。我说:"好吧。"半个小时后我给他 5 美元钞票,并感谢他为我省了不少麻烦。

在官方看来,这是非官方的交易——没有记录,没有交税,也没有遵守安全管制。(至少我认为这种临时雇用不必烦琐地报告收入或到相应的机构登记。)就其本身而言,在技术上这是非法的。当然,这只是一直在发生的一种事情。

2004 年按国内生产总值(GDP)衡量,美国官方经济的规模将近 12 万亿美元。对非官方经济的衡量——不包括毒品交易和卖淫这类非法活动——却有很大差异。但是,普遍认为非官方经济的规模相当大——大约占 GDP 的 6%—20%。按中间值计算,一年大约是 1.5 万亿美元。

按广义的定义,地下经济、灰色经济、非正式经济或影子经济包括合法但没有报告或记录的交易。这是一张大网,包括从照料孩子的费用到与邻居一起修缮房屋的物物交易,再到月光下即兴表演没有报告的收费等。"地下"这个标签使这些事看起来比其实际情况邪恶得多。

这是一个隐形企业吗?

图片来源:ⓒ CHRISTOPHER ROBBINS/DIGITAL VISION/THINKSTOCK.

犯罪活动构成了可以称为总地下经济的大部分,关于毒品交易、卖淫、赌博的经济学的研究有许多。但是,由于来自犯罪的钱财几乎从未披露过,所以许多决策者更关心地下经济中如果不向当局隐瞒本来就是合法的那一部分,例如清扫雪道这样的事。

地下经济的国际差异

国别	地下经济占GDP的百分比(%)
玻利维亚	68
津巴布韦	63
秘鲁	61
泰国	54
墨西哥	33
阿根廷	29
瑞典	18
澳大利亚	13
英国	12
日本	11
瑞士	9
美国	8

资料来源:Friedrich Schneider. Figures are for 2002.

尽管它不正当,但非正式经济的重要性及其后果也仍然是有争议的。原因正如威斯康星大学的经济学家 Ed Feige 所说的,"你要去衡量的这种现象,其全部目的就在于不被发现"。

这种不确定性给决策者带来了难题。不了解地下经济的规模、范围和原因,他们如何能决定对它做点什么呢——如果能做点什么的话?

那个给我清扫雪道的人所做的从社会来看是正的活动还是负的活动?我所做的呢?不必多说,某些经济学家终其一生来回答关于地下经济的问题,但是,仍然没有对其规模或描述达成一致意见⋯⋯

经济学家普遍认为,发展中国家的影子经济更严重,这些国家官僚作风和腐败是臭名昭著的。例如,经济学家 Friedrich Schneider 在 2003 年出版的《影子经济》中(广义定义为所有市场上的、有意避开当局的合法的物品与劳务的生产)对以下国家的影子经济进行了估算:津巴布韦影子经济占 GDP 的 63.2%,泰国占 GDP 的 54.1%,而玻利维亚占 GDP 的 68.3%。在前苏联的集团国家中,格鲁吉亚的影子经济占 GDP 的 68%,这些国家的地下经济平均占 GDP 的 40.1%,相比之下,这一比例在西方国家平均为 16.7%⋯⋯

研究型作家 Eric Schlosser 在他 2003 年的著作——《冷藏的愤怒:美国黑市上的性、毒品和廉价劳动力》中援引亚当·斯密的"看不见的手"理论,即人们追求自己的私利将给整个社会带来利益。这只看不见的手产生了相当大规模的地下经济,而我们如果不了解隐蔽经济如何起作用,就不能了解我们的整个经济制度。Schlosser 写道:"地下经济很好地衡量了一个国家的进步和健康程度。当许多事情是错误的时候,就需要将其隐藏起来。"Schlosser 这句话的含义是,美国的许多事是错误的。如果他从全球的角度看,他可能就会觉得相对而言美国其实隐藏得并不多。

资料来源:Doug Campbell, "Region Focus", Federal Reserve Bank of Richmond, Spring 2005.

23.5 GDP 是衡量经济福利的好指标吗

在本章的开始,GDP 被称为衡量社会经济福利最好的指标。现在我们知道了 GDP 是什么,那么我们就可以评价这种说法了。

正如我们已经说明的,GDP 既衡量经济的总收入,又衡量经济用于物品与劳务的总支出。因此,人均 GDP 能够告诉我们经济中每个人的平均收入与支出。由于大多数人喜欢得到更高的收入并有更高的支出,所以人均 GDP 似乎自然就成为平均经济福利的衡量指标。

但一些人对 GDP 作为福利衡量指标的正确性持有异议。当参议员罗伯特·肯尼迪(Robert Kennedy)在 1968 年竞选总统时,他慷慨激昂地批评了这种经济衡量指标:

(国内生产总值)并没有考虑到我们孩子的健康、他们的教育质量,或者他们做游戏的快乐。它也没有包括我们的诗歌之美和婚姻的稳定,以及我们关于公共问题争论的智慧和我们公务员的廉正。它既没有衡量我们的勇气、我们的智慧,也没有衡量我们对祖国的热爱。简言之,它衡量一切,但并不包括使我们的生活有意义的东西;它可以告诉我们关于美国人的一切,但没有告诉我们为什么我们以做一个美国人而骄傲。

罗伯特·肯尼迪所说的话大部分是正确的。那么,为什么我们还要关注 GDP 呢?

答案是 GDP 高实际上有助于我们过上好生活。GDP 没有衡量我们孩子的健康,但 GDP 高的国家能够为孩子提供更好的医疗;GDP 没有衡量孩子们的教育质量,但 GDP 高的国家能够提供更好的教育体系;GDP 没有衡量我们的诗歌之美,但 GDP 高的国家可以教育更多公民去阅读和欣赏诗歌;GDP 没有考虑到我们的知识、廉正、勇气、智慧和对国家的热爱,但当人们不用过多关心是否能够提供生活的物质必需品时,这一切美好的品性也容易养成。简言之,GDP 没有直接衡量这些使生活有意义的东西,但它确实衡量了我们获得过上这份有意义生活的许多投入的能力。

然而，GDP并不是衡量福利的完美指标。对美好生活作出贡献的某些东西并没有包括在GDP中。一种是闲暇。例如，假设经济中的每个人突然开始每天都工作，而不是在周末享受闲暇。这将生产更多的物品和劳务，GDP肯定增加。然而，尽管GDP增加了，但我们不应该得出每个人状况更好的结论。减少闲暇引起的福利损失抵消了人们从生产并消费更多的物品和劳务中所获得的福利利益。

由于GDP用市场价格来评价物品与劳务，所以它几乎未包括所有在市场之外进行的活动的价值。特别是，GDP漏掉了在家庭中生产的物品与劳务的价值。当厨师做出美味佳肴并将其在餐馆出售时，这顿饭的价值是GDP的一部分。但是，如果厨师为他的家人做一顿同样的饭，那么他增加到原材料中的价值并不属于GDP。同样，托儿所提供的对孩子的照顾是GDP的一部分，而父母在家照料孩子就不是。义工也为社会福利作出了贡献，但GDP并不反映这些贡献。

GDP没有包括的另一种东西是环境质量。设想政府取消了所有环境管制，那么企业就可以不考虑它们引起的污染而生产物品与劳务，GDP会增加，但福利很可能会下降。空气和水质量的恶化要大于更多生产所带来的福利利益。

GDP也没有涉及收入分配。一个由100个每年收入为5万美元的人组成的社会，GDP为500万美元，毫不奇怪，人均GDP是5万美元。一个有10个人赚到50万美元而90个人因一无所有而受苦的社会，其GDP也为500万美元。很少有人在考虑这两种情况时认为它们是相同的。人均GDP告诉我们平均每个人的情况，但平均量的背后是个人经历的巨大差异。

最后，我们可以得出这样一个结论：就大多数情况——但不是所有情况——而言，GDP是衡量经济福利的一个好指标。重要的是，要记住GDP包括了什么，而又遗漏了什么。

GDP反映了工厂的生产，但没有反映它对环境的损害。

图片来源：© DIGITAL VISION/DIGITAL VISION/THINKSTOCK.

案例研究
GDP与生活质量的国际差异

确定GDP作为经济福利衡量指标的有用性的一个方法是考察国际数据。富国与穷国人均GDP水平差异巨大。如果更多的GDP能够带来更高的生活水平，那么我们就应该认为GDP与生活质量的多种衡量指标是密切相关的。而且，事实上我们也是这样做的。

表23-3列示了按人均GDP排序的世界上12个人口最多的国家。该表还显示了这些国家人口的预期寿命（出生时预期的寿命）、识字率（成年人口中识字人数的百分比）以及互联网的使用（经常使用互联网的人口的百分比）。这些数据表现出一种明显的格局。在美国、日本和德国这些富国，人们预期可以活到80岁左右，几乎所有的人都识字，而且一半到三分之二的人使用互联网。在尼日利亚、孟加拉国和巴基斯坦这些穷国，人们一般比富国的人少活10—20年，很大比例的人不识字，而且互联网使用很少。

表 23-3　GDP 与生活质量

国家	人均真实 GDP （2007 年，美元）	预期寿命 （岁）	成人识字率 （人口的百分比）	互联网的使用 （人口的百分比）
美国	45 592	79	99	63
德国	34 401	80	99	45
日本	33 632	83	99	67
俄罗斯	14 690	66	99	15
墨西哥	14 104	76	93	18
巴西	9 567	72	90	19
中国	5 383	73	93	9
印度尼西亚	3 843	71	92	7
印度	2 753	63	66	3
巴基斯坦	2 496	66	54	7
尼日利亚	1 969	48	72	4
孟加拉国	1 241	66	54	0.3

该表显示了12个主要国家的人均GDP和其他三项生活质量衡量指标。

资料来源：*Human Development Report 2009*, United Nations. 真实 GDP、预期寿命和成人识字率的数据是 2007 年的。互联网使用的数据是 2005 年的。

生活质量其他方面的数据也说明了类似的情况。人均 GDP 低的国家往往存在如下情况：婴儿出生时体重轻，婴儿死亡率高，母亲生孩子时的死亡率高，儿童营养不良的比率高，而且获得安全饮用水的途径少。在人均 GDP 低的国家，学龄儿童实际入学率较低，而且上学的儿童也只能在人均教师数量很少的条件下学习。这些国家往往拥有的电视机少，电话少，铺设的道路少，而且有电器的家庭也少。国际数据无疑表明，一国的人均 GDP 与其公民的生活水平密切相关。

即问即答　为什么决策者应该关注 GDP？

新闻摘录
超越国内生产总值

在法国总统的鼓励之下，一些经济学家争论我们是不是需要更好的经济福利衡量指标。

GDP 被认为是一种不完善的经济状况衡量指标
David Jolly

巴黎——尼古拉·萨科齐（Nicolas Sarkozy）总统星期一告诉法国国家统计局，在衡量国家的经济状况时要更多地考虑生活质量和环境这样的因素。

萨科齐总统是在收到了一个由顶尖经济学家组成的委员会的报告后提出这个要求的，这个委员会是他为了评估现在的财政状况指标——国内生产总值的充分性时任命的。

这个委员会由两位诺贝尔经济学奖得主，哥伦比亚大学的约瑟夫·E. 斯蒂格里茨（Joseph E. Stiglitz）和哈佛大学的阿玛蒂亚·森（Amartya Sen）担任主席，他们的结论是：GDP 是不充分的，衡量指标应该包括可持续性和人的福利。

根据这份报告，"过分关注 GDP 指标"也是当前金融危机发生的原因。报告发现，决策者为经济增长提高而欢呼，而其他数据，诸如表明家庭和企业的债务增加和不可持续的数据被忽略了。

斯蒂格里茨先生在访谈中说，"主流媒体应该放弃 GDP 拜物教，并了解 GDP 的局限性。我们社会中有许多东西并不包括在 GDP 中。"

GDP 是经济中生产的所有物品与劳务的市场价值。这个指标是在 20 世纪 30 年代出现的，当时美国政府正在寻找更准确地衡量国民收入和产量的新工具，它被称为宏观经济学最重要的进步之一。

但是，批评者早就指出，它准确地衡量了整个经济的增长和衰退，但它对于描述社会状况却是一个粗略的工具。

例如，美国是世界上最大的经济体，自然 GDP 排行在前列，但按其他衡量标准，它的排行要靠后一些。联合国发展计划的人类发展指数把 GDP 只作为许多指标中的一个，这个指数 2008 年排在前三位的是冰岛、挪威和加拿大，而美国排在相当落后的第十五位。人类发展指数还努力把长寿与健康生活、获得知识和体面生活水平的价值结合进来。

作为世界发达国家追求 GDP 的一种替代，喜马拉雅山脉的不丹王国选择了关注"国民总幸福"，这个指标包括 4 大支柱、9 个范围和 72 项幸福指数……

斯蒂格里茨委员会的报告，正式的全称是"评价经济状况和社会进步的衡量指标"，指出把经济增长作为福利代表最明显的问题之一是事实上它排除了在环境上不可持续的活动对社会以及最终对经济的危害。

该报告指出，例如，鼓励发展中国家允许外国矿业公司去开矿，尽管该国只得到少得可怜的出让费，甚至环境会恶化，以及矿工可能出现健康损害，这样做只是因为 GDP 将增加。

他们还指出了与依赖 GDP 和其他"标准"衡量指标相关的另一个问题：数字说明的和人们实际感受到的之间的差距。他们注意到，近几十年来，世界上大多数国家的 GDP 增加了，但许多国家的中位可支配收入——有代表性个人的收入——下降了，这就意味着，经济增长的大部分利益最后以牺牲其他人为代价到了富人手中。

特别建议包括确保每个国家的 GDP 衡量本身应该是相同的，由于不同国家的统计机构用不同的方法计算 GDP，在某些情况下这就引起大多数变量按政府所偏好的方式估算。他们警告，这就有引起政策错误的可能性。

他们写道："我们的衡量指标影响我们的所作所为；如果我们的衡量指标是有缺点的，决策就会失误。政策的目标应该是增加社会福利，而不是 GDP。"

资料来源：G. D. P. Seen as Inadequate Measure of Economic Health By David Jolly from *The New York Times*, September 15, 2009. Copyright © 2009 The New York Times Co. Reprinted by permission.

23.6 结论

本章讨论了经济学家如何衡量一国的总收入。当然,衡量只是起点。宏观经济学的大部分内容是要说明一国国内生产总值的长期与短期决定因素。例如,为什么美国和日本的GDP高于印度和尼日利亚?最穷国家的政府可以用什么方法来加快GDP的增长?为什么美国GDP在某些年份增长迅速而在另一些年份却下降?美国决策者可以用什么方法降低GDP中这些波动的剧烈性?这些是我们马上要讨论的问题。

现在重要的仅仅是要了解衡量GDP的重要性。我们在生活中对经济状况如何总有某种感觉,但是,研究经济变动的经济学家和制定经济政策的决策者需要了解的比这种大致感觉要多得多——他们需要做判断时可以依据的具体数据。因此,用GDP这样的统计数字把经济状况量化是发展宏观经济学这门科学的第一步。

内容提要

◎ 由于每一次交易都有买者与卖者,所以经济中的总支出必定等于经济中的总收入。

◎ 国内生产总值(GDP)衡量经济用于新生产的物品与劳务的总支出,以及生产这些物品与劳务所赚到的总收入。更确切地说,GDP是在某一既定时期一个国家内生产的所有最终物品和劳务的市场价值。

◎ GDP分为四个组成部分:消费、投资、政府购买和净出口。消费包括家庭用于物品与劳务的支出,但不包括购买新住房。投资包括用于新设备和建筑物的支出,也包括家庭购买新住房的支出。政府购买包括地方、州和联邦政府用于物品与劳务的支出。净出口等于国内生产并销售到国外的物品与劳务的价值(出口)减国外生产并在国内销售的物品与劳务的价值(进口)。

◎ 名义GDP用现期价格来评价经济中物品与劳务的生产。真实GDP用不变的基年价格来评价经济中物品与劳务的生产。GDP平减指数——用名义GDP与真实GDP的比率计算——衡量经济中的物价水平。

◎ GDP是经济福利的一个良好衡量指标,因为人们对高收入的偏好大于低收入。但GDP并不是衡量福利的一个完美指标。例如,GDP不包括闲暇的价值和清洁的环境的价值。

关键概念

微观经济学　　　　　　　投资　　　　　　　名义GDP

宏观经济学　　　　　　　政府购买　　　　　　　真实 GDP
国内生产总值(GDP)　　　净出口　　　　　　　　GDP 平减指数
消费

复习题

1. 解释为什么一个经济的收入必定等于其支出。
2. 生产一辆经济型轿车和生产一辆豪华型轿车,哪一个对 GDP 的贡献更大?为什么?
3. 一个农民以 2 美元的价格把小麦卖给面包师。面包师用小麦制成面包,以 3 美元的价格出售。这些交易对 GDP 的贡献是多少呢?
4. 许多年以前,Peggy 为了收集唱片而花了 500 美元。今天她在旧货销售中把她收集的物品卖了 100 美元。这种销售如何影响现期 GDP?
5. 列出 GDP 的四个组成部分。各举一个例子。
6. 为什么经济学家在判断经济福利时用真实 GDP,而不用名义 GDP?
7. 在 2010 年,某个经济生产 100 个面包,每个以 2 美元的价格售出。在 2011 年,这个经济生产 200 个面包,每个以 3 美元的价格售出。计算每年的名义 GDP、真实 GDP 和 GDP 平减指数。(2010 年为基年。)从一年到下一年这三个统计数字的百分比分别提高了多少?
8. 为什么一国的 GDP 多是合意的?举出一个增加了 GDP 但并不合意的事情的例子。

问题与应用

1. 下列每一种交易会影响 GDP 的哪一部分(如果有影响的话)?解释之。
   a. 家庭购买了一台新冰箱。
   b. Jane 姑妈买了一所新房子。
   c. 福特汽车公司从其存货中出售了一辆雷鸟牌汽车。
   d. 你买了一个比萨饼。
   e. 加利福尼亚重新铺设了 101 号高速公路。
   f. 你的父母购买了一瓶法国红酒。
   g. 本田公司扩大其在俄亥俄州 Marysville 的工厂。
2. GDP 组成部分中的"政府购买"并不包括用于社会保障这类转移支付的支出。想想 GDP 的定义,解释为什么转移支付不包括在政府购买之内?
3. 正如本章所说明的,GDP 不包括在销售的二手货的价值。为什么包括这类交易会使 GDP 变为一个参考价值小的经济福利衡量指标?
4. 下表是牛奶和蜂蜜之间的一些数据:

年份	牛奶的价格(美元)	牛奶量(品脱)	蜂蜜的价格(美元)	蜂蜜量(品脱)
2010	1	100	2	50
2011	1	200	2	100
2012	2	200	4	100

a. 把 2010 年作为基年,计算每年的名

义 GDP、真实 GDP 和 GDP 平减指数。

b. 计算 2011 年和 2012 年从上一年以来名义 GDP、真实 GDP 和 GDP 平减指数变动的百分比。对每一年,确定未发生变动的变量。用文字解释为什么你的回答有意义。

c. 在 2011 年和 2012 年,经济福利增加了吗?解释之。

5. 考虑一个只生产巧克力棒的经济。在第一年,生产量是 3 个巧克力棒,价格是 4 美元。在第二年,生产量是 4 个巧克力棒,价格是 5 美元。在第三年,生产量是 5 个巧克力棒,价格是 6 美元。第一年为基年。

a. 这三年每年的名义 GDP 是多少?

b. 这三年每年的真实 GDP 是多少?

c. 这三年每年的 GDP 平减指数是多少?

d. 从第二年到第三年,真实 GDP 的增长率是多少?

e. 从第二年到第三年,用 GDP 平减指数衡量的通货膨胀率是多少?

f. 在这种一种产品经济中,当没有前面(b)与(c)题的答案时,你应该如何回答(d)与(e)题?

6. 考虑以下美国 GDP 的数据:

年份	名义 GDP (10 亿美元)	GDP 平减指数 (2005 年是基年)
2009	14 256	109.8
1999	9 353	86.8

a. 1999 年到 2009 年间名义 GDP 增长率是多少?(提示:x 变量在第 N 年中的增长率用 $100 \times [(x_{最后一年}/x_{开始一年})^{1/N} - 1]$ 来计算。)

b. 1999 年到 2009 年间,GDP 平减指数的增长率是多少?

c. 按 2005 年的价格衡量,1999 年的真实 GDP 是多少?

d. 按 2005 年的价格衡量,2009 年的真实 GDP 是多少?

e. 1999 年到 2009 年间真实 GDP 增长率是多少?

f. 名义 GDP 增长率高于还是低于真实 GDP 增长率?解释之。

7. 经过修改的美国 GDP 的估算通常在接近每个月月底时由政府公布。查找报道最新公布数字的报纸文章,或者在美国经济分析局的网站 http://www.bea.gov 上阅读新闻。讨论真实 GDP 和名义 GDP 以及 GDP 组成部分的最新变动。

8. 一个农民种小麦,他以 100 美元把小麦卖给磨坊主。磨坊主又把小麦加工成面粉,并将其以 150 美元卖给面包师。面包师把面粉做成面包,再以 180 美元卖给消费者。消费者吃了这些面包。

a. 在这个经济中,GDP 是多少?解释之。

b. 增值的定义是生产者生产的产品的价值减生产者购买的用于生产产品的中间物品的价值。假设在以上所描述的之外再没有中间物品,计算这三个生产者每个的增值。

c. 在这个经济中,三个生产者的总增值是多少?如何与经济的 GDP 相比?这个例子提出了计算 GDP 的另一种方法吗?

9. 不在市场上销售的物品与劳务,例如家庭生产并消费的食物,一般不包括在 GDP 中。你认为在比较美国和印度的经济福利时,表 23-3 中第二栏的数字会引起误导吗?解释之。

10. 自从 1970 年以来,美国的劳动力中妇女参工率急剧上升。

a. 你认为这种上升会如何影响 GDP?

b. 现在设想一种包括用于家务的劳动时间和闲暇时间的福利衡量指标。应该如何比较这种福利衡量指标的变动和 GDP 的变动?

c. 你会认为福利的其他方面与妇女劳

动力参工率提高相关吗？构建一个包括这些方面的福利衡量指标现实吗？

11. 一天 Barry 理发公司得到 400 美元理发收入。在这一天，其设备折旧价值为 50 美元。在其余的 350 美元中，Barry 向政府交纳了 30 美元销售税，作为工资拿回家 220 美元，留 100 美元在公司以在未来增加设备。在他拿回家的 220 美元中，他交纳了 70 美元的所得税。根据这些信息，计算 Barry 对以下收入衡量指标的贡献：

a. 国内生产总值
b. 国民生产净值
c. 国民收入
d. 个人收入
e. 个人可支配收入

第24章
生活费用的衡量

1931年,当美国经济正经受大萧条之苦时,纽约扬基队向著名的棒球运动员Babe Ruth支付了8万美元的薪水。当时,即使已跻身于明星球员之列,这样的薪水也是非同寻常的。有一个故事说,一个记者问Ruth,是否认为他赚的钱比当时的总统哈伯特·胡佛(Herbert Hoover)7.5万美元的薪水还高是合理的。Ruth回答:"我这一年过得很好。"

在2010年,一名纽约扬基队棒球运动员赚到的中位薪水是550万美元,而第二游击手Alex Rodriguez得到了3 300万美元。乍一看,这个事实会使你认为,在最近80年间,棒球成为一个更赚钱的职业。但正如每个人都知道的,物品和劳务的价格也上升了。在1931年,5分钱可以买一个冰淇淋蛋卷,两角五分可以买一张本地电影院的电影票。由于Babe Ruth那时的物价比我们现在低得多,所以我们并不清楚Ruth的生活水平比现在的运动员高还是低。

在上一章中,我们考察了经济学家如何用国内生产总值(GDP)衡量一个经济所生产的物品与劳务量。本章要考察的是经济学家如何衡量整体生活费用。为了比较Babe Ruth的8万美元薪水与今天的薪水,我们需要找到一种把美元数字变成有意义的购买力衡量指标的方法。这正是被称为消费物价指数的统计数字的工作。在说明如何编制消费物价指数之后,我们将讨论如何运用物价指数来比较不同时点的美元数字。

消费物价指数是用来监测生活费用随着时间的推移而发生的变动的。当消费物价指数上升时,一般家庭必须支出更多的钱才能维持同样的生活水平。经济学家用通货膨胀这个术语来描述物价总水平上升的情况。通货膨胀率是从上一个时期以来物价水平变动的百分比。前一章说明了经济学家如何用GDP平减指数来衡量通货膨胀。但是你在晚间新闻里听到的通货膨胀率很可能不是用这种统计方法计算出来的。由于消费物价指数更好地反映了消费者购买的物品与劳务,所以它是更为普通的通货膨胀指标。

正如我们将在以后各章说明的,通货膨胀是受到密切关注的宏观经济状况的一个方面,也是指导宏观经济政策的关键变量。本章通过说明经济学家如何用消费物价指数来衡量通货膨胀率,以及如何用消费物价指数来比较不同时期的美元数字,为以后的分析提供一些背景知识。

24.1　消费物价指数

消费物价指数(consumer price index,CPI)是普通消费者所购买的物品与劳务的总费用的衡量标准。隶属于劳工部的劳工统计局(BLS)每月都计算并公布消费物价指数。在这一节,我们将讨论如何计算消费物价指数以及这种衡量存在什么问题。我们还要讨论如何比较消费物价指数与 GDP 平减指数,我们在上一章考察的 GDP 平减指数是物价总水平的另一个衡量指标。

消费物价指数(CPI): 普通消费者所购买的物品与劳务的总费用的衡量指标。

24.1.1　如何计算消费物价指数

当劳工统计局计算消费物价指数和通货膨胀率时,它要使用成千上万种物品与劳务的价格数据。为了正确说明如何编制这些统计数字,我们考虑消费者只购买两种物品——热狗和汉堡包——的简单经济。表 24-1 显示了劳工统计局所遵循的五个步骤。

1. 固定篮子。确定哪些物价对普通消费者是最重要的。如果普通消费者买的热狗比汉堡包多,那么热狗的价格就比汉堡包的价格重要。因此,在衡量生活费用时就应该给热狗更大的权数。劳工统计局通过调查消费者并找出普通消费者购买的一篮子物品与劳务来确定这些权数。在表 24-1 的例子中,普通消费者购买的一篮子物品包括 4 个热狗和 2 个汉堡包。

2. 找出价格。找出每个时点上篮子中每种物品与劳务的价格。表 24-1 显示了三个不同年份的热狗和汉堡包价格。

3. 计算这一篮子东西的费用。用价格数据计算不同时期一篮子物品与劳务的费用。该表显示了对三年中每一年的这种计算。要注意的是,在这种计算中只有价格变动。通过使这一篮子物品与劳务相同(4 个热狗和 2 个汉堡包),我们可以把同时发生的价格变动的影响与任何数量变动的影响区分开来。

4. 选择基年并计算指数。指定一年为基年,即其他各年与之比较的基准。(在用指数衡量生活费用的变动时,基年的选择是任意的。)一旦选择了基年,指数的计算如下:

$$消费物价指数 = \frac{当年一篮子物品与劳务的价格}{基年一篮子的价格} \times 100$$

表 24-1　计算消费物价指数和通货膨胀率的一个例子

第一步：调查消费者以确定固定的一篮子物品
4 个热狗，2 个汉堡包

第二步：找出每年每种物品的价格

年份	热狗的价格（美元）	汉堡包的价格（美元）
2010	1	2
2011	2	3
2012	3	4

第三步：计算每年一篮子物品的费用

年份	一篮子物品的费用
2010	（每个热狗 1 美元 × 4 个热狗）+（每个汉堡包 2 美元 × 2 个汉堡包）= 8 美元
2011	（每个热狗 2 美元 × 4 个热狗）+（每个汉堡包 3 美元 × 2 个汉堡包）= 14 美元
2012	（每个热狗 3 美元 × 4 个热狗）+（每个汉堡包 4 美元 × 2 个汉堡包）= 20 美元

第四步：选择一年作为基年（2010 年）并计算每年的消费物价指数

年份	消费物价指数
2010	（8 美元/8 美元）× 100 = 100
2011	（14 美元/8 美元）× 100 = 175
2012	（20 美元/8 美元）× 100 = 250

第五步：用消费物价指数计算自上一年以来的通货膨胀率

年份	通货膨胀率
2011	(175 − 100)/100 × 100% = 75%
2012	(250 − 175)/175 × 100% = 43%

该表说明了在一个假设消费者只购买热狗和汉堡包的经济中如何计算消费物价指数和通货膨胀率。

这就是说，每一年一篮子物品与劳务的价格除以基年这一篮子物品与劳务的价格，然后再用这个比率乘以 100。所得出的数字就是消费物价指数。

在表 24-1 的例子中，2010 年是基年。在这一年，一篮子热狗和汉堡包的费用是 8 美元。因此，各年的消费物价指数等于各年的一篮子物品价格除以 8 美元并乘以 100。2010 年的消费物价指数是 100（基年的指数总是 100）。2011 年的消费物价指数是 175。这意味着，2011 年一篮子物品的价格是基年的 175%。换个说法，基年价值 100 美元的一篮子物品在 2011 年值 175 美元。同样，2012 年的消费物价指数是 250，表示 2012 年的物价水平是基年物价水平的 250%。

5. 计算通货膨胀率。用消费物价指数计算通货膨胀率。**通货膨胀率**（inflation rate）是从前一个时期以来物价指数变动的百分比。这就是说，计算连续两年之间通货膨胀率的方法如下：

$$\text{第二年的通货膨胀率} = \frac{\text{第二年 CPI} - \text{第一年 CPI}}{\text{第一年 CPI}} \times 100\%$$

正如表 24-1 所表明的，在我们的例子中 2011 年的通货膨胀率是 75%，2012 年是 43%。

虽然这个例子通过只包括两种物品把现实世界简化了，但它说明了

通货膨胀率：

从前一个时期以来物价指数变动的百分比。

劳工统计局如何计算消费物价指数和通货膨胀率。劳工统计局每月收集并整理成千上万种物品与劳务的价格数据，遵循上述五个步骤，确定普通消费者的生活费用上升的速率。当劳工统计局每月发布消费物价指数时，你通常会在晚间电视新闻中听到这些数字，或在第二天的报纸上看到这些数字。

参考资料
CPI 的篮子中有些什么

当劳工统计局在编制消费物价指数时，竭力想把普通消费者购买的所有物品与劳务都包括进来。而且，竭力想根据消费者购买的每种物品的多少来对这些物品与劳务进行加权。

图 24-1 说明了消费者在主要物品与劳务项目上的支出类别。首先，最大的项目是住房，它占普通消费者预算的 42%。这个项目包括住所费用 (32%)、燃料和其他公共服务 (5%)，以及家具和维修 (5%)。其次是交通，占 17%，包括用于汽车、汽油、公共汽车和地铁等的支出。再次是食物和饮料，占 15%，包括在家消费的食物 (8%) 和在外面消费的食物 (6%) 以及含酒精的饮料 (1%)。然后是医疗、休闲活动、教育和通信，大约各占 6%，这一项包括诸如大学学费和个人电脑等费用。包括衣服、鞋和首饰在内的服装占普通消费者预算的 4%。

图 24-1　一篮子物品与劳务

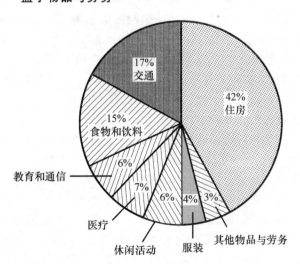

资料来源：Bureau of Labor Statistics.

该图表示了普通消费者的支出在各项不同的物品与劳务间的划分。劳工统计局称每一项的百分比为该项目的"相对重要性"。

图中还有一项 3% 的支出是其他物品与劳务。这个项目是不适于划归其他类别的杂项，如香烟、理发和丧葬支出。

生产物价指数： 企业购买的一篮子物品与劳务的费用的衡量指标。

除了整体经济的消费物价指数之外，劳工统计局还计算一些其他物价指数。它公布国内特定的大城市区域（例如，波士顿、纽约和洛杉矶）和一些较狭义的物品与劳务项目（例如，食物、衣服和能源）的指数。它还计算**生产物价指数**（producer price index，PPI）——衡量的是企业而不是消费者购买的一篮子物品与劳务的费用。由于企业最终要把它们的费用以更高消费价格的形式转移给消费者，所以通常认为生产物价指数的变动对预测消费物价指数的变动是有用的。

24.1.2 衡量生活费用中的问题

消费物价指数的目的是衡量生活费用的变动。换句话说，消费物价指数是要确定为了保持生活水平不变，收入应该增加多少。但是，消费物价指数并不是生活费用的完美衡量指标。这个指数有三个受到广泛承认但又难以解决的问题。

第一个问题称为替代偏向。当价格年复一年地变动时，它们并不都是同比例变动的：一些物品的价格上升得比另一些快。消费者对此的反应是少购买价格上升相对较快的物品，多购买价格上升较慢甚或价格下降的物品。这就是说，消费者倾向于用那些变得不太昂贵的物品来替代。如果计算消费物价指数时假设一篮子物品是固定不变的，就忽略了消费者替代的可能性，从而高估了从某一年到下一年生活费用的增加。

我们来看一个简单的例子。设想在基年苹果比梨便宜，因此，消费者购买的苹果比梨多。当劳工统计局编制一篮子物品时，它包括的苹果就比梨多。假设下一年梨变得比苹果便宜了。消费者对价格变动的反应自然是多买梨少买苹果。但劳工统计局在计算消费物价指数时仍在使用固定的一篮子物品，实际上就是假设消费者仍然购买和以前同样数量而现在变贵的苹果。由于这个原因，消费物价指数所衡量的生活费用的增加就大于消费者实际感受到的。

第二个问题是新产品的引进。当引进了一种新产品时，消费者有了更多的选择，这就减少了维持相同经济福利水平的费用。为了说明原因，考虑一种假设的情况：假设你可以在提供各种物品的大商店的100美元礼品券和物品价格相同但选择范围有限的小商店的100美元礼品券之间做出选择。你会偏好哪一个？大多数人会选择品种更多的商店。实际上，可选择范围的扩大使每一美元更值钱。这对经济进步同样适用。当引入新产品时，消费者就有更多选择，每一美元也就更值钱了。但由于消费物价指数是基于固定不变的一篮子物品和劳务，它就没有反映出因引进新物品而引起的美元价值的增加。

我们再来看一个例子。在20世纪70年代末，引进了录像机（VCR）后，消费者可以在家里看自己喜欢的电影了。虽然这不是在大屏幕前看首轮放映的电影的完全替代品，但在自家的房间看一部老电影是增加消费者机会的一种新选择。对于任何既定的美元量而言,VCR 的引进使人们的状况变好;反过来说,为达到同样的福利水平要求的美元量少了。一个完美的生活费用指数应该能够反映出 VCR 的引进所带来的生活费用的减少。但是,消费物价指数并没有因 VCR 的引进而下降。最终,劳工统计局真的修改了这一篮子物品,以便包括 VCR,而且以后的指数也反映了 VCR 价格的变动。但是,与最初 VCR 引进相关的生活费用的减少从未反映在指数中。

第三个问题是无法衡量的质量变动。如果一种物品的质量逐年变差,那么即使该物品的价格保持不变,一美元的价值也下降了,因为你支付同样的货币量得到的东西变差了。同样,如果一种物品的质量逐年上升,一美元的价值也就上升了。劳工统计局尽其所能地考虑质量变动。当篮子里一种物品的质量变动时——例如,从某一年到下一年,当一种车型马力更大或更省油时——劳工统计局就要根据质量变动来调整物品的价格。实际上,这是力图计算一篮子质量不变的物品的价格。尽管做了这些努力,但质量变动仍然是一个问题,因为质量是难以衡量的。

关于这些衡量问题有多严重以及对此应该做些什么,在经济学家中仍然存在许多争论。20 世纪 90 年代发表的几项研究的结论是,消费物价指数每年高估了 1% 的通货膨胀。针对这种批评,劳工统计局采取了一些技术性变动以改善 CPI,许多经济学家相信,现在这种偏差只是以前的一半。这个问题之所以重要,是因为许多政府计划是用消费物价指数来调整物价总水平的变动的。例如,社会保障领取者每年补助的增加就与消费物价指数相关。一些经济学家建议修改这些计划,例如,通过减少补助自动增加的数量纠正衡量中存在的问题。

新闻摘录
为 CPI 而逛商店

在每一个宏观经济统计数字背后都有成千上万个零星的经济数据。下面这篇经典文章来自一位经济学家,他收集了这些数据。

与物价指数编制者下基层

Robert D. Hershey, Jr.

特拉华州,Wilmington 市——Diane Balaguer 手拿厚蓝夹子,目的明确地大步踏入城北的 Concord 购物中心。她看了下女款套头衫(短袖,深色,没有什么设计感)的价格,看了看 Hastings & Smith 的马球衬衫,记录下男款高领衫这个季节还没上,然后她就要面对今天统计完美性的第一个挑战了。

Balaguer 小姐在看到一件 Towne 式雨衣时轻轻摇了摇头,这是 London Fog 产品线的款式(与一个月前一样,标着 99.90 美元)。她认为 Towne 式应该是比 Severn 那个产品线的东西有一点点几乎难以觉察到的质量欠佳(价钱可是两倍),Severn 式是今年才换上的,差别就在纽扣、针角之类的地方。

图片来源:© JUPITERIMAGES/BANANASTOCK/THINKSTOCK.

今年春天早些时候,她已经把这个不寻常的状况告诉了华盛顿的专家们,但是他们驳回了她换个产品的建议。然而这么做就会给消费物价指数带来不可避免的、一点点轻微的准确性影响。消费物价指数是用途最广的通货膨胀衡量指标,这个指标直接影响七千多万美国人的收入、联邦收入税以及学校的午餐费用。

"还不是非黑即白的决定",Balaguer 小姐说,"即使我们问十分明确的问题,尽力得到十分精确的答案,还是需要做出许多判断才行。"

当劳工部每月发布物价指数时,看起来和任何政府的统计数字一样严肃。而和 Balaguer 小姐下基层工作一天却给了我们鲜活的例证来理解这样一个与七万亿美元规模经济体紧密相关的、错综复杂的混局是如何去监测的。Balaguer 小姐和她的数百名同事每个月都要在全国检查 9 万项费用——这些项目包罗万象——从鲶鱼排到花在医院康复室的时间。

Balaguer 小姐作为一名训练有素的经济学家,不仅监督数据采集工作,而且自己也经常下基层,她对于物价指数的争议没有发表任何意见。

这套统计系统考虑到了人会犯错误或者搞破坏的可能性——多方求证其他数据采集者的工作是标准流程。华盛顿负责指数日常监管的 Patrick C. Jackman 说,"我们很努力,我不认为我们收集到很多不良数据。"

根据每年政府关于人们买什么和在什么商场买的调查,总部要求基础调查员收集何种物品的价格。调查结果被送到华盛顿,在那里要筛选这些数据,确认它们是有效的。由于统计局承诺为受访者保密,所以 Balaguer 小姐造访的十个购物中心是匿名的。不过她确实说了说与 4 月份相比,5 月份的物价怎么样,也详细解释了如何处理不连续产品的价格、清仓价格,以及并不多见的、人为错误标价时该如何处理。

这天当中最棘手的是在一家园艺店,这家店刚巧穿过了宾州州界。在发现了 $3\frac{1}{2}$ 英寸桶装的仙人掌和 16 英寸的波士顿蕨价格(分别是 4 美元和 25 美元)不变之后,Balaguer 小姐发现黑心黄菊这种必不可少的花种没有存货了。

在得知这不是暂时的缺货之后,Balaguer 小姐的解决方案是要在同一产品线上找到一种替代种子,以添补统计系统里这个点。在凭借她的厚厚蓝夹子里可以产生随机数字的图表和一连串袋装种子的速查之后,不到一分钟,问题有了答案。Balaguer 小姐宣布,从今天始,指数计算用的将是"蒲苇草"了。

并不是每个麻烦都能这么容易地解决。Balaguer 小姐为了搞清楚康复室收费中一项令人困惑的、使价格减半的结构调整,与医院的主管讨论了二十多分钟如何处理。

"你必须能够问出问题来,有点像福尔摩斯",Balaguer 小姐说道。

在一家啤酒批发商店里检查 1 升装的加拿大干姜水时,Balaguer 小姐遇到了点尴尬,店主 Richard Gropper 坚持说价格是 84 美分。Balaguer 小姐认为,这其实是比 4 月份涨了 9 美分,这样店主才发现自己错了。他还补充说,他很愿意给物价指数做点什么,这样他还能依此来调整隔壁甜甜圈店的租户租金。

Balaguer小姐说最难收集价格的项目是电力和天然气。统计局用奇奇怪怪的统计表格直接从公用部门取得这类信息。Balaguer小姐还想到儿童餐食和中餐馆的饭食也带来问题,尽管有菜单可以查看。因为这些东西里通常都包括了饮料,而饮料是应该单独计价的。

房租,占到城市消费物价指数的41%,是向房东和租户定期调查得来的。对于这两类人,问题都是一样的,该房产的月租金是多少?据Balaguer小姐说,如有必要,比如房子空着时,她和她的同事们会通过地产经纪人和邻居来得到房租数据。

有些调整者可能觉得这项工作的限制条款中有一项是挺麻烦的,不过Balaguer小姐倒是没觉得。

Balaguer小姐说,"我们从来不带钱包,因为我们工作时是不允许买东西的。"她补充说,她原来在零售业工作,"事实上,我恨买东西"。

资料来源:In the Field with the Price Indexers By Robert D. Hershey, Jr. from *The New York Times*, June 20, 1995. Copyright © 1995 The New York Times Co. Reprinted by permission.

24.1.3 GDP平减指数与消费物价指数

在上一章中,我们考察了经济中物价总水平的另一个衡量指标——GDP平减指数。GDP平减指数是名义GDP与真实GDP的比率。由于名义GDP是按现期价格评价的现期产出,而真实GDP是按基年价格评价的现期产出,所以GDP平减指数反映了相对于基年物价水平的现期物价水平。

经济学家和决策者为了判断物价上升的快慢,既要关注GDP平减指数,又要关注消费物价指数。通常,这两个统计数字说明了相似的情况,但存在两个重要的差别使这两个数字不一致。

第一个差别是,GDP平减指数反映国内生产的所有物品与劳务的价格,而消费物价指数反映消费者购买的所有物品与劳务的价格。例如,假设由波音公司生产并出售给空军的一架飞机价格上升了。尽管这架飞机是GDP的一部分,但并不是普通消费者购买的物品与劳务篮子中的一部分。因此,反映在GDP平减指数中的物价上升了,但消费物价指数并没有上升。

再举一个例子,假设沃尔沃公司提高了其汽车的价格。由于沃尔沃汽车是在瑞典生产的,所以这种汽车并不是美国GDP的一部分。但是,美国消费者购买沃尔沃汽车,所以这种汽车是普通消费者一篮子物品中的一部分。因此,像沃尔沃汽车那样,进口消费品价格的上升反映在消费物价指数中,但并未反映在GDP平减指数中。

当石油价格变动时,消费物价指数和GDP平减指数之间的第一种差别特别重要。虽然美国也生产一些石油,但是美国用的大部分石油是进

"价格看来或许高些,可是你得记住这是以今天的钱计价的。"

图片来源:THE WALL STREET JOUR-NAL—PERMISSION,CARTOON FEATURES SYNDICATE.

口的。因此,石油和汽油、燃料油这类石油产品在消费者支出中的比例远远大于在 GDP 中的比例。当石油价格上升时,消费物价指数上升的速度比 GDP 平减指数大得多。

GDP 平减指数和消费物价指数之间第二个更微妙的差别涉及如何对各种价格进行加权以得出一个物价总水平的数字。消费物价指数比较的是固定的一篮子物品与劳务的价格与基年这一篮子物品与劳务的价格,而劳工统计局只是偶尔改变这一篮子物品的构成。与此相反,GDP 平减指数比较的是现期生产的物品和劳务的价格与基年同样物品和劳务的价格。因此,用来计算 GDP 平减指数的物品与劳务的组合自动地随着时间的推移而变动。当所有价格都同比例地变动时,这种差别并不重要。但是,如果不同物品与劳务价格的变动量不同,我们对各种价格加权的方法对于整个通货膨胀率就是至关重要的。

图 24-2 说明了 1965 年以来用 GDP 平减指数和消费物价指数所衡量的每年的通货膨胀率。你可以看到,有时这两个衡量指标并不一致。当它们不一致时,探讨这些数字,并用我们讨论过的两个差别来解释这种不一致是可能的。例如,在 1979 年和 1980 年,CPI 衡量的通货膨胀大大高于 GDP 平减指数所衡量的,因为在这两年中,石油价格上升了两倍以上。然而,这两个衡量指标之间的不一致是例外,而不是常规。在 20 世纪 70 年代,GDP 平减指数和消费物价指数都表明通货膨胀率高。在 20 世纪 80 年代后期、90 年代以及 21 世纪的第一个十年中,这两个衡量指标都表明通货膨胀率低。

图 24-2 通货膨胀的两个衡量指标

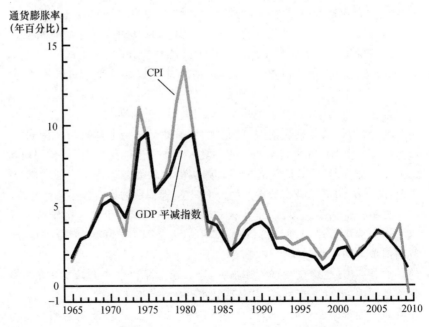

该图显示了 1965 年以来用年度数据按 GDP 平减指数和消费物价指数衡量的通货膨胀率——物价水平变动百分比。要注意的是,这两个通货膨胀衡量指标一般是同时变动的。

资料来源:U.S. Department of Labor; U.S. Department of Commerce.

即问即答 简单解释消费物价指数衡量什么以及如何编制。指出 CPI 是生活费用一个不完美衡量指标的原因。

24.2 根据通货膨胀的影响校正经济变量

衡量经济中物价总水平的目的是使我们能比较不同时期的美元数字。现在我们已经知道了如何计算物价指数，就可以用这个指数来比较过去的美元数字与现在的美元数字。

24.2.1 不同时期的美元数字

我们先回到 Babe Ruth 的薪水问题。与今天运动员的薪水相比，他在 1931 年时的 8 万美元薪水是高还是低呢？

为了回答这个问题，我们需要知道 1931 年的物价水平和今天的物价水平。棒球运动员增加的薪水中一部分仅仅是基于今天更高的物价水平对他们所做的补偿。为了比较 Ruth 的薪水与今天运动员的薪水，我们需要把 Ruth 1931 年的美元薪水换算成今天的美元。

把 T 年的美元换算成今天美元的公式如下：

$$\text{今天美元的数量} = T \text{年美元的数量} \times \frac{\text{今天的物价水平}}{T \text{年的物价水平}}$$

消费物价指数这种物价指数衡量物价水平，从而决定了通货膨胀校正的大小。

我们把这个公式运用于 Ruth 的薪水。政府的统计数字表明，1931 年的物价指数为 15.2，而 2009 年为 214.5。因此，物价总水平上升了 14.1 倍（它等于 214.5/15.2）。我们可以用这些数字来衡量按 2009 年美元计算的 Ruth 的薪水，计算如下：

$$2009 \text{ 年美元的薪水} = 1931 \text{ 年美元的薪水} \times \frac{2009 \text{ 年物价水平}}{1931 \text{ 年物价水平}}$$

$$= 80\,000 \times \frac{214.5}{15.2} = 1\,128\,947 \text{(美元)}$$

我们发现，Babe Ruth 1931 年的薪水相当于今天超过 100 万美元的薪水。这是份不错的收入，但不到今天扬基队运动员中位薪水的 1/4，只有扬基付给 A-Rod 报酬的 3%。多种因素，包括整个经济的增长和超级明星得到的收入份额的增加，都使最好运动员的生活水平有了很大提高。

我们再来考察胡佛总统 1931 年的薪水 7.5 万美元。为了把这个数字换算为2009年美元,我们又要乘以这两年物价水平的比率。我们发现,胡佛的薪水相当于7.5万美元×(214.5/15.2),即按2009年美元计算为1 058 388美元。这大大高于奥巴马(Barack Obama)总统的薪水40万美元。看来胡佛总统竟然有过一个相当不错的年份。

参考资料
指数先生进入好莱坞

电影史上最卖座的片子是哪一部呢?答案可能会使你吃惊。

电影受欢迎的程度通常用票房收入来衡量。按照这个标准,《阿凡达》以国内收入7.49亿美元名列各个时代的第一名,紧随其后的是《泰坦尼克号》(6.01亿美元)和《黑暗骑士》(5.33亿美元)。但这个排序忽略了一个明显而重要的事实:包括电影票价格在内的物价一直在上升。通货膨胀对最近的电影有利。

当我们根据通货膨胀的影响校正票房收入时,情况就完全不同了。现在第一名是《乱世佳人》(16.06亿美元),其后是《星球大战》(14.16亿美元)和《音乐之声》(11.32亿美元)。《阿凡达》降到第十四名。

《乱世佳人》在1939年公映,那是在每个人家里都有电视之前。在20世纪30年代,每周大约有9 000万美国人去电影院,而今天只有2 500万人。但那个时代的电影很少能上票房排行榜,因为票价只有25美分。实际上根据名义票房收入的排行,《乱世佳人》并不在前50部电影之列。一旦我们根据通货膨胀的影响进行校正,郝思嘉和白瑞德(《乱世佳人》中的男女主角——译者注)就身价百倍了。

24.2.2 指数化

正如我们刚刚说明的,当比较不同时期的美元数字时,要用物价指数来校正通货膨胀的影响。在经济中的许多地方都反映出这种校正。当某一美元量根据法律或合同自动地按物价水平的变动校正时,这种美元量就称为通货膨胀的**指数化**(indexation)。

指数化:
根据法律或协议按照通货膨胀的影响对美元数量的自动调整。

例如,企业和工会之间的许多长期合同有工资根据消费物价指数部分或全部指数化的条款。这种条款被称为生活费用津贴(COLA)。当消费物价指数上升时,COLA自动地增加工资。

指数化也是许多法律的特点。例如,社会保障补助每年根据物价上升调整,以补偿老年人。联邦所得税等级——税率变动依据的收入水平——也按通货膨胀进行指数化。但是,税制中也有许多内容尽管应该指数化,但并没有按通货膨胀指数化。当我们在本书的后面讨论通货膨胀的成本时,还要更充分地讨论这些问题。

24.2.3　真实利率与名义利率

我们在考察利率的数据时,根据通货膨胀的影响来校正经济变量特别重要,而且颇为棘手。利率的概念必然涉及比较不同时点的货币量。当你把钱存入银行账户时,现在你给了银行一些货币,未来银行要偿还你的存款和利息。同样,当你向银行借款时,现在你得到了一些货币,但是在未来你必须偿还借款和利息。在这两种情况下,为了充分了解你与银行之间的交易,关键是要知道,未来美元的价值不同于今天的美元。这就是说,你必须根据通货膨胀的影响进行校正。

我们来看一个例子。假设 Sally 把 1 000 美元存入银行账户,该银行账户每年支付 10% 的利率。一年以后,Sally 累积的利息为 100 美元,她可以提取 1 100 美元。但这 100 美元使 Sally 比一年前存款时富有了吗?

答案取决于我们所说的"富有"这个词的含义。Sally 确实比她以前多了 100 美元。换句话说,Sally 所拥有的美元数量增加了 10%。但是,Sally 并不关心货币数量本身:她只关心她用这些货币能买到什么。如果她的货币存在银行时物价上升了,现在每一美元买到的东西比一年前少了,在这种情况下,她的购买力——她能买到的物品与劳务量——并没有上升 10%。

为了使事情简单,我们假设 Sally 是一个音乐迷,而且只买音乐 DVD。当 Sally 存款时,在当地音乐商店里一张 DVD 卖 10 美元。她存款 1 000 美元相当于 100 张 DVD。一年以后,在得到 10% 的利息之后,她有 1 100 美元。现在她能买多少张 DVD? 这取决于 DVD 价格的变动。下面是一些例子:

- 零通货膨胀:如果 DVD 的价格仍然是 10 美元,那么她可以购买的 DVD 量从 100 张增加到 110 张。美元数量增加 10% 意味着她的购买力增加 10%。
- 6% 的通货膨胀:如果 DVD 价格从 10 美元上升到 10.6 美元,那么她能购买的 DVD 量就从 100 张增加到近 104 张。她的购买力增加约为 4%。
- 10% 的通货膨胀:如果 DVD 价格从 10 美元上升到 11 美元,她仍然只可以购买 100 张 DVD。尽管 Sally 的美元财富增加了,但是她的购买力与一年前相同。
- 12% 的通货膨胀:如果 DVD 的价格从 10 美元上升到 11.2 美元,那么她能购买的 DVD 量从 100 张下降到将近 98 张。尽管她的美元数量多了,但是她的购买力降低了约 2%。

如果 Sally 生活在一个通货紧缩——物价下降——的经济里,就会有另一种可能性出现:

- 2% 的通货紧缩:如果 DVD 的价格从 10 美元下降到 9.8 美元,那么她能购买的 DVD 量就从 100 张增加到将近 112 张。她的购买力增加了

12% 左右。

这些例子说明,通货膨胀率越高,Sally 的购买力增加得就越少。如果通货膨胀率大于利率,她的购买力实际上就下降了。如果存在通货紧缩(也就是说,负通货膨胀率),她的购买力的增加大于利率。

为了了解一个人能从储蓄账户上赚到多少,我们需要考虑利率和价格变动。衡量美元数量变动的利率称为**名义利率**(nominal interest rate),根据通货膨胀校正的利率称为**真实利率**(real interest rate)。名义利率、真实利率和通货膨胀之间的关系接近于以下公式:

$$真实利率 = 名义利率 - 通货膨胀率$$

真实利率是名义利率和通货膨胀率之间的差额。名义利率告诉你,随着时间的推移,你的银行账户中的美元数量增加有多快;而真实利率告诉你,随着时间的推移,你的银行账户中的购买力提高有多快。

名义利率:
通常公布的、未根据通货膨胀的影响校正的利率。

真实利率:
根据通货膨胀的影响校正过的利率。

案例研究
美国经济中的利率

图 24-3 显示了自 1965 年以来美国经济中的真实利率与名义利率。这个图中名义利率是 3 个月期国库券的利率(尽管有关其他利率的数据也是相似的)。真实利率是从名义利率中减去通货膨胀率计算出来的。在这里,通货膨胀率是用消费物价指数变动百分比衡量的。

图 24-3 真实利率与名义利率

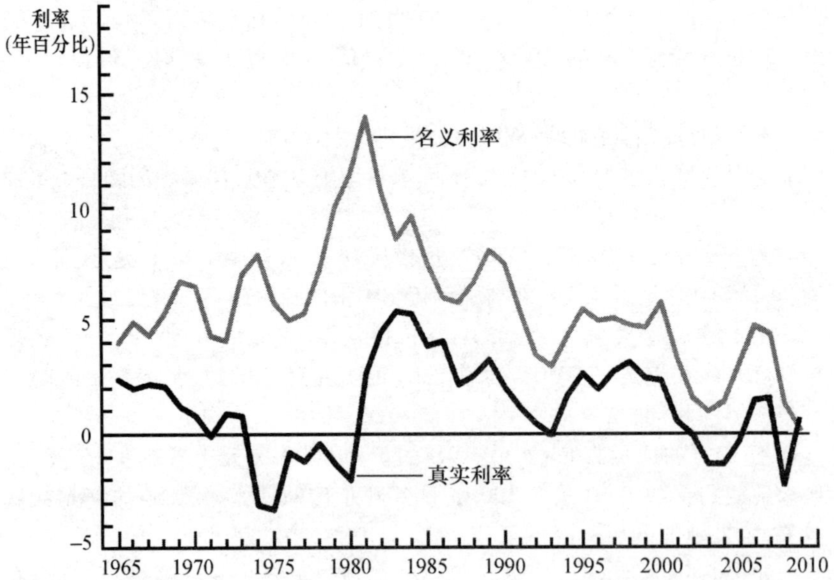

该图显示了自 1965 年以来的年度名义利率与真实利率。名义利率是 3 个月期国库券的利率。真实利率是名义利率减去按消费物价指数衡量的通货膨胀率。要注意的是,名义利率和真实利率往往并不同时变动。

资料来源:U. S. Department of Labor; U. S. Department of Treasury.

这个图的一个特点是,名义利率总是大于真实利率。这反映了在这一时期美国经济每年都在经历消费物价上升这个事实。与此相反,如果你观察19世纪后期的美国经济或者近年来的日本经济,你就会发现通货紧缩的时期。在通货紧缩时期,真实利率大于名义利率。

该图还表明,由于通货膨胀是变动的,真实利率与名义利率并不总是同时变动。例如,在20世纪70年代后期,名义利率高,但由于通货膨胀率极高,真实利率就低。实际上在20世纪70年代的许多年份,真实利率是负的,这是由于通货膨胀对人们储蓄的侵蚀要快于名义利息支付的增加。与此相反,在20世纪90年代后期,名义利率较20年前的低,但由于通货膨胀比那时低很多,因此真实利率比那时高。在以后几章中,我们将研究决定真实利率与名义利率的经济因素。

即问即答 1914年,亨利·福特(Henry Ford)向他的工人支付一天5美元的工资。如果1914年消费物价指数是10,而2010年是218,按2010年美元计算,福特支付的工资值多少?

24.3 结论

棒球运动员Yogi Berra曾讽刺说:"5分钱总没有1毛钱值钱。"实际上,在整个近代史中,5美分、10美分和1美元背后的真实价值一直是不稳定的。物价总水平的持续上升一直是正常的。这种通货膨胀一直在降低每单位货币的购买力。当比较不同时期的美元数量时,要牢记今天的1美元和20年前的1美元不同,或者说,很可能也不同于20年后的1美元。

本章讨论了经济学家如何衡量经济的物价总水平以及他们如何用物价指数来校正通货膨胀对经济变量的影响。物价指数使我们可以比较不同时点的美元,从而更好地了解经济是如何变动的。

本章中关于物价指数的讨论与上一章关于GDP的讨论仅仅是研究宏观经济学的第一步。我们还没有考察什么决定一国的GDP以及通货膨胀的原因与影响。为了这样做,我们需要超越衡量问题。实际上,这正是我们下面的任务。在前面的两章解释了经济学家如何衡量宏观经济的数量和价格以后,现在我们就准备构建一个解释这些变量变动的模型。

以下是我们未来几章的安排。首先,研究长期中决定真实GDP以及储蓄、投资、真实利率和失业这些相关变量的因素。其次,考察长期中决定物价水平和货币供给、通货膨胀以及名义利率这些相关变量的因素。最后,在说明长期中这些变量如何决定以后,考察什么引起真实GDP和物价水平短期波动这样更为复杂的问题。在所有这些章中,我们刚刚讨论过的衡量问题为这种分析奠定了基础。

内容提要

◎ 消费物价指数表示相对于基年一篮子物品与劳务的费用，这一篮子物品与劳务的费用是多少。这个指数用于衡量经济的物价总水平。消费物价指数变动的百分比可用于衡量通货膨胀率。

◎ 由于三个原因，消费物价指数并不是生活费用的一个完美衡量指标。第一，它没有考虑到，随着时间的推移，消费者用变得较便宜的物品替代原有物品的能力。第二，它没有考虑到因新物品的引进而使 1 美元的购买力提高。第三，这个指数因没有衡量物品与劳务质量的变动而被扭曲。由于这些衡量问题，CPI 高估了真实的通货膨胀。

◎ 与消费物价指数一样，GDP 平减指数也衡量经济的物价总水平。这两个物价指数通常同时变动，但是它们有着重大差别。GDP 平减指数不同于消费物价指数，是因为它涵盖生产出来的物品与劳务，而不是用于消费的物品与劳务。因此，进口物品影响消费物价指数，但不影响 GDP 平减指数。此外，消费物价指数用固定的一篮子物品，而 GDP 平减指数一直随着 GDP 构成的变动而自动地改变物品与劳务的组合。

◎ 不同时间的美元数字并不代表购买力的真实差别。为了比较过去与现在的美元数字，过去的数字应该用物价指数进行调整。

◎ 各种法律和私人合同用物价指数来校正通货膨胀的影响。但是，税法只是部分地对通货膨胀实行了指数化。

◎ 当考察利率数据时，对通货膨胀的校正特别重要。名义利率是通常所公布的利率，它是储蓄账户上随着时间推移而增加的美元量的比率。与此相反，真实利率考虑到美元价值随着时间的推移而发生的变动。真实利率等于名义利率减通货膨胀率。

关键概念

消费物价指数（CPI）　　　　　生产物价指数　　　　　名义利率
通货膨胀率　　　　　　　　　 指数化　　　　　　　　 真实利率

复习题

1. 你认为下列哪一项对消费物价指数影响大：鸡肉价格上升 10%，还是鱼子酱价格上升 10%？为什么？
2. 描述使消费物价指数成为生活费用的一个不完美衡量指标的三个问题。
3. 如果海军潜艇的价格上升了，对消费物价指数影响大，还是对 GDP 平减指数影响大？为什么？
4. 在长期中，糖果的价格从 0.10 美元上升到 0.60 美元。在同一时期中，消费物价指数从 150 上升到 300。根据整体通货膨胀进行调整后，糖果的价格变动了多少？
5. 解释名义利率和真实利率的含义。它们如何相关？

问题与应用

1. 假设在你出生的那一年,有人为你的出生买了 100 美元的物品与劳务。你猜猜今天买等量的物品与劳务要花多少钱?现在寻找消费物价指数的数据,并根据这些数据进行计算。(你可以在 http://www.bls.gov/data/inflation_calculator.htm 上找出劳工统计局的通货膨胀计算器)。

2. 假设素食国的居民把他们的全部收入用于购买菜花、西兰花和胡萝卜。在 2010 年,他们用 200 美元买了 100 个菜花,75 美元买了 50 个西兰花,50 美元买了 500 个胡萝卜。在 2011 年,他们用 225 美元买了 75 个菜花,120 美元买了 80 个西兰花,100 美元买了 500 个胡萝卜。
   a. 计算每年每种蔬菜的价格。
   b. 把 2010 年作为基年,计算每年的 CPI。
   c. 2011 年的通货膨胀率是多少?

3. 假设人们只消费三种物品,如下表所示:

	网球	高尔夫球	"给他力"饮料
2011 年价格	2 美元	4 美元	1 美元
2011 年数量	100	100	200
2012 年价格	2 美元	6 美元	2 美元
2012 年数量	100	100	200

   a. 这三种物品每一种价格变动的百分比是多少?
   b. 用类似于消费物价指数的方法,计算整个物价水平变动的百分比。
   c. 如果你知道从 2011 年到 2012 年"给他力"饮料的容量增加了,这个信息会影响你通货膨胀率的计算吗?如果影响的话,怎样影响?
   d. 如果你知道在 2012 年"给他力"饮料引进了新口味,这个信息会影响你通货膨胀率的计算吗?如果影响的话,怎样影响?

4. 登录劳工统计局的网站(http://www.bls.gov),并找出消费物价指数。包括所有东西的指数在过去一年上升了多少?哪一个支出类别的物价上升得最快?哪一个最慢?哪个类别经历了物价下降?你能解释这些事实吗?

5. 一个十个人的小国把电视上播出的《美国偶像》偶像化。他们都生产并消费卡拉 OK 机和 CD,如下表所示:

	卡拉 OK 机		CD	
	数量	价格	数量	价格
2011	10	40 美元	30	10 美元
2012	12	60 美元	50	12 美元

   a. 用类似于消费物价指数的方法,计算物价总水平变动的百分比。把 2011 年作为基年,而且固定的一篮子是 1 台卡拉 OK 机和 3 张 CD。
   b. 用类似于 GDP 平减指数的方法,计算物价总水平变动的百分比,也把 2011 年作为基年。
   c. 用两种方法计算的 2012 年通货膨胀率相同吗?解释原因。

6. 用以下每一种情况说明在编制 CPI 中会出现什么问题。解释之。
   a. iPod 的发明。
   b. 汽车气囊的引进。
   c. 个人电脑价格下降致使购买量增加。
   d. 每包早餐麦片的分量增加了。
   e. 在汽油价格上升后更多地使用节油型车。

7. 在1970年每份《纽约时报》是0.15美元,而2009年是2美元。在1970年制造业平均工资是每小时3.23美元,2009年是20.42美元。
   a. 报纸价格上升的百分比是多少?
   b. 工资上升的百分比是多少?
   c. 在每个年份中,工人分别工作多少分钟赚的钱够买一份报纸?
   d. 从报纸来看,工人的购买力上升了,还是下降了?
8. 本章说明了尽管大多数经济学家认为CPI高估了实际的通货膨胀,但每年的社会保障补助仍然与CPI同比例增加。
   a. 如果老年人和其他人消费同样的市场物品与劳务篮子,社会保障会使老年人的生活水平每年都有提高吗?解释之。
   b. 实际上,老年人消费的医疗比年轻人多,而且医疗费用的增加快于整体通货膨胀。你根据什么确定老年人的实际状况是否一年比一年好?
9. 当决定把多少收入用于退休储蓄时,工人应该考虑他们将赚到的是真实利率还是名义利率?解释之。
10. 假设债务人和债权人一致同意按名义利率来支付贷款。结果通货膨胀高于他们双方的预期。
    a. 这笔贷款的真实利率高于还是低于预期的水平?
    b. 债权人从这种未预期到的高通货膨胀中获益还是受损?债务人获益还是受损?
    c. 20世纪70年代的通货膨胀比这十年开始时大多数人预期的通货膨胀要高得多。这会如何影响那些在20世纪60年代期间得到固定利率住房抵押贷款的房主?它如何影响发放这种贷款的银行?

第 9 篇　长期中的真实经济

第 25 章
生产与增长

当你在世界各国旅行时,你会看到生活水平的巨大差别。在美国、日本或德国这样的富国,人均收入是印度、印度尼西亚或尼日利亚这样的穷国人均收入的十几倍。这种巨大的收入差异反映在生活质量的巨大差异上。富国的人们拥有更好的营养、更安全的住房、更好的医疗、更长的预期寿命,以及更多的汽车、电话和电视机。

即使在一个国家内,生活水平也会随着时间的推移而发生巨大变化。过去一个世纪以来,美国按人均真实 GDP 衡量的平均收入每年增长 2% 左右。虽然 2% 看起来无足轻重,但这种增长率意味着人均收入每 35 年翻一番。由于这种增长,今天的人均收入是一个世纪以前人均收入的 8 倍左右。因此,普通美国人享有比他们的父辈、祖辈和曾祖辈好得多的富裕生活。

国与国之间的增长率差别很大。在最近的历史上一些东亚国家和地区,如新加坡、韩国和中国台湾,经历了每年 7% 以上的经济增长;按这个比率,人均收入每 10 年就翻一番。过去 20 年间,中国甚至有更高的增长率,根据某些人的估计,大约每年 12% 左右。一个经历如此迅速增长的国家和地区,经过一代人的时间就从世界上最穷的国家和地区一跃跻身于世界上最富裕国家和地区的行列。与此相反,在一些非洲国家,如乍得、加蓬和塞内加尔,许多年来平均收入一直是停滞的。

用什么来解释这些不同的经历呢?富国怎样才能维持它们的高生活水平呢?穷国应该采取什么政策来加快经济增长,并加入发达国家的行列呢?这些问题是宏观经济学中最重要的问题。正如诺奖得主、经济学家罗伯特·卢卡斯(Robert Lucas)所指出的:"这些问题对人类福利的影响简直令人吃惊:一旦开始考虑这些问题,就很难再考虑其他任何问题。"

在前两章中,我们讨论了经济学家如何衡量宏观经济数量和价格。现在我们开始研究决定这些变量的因素。正如我们已经说明的,一个经济的国内生产总值(GDP)既衡量经济中赚到的总收入,又衡量经济中用于物品与劳务产出的总支出。真实 GDP 的水平是判断经济繁荣与否的一个良好标准,而真实 GDP 的增长是判断经济进步与否的一个良好标准。在这一章中,我们将集中研究真实 GDP 水平及其增长的长期决定因素。在本书的后面,我们将研究围绕真实 GDP 长期趋势的短期波动。

在本章我们分三步进行研究:第一,考察人均真实 GDP 的国际数据,这些数据使我们对世界各国生活水平与增长的差别大小有一个大体了解。第二,我们考察生产率——一个工人每小时生产的物品与劳务量——的作用。特别是说明一国的生活水平是由其工人的生产率决定的,并且考虑决定一国生产率的因素。第三,考虑生产率和一国采取的经济政策之间的联系。

25.1 世界各国的经济增长

作为研究长期增长的出发点,我们先考察世界上一些国家的经济发展历程。表 25-1 说明了 13 个国家人均真实 GDP 的数据。对于每一个国家,数据都涵盖一个世纪的历史。该表的第一栏和第二栏列出了国家与时期(各国的时期略有不同,这是因为数据的可获得性不同)。第三栏和第四栏列出了一个世纪前和最近一年的人均真实 GDP 的估计值。

表 25-1 不同的增长经历

国家	时期	期初人均真实 GDP[a](美元)	期末人均真实 GDP[a](美元)	年增长率(%)
日本	1890—2008	1 504	35 220	2.71
巴西	1900—2008	779	10 070	2.40
墨西哥	1900—2008	1 159	14 270	2.35
德国	1870—2008	2 184	35 940	2.05
加拿大	1870—2008	2 375	36 220	1.99
中国	1900—2008	716	6 020	1.99
美国	1870—2008	4 007	46 970	1.80
阿根廷	1900—2008	2 293	14 020	1.69
英国	1870—2008	4 808	36 130	1.47
印度	1900—2008	675	2 960	1.38
印度尼西亚	1900—2008	891	3 830	1.36
巴基斯坦	1900—2008	737	2 700	1.21
孟加拉国	1900—2008	623	1 440	0.78

[a] 真实 GDP 以 2008 年美元衡量。

资料来源:Robert J. Barro and Xavier Sala-i-Martin, *Economic Growth* (New York: McGraw-Hill, 1995), tables 10.2 and 10.3; *World Development Report 2010*, Table 1; and author's calculations.

人均真实 GDP 数据表明各国生活水平差别很大。例如,美国的人均收入约为中国的 8 倍左右,印度的 16 倍左右。最穷国家的人均收入水平是发达国家几十年来所未见的。2008年普通印度人的真实收入比1870年普通英国人的水平还低一点。2008年普通孟加拉国人的真实收入是一个世纪以前普通美国人的三分之二左右。

表25-1的最后一栏列出了每个国家的增长率。它衡量的是在正常的一年中人均真实GDP增长的速度。例如，美国在1870年的人均真实GDP是4 007美元，而2008年是46 970美元，年增长率为1.8%。这意味着，如果人均真实GDP从4 007美元开始，138年中每年增长1.8%，那么最后就是46 970美元。当然，人均真实GDP实际上并不是每年正好增长1.8%：一些年份增长快而另一些年份增长慢，而在其他年份会下降。每年1.8%的增长率没有考虑围绕长期趋势的短期波动，它代表许多年来人均真实GDP的平均增长率。

表25-1中的国家按其增长率从高到低排序。日本在最上端，它的年增长率为2.71%。一百年前，日本并不是一个富国。日本的人均收入只比墨西哥略高一点，而且远远落后于阿根廷。日本在1890年的生活水平低于今天印度的一半。但是，由于其惊人的增长速度，日本现在是一个超级经济大国，人均收入是墨西哥和阿根廷的两倍多，与德国、加拿大和英国的水平相当。在这个表的最下面是巴基斯坦和孟加拉国，在过去的一个世纪中它们的年增长率不到1.3%。结果，这些国家的普通居民仍然生活在悲惨的贫困之中。

由于增长率的差别，随着时间的推移，各国按收入的排序会有很大的变动。正如我们所看到的，相对于其他国家，日本一直在上升。一直在下降的一个国家是英国。在1870年，英国是世界上最富的国家，人均收入比美国高20%左右，是加拿大的两倍多。现在，英国的人均收入比美国低20%，而与加拿大相当。

这些数据表明，世界上最富的国家并不能保证它们将来也是最富的，而世界上最穷的国家也并不注定永远处于贫困状态。但是，用什么来解释长期中的这些变化呢？为什么有些国家快速增长，而另一些国家落后了呢？这些正是我们以下要论述的问题。

即问即答 美国人均真实GDP增长率约为多少？说出增长较快的一个国家和增长较慢的一个国家。

参考资料
一张图片顶一千个统计数字

乔治·萧伯纳（George Bernard Shaw）曾经说过："一个真正受过教育的人的标志是他能深深被统计数字打动。"但是，我们大多数人只有知道GDP数据代表什么，才能深深地被这些统计数据打动。

下面的三张照片显示分别来自三个国家——英国、墨西哥和马里——的三个普通家庭的情况。每个家庭及其所拥有的全部物质财产都

第25章 生产与增长 ▶ 47

在他们的房子外面被拍照。

根据这些照片、GDP 或其他统计数字来判断,这些国家的生活水平有着极大的差别。

- 英国是一个发达国家。在 2008 年,它的人均 GDP 是 36 130 美元。只有极少数人生活在极端贫困中,此处极端贫困的定义是每天的生活费低于 2 美元。受教育程度高:在处于高中入学年龄的孩子中,91% 的人上学。英国居民预期寿命长,活到 65 岁以上的概率男性是 85%,女性是 91%。

- 墨西哥是一个中等收入国家。在 2008 年,人均 GDP 是 14 270 美元。约有 5% 的人每天生活费不到 2 美元。在处于高中入学年龄的孩子中,71% 的人上学。活到 65 岁以上的概率男性是 78%,女性是 86%。

- 马里是穷国。在 2008 年,它的人均 GDP 只有 1 090 美元。极端贫困是正常的:超过 3/4 的人每天生活费不到 2 美元。马里的教育水平低:在处于高中入学年龄的孩子中,只有 29% 的人上学。而且,人们的寿命通常不长:活到 65 岁以上的概率男性只有 38%,女性是 42%。

那些研究经济增长的经济学家试图解释是什么引起生活水平上如此巨大的差别。

图片来源:© DAVID REED FROM MATERIAL WORLD.

一个普通的英国家庭

图片来源:© PETER MENZEL/MENZELPHOTO.COM.

一个普通的墨西哥家庭

图片来源：© PETER MENZEL/MENZELPHOTO.COM.

一个普通的马里家庭

参考资料
你比最富的美国人还富吗

《美国传统》杂志曾公布了各个时期最富的美国人的名单。第一位是生活于1839—1937年的石油企业家约翰·D.洛克菲勒（John D. Rockefeller）。根据该杂志的计算，他的财富相当于今天的2 000亿美元，几乎是今天最富的美国软件企业家比尔·盖茨（Bill Gates）的四倍。

尽管洛克菲勒拥有巨额的财富，但他并没有享受到现在我们认为理所当然的许多便利。他无法看电视，无法玩电子游戏，无法上互联网，无法发电子邮件。在炎热的夏天，他无法用空调让家里凉爽下来。在他一生的大部分时间中，他无法乘汽车或飞机旅行，也无法给朋友和家人打电话。如果他生了病，他也无法使用许多药物，比如抗生素——今天医生经常用它来延长患者的生命和提高他们的生活质量。

现在想一想：有人要让你在以后的生活中放弃洛克菲勒没有享受的所有现代便利，他得给你多少钱呢？你会为2 000亿美元这样做吗？也许不会。如果你不会这么做，是否就可以说，你的状况比所谓的美国最富的人约翰·D.洛克菲勒还好呢？

前一章讨论了用来比较不同时点上货币量的标准物价指数如何无法充分反映经济中新物品的引入。因此，通货膨胀率被高估了，其暗含的则是真实经济增长率被低估了。洛克菲勒的生活表明，这个问题是多么重要。由于巨大的技术进步，今天普通美国人大概比一个世纪以前最富的美国人还富，尽管在标准经济统计中这个事实并不存在。

25.2 生产率:作用及决定因素

从某种意义上说,解释世界各国生活水平悬殊是非常容易的。正如我们将要说明的,这种解释可以归结为一个词——生产率。但是,从另一种意义上说,这种国际差异也令人深感困惑。为了解释为什么一些国家的收入比另一些国家高得多,我们必须考察决定一国生产率的许多因素。

25.2.1 为什么生产率如此重要

我们对生产率和经济增长的研究从根据丹尼尔·笛福(Daniel Defoe)的著名小说《鲁滨逊漂流记》建立的一个简单模型开始,这本小说是关于一个流落在荒岛上的水手鲁滨逊·克洛索(Robinson Crusoe)的。由于克洛索独自生活,所以他自己捕鱼,自己种菜,自己缝制衣服。我们可以把克洛索的活动——捕鱼、种菜和做衣服的生产和消费——作为一个简单的经济。通过考察克洛索的经济,我们可以了解一些适用于更复杂、更现实的经济的结论。

什么因素决定了克洛索的生活水平呢?用一个词来说,就是**生产率**(productivity),它是每单位劳动投入所生产的物品和劳务的数量。如果克洛索在捕鱼、种菜和做衣服方面是一把好手,他就能生活得很好。如果他对这些事情极不擅长,他的生活就很糟。由于克洛索只能消费他所生产的东西,所以他的生活水平就与他的生产率相关。

在克洛索经济的情况下,显然,生产率是生活水平的关键决定因素,而生产率的增长是生活水平提高的关键决定因素。克洛索每小时能捕到的鱼越多,他晚餐吃的鱼就越多。如果克洛索能够找到捕鱼的更好地方,他的生产率就提高了。生产率的这种提高使克洛索的状况变好:他可以吃到更多的鱼,或者他可以缩减用于捕鱼的时间,而把更多的时间用于制造他享用的其他物品。

生产率在决定处于困境的水手生活水平方面所起的关键作用对一国来说同样正确。回想一下,一个经济的国内生产总值(GDP)同时衡量两件事:经济中所有人赚到的总收入和经济中用于物品与劳务产出的总支出。GDP可以同时衡量这两件事是因为,对整体经济而言,它们必然是相等的。简单来说,一个经济的收入就是该经济的产出。

与克洛索一样,一个国家只有生产出大量物品与劳务,它才能享有更高的生活水平。美国人比尼日利亚人生活得好,是因为美国工人的生产率比尼日利亚工人的高。日本人生活水平的提高比阿根廷人快,是

---

537 **生产率:**
每单位劳动投入所生产的物品和劳务的数量。

因为日本工人的生产率提高得更迅速。实际上,第 1 章中的经济学十大原理之一是,一国的生活水平取决于它生产物品与劳务的能力。

因此,为了理解我们所观察到的各国或各个时期的生活水平的巨大差别,我们必须关注物品和劳务的生产。但是,说明生活水平和生产率之间的联系只是第一步。它自然而然地引出了下一个问题:为什么一些经济在生产物品与劳务方面比另一些经济强得多?

25.2.2 生产率是如何决定的

虽然生产率在决定鲁滨逊·克洛索的生活水平方面是极为重要的,但是有许多因素决定着克洛索的生产率。例如,如果他有更多渔具,如果他学到了最好的捕鱼技术,如果岛上有大量的鱼的供给,或者如果他发明了更好的鱼饵,他在捕鱼方面就会做得更好。这每一种克洛索生产率的决定因素——我们称之为物质资本、人力资本、自然资源和技术知识——在更复杂、更现实的经济中都有相应的部分。下面我们依次考虑每一种因素。

人均物质资本 如果工人用工具进行工作,生产率就更高。用于生产物品与劳务的设备和建筑物存量称为**物质资本**(physical capital),或简称为资本。例如,当木工制造家具时,他们用的锯、车床和电钻都是资本。工具越多,木工越能迅速而精确地生产更多的产品:只有基本手工工具的木工每周生产的家具少于使用更精密、更专业化设备的木工。

你可以回想一下,用于生产物品与劳务的投入——劳动、资本,等等——称为生产要素。资本的重要特征是,它是一种生产出来的生产要素。也就是说,资本是生产过程的投入,也是过去生产过程的产出。木工用一部车床制造桌子腿,而车床本身是制造车床的企业的产出,车床制造者又用其他设备来制造它的产品。因此,资本是用于生产各种物品与劳务,包括更多资本的生产要素。

人均人力资本 生产率的第二个决定要素是人力资本。**人力资本**(human capital)是经济学家用来指工人通过教育、培训和经验而获得的知识与技能的一个术语。人力资本包括在早期儿童教育、小学、中学、大学和成人劳动力在职培训中所积累的技能。

虽然教育、培训和经验没有车床、推土机和建筑物那样具体,但是人力资本在许多方面与物质资本相同。和物质资本一样,人力资本提高了一国生产物品与劳务的能力,人力资本也是一种生产出来的生产要素。生产人力资本要求以教师、图书馆和学习时间为形式的投入。实际上,可以把学生看做"工人",他们的重要工作就是生产将用于未来生产的人力资本。

物质资本:
用于生产物品与劳务的设备和建筑物存量。

人力资本:
工人通过教育、培训和经验而获得的知识与技能。

自然资源：
由自然界提供的用于生产物品与劳务的投入，如土地、河流和矿藏。

人均自然资源 生产率的第三个决定因素是**自然资源**(natural resources)。自然资源是自然界提供的生产投入，如土地、河流和矿藏。自然资源有两种形式：可再生的与不可再生的。森林是可再生资源的一个例子。当伐倒一棵树后，可以在这个地方播下种子，以便未来再长成树。石油是不可再生资源的一个例子。由于石油是自然界在几百万年中形成的，其供给极其有限。一旦石油供给枯竭，要再创造出来就是不可能的。

自然资源的差别引起了世界各国生活水平的一些差别。美国历史上的成功部分是由于有大量适于农耕的土地供给。现在中东的某些国家，例如科威特和沙特阿拉伯，它们之所以富有，只是因为它们正好位于世界上最大的储油区。

虽然自然资源很重要，但是它们并不是一个经济在生产物品与劳务方面具有高生产率的必要条件。例如，日本尽管自然资源不多，但它仍是世界上最富裕的国家之一。国际贸易使日本的成功成为可能。日本进口大量它所需要的自然资源，如石油，再向自然资源丰富的经济出口其制成品。

技术知识：
社会对生产物品与劳务的最好方法的了解。

技术知识 生产率的第四个决定因素是**技术知识**(technological knowledge)——对生产物品与劳务的最好方法的了解。一百年前，大多数美国人在农场上干活，这是因为农业技术要求大量的劳动投入才能养活所有的人。现在，由于农业技术进步，少数人就可以生产足以养活整个国家的食物。这种技术变革使劳动可以用于生产其他物品与劳务。

技术知识有多种形式。一种技术是公共知识——在某个人使用这种技术后，每个人就都了解了这种技术。例如，一旦亨利·福特成功地引进了装配线生产，其他汽车制造商就很快模仿了这种技术。另一种技术是由私人拥有的——只有发明它的公司知道。例如，只有可口可乐公司知道生产这种著名软饮料的秘方。还有一种技术在短期内是由私人拥有的。当一家制药公司发明了一种新药时，专利制度给予该公司暂时排他性地生产这种药物的权利。然而，当专利期满时，就允许其他公司生产这种药品。所有这些技术知识形式对经济中物品与劳务的生产都是重要的。

区分技术知识和人力资本是有必要的。虽然它们密切相关，但也有重大差别。技术知识是指社会对世界如何运行的理解，人力资本是指把这种理解传递给劳动力的资源消耗。用一个相关的比喻来说，知识是社会教科书的质量，而人力资本是人们用于阅读这本教科书的时间量。工人的生产率既取决于人们可以得到的教科书的质量，又取决于他们用来阅读教科书的时间量。

参考资料
生产函数

经济学家经常用生产函数来描述生产中所用的投入量与生产的产出量之间的关系。例如,假设 Y 表示产量,L 表示劳动量,K 表示物质资本量,H 表示人力资本量,N 表示自然资源量,那么我们可以写出:

$$Y = AF(L, K, H, N)$$

式中,$F(\ )$ 是一个表示这些投入如何结合起来以生产产出的函数。A 表示一个可得到的生产技术的变量。A 随着技术进步而上升,这样一个经济就可以用既定的投入组合生产出更多产量。

许多生产函数具有一种称为规模收益不变的特性。如果生产函数为规模收益不变的,那么所有投入翻一番就会使产出也翻一番。在数学上,对于任何一个正数 x,可以把生产函数的规模收益不变写为:

$$xY = AF(xL, xK, xH, xN)$$

在这个式子中,所有投入翻一番用 $x = 2$ 来表示。右边表示投入翻一番,而左边表示产出翻一番。

规模收益不变的生产函数有一种令人感兴趣的含义。为了说明这种含义,设 $x = 1/L$,则上式变为:

$$Y/L = AF(1, K/L, H/L, N/L)$$

要注意的是,Y/L 是每个工人的产量,它也是生产率的衡量指标。这个公式说明,生产率取决于人均物质资本(K/L)、人均人力资本(H/L)以及人均自然资源(N/L)。生产率还取决于用变量 A 代表的技术状况。因此,这个公式对我们刚刚讨论过的生产率的四个决定因素提供了一个数学上的概括。

案例研究
自然资源是增长的限制吗

今天,世界人口大约是 70 亿,超过了一个世纪以前的 4 倍。同时,许多人享有的生活水平大大高于他们的曾祖辈。关于人口和生活水平的增长能否持续到未来始终存在争论。

许多评论家认为,自然资源最终是世界经济能够增长多少的一个限制。乍一看,这种观点似乎很难忽视。如果世界只有固定的不可再生性自然资源的供给,那么人口、生产和生活水平如何能保持长期的持续增长呢?石油和矿藏的供给最终不会耗尽吗?当这些资源的短缺开始出现时,不仅会使经济增长停止,也许还会迫使生活水平下降吧?

尽管这些观点言之有理,但大多数经济学家并不像想象的那样关注这种增长的限制。他们认为,技术进步会提供避免这些限制的方法。如果我们拿今天的经济与过去比较,我们就会发现各种使用自然资源的方法已经得到了改进。现代汽车耗油更少。新住房有更好的隔热设备,所需要的用于调节室温的能源也少了。更有效的采油装置使得采油过程中浪费的石油较少。资源回收使一些不可再生性资源被重复利用。可替代燃料的开发,例如用乙醇代替汽油,使我们能用可再生性资源来代替不可再生性资源。

60 年前,一些环保人士担心锡和铜的过度使用。在那时,锡和铜是关键商品:锡用于制造食物容器,而铜用于制造电话线。一些人建议对锡和铜实行回收利用和配给,以便子孙后代也能得到锡和铜的供给。但是,今天塑料已取代锡成为制造许多食物容器的材料,而电话通信通常可以利用以沙子为原料生产的光导纤维来传输。技术进步使一些曾经至关重要的自然资源变得不那么必要了。

然而,所有这些努力足以保证经济持续增长吗?回答这个问题的一种方法是考察自然资源的价格。在一个市场经济中,稀缺性反映在市场价格上。如果世界陷入了自然资源短缺,那么这些资源的价格就会一直上升。但实际情况往往与此相反。自然资源的价格表现出相当大的短期波动,但在长期里,大多数自然资源的价格(根据整体通货膨胀调整过的)是稳定的或下降的。看来我们保存这些资源的能力的增长比它们的供给减少的速度要快。市场价格使我们没有理由相信,自然资源是经济增长的限制。

即问即答 列出并说明一国生产率的四个决定因素。

25.3 经济增长和公共政策

到现在为止,我们已经确定了社会的生活水平取决于它生产物品与劳务的能力,以及其生产率取决于物质资本、人力资本、自然资源和技术知识。现在我们转向全世界各国决策者面临的问题:哪些政府政策可以提高生产率和生活水平?

25.3.1 储蓄和投资

由于资本是生产出来的生产要素,因此,一个社会可以改变它所拥有的资本量。如果经济今天生产了大量新资本品,那么明天它就拥有大量资本存量,并能生产更多的物品与劳务。因此,提高未来生产率的一种方法是把更多的现期资源投资于资本的生产。

第 1 章提出的经济学十大原理之一是人们面临权衡取舍。当考虑资本积累时,这个原理尤其重要。由于资源是稀缺的,把更多资源用于生产资本就要求把较少资源用于生产现期消费的物品与劳务。这就是说,社会更多地投资于资本,它就必然少消费并把更多的现期收入储蓄起来。

由资本积累所引起的增长并不是免费午餐：它要求社会牺牲现期物品与劳务的消费，以便未来享有更多消费。

下一章要更详细地考察经济的金融市场如何协调储蓄与投资。还要考察政府政策如何影响所进行的储蓄与投资量。现在重要的是注意，鼓励储蓄和投资是政府促进增长的一种方法，并且在长期中也是提高一个经济生活水平的一种方法。

25.3.2　收益递减和追赶效应

假设一个政府，推行一种提高国民储蓄率的政策——提高用于储蓄而不是消费的 GDP 百分比。这会出现什么结果呢？随着一国储蓄的增加，用于生产消费品的资源少了，而更多的资源用于生产资本品。结果，资本存量增加了，这就引起生产率的提高和 GDP 更快的增长。但是，这种高增长率能持续多长时间呢？假设储蓄率处于新的高水平之上，GDP 增长率会一直高下去，还是只能持续一段时间呢？

生产过程的传统观点是，资本要受到**收益递减**（diminishing returns）的制约：随着资本存量的增加，由增加的一单位资本生产的额外产量减少。换句话说，当工人已经用大量资本存量生产物品与劳务时，再给他们增加一单位资本所提高的生产率是微小的。图 25-1 说明了这一点，该图表明，在所有其他决定产量的因素不变的情况下，人均资本量如何决定人均产量。

收益递减：随着投入量的增加，每一单位额外投入得到的收益减少的特性。

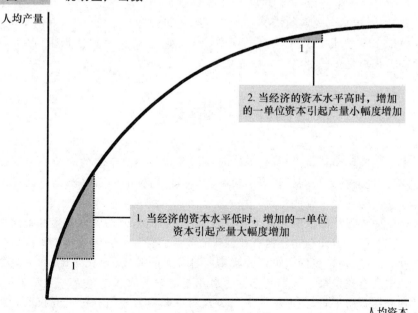

图 25-1　说明生产函数

该图说明了人均资本量如何影响人均产量。其他决定产量的因素，包括人力资本、自然资源和技术，都是不变的。随着资本量的增加，曲线越来越平坦是因为资本的收益递减。

由于收益递减,储蓄率的增加所引起的高增长只是暂时的。随着高储蓄率使积累的资本更多,从增加的资本中得到的收益一直在减少,因此增长放慢。在长期中,高储蓄率引起高水平的生产率和收入,但在这些变量中并没有高增长。然而,达到这种长期可能需要相当一段时间。根据对经济增长国际数据的研究,提高储蓄率可以在几十年内引起相当高的增长。

资本的收益递减还有一层重要的含义:在其他条件相同的情况下,如果一国开始时较穷,它就更易实现迅速增长。这种初始状况对随后增长的影响有时称为**追赶效应**(catch-up effect)。在贫穷国家中,工人甚至缺乏最原始的工具,因此生产率极低。少量的资本投资会大大提高这些工人的生产率。与此相反,富国的工人用大量资本工作,这部分解释了他们的高生产率。但由于人均资本量已经如此之高,所以增加的资本投资对生产率只有较小的影响。对经济增长国际数据的研究证明了这种追赶效应:当控制住其他变量,例如用于投资的GDP百分比时,穷国往往增长得比富国快。

这种追赶效应有助于解释某些令人费解的事实。这里有一个例子:从1960年到1990年,美国和韩国用于投资的GDP份额相似,但在这一期间,美国只有2%左右的适度增长,而韩国却以超过6%的惊人速度增长。对这种差别的解释就是追赶效应。在1960年,韩国人均GDP不到美国的1/10,这部分是由于以前的投资极低。在初始资本存量较少时,韩国资本积累的收益就大得多,这使韩国后来有较高的增长率。

这种追赶效应也表现在生活的其他方面。当一个学校在年末向"进步最大的"学生颁奖时,这种学生往往是年初成绩较差的学生。那些年初不学习的学生发现,他们的进步比那些总是刻苦学习的学生容易。要注意的是,在起点既定的情况下,"进步最大"是好的,但成为"最好的学生"更好。同样,最近几十年间韩国的经济增长一直比美国快得多,但人均GDP仍然是美国更高。

25.3.3 来自国外的投资

到现在为止,我们讨论了目的在于提高一国储蓄率的政策如何增加投资,进而提高长期的经济增长率。但国内居民的储蓄并不是一国投资于新资本的唯一方法。另一种方法是外国人的投资。

来自国外的投资采取了几种形式。福特汽车公司可以在墨西哥建一个汽车厂。由外国实体拥有并经营的资本投资称为外国**直接投资**。另一种方式是,一个美国人可以购买墨西哥公司的股票(也就是说,购买该公司的所有权份额);墨西哥公司可以用卖股票的收入来建立一个新工厂。用外国货币筹资,但由国内居民经营的投资称为外国有价证券投资。在这两种情况下,美国人提供了墨西哥资本存量增加所必需的资源。这就

追赶效应:
开始时贫穷的国家倾向于比开始时富裕的国家增长更快的特征。

是说,用美国人的储蓄为墨西哥人的投资筹资。

当外国人在一个国家投资时,他们这样做是因为他们期望获得投资收益。福特公司的汽车厂增加了墨西哥的资本存量,因此提高了墨西哥的生产率,增加了墨西哥的GDP。但福特公司也以利润的形式把一些额外收入带回美国。同样,当一个美国投资者购买墨西哥股票时,投资者也有权得到墨西哥公司赚到的一部分利润。

因此,来自国外的投资对经济繁荣的所有衡量指标的影响并不相同。我们还记得,国内生产总值(GDP)是本国公民和非本国公民在国内赚到的收入,而国民生产总值(GNP)是一国公民在国内外赚到的收入。当福特公司在墨西哥开办它的汽车厂时,工厂产生的一些收入属于并不生活在墨西哥的人。因此,在墨西哥的国外投资所增加的墨西哥人的收入(用GNP衡量)小于在墨西哥增加的生产(用GDP衡量)。

此外,利用来自国外的投资是一国增长的一种方法。即使来自这种投资的一部分收益流回外国所有者手中,这种投资也增加了一国的资本存量,导致该国更高的生产率和更高的工资。而且,来自国外的投资也是穷国学习富国开发并运用先进技术的一种方式。由于这些原因,许多在欠发达国家当顾问的经济学家都提倡鼓励来自外国投资的政策。这往往意味着取消政府对外国人拥有国内资本的限制。

鼓励资本流入穷国的一个组织是世界银行。这个国际组织从美国这样的先进国家得到资金,并用这些资金向欠发达国家发放贷款,以便这些国家能投资于道路、排水系统、学校和其他类型的资本。它也向这些国家就关于如何最有效地运用这些资金提供咨询。世界银行与其姐妹组织国际货币基金组织都是在第二次世界大战后建立起来的。战争给我们的一个教训是,经济不景气往往引起政治动乱、国际局势紧张以及军事冲突。因此,每个国家都应关心和促进世界各国的经济繁荣。世界银行和国际货币基金组织成立的目的就在于此。

25.3.4　教育

教育——人力资本投资——对一个国家的长期经济繁荣至少和物质资本投资同样重要。在美国,从历史上看,每一年学校教育使人的工资增加平均10%左右。在人力资本特别稀缺的欠发达国家,受过教育的工人与未受过教育的工人之间的工资差距甚至更大。因此,政府政策能够提高生活水平的一种方法是提供良好的学校,并鼓励人们利用这些学校。

人力资本投资和物质资本投资一样也有机会成本。当学生上学时,他们放弃了本可以作为劳动力赚到的收入。在欠发达国家,尽管学校教育的收益非常高,但儿童往往小小年纪就退学了,这只是因为需要他们的劳动来帮助养家糊口。

一些经济学家认为,人力资本对经济增长特别重要,因为人力资本带来正外部性。外部性是一个人的行为对旁观者福利的影响。例如,一个受过教育的人会产生一些有关如何最好地生产物品与劳务的新思想。如果这些新思想进入社会的知识宝库,从而每一个人都可以利用,那么这些思想就是教育的外部收益。在这种情况下,学校教育的社会收益就远远大于个人收益。这种观点证明了我们看到的以公共教育为形式的大量人力资本投资补贴的正确性。

一些穷国面临的一个问题是人才外流——许多受过最高教育的工人移民到富国,他们在这些国家可以享有更高的生活水平。如果人力资本有正外部性,那么这种人才外流就使那些留下来的人比未发生人才外流时更穷。这个问题使决策者进退两难。一方面,美国和其他富国有最好的高等教育制度,而且穷国把它们最好的学生派到国外获得更高学位看来是正常的。另一方面,这些在国外生活过一段时间的学生可能选择不回国,这种人才外流将进一步减少穷国的人力资本存量。

新闻摘录
提升人力资本

由于人力资本是经济增长的一个关键因素,一些发展中国家给贫困的父母直接的金钱激励,以让他们的孩子能够上学。

巴西给父母钱,以帮助穷孩子成为学生,而不是挣工资的人

Celia W. Dugger

一个 13 岁的孩子 Vandelson Andrade 过去常常不去上学,而是在一个从这个风景如画的港口起航的漂亮的小型渔船上每天工作 12 小时。他那微薄的收入要用于帮助他极度贫困的家庭购买大米和豆子。

但是,今年他有资格得到政府按月支付的一笔小额现金,他的母亲得到这笔钱的条件是他要进教室学习。

Vandelson 的旧裤子如此之大,以至于裤裆在他的膝盖处,而裤腿只能挽在脚脖子以上。他说:"我不能不上学。如果我再缺一天课,我母亲就得不到钱了。"

今年,Vandelson 在三次努力后终于通过了四年级的考试——这是社会计划中新教育的一个小小胜利,这个计划已扩大到拉丁美洲各国。这是美国福利改革的发展中国家版本:为了打破贫困的恶性循环,政府要给穷人小额现金,以使他们的孩子能够上学,并可以定期进行健康检查。

设在华盛顿的非营利研究集团全球发展中心主任 Nancy Birdsall 说:"我认为,这些计划是你可以得到的最好的发展刺激,这些计划为家庭投资于他们孩子的未来创造了激励。每十年左右,我们都看到了一些真正有影响的事情,而这就是其中之一。"……

48 岁的 Antônio Souza 和 37 岁的 Maria Torres 在与 Andrade 一家相隔两座小山的小泥屋里抚养着 7 个孩子。家里每一个人都肌肉结实而瘦小。这对夫妇已经不记得上次一家人吃肉或者蔬菜是什么时候了,但他们每月得到 27 美元的补贴,使得他们可以购买大米、糖、通心粉和油。

Souza 先生和 Torres 女士没有文化,但他们相信教育的力量,总是送他们的孩子去上学。"如果不学习,他们就会变成像我一样的笨人。"他们的父亲在凝望眼睛明亮的女儿(11 岁的 Ana Paula 和 8 岁的 Daniele)时,饱经风霜的脸上溢满了微笑,他又说,"我能做的就是在地里干活。"

他的妻子骄傲地说:"也有的父亲不想让他们的孩子上学。但我的丈夫为了送孩子上学,做了一切他所能做的。"

资料来源:Brazil Pays Parents to Help Poor be Pupils, Not Wage Earners by Celia W. Dugger from *The New York Times*, January 3, 2004, p. A1. Copyright © 2004 The New York Times Co. Reprinted by permission.

25.3.5 健康与营养

虽然人力资本这个术语通常指教育,但它也可以用来描述另一种类型的对人的投资:使人口更健康的支出。在其他条件相同时,更健康的工人生产率更高。对人口的健康进行适当投资是一国提高生产率和生活水平的一种方法。

经济史学家罗伯特·福格尔(Robert Fogel)提出,长期经济增长的一个重要因素是通过更好的营养改善健康状况。他估算出,1780 年在英国,约有五分之一的人缺乏营养,以至于他们不能从事体力劳动。在那些能工作的人中,摄入的热量不足大大减少了他们可以付出的工作努力。随着营养改善,工人的生产率也提高了。

福格尔部分通过观察人口的身高来研究这些历史趋势。个子矮可能是营养不良的标志,特别是在胎儿时期和儿童时期。福格尔发现,随着一国经济的发展,人们吃得更多了,而且人的个子也高了。从 1775 年到 1975 年,英国人均的热量摄入增加了 26%,男性的平均身高也增加了 3.6 英寸。同样,在 1962—1995 年韩国迅猛的经济增长期间,热量的消费增加了 44%,男性的平均身高则增加了 2 英寸。当然,人的身高是由遗传因素和环境共同决定的。但由于人的基因结构变化很慢,所以平均身高的增加最大可能是由于环境引起的——营养是最显而易见的解释。

而且,研究发现,身高是生产率的一个衡量指标。研究者观察某一个时点上大量的工人数据时,发现高个子的工人往往赚钱更多。由于工资反映了工人的生产率,这一发现表明,高个子工人生产率更高。身高对工资的影响在穷国特别显著,在这些国家营养不良是一个较大的风险。

福格尔在 1993 年因其对经济史的研究获得了诺贝尔经济学奖,其研究不仅包括他对营养的研究,而且还包括他对美国奴隶制和铁路在美国经济发展中的作用的研究。在他被授予诺贝尔奖时所做的演讲中,他概括了健康和经济增长之间关系的证据。他的结论是:"总体营养的改善对英国1790—1980年间人均收入增长的贡献约为30%。"

今天,营养不良现象在英国和美国这些发达国家已经很少见了(肥胖是更普遍的问题)。但对发展中国家的人们而言,健康状况差和营养不足仍然是提高生产率和改善生活水平的障碍。联合国估计,在撒哈拉以南的非洲几乎有三分之一的人口处于营养不良的状态。

健康和财富之间的因果关系也是双向的。穷国的贫穷,部分是因为人们不健康,而人们不健康部分又是因为他们穷,负担不起必要的医疗和营养费用。这是一个恶性循环。但是,这个事实也揭示了良性循环的可能性:引起更快经济增长的政策自然会改善人们的健康状况,而这又会进一步促进经济增长。

25.3.6 产权和政治稳定

决策者可以加快经济增长的另一种方法是保护产权和促进政治稳定。这个问题正是市场经济如何运行的核心问题。

市场经济中的生产产生于千百万个个人与企业的相互交易。例如,当你买一辆汽车时,你就购买了汽车中间商、汽车制造商、钢铁公司、铁矿公司等的产出。生产分别在许多企业进行就使经济的生产要素可以得到尽可能有效的利用。为了达到这个结果,经济必须协调这些企业之间以及企业和消费者之间的交易。市场经济通过市场价格实现这种协调。这就是说,市场价格是市场这个看不见的手用来使组成经济的成千上万个市场实现供求平衡的工具。

价格制度发生作用的一个重要前提是经济中广泛尊重产权。产权指人们对自己拥有的资源行使权力的能力。如果一家铁矿公司预计铁矿会被偷走,它就不会努力开采铁矿。只有公司相信它将从铁矿的随后销售中获得收益,它才会开采铁矿。由于这个原因,法院在市场经济中所起的一个重要作用是强制保护产权。在整个刑事审判制度中,法院禁止偷窃。此外,在整个民事审判制度中,法庭保证买者和卖者履行他们的合同。

发达国家的人们往往把产权视为理所当然的,而那些生活在欠发达国家的人们也明白缺乏产权会是一个严重问题。在许多国家中,司法制度不能很好地运行。合同很难得到实施,而且欺诈往往没有受到应有的惩罚。在较为极端的情况下,政府不仅不能保护产权,而且实际上还侵犯产权。在一些国家中企业为了进行经营,需要贿赂有权的政府官员。这种腐败阻碍了市场的协调能力,它还抑制了国内储蓄和来自国外的投资。

对产权的一个威胁是政治的不稳定性。当革命和政变很普遍时,产权在未来能否得到尊重就很值得怀疑。如果一个发生革命性巨变的政府没收一些企业的资本,国内居民就很少有储蓄、投资和开办新企业的激励了。同时,外国人也很少有在该国投资的激励了。革命性巨变的威胁甚至会降低一国的生活水平。

因此,经济繁荣部分取决于政治繁荣。一个拥有有效的法院体系、忠诚的政府官员和稳定的政治局势的国家享有的生活水平将高于一个缺乏法院体系、官员腐败和经常发生革命和政变的国家。

25.3.7 自由贸易

世界上最穷的一些国家企图通过实施内向型政策来实现更快的经济增长。这些政策的目的在于通过避免与世界其他国家的相互交易来提高国内的生产率和生活水平。一些声称需要保护以避开外国竞争来生存和成长的国内企业,通常支持这种幼稚产业论。这种幼稚产业保护论与对外国人的普遍不信任结合在一起,有时会使欠发达国家的决策者实行关税和其他贸易限制。

今天大多数经济学家相信,穷国实行与世界经济融为一体的外向型政策会使其状况变好。物品与劳务的国际贸易能改善一国公民的经济福利。在某些方面,贸易是一种技术。当一个国家出口小麦并进口纺织品时,该国就如同发明了一种把小麦变为纺织品的技术一样而获益。因此,取消贸易限制的国家,将经历重大技术进步之后出现的同种经济增长。

当考虑到许多欠发达国家规模不大时,内向型发展的不利影响就显而易见了。例如,阿根廷的GDP总量与费城的相近。设想一下,如果费城市议会禁止本市居民与住在该市范围外的人进行贸易,会出现什么情况。当不能利用贸易的好处时,费城就要生产它消费的所有物品。它还要生产它所需的所有资本品,而不是进口其他城市最先进的设备。费城的生活水平马上就会下降,而且问题会一直恶化下去。这正是阿根廷在20世纪大部分时间里实行内向型政策所出现的情况。与此相反,实行外向型政策的国家和地区,例如韩国、新加坡和中国台湾,都有很高的经济增长率。

一国与其他国家的贸易量不仅取决于政府政策,还取决于地理环境。有天然海港的国家发现它们进行贸易要比没有这种资源的国家容易。世界上许多重要城市,例如纽约、旧金山和香港,都位于海边并不是偶然的。同样,由于内陆国家进行国际贸易更为困难,所以它们的收入水平往往低于容易接近世界航道的国家。例如,超过80%的居民住在离海岸线100公里以内的国家,其人均GDP是不到20%的居民住在海岸线附近的国家的4倍。靠近大海的关键重要性有助于解释为什么由许多内陆国家构成的非洲大陆如此贫穷。

25.3.8 研究与开发

今天的生活水平高于一个世纪前的主要原因是技术知识的进步。电话、晶体管、电脑和内燃机是提高生产物品与劳务能力的成千上万个创新中的一些。

虽然大多数技术进步来自企业和个人发明家所进行的私人研究,但这之中也有政府对促进这些努力的关心。在很大程度上,知识是公共物品:这就是说,一旦某个人发现了一个思想,这个思想就进入社会的知识宝库,而且其他人可以免费使用。正如政府在提供国防这类公共物品上起作用一样,它在鼓励新技术的研究和开发中也应该起作用。

美国政府长期以来在创造和传播技术知识方面起着作用。一个世纪前,政府就资助耕作方法研究,建议农民如何最好地利用他们的土地。近年来,美国政府一直通过空军和国家航空航天局支持空间研究,因此,美国成为火箭和航天飞机的主要制造者。政府继续用来自国家科学基金和国家医疗研究所的研究资金鼓励知识进步,并用减税鼓励企业从事研究与开发。

政府政策鼓励研究的另一种方式是通过专利制度。当一个人或一个企业发明了一种新产品,例如一种新药品时,发明者可以申请专利。如果认定该产品的确是原创性的,政府就授予专利,从而给予发明者在规定年限内排他性地生产该产品的权利。在本质上,专利给予发明者对其发明的产权,这就把他的新思想从公共物品变成私人物品。通过允许发明者从其发明中获得利润——尽管只是暂时的——专利制度就增加了对个人和企业从事研究的激励。

25.3.9 人口增长

经济学家和其他社会科学家已经就人口是如何影响社会的问题争论了很久。最直接的影响是劳动力规模:人口多意味着生产物品和劳务的工人多。中国人口众多是中国在世界经济中起着如此重要作用的原因之一。

但是,同时人口多也意味着消费这些物品与劳务的人多。因此,尽管人口众多意味着物品与劳务的总产出更多,但是它不一定意味着普通公民的生活水平高。的确,在各种经济发展层次上都可以发现大国与小国。

在这些明显的人口规模影响之外,人口增长与其他生产要素以更为微妙且引起更多争论的方式相互作用。

导致自然资源紧张 英国牧师和早期经济思想家托马斯·罗伯特·马尔萨斯(Thomas Robert Malthus,1766—1834)以其名为《论人口对未来社会进步影响的原理》(简称《人口论》——译者注)的著作而闻名于世。在这本书中,马尔萨斯提出了可能是历史上最耸人听闻的预言。马尔萨斯认为,不断增长的人口将始终制约着社会养活自己的能力,结果人类注定要永远生活在贫困之中。

马尔萨斯的逻辑是非常简单的。他从指出"食物是人类生存所必需的"以及"两性间的性欲是必然的,且几乎保持现状"开始,得出的结论是"人口的力量永远大于地球上生产维持人类生存的必需品的力量"。根据马尔萨斯的观点,对人口增长的唯一限制是"灾难和罪恶"。他认为,教会或政府减缓贫困的努力都是反生产的,因为这些努力仅仅是让穷人多生孩子,这对社会生产能力造成了更大的限制。

马尔萨斯也许正确地描述了他生活的时代,但幸运的是,他的可怕预言并没有变为现实。尽管过去 200 年间世界人口增长了 6 倍左右,但全世界的平均生活水平也大大提升了。由于经济增长,长期的饥饿和营养不良现在远没有马尔萨斯时代那么普遍。饥荒虽不时出现,但通常都是收入分配不平等或政治不稳定的结果,而不是食物生产不足的结果。

马尔萨斯错在哪里呢?正如我们在本章前面的案例研究中所讨论的,人类创造力的增长抵消了人口增加所产生的影响。马尔萨斯从未想到过的农药、化肥、机械化农业设备、新作物品种以及其他技术进步使每个农民可以养活越来越多的人。尽管要养活的人变多了,但由于每个农民的生产率也更高了,需要的农民反而越来越少了。

新闻摘录
一个经济学家的回答

MIT 的经济学家 Daron Acemoglu 思考了为什么一些国家兴旺发达,而另一些国家远非如此。

使一国富裕的是什么
Daron Acemoglu

我们是富国,有财产,发达。但世界上的其他大多数国家——在非洲、南亚和南美,如索马里、玻利维亚和孟加拉国——并非如此。情况总是这样,全球分为富裕与贫穷、健康与疾病流行、有食物与饥饿,各国的不平等是空前的。平均每个美国公民的财富是危地马拉的十倍,朝鲜的二十多倍,马里、埃塞俄比亚、刚果或塞拉利昂的四十倍。

几个世纪以来,社会科学家无法成功地解决这个问题,这是为什么?但其实,他们应该提的问题是,如何才能解决?因为不平等并不是先天的。国家并不像孩子一样——并不出生于富裕之家或贫穷之家。它们的政府决定了他们的种种状况。

你可以研究法国政治哲学家孟德斯鸠的不平等理论,他在 18 世纪中期给出了一种极为简单的解释:热带地区的人天生就懒。其后陆陆续续还有各种各样的解释:是不是马克斯·韦伯的新教伦理之工作道德是经济成功真正的驱动力?或者也许富国都是前英国的殖民地?或者也许就是追踪哪个国家的主要人口有欧洲血统那么简单?所有这些理论的问题在于,当它们表面上适用于某些特殊情况时,另一些情况则从根本上驳倒了这些理论。

今天提出的理论也同样如此。哥伦比亚大学全球研究所主任、经济学家 Jeffrey Sachs 把相对成功的国家归因于地理和气候：他认为，在世界上最穷的地区，贫瘠而炎热的土壤使农业遇到挑战，而且炎热的天气引起疾病，特别是疟疾。也许如果我们能解决这些问题，教导这些国家的人民掌握更好的农业技术，消灭疟疾，或者至少可以给他们配备青霉素，以便战胜这些致命的疾病，这样就可以消除贫穷。更好的方法也许是让这些人民移民，放弃他们荒凉的土地。

著名的生态学家和畅销书作者 Jared Diamond 提出了一种不同的理论：世界不平等的起源是动植物物种的历史禀赋以及技术进步。按 Diamond 的说法，最早学会耕种作物的文化也是最早学会使用犁的文化，从而就最早采用其他技术，这就是每一个成功经济的发动机。那么也许解决世界的不平等取决于技术——用互联网和手机把发展中国家联系在一起。

尽管 Sachs 和 Diamond 对贫穷的某些内容提出了不错的观点，但是他们与孟德斯鸠和其他追随者有某些共同之处，即他们忽略了激励。人们需要投资和远景的激励；他们需要知道，如果他们努力工作，他们就可以赚到钱，并能实际上持有这些钱。而且，确保这种激励的关键是健全的制度——为实现目标和创新提供机会的法治、安全感以及政府体系。这正是决定从无到有的因素——不是地理、天气、技术、疾病或道德伦理。

简单地说，解决了激励你就解决了贫穷。而如果你希望解决制度问题，就必须解决政府问题。

我们如何知道制度对国家贫富如此重要呢？我们从被美国—墨西哥边界分成两半的城市 Nogales 开始。Nogales 的两个部分在地理上没有差别。天气是相同的，风是相同的，土壤也一样。在地理和气候相同的条件下，流行病的类型相同，居民的道德、文化和语言背景也相同。按逻辑，这个城市两边在经济上应该是相同的。

但它们大不相同。

边界的一边在亚利桑那州 Santa Cruz 县，家庭中位收入为 30 000 美元。离此几米之外，家庭中位收入为 10 000 美元。在一边，大多数青少年都在公立高中，而且大多数成年人拥有高中毕业学历。在另一边，只有少数居民能上高中，更不用说大学了。亚利桑那 65 岁以上的老人享有良好的保健和医疗服务，更不用说有效的道路网、电力、电话服务，以及可靠的活水处理和公共卫生体系。边界那边这些一件也没有。道路是坏的，婴儿死亡率高，电力和电话服务昂贵而弊端丛生。

关键的差别是边界北边的人享有法律和秩序，以及可靠的政府服务——他们可以不用担心生命、安全或财产权去从事日常活动和工作。在另一边，居民有引起犯罪、受贿和不安全的制度。

Nogales 也许是最明显的例子，但绝不是唯一的。以新加坡来说，曾经是一个贫瘠的热带岛屿，在英国殖民者建立起产权并鼓励贸易之后，变成亚洲最富的国家。再以中国来说，曾经有几十年的停滞与灾荒，在邓小平先生开始在农业中以及又在工业中明晰产权之后改变了。再看博茨瓦纳，它的经济经历了四十年的繁荣，而非洲其他国家却在衰退，这是由于博茨瓦纳强大的部落制度以及早期民选领导人富有远见的国家建设。

现在看看经济和政治上的失败。可以从塞拉利昂开始，这是一个缺乏有效的制度而钻石极其丰富的国家，几十年来陷于内战和动乱之中，贪污至今仍未得到制止。或者再看看朝鲜，它在地理、道德、文化上与韩国相同，但要贫穷十多倍。再看看埃及，这是世界上伟大文明的发源地之一，自从Ottomans及其以后欧洲人的殖民以来经济上一直停滞，战后的独立政府使情况更坏，这个政府限制所有经济活动和市场。实际上，这个理论是可以用来说明世界大多数国家的不平等模式的。

如果我们知道了为什么一些国家贫穷，那么接下来的问题就是为了帮助它们，我们能做些什么。我们从外部改善制度的能力是有限的，正如近年来美国在阿富汗和伊拉克的经验所证明的。但是，我们并不是无所作为的，而是，在很多情况下，可以做许多事情。当时机来临时，甚至世界上最受压迫的人民也会起来反对专制。我们最近在伊朗看到了这种情况，而几年前在乌克兰的橙色革命期间也看到了这种情况。

美国在鼓励这类运动中不应该起被动作用。在微观层次上，我们可以通过教育，并用现代的行动主义的工具来帮助外国公民，其中最值得注意的是互联网，也许需要提供加密技术和手机平台。这些可以打破专制政府设置的防火墙和检查制度。

毫无疑问，全球不平衡已经存在了上千年而且在过去一百五十年间扩大到空前的水平，要消除这种不平衡并不容易。但是，我们承认失败的政府和制度在引起贫穷上的作用，我们就有为改变它而斗争的机会。

资料来源：What Makes a Nation Rich? by Daron Acemoglu from *Esquire*, November 18, 2009. Reprinted by permission of the author.

稀释了资本存量 马尔萨斯担心人口对自然资源使用的影响，而一些现代经济增长理论则强调人口对资本积累的影响。根据这些理论，高人口增长降低了每个工人的GDP，因为工人数量的迅速增长使资本存量被更稀薄地分摊。换句话说，当人口迅速增长时，每个工人配备的资本就减少了。每个工人分摊的资本量的减少引起生产率和人均GDP的降低。

就人力资本的情况而言，这个问题最明显。高人口增长的国家存在着大量学龄儿童，这就使教育体系负担更重。因此，毫不奇怪，在高人口增长的国家，教育成就往往较低。

世界各国人口的增长差别很大。在发达国家，例如美国和西欧一些国家，近几十年来每年人口增长1%左右，而且预期未来人口增长会更慢。与此相反，在许多贫穷的非洲国家，人口每年增长3%左右。按这种比率，人口每23年就要翻一番。这种快速的人口增长使得向工人提供他们实现高生产率水平所需的工具和技能变得很困难。

虽然快速的人口增长并不是欠发达国家贫穷的主要原因,但一些分析家相信,降低人口增长率将有助于这些国家提高它们的生活水平。在一些国家,用控制家庭生养孩子数量的法律就可以直接达到这个目标。例如,中国要求每个家庭只生育一个孩子,违反这一规定的夫妇要受到相当严厉的惩罚。在其他一些国家,降低人口增长的目标是通过提高对出生控制技术的了解来间接实现的。

国家可以影响人口增长的另一种方法是运用经济学十大原理之一:人们会对激励做出反应。抚养孩子也像任何一种决策一样有机会成本。当机会成本增加时,人们就将选择较小的家庭。特别是,有机会获得良好教育和满意就业的妇女往往要的孩子少于那些在家庭外工作机会少的妇女。因此,促进平等对待妇女的政策是欠发达国家降低人口增长率的一种方法,也许还能提高其生活水平。

促进了技术进步 虽然快速的人口增长会通过减少每个工人拥有的资本量而抑制经济繁荣,但它也有某些利益。一些经济学家提出,世界人口增长一直是技术进步和经济繁荣的发动机。机制很简单:如果有更多的人,那么就会有更多对技术进步作出贡献的科学家、发明家和工程师,每一个人都将因此而受益。

经济学家迈克尔·克瑞默(Michael Kremer)在一篇题为《人口增长与技术变革:公元前100万年到1990年》的文章中对这种假说提供了一些支持,这篇文章发表在1993年的《经济学季刊》上。克瑞默注意到,在漫长的人类历史中,世界经济增长率随着世界人口的增长而增长。例如,世界人口为10亿时(1800年左右)世界经济的增长比人口只有1亿时(公元前500年左右)要迅速。这个事实与更多的人口引起更快的技术进步的假设一致。

克瑞默的第二个证据来自对世界不同地区的比较。公元前1万年冰川纪结束时,极地冰雪融化形成的洪水冲破了大陆之间的连接地带,并把世界分为几千年中无法相互联系的几个地区。如果说当有更多的人作出发明时技术进步较为迅速,那么更大的地区就应该有更快的经济增长。

根据克瑞默的说法,这正是发生过的事情。在1500年(这一年哥伦布重建了技术性联系)世界上最成功的地区组成了大部分欧非地区的"古老世界"文化。上一个技术进步是美洲的阿兹特克和玛雅文明,再往上是澳大利亚的狩猎采集者,再之前是塔斯马尼亚的原始人,他们甚至不知道用火,大多数工具是石头和骨头。

最小的岛屿地区是Flinders岛,它是塔斯马尼亚和澳大利亚之间的一个小岛。由于人口最少,Flinders岛取得技术进步的机会最少,实际上它是在退步。在公元前3000年左右,Flinders岛上的人口完全消失了。克瑞默的结论是,人口多是技术进步的前提。

即问即答 描述政府决策者可以努力提高社会生活水平的三种方式。这些政策有什么缺点吗?

25.4 结论:长期增长的重要性

在本章中,我们讨论了什么因素决定一国的生活水平,以及决策者如何通过促进经济增长的政策提高生活水平。本章的大部分内容概括在经济学十大原理之一中:一国的生活水平取决于它生产物品与劳务的能力。想促进生活水平提高的决策者应该把目标定为,通过鼓励生产要素的积累和保证这些要素尽可能得到有效运用来提高自己国家的生产能力。

经济学家关于政府在促进经济增长中的作用的观点并不一致。至少政府可以通过维护产权和政治稳定来支持看不见的手。争论较多的是,政府是否应该确定并补贴那些对技术进步特别重要的特定行业。毫无疑问,这些问题是经济学中最重要的。一代决策者在学习经济增长基本结论方面成功与否将决定下一代会继承一个什么样的世界。

内容提要

- 按人均 GDP 衡量的经济繁荣在世界各国差别很大。世界上最富裕国家的平均收入是最贫穷国家的十倍以上。由于真实 GDP 增长率差别也很大,所以各国的相对地位一直在急剧变动。
- 一个经济的生活水平取决于该经济生产物品与劳务的能力。生产率又取决于工人所得到的物质资本、人力资本、自然资源和技术知识。
- 政府政策能以许多方式影响经济的增长率:鼓励储蓄和投资、鼓励来自国外的投资、促进教育、促进健康、维护产权与政治稳定、允许自由贸易以及促进新技术的研究与开发。
- 资本积累受收益递减的限制:一个经济拥有的资本越多,该经济从新增加的一单位资本中得到的产量的增加就越少。结果,尽管高储蓄会引起一定时期内的高增长,但是随着资本、生产率和收入的增加,增长最终会放慢。由于收益递减,在穷国资本的收益特别高。在其他条件相同时,由于追赶效应这些国家可以增长得更快。
- 人口增长对经济增长有多种影响。一方面,更加迅速的人口增长会通过使自然资源供给紧张和减少每个工人可以得到的资本量而降低生产率。另一方面,更多的人口也可以提高技术进步的速度,因为会有更多的科学家和工程师。

关键概念

生产率
物质资本
人力资本

自然资源
技术知识

收益递减
追赶效应

复习题

1. 一国的 GDP 水平衡量什么？GDP 的增长率衡量什么？你是愿意生活在一个高 GDP 水平而增长率低的国家，还是愿意生活在一个低 GDP 水平而增长率高的国家？
2. 列出并说明生产率的四个决定因素。
3. 大学学位是哪一种形式的资本？
4. 解释高储蓄如何带来高生活水平。什么因素会阻碍决策者努力提高储蓄率？
5. 高储蓄率引起了暂时的高增长还是永远的高增长？
6. 为什么取消关税这类贸易限制会引起更快的经济增长？
7. 人口增长率如何影响人均 GDP 的水平？
8. 说明美国政府努力鼓励技术知识进步的两种方法。

问题与应用

1. 包括美国在内的大多数国家都从其他国家进口大量物品与劳务。但本章认为，只有一国本身能生产大量物品与劳务时，它才能享有高生活水平。你能使这两个事实一致吗？
2. 假定社会决定减少消费并增加投资。
   a. 这种变化会如何影响经济增长？
   b. 哪些社会群体会从这种变化中获益？哪些群体会受到损害？
3. 社会选择把多少资源用于消费和把多少资源用于投资。这些决策中的一部分涉及私人支出，另一些涉及政府支出。
   a. 说明代表消费的一些私人支出形式以及代表投资的一些私人支出形式。国民收入账户把学费作为消费支出的一部分。按你的看法，把资源用于教育是一种消费的形式，还是一种投资的形式？
   b. 说明代表消费的一些政府支出形式以及代表投资的一些政府支出形式。按你的看法，我们应该把政府用于医疗计划的支出作为一种消费的形式，还是一种投资的形式？你能区分青年人的医疗计划和老年人的医疗计划吗？
4. 投资于资本的机会成本是什么？你认为一国有可能对资本"过度投资"吗？人力资本投资的机会成本是什么？你认为一国可能对人力资本"过度投资"吗？解释之。
5. 假设一家完全由德国公民拥有的汽车公司在南卡罗来纳开办了一家新工厂。
   a. 这代表了哪一种外国投资？
   b. 这种投资对美国的 GDP 有什么影响？对美国 GNP 的影响是更大还是更小？

6. 在20世纪90年代和21世纪前十年,来自日本和中国这些亚洲经济的投资者在美国进行了大量直接投资和有价证券投资。那时许多美国人对这种投资的出现表示不满。
   a. 在哪个方面美国接受这种外国投资比不接受好?
   b. 在哪个方面美国人进行这种投资会更好?

7. 在许多发展中国家,年青女性的中学入学率低于男性。说明青年女性有更多教育机会会加快这些国家经济增长的几种方法。

8. 国际数据表明,人均收入与人口健康之间存在正相关关系。
   a. 解释收入更高如何引起更好的健康状况。
   b. 解释更好的健康状况如何引起更高的收入。
   c. 如何使你这两个假说的重要性适用于公共政策?

9. 国际数据表明,政治稳定与经济增长之间存在正相关关系。
   a. 政治稳定通过什么机制可以引起强劲的经济增长?
   b. 强劲的经济增长通过什么机制可以促进政治稳定?

10. 从1950年到2000年,美国经济中制造业的就业人数占总就业人数的百分比从28%下降到13%。同时,制造业的产量增长略快于整个经济。
    a. 这些事实在制造业的劳动生产率(定义为每个工人的产量)增长方面说明了什么?
    b. 按你的看法,决策者应该关注制造业就业比例的下降吗?解释之。

第26章
储蓄、投资和金融体系

设想你刚从大学毕业(当然,拥有经济学学位),并且决定开办一家企业——一家经济预测企业。在通过出售你的预测结果赚钱之前,你必须为建立你的企业支付相当一笔费用。你必须购买进行预测所用的电脑,还要购买桌子、椅子和档案柜来布置新办公室。这里的每一样东西都是你的企业将用来生产并出售劳务的一种资本。

你如何得到投资于这些资本品的资金呢?也许你可以用自己过去的储蓄来为这些资本品付款。但更可能的情况是,像大多数企业家一样,你并没有足够的钱来开办自己的企业。因此,你必须从其他渠道取得你所需要的钱。

有几种方法可以为这些资本投资筹资。你可以向银行、朋友或亲戚借钱。在这种情况下,你要承诺在以后某一天不仅要还钱,还要为使用这笔钱而支付利息。此外,你也可以说服某人向你提供创办企业所需要的钱,以换取未来有利润时可以分享的权利,无论利润可能有多少。在这两种情况下,你对电脑和办公设备的投资是用别人的储蓄来筹资。

金融体系:
经济中促使一个人的储蓄与另一个人的投资相匹配的一组机构。

金融体系(financial system)由帮助将一个人的储蓄与另一个人的投资相匹配的机构组成。正如我们在上一章中所讨论的,储蓄和投资是长期经济增长的关键因素:当一国把其相当大部分的 GDP 储蓄起来时,就有更多的资源用于资本投资,而且较高的资本提高了一国的生产率和生活水平。然而,前一章并没有解释经济是如何协调储蓄与投资的。在任何时候,总有一些人想为未来考虑而把一些收入储蓄起来,也有另一些人想借钱来为新的、成长中的企业的投资筹资。是什么使这两部分人走到一起呢?是什么保证了那些想储蓄的人的资金供给与那些想投资的人的资金需求平衡呢?

本章将考察金融体系如何运行。第一,讨论经济中组成金融体系的各种机构;第二,讨论金融体系和一些关键宏观经济变量之间的关系,尤其是储蓄和投资之间的关系;第三,建立一个金融市场上的资金供求模型,在这个模型中利率是调整供求平衡的价格,这个模型说明了各种政府政策如何影响利率,从而影响社会对稀缺资源的配置。

26.1 美国经济中的金融机构

在最广义的层次上,金融体系使经济中的稀缺资源从储蓄者(支出小于收入的人)流动到借款者(支出大于收入的人)手中。储蓄者出于各种考虑而储蓄——为了数年后送孩子上大学或者几十年后退休时生活得更舒适。同样,借款者出于各种考虑而借钱——购买一所住房或者开办用以谋生的企业。储蓄者向金融体系提供他们的货币时,预期在以后的某一天能收回这笔有利息的储蓄。借款者向金融体系贷款时也知道要在以后的某一天偿还这笔钱和利息。

金融体系由帮助协调储蓄者与借款者的各种金融机构组成。作为分析使金融体系运行的经济力量的前提,我们讨论最重要的金融机构。金融机构可以分为两种类型——金融市场和金融中介机构。我们分别考虑每一种类型。

26.1.1 金融市场

金融市场(financial markets)是想储蓄的人可以借以直接向想借款的人提供资金的机构。我们经济中两种最重要的金融市场是债券市场和股票市场。

债券市场 当巨型电脑芯片生产商英特尔公司想借款来为建立一个新工厂筹资时,它可以直接向公众借款。它可以通过出售债券来这样做。**债券**(bond)是规定借款人对债券持有人负有债务责任的证明。简单地说,债券就是借据(IOU)。它规定了贷款偿还的时间,称为到期日,以及在贷款到期之前定期支付的利息的比率。债券的购买者将钱交给英特尔公司,换取了英特尔公司关于债券利息和最后偿还借款量(称为本金)的承诺。购买者可以持有债券至到期日,也可以在到期日之前把债券卖给其他人。

在美国经济中有几百万种不同的债券。当大公司、联邦政府或州政府与地方政府需要为购买新工厂、新式喷气式战斗机或新学校筹资时,它们通常发行债券。如果你阅读《华尔街日报》或当地报纸的经济版,你就会发现报纸上列出了所发行的一些最重要债券的价格和利率。这些债券由于三个重要特点而不同。

第一个特点是债券的期限——债券到期之前的时间长度。一些债券是短期的,也许只有几个月,而另一些债券的期限则长达30年。(英国政府甚至发行了永不到期的债券,称为永久债券。这种债券永远支付利息,

金融市场:
储蓄者可以借以直接向借款者提供资金的金融机构。

债券:
一种债务证明书。

但从不偿还本金。)债券的利率部分取决于它的期限。长期债券的风险比短期债券大，因为长期债券持有人要等较长时间才能收回本金。如果长期债券持有人在到期日之前需要钱，他只能把债券卖给其他人，也许还要以低价出卖，此外别无选择。为了补偿这种风险，长期债券支付的利率通常高于短期债券。

第二个重要特点是它的信用风险——借款人不能支付某些利息或本金的可能性。这种不能支付称为拖欠。借款人可以通过宣布破产来拖欠他们的贷款（有时他们也确实会这样做）。当债券购买者觉察到拖欠的可能性很高时，他们就需要高利率来补偿这种风险。由于一般认为美国政府有安全的信用风险，所以政府债券倾向于支付低利率。与此相反，财务状况不稳定的公司通过发行垃圾债券来筹集资金，这种债券支付极高的利率。债券购买者可以通过各种私人机构，如标准普尔公司的核查来判断信用风险，这些机构可以评定不同债券的信用风险。

第三个重要特点是它的税收待遇——税法对待债券所赚到的利息的方式。大多数债券的利息是应纳税收入，这就是说，债券所有者必须将一部分利息用于交纳所得税。与此相反，当州政府和地方政府发行市政债券时，这种债券的所有者不用为利息收入支付联邦所得税。由于这种税收利益，州政府和地方政府发行的债券支付的利率低于公司或联邦政府发行的债券。

股票市场 英特尔公司为建立一个新的半导体工厂而筹资的另一种方法是出售公司的股票。**股票**(stock)代表企业的所有权，所以也代表对企业所获得利润的索取权。例如，如果英特尔公司出售的股票总计为一百万股，那么每股股票就代表该公司百万分之一的所有权。

股票：
企业部分所有权的索取权。

出售股票来筹资称为股本筹资，而出售债券筹资称为债务筹资。虽然公司既可以用股本筹资的方式也可以用债务筹资的方式为新投资筹资，但股票与债券的差别是很大的。英特尔公司股票的所有者是英特尔公司的部分所有者，而英特尔公司债券的所有者是英特尔公司的债权人。如果英特尔公司的利润极为丰厚，股票持有者就享有这种利润的利益，而债券持有者只得到其债券的利息。如果英特尔公司陷入财务困境，在股票持有者得到补偿之前，先要支付债券持有者应得的部分。与债券相比，股票既给持有者提供了高风险，又提供了潜在的高收益。

在公司通过向公众出售股份而发行了股票之后，股票持有者可以在有组织的股票市场上交易这些股票。在这些交易中，当股票易手时，公司本身没有得到一分钱。美国经济中最重要的证券交易所是纽约证券交易所、美国证券交易所和纳斯达克(NASDAQ)（全国证券交易商协会自动报价系统）。世界上大多数国家都有自己的证券交易所，本国公司在这些交易所买卖股票。

股票市场上股票交易的价格是由这些公司股票的供求状况决定的。由于股票代表公司所有权，所以股票的需求（以及其价格）反映了人们对公司未来赢利性的预期。当人们对一个公司的未来乐观时,他们就增加对其股票的需求,从而使股票的价格上升。相反,当人们预期一个公司赢利很少,甚至会亏损时,其股票价格就会下降。

各种股票指数可以用于监测整体的股票价格水平。股票指数是计算出来的一组股票价格的平均数。最著名的股票指数是道·琼斯工业平均指数,它从 1896 年开始定期地被计算。它现在是根据美国最主要的 30 家公司,如通用电气公司、微软公司、可口可乐公司、沃尔特·迪士尼公司、美国电话电报公司(AT&T)及 IBM 公司的股票价格来计算的。另一种知名的股票指数是标准普尔 500 指数,它是根据 500 家主要公司的股票价格计算的。由于股票价格反映了预期的赢利性,所以这些股票指数作为未来经济状况的可能指标而备受关注。

26.1.2 金融中介机构

金融中介机构(financial intermediaries)是储蓄者可以借以间接地向借款者提供资金的金融机构。中介机构这个术语反映了这些机构在储蓄者与借款者之间的作用。下面我们考虑两种最重要的金融中介结构——银行和共同基金。

金融中介机构:
储蓄者可以借以间接地向借款者提供资金的金融机构。

银行 如果一家小杂货店的老板想为扩大经营筹资,他也许会采取与英特尔公司完全不同的策略。与英特尔公司不同,小杂货商会发现在债券和股票市场上筹资是很困难的。大多数股票和债券购买者喜欢购买大的、较熟悉的公司发行的股票和债券。因此,小杂货商最有可能通过向本地银行贷款来为自己扩大经营筹资。

银行是人们最熟悉的金融中介机构。银行的主要工作是从想储蓄的人那里吸收存款,并用这些存款向想借款的人发放贷款。银行对存款人的存款支付利息,并对借款人的贷款收取略高一点的利息。这两种利率的差额弥补了银行的成本,并给银行所有者带来一些利润。

参考资料
对股市观察者而言的关键数字

当追踪任何一家公司的股票时,你应该盯住三个关键数字。在一些报纸的财经版上有这些数字的报道,你也可以很容易地从网上新闻中得到这些数字:

- **价格**。关于股票最重要的一条信息是每股价格。新闻服务通常提供几种价格。"最后"或"收盘"价格是在前一天股票市场收盘前进行的最后一次交易的价格。新闻服务还会提供前一天交易的"最高"和"最低"价格,有时也提供前一年交易的"最高"和"最低"价格。它可能也报道在前一天收盘价格基础上发生的变动。

- 红利。公司把它的一些利润支付给股东,这称为红利。(没有支付的利润称为留存收益,被公司用于增加投资。)新闻服务通常还报道前一年每股股票支付的红利。有时还报道红利收益率,它是把红利表示为股票价格的百分比。

- 价格—收益比。公司的收入或会计利润是根据会计师衡量的出售产品得到的收益量减去其生产成本。每股收益是公司总收益除以流通在外的股票总股数。价格—收益比通常称为 P/E,是公司股票的价格除以过去一年间公司的每股收益。从历史上看,一般价格—收益比是 15 左右。P/E 高表明:相对于公司近期收益,公司股票是昂贵的;这既可能表明人们预期未来收益增加,也可能表明股票被高估了。相反,P/E 低表明:相对于公司近期收益而言,公司股票便宜;这既可能表明人们预期收益减少,也可能表明股票被低估了。

为什么新闻服务报道所有这些数据?因为许多股票投资者在决定买卖什么股票时会密切关注这些数字。与此相反,另一些股东遵循购买并持有策略:他们购买运营良好的公司的股票,并长期持有这些股票,不会对每天的波动作出反应。

除了作为金融中介机构,银行在经济中还起着另外一个重要的作用:它们通过允许人们根据自己的存款开支票以及使用借记卡使物品与劳务的购买变得便利。换句话说,银行帮助创造出一种人们可以借以作为交换媒介的特殊资产。交换媒介是人们能方便地用来进行交易的东西。银行提供交换媒介的作用使它不同于许多其他金融机构。股票和债券也与银行存款一样,是一种可能的对人们过去储蓄积累的财富的价值储藏手段,但要使用这种财富并不像开支票或使用借记卡那样容易、便宜和迅速。就现在而言,我们不考虑银行的第二种作用,但在本书后面讨论货币制度时将要回到这个问题。

共同基金: 向公众出售股份,并用收入来购买股票与债券资产组合的机构。

共同基金 美国经济中日益重要的一个金融中介机构是共同基金。**共同基金**(mutual fund)是一个向公众出售股份,并用收入来购买各种股票、债券,或同时包含股票与债券的选择,即资产组合的机构。共同基金的持股人接受与这种资产组合相关的所有风险与收益。如果这种资产组合的价值上升,持股人就获益;如果这种资产组合的价值下降,持股人就蒙受损失。

共同基金的主要优点是,它们可以使钱并不多的人进行多元化投资。股票和债券的投资者经常听到这样的劝告:不要把你所有的鸡蛋放在一个篮子里。由于任何一种股票或债券的价值与一个公司的前景相关,持有一种股票或债券的风险是极大的。与此相反,那些持有多元化资产组合的人面临的风险要小一些,因为它们与每个公司都只有一点利害关系。共同基金使这种多元化更容易实现。一个只有几百美元的人可以购买共同基金的股份,并间接地变为几百家主要公司的部分所有者或债权人。由于这种服务,经营共同基金的公司向股份持有者收取年费,通常为资产价值的0.5%—2.0%。

共同基金公司所宣称的第二个优点是,共同基金使普通人获得专业资金管理者的技能。大多数共同基金的管理者密切关注他们所购买股票的公司的发展与前景。这些管理者购买他们认为有赢利前途的公司的股票,并售出前景不被看好的公司的股票。据称,这种专业化管理会提高共同基金存款者从其储蓄中得到的收益。

但是,金融经济学家往往怀疑这第二个优点。在成千上万资金管理者密切关注每家公司的前景时,一家公司股票的价格通常很好地反映了该公司的真实价值。因此,通过购买好股票并出售坏股票来做到"胜过市场"是很困难的。实际上,有一种被称为指数基金的共同基金,它按一个既定的股票指数购买所有股票,它的业绩平均而言比通过专业资金管理者进行积极交易的共同基金还要好一些。对指数基金业绩好的解释是,它们通过极少买卖及不给专业资金管理者支付薪水而压低了成本。

26.1.3 总结

美国经济包括大量不同种类的金融机构。除了债券市场、股票市场、银行和共同基金之外,还有养老基金、信用社、保险公司,甚至地方高利贷者。这些机构在许多方面有所不同。但是,在分析金融体系的宏观经济作用时,重要的是记住这些机构的相似性而不是差异性。这些金融机构都服务于同一个目标——把储蓄者的资源送到借款者手中。

即问即答 什么是股票?什么是债券?它们有什么不同之处?它们有什么相似之处?

参考资料
金融危机

在2008年和2009年,美国和世界许多其他主要国家经历了金融危机,这场金融危机引起了经济活动的严重下降。在本书的后面,我们将详细考察这些事件,但在这里,我们概括一下金融危机的主要表现。

金融危机的第一个表现是一些资产价格大幅度下跌。在2008年和2009年,这些价格下跌的资产是不动产。在经历了头十年的高涨之后,住房价格在短短几年间下跌了近30%。自20世纪30年代以来,美国还没有出现过不动产价格这样大幅度的下跌。

金融危机的第二个表现是金融机构的破产。在2008年和2009年,许多银行和金融企业通过持有靠不动产支持的抵押贷款实际上把赌注压在不动产价格上。当房产价格下跌时，大量房东无法偿还贷款，这些拖欠就使一些金融机构走向破产。

金融危机的第三个表现是对金融机构信心的下降。当银行中的一些存款由政府的政策保证时，这种情况不会出现。随着破产的扩大，每一家金融机构都可能成为下一家破产者。在这些金融机构中有存款的个人和企业就提取他们的钱。面对提款狂潮，银行开始出售资产（有时是以低价"抛售"），同时削减了新贷款。

金融危机的第四个表现是信贷不足。由于许多金融机构面临困难，借款者即使有有利的投资项目，也很难得到贷款。实际上，金融体系已经很难起到把储户的资源转到有最好投资机会的借款人手中的正常作用。

金融危机的第五个表现是经济下跌。由于人们无法为新投资项目筹资，对物品与劳务的整体需求也就减少了。因此，国民收入减少了，同时失业增加了，原因我们将在本书后面进行更充分的讨论。

金融危机的第六个，也是最后一个表现是一种恶性循环。经济下滑减少了许多公司的利润和许多资产的价值。因此，我们又回到第一步，金融体系的问题和经济下滑相互影响逐渐加强。

像2008年和2009年这样的金融危机可能产生严重的后果。幸运的是，金融危机结束了。也许是出于政府政策的某种帮助，金融机构最终站稳了脚跟，并且恢复了金融中介机构的正常职能。

26.2 国民收入账户中的储蓄与投资

金融体系中发生的事件是理解整个经济发展的关键。正如我们刚刚说明的，组成这个体系的机构——债券市场、股票市场、银行和共同基金——有协调经济中储蓄与投资的作用。而且，正如我们在前一章中说明的，储蓄与投资是长期GDP增长和生活水平提高的重要决定因素。因此，宏观经济学家需要知道金融市场如何运行以及各种事件和政策如何影响金融市场。

作为分析金融市场的出发点，这一节我们将讨论在这些市场中衡量经济活动的关键宏观经济变量。在这里，我们的重点不是行为而是核算。核算是指如何确定并加总各种数字。职业会计师会帮助个人加总收入与支出；国民收入会计师对整个经济做同样的事。国民收入账户特别包括了GDP以及许多相关的统计数字。

国民收入账户的规则包括几个重要的恒等式。我们还记得，恒等式是由于公式中定义变量的方式而必然正确的公式。记住这些恒等式是有用的,因为它们能清楚地说明不同变量相互之间的关系。我们先考虑一些说明金融市场宏观经济作用的会计恒等式。

26.2.1 一些重要的恒等式

我们还记得,国内生产总值(GDP)既是一个经济的总收入,又是用于经济中物品与劳务产出的总支出。GDP(用 Y 表示)分为四部分支出:消费(C)、投资(I)、政府购买(G)和净出口(NX)。我们将其写为:

$$Y = C + I + G + NX$$

这个等式之所以是恒等式,是因为左边列示的每一美元支出也列示在右边四个组成部分中的一个部分里。由于每一个变量定义与衡量的方式,这个等式必定总能成立。

在本章中,我们通过假设所考察的经济是封闭的而把分析简化。封闭经济是不与其他经济相互交易的经济。特别是,一个封闭经济既不进行物品与劳务的国际贸易,也不进行国际借贷。现实经济是开放经济——这就是说,它们与世界上其他经济相互交易。但是,假设封闭经济是一个有用的简化,利用这种简化我们可以了解一些适用于所有经济的结论,而且这个假设完全适用于世界经济(因为星际贸易尚未普及)。

由于一个封闭经济不进行国际贸易,进口与出口正好是零。因此,净出口(NX)也为零。在这种情况下,我们可以写出:

$$Y = C + I + G$$

这个等式表明,GDP 是消费、投资和政府购买的总和。一个封闭经济中出售的每一单位产出都被消费、投资,或由政府购买。

为了说明这个恒等式对于金融市场的意义,从这个等式两边减去 C 和 G。我们得出:

$$Y - C - G = I$$

等式的左边($Y - C - G$)是在用于消费和政府购买后剩下的一个经济中的总收入,这个量称为**国民储蓄**(national saving),或简称**储蓄**(saving),用 S 来表示。用 S 代替 $Y - C - G$,我们可以把上式写为:

$$S = I$$

这个等式说明,储蓄等于投资。

为了理解国民储蓄的含义,多运用一下这个定义是有帮助的。假设 T 表示政府以税收的形式从家庭得到的数量减去以转移支付形式(例如社会保障和福利)返还给家庭的数量。这样,我们可以用两种方式来写出国民储蓄:

国民储蓄(储蓄):
在用于消费和政府购买后剩下的一个经济中的总收入。

$$S = Y - C - G$$

或者

$$S = (Y - T - C) + (T - G)$$

这两个等式是相同的,因为第二个等式中的两个 T 可以相互抵消,但两个等式表明了考虑国民储蓄的不同方式。特别是,第二个等式把国民储蓄分为两部分:私人储蓄($Y-T-C$)和公共储蓄($T-G$)。

考虑这两部分中的每个部分。**私人储蓄**(private saving)是家庭在支付了税收和消费之后剩下来的收入量。特别是,由于家庭得到收入 Y,支付税收 T 以及消费支出 C,所以私人储蓄是 $Y-T-C$。**公共储蓄**(public saving)是政府在支付其支出后剩下来的税收收入量。政府得到税收收入 T,并支出用于购买物品与劳务的 G。如果 T 大于 G,政府由于得到的资金大于其支出而有**预算盈余**(budget surplus)。这种 $T-G$ 的盈余代表公共储蓄。如果政府支出大于其税收收入,那么 G 大于 T。在这种情况下,政府有**预算赤字**(budget deficit),而公共储蓄($T-G$)是负数。

现在来考虑这些会计恒等式如何与金融市场相关。等式 $S=I$ 说明了一个重要事实:对整个经济而言,储蓄必定等于投资。但这个事实提出了一些重要的问题:这种恒等式背后的机制是什么?是什么在协调那些决定储蓄多少的人与决定投资多少的人?答案是金融体系。在 $S=I$ 这个等式两边之间的是债券市场、股票市场、银行、共同基金,以及其他金融市场和金融中介机构。它们吸收国民储蓄,并将之用于一国的投资。

私人储蓄:
家庭在支付了税收和消费之后剩下来的收入。

公共储蓄:
政府在支付其支出后剩下的税收收入。

预算盈余:
税收收入大于政府支出的余额。

预算赤字:
政府支出引起的税收收入短缺。

26.2.2 储蓄与投资的含义

储蓄和投资这两个术语有时是很容易混淆的。大多数人随意使用,而且有时还互换使用。与此相反,那些把国民收入账户放在一起的宏观经济学家谨慎而有区别地使用这两个术语。

考虑一个例子。假设 Larry 的收入大于他的支出,并把未支出的收入存在银行,或用于购买一个公司的某种股票或债券。由于 Larry 的收入大于他的消费,他增加了国民储蓄。Larry 可以认为他把自己的钱"投资"了,但宏观经济学家称 Larry 的行为是储蓄,而不是投资。

用宏观经济学的语言来说,投资指设备或建筑物这类新资本的购买。当 Moe 从银行借钱建造自己的新房子时,他就增加了一国的投资。(记住,购买新住房是家庭投资支出,而不是消费支出的一种形式。)同样,当 Curly 公司卖出一些股票,并用取得的收入来建立一座新工厂时,它也增加了一国的投资。

虽然会计恒等式 $S=I$ 表示对整个经济来说储蓄与投资是相等的,但对每个单个家庭和企业而言,这就不一定正确了。Larry 的储蓄可能大于他的投资,他可以把超出的部分存入银行。Moe 的储蓄可能小于他的投资,他可以从银行借到不足的部分。银行和其他金融机构通过允许一个人的储蓄为另一个人的投资筹资而使个人储蓄与投资不相等成为可能。

即问即答 定义私人储蓄、公共储蓄、国民储蓄和投资。它们如何相关?

26.3 可贷资金市场

在讨论了我们经济中的一些重要金融机构和这些机构的宏观经济作用之后,现在我们准备建立一个金融市场的模型。我们建立这个模型的目的是解释金融市场如何协调经济的储蓄与投资。这个模型还给了我们一个分析影响储蓄与投资的各种政府政策工具。

为了使事情简化,我们假设经济中只有一个金融市场,称为**可贷资金市场**(market for loanable funds)。所有储蓄者都到这个市场存款,而所有借款者都到这个市场贷款。因此,可贷资金这个术语是指人们选择储蓄并贷出而不是用于自己消费的所有收入,以及投资者选择为新投资项目筹集资金要借的数量。在可贷资金市场上存在一种利率,这个利率既是储蓄的收益,又是借款的成本。

可贷资金市场:
想储蓄的人借以提供资金、想借钱投资的人借以借贷资金的市场。

当然,单一金融市场的假设并不真实。正如我们所看到的,经济中有许多类型的金融机构。但是,正如我们在第 2 章中所讨论的,建立经济模型的技巧在于简化现实世界,从而解释现实世界。就我们的目的而言,我们可以不考虑金融市场的多样化,并假设经济中只有一个金融市场。

26.3.1 可贷资金的供给与需求

经济中的可贷资金市场和其他市场一样,都是由供给与需求支配的。因此,为了了解可贷资金市场如何运行,我们首先考察这个市场上供给和需求的来源。

可贷资金的供给来自那些有额外收入并想储蓄和贷出的人。这种贷出可以直接进行,例如,一个家庭购买一家企业的债券;也可以间接进行,例如,一个家庭在银行进行存款,银行又用这些资金来发放贷款。在这两种情况下,储蓄是可贷资金供给的来源。

可贷资金的需求来自希望借款进行投资的家庭与企业。这种需求包括家庭用抵押贷款购置住房。也包括企业借款用于购买新设备或建立新工厂。在这两种情况下,投资是可贷资金需求的来源。

利率是贷款的价格。它代表借款者要为贷款支付的货币量以及贷款者从其储蓄中得到的货币量。由于高利率使借款更为昂贵,所以,随着利率的上升,可贷资金需求量减少。同样,由于高利率使储蓄更有吸引力,所以,随着利率的上升,可贷资金供给量增加。换句话说,可贷资金的需求曲线向右下方倾斜,而可贷资金的供给曲线向右上方倾斜。

图 26-1 说明了使可贷资金供求平衡的利率。在供求均衡时,利率为 5%,可贷资金的需求量与供给量为 1.2 万亿美元。

图 26-1　可贷资金市场

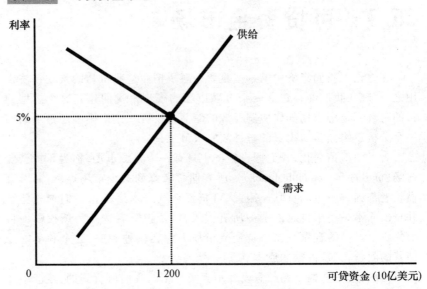

经济中的利率调整使可贷资金供求平衡。可贷资金的供给来自国民储蓄,包括私人储蓄和公共储蓄。可贷资金的需求来自想为投资而借款的企业与家庭。这里的均衡利率为 5%,而可贷资金的供给量与需求量为 1.2 万亿美元。

由于常见的原因,利率调整使可贷资金供给与需求达到均衡水平。如果利率低于均衡水平,则可贷资金的供给量小于可贷资金的需求量。所引起的可贷资金短缺将鼓励贷款者提高他们所收取的利率。高利率将鼓励储蓄(从而增加可贷资金的供给量),并抑制为投资而借款(从而减少可贷资金的需求量)。相反,如果利率高于均衡水平,可贷资金供给量就大于可贷资金需求量。由于贷款者争夺稀缺的借款者,利率被迫下降。由此,利率趋向于使可贷资金供给与需求正好平衡的均衡水平。

我们还记得,经济学家区分了真实利率与名义利率。一般所公布的利率是名义利率——储蓄的货币收益与借款的资金成本。真实利率是根据通货膨胀校正后的名义利率,它等于名义利率减通货膨胀率。由于通货膨胀一直在侵蚀货币的价值,所以真实利率更准确地反映了储蓄的真实收益和借款的真实成本。因此,可贷资金的供求取决于真实利率(而不是名义利率),图 26-1 中的均衡应该解释为经济中的真实利率。在本章的其他部分,当你看到利率这个词时,你应该记住,我们指的是真实利率。

这个可贷资金供求模型说明了金融市场也和经济中的其他市场一样运行。例如,在牛奶市场上,牛奶价格的调整使牛奶的供给量与牛奶的需求量平衡。看不见的手以这种方法协调奶牛场农民的行为与牛奶饮用者的行为。一旦我们认识到储蓄代表可贷资金的供给,投资代表可贷资金的需求,我们就可以说明看不见的手如何协调储蓄与投资。当利率调整使可贷资金市场供求平衡时,它就协调了想储蓄的人(可贷资金供给者)的行为和想投资的人(可贷资金需求者)的行为。

现在我们可以用这种可贷资金市场的分析来考察影响经济中储蓄与投资的各种政府政策。由于这个模型描述的只是一个特殊市场上的供给与需求,所以我们可以用第4章中讨论的三个步骤来分析任何一种政策:第一,确定政策是使供给曲线移动,还是使需求曲线移动;第二,确定移动的方向;第三,用供求图说明均衡如何变动。

26.3.2 政策1:储蓄激励

美国家庭储蓄占收入的比例小于许多其他国家,例如日本和德国。虽然这种国际差异的原因并不清楚,但许多美国决策者认为美国储蓄的低水平是一个主要问题。第1章中的经济学十大原理之一是,一国的生活水平取决于它生产物品与劳务的能力。而且,正如我们在上一章中所讨论的,储蓄是一国生产率的一个重要的长期决定因素。如果美国可以把储蓄率提高到其他国家的水平,那么GDP增长率就会提高,而且随着时间推移,美国公民可以享有更高的生活水平。

经济学十大原理中的另一个是,人们会对激励做出反应。许多经济学家依据这个原理提出,美国的低储蓄率至少部分归因于抑制储蓄的税法。美国联邦政府以及许多州政府通过对包括利息和红利在内的收入征税来获得收入。为了说明这种政策的影响,考虑一个25岁的人,他储蓄了1 000美元,并购买了利率为9%的30年期债券。在没有税收的情况下,当他55岁时,1 000美元就增加到13 268美元。但如果对利息按33%的税率征税,那么税后利率只有6%。在这种情况下,1 000美元在30年后只增加到5 743美元。对利息收入征税大大减少了现期储蓄的未来回报,因此,减少了对人们储蓄的激励。

针对这个问题,许多经济学家和法律制定者建议改变税法以鼓励储蓄。例如,一个建议是扩大特殊账户的合法性,允许人们的某些储蓄免于征税,比如个人养老金账户。我们来考虑这种储蓄激励对可贷资金市场的影响,如图26-2所示。我们遵循我们的三个步骤来分析这种政策。

第一,这种政策影响哪一条曲线? 由于在既定的利率之下,税收变动将改变家庭储蓄的激励,所以政策将影响每种利率下的可贷资金供给量。这样,可贷资金供给将会移动。由于税收变动并不直接影响借款者在利率既定时想借款的数量,所以可贷资金的需求保持不变。

第二,供给曲线向哪个方向移动? 因为对储蓄征收的税额比现行税法下的税额大大减少了,所以家庭将通过减少收入中消费的份额来增加储蓄。家庭用这种增加的储蓄增加其在银行的存款或购买更多债券。可贷资金的供给增加,供给曲线将从S_1向右移动到S_2,如图26-2所示。

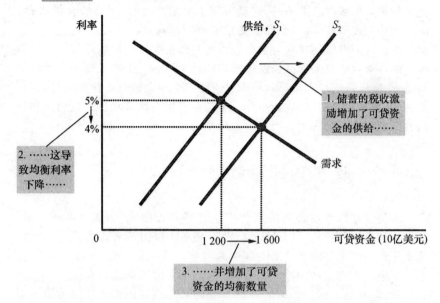

图 26-2 储蓄激励增加了可贷资金供给

鼓励美国人更多地储蓄的税法变动将使可贷资金供给从 S_1 向右移动到 S_2。因此，均衡利率会下降，而且低利率刺激了投资。在图中，均衡利率从5%下降到4%，储蓄和投资的可贷资金均衡数量从1.2万亿美元增加到1.6万亿美元。

第三，我们比较新旧均衡。在图 26-2 中，可贷资金供给的增加使利率从5%下降为4%。较低的利率使可贷资金需求量从1.2万亿美元增加到1.6万亿美元。这就是说，供给曲线的移动使市场均衡沿着需求曲线变动。在借款的成本较低时，家庭和企业受到刺激，从而更多地借款为更多的投资筹资。因此，如果税法改革鼓励更多储蓄，则利率下降且投资增加。

虽然经济学家普遍接受对增加储蓄的影响的这种分析，但他们对应该实行哪种税收变动的看法并不一致。许多经济学家支持目的在于增加储蓄以刺激投资和经济增长的税收改革。但另一些经济学家却怀疑这种税收变动会对国民储蓄有多大影响，还怀疑所建议的改革的平等性。他们认为，在许多情况下，税收变动的利益将主要归于对税收减免需求最低的富人。

26.3.3 政策2：投资激励

假设国会通过了一项法律，目的在于使投资更有吸引力。实际上，这也正是国会时常制定投资赋税减免规定所要做的。投资赋税减免对任何一个建造新工厂或购买新设备的企业有利。我们来看这种税收改革对可贷资金市场的影响，如图 26-3 所示。

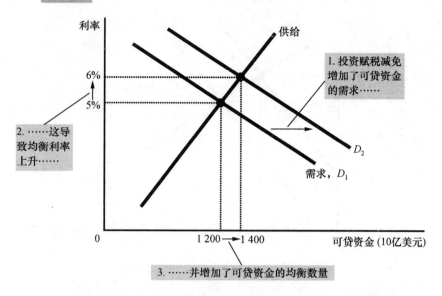

图 26-3　投资激励增加了可贷资金需求

如果投资赋税减免政策的通过能够鼓励美国企业更多地投资，那么可贷资金的需求就会增加。结果，均衡利率将上升，而且更高的利率又会刺激储蓄。在图中，当需求曲线从 D_1 移动到 D_2 时，均衡利率从 5% 上升到 6%，并且储蓄和投资的可贷资金均衡数量从 1.2 万亿美元增加到 1.4 万亿美元。

第一，该法律影响供给还是需求？由于税收减免将使借款并投资于新资本的企业受益，所以它将改变任何既定利率水平下的投资，从而改变可贷资金的需求。与此相反，由于税收减免并不影响既定利率水平下家庭的储蓄量，所以它不影响可贷资金的供给。

第二，需求曲线向哪个方向移动？由于企业受到在任何一种利率时增加投资的激励，所以任何既定利率下的可贷资金需求量都增加了。这样，图中的可贷资金需求曲线从 D_1 向右移动到 D_2。

第三，考虑均衡如何变动。在图 26-3 中，增加的可贷资金需求使利率从 5% 上升到 6%，而更高的利率又使可贷资金供给量从 1.2 万亿美元增加到 1.4 万亿美元，因为家庭对此的反应是增加储蓄量。家庭行为的这种变动在这里用沿着供给曲线的变动来代表。因此，如果税法改革鼓励更多投资，则利率上升且储蓄增加。

26.3.4　政策3：政府预算赤字与盈余

政治争论的永恒主题是政府预算状况。回想一下，预算赤字是政府的支出超过税收收入的部分。政府通过在债券市场上借款为预算赤字筹资，过去政府借款的积累被称为政府债务。预算盈余，即政府税收收入超过政府支出的部分，可以用于偿还一些政府债务。如果政府支出正好等于税收收入，可以说政府预算平衡。

设想政府从平衡的预算开始，然后由于减税或支出增加，开始出现预算赤字。我们可以通过图 26-4 所示的可贷资金市场的三个步骤来分析预算赤字的影响。

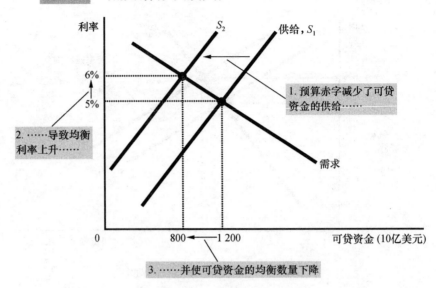

图 26-4　政府预算赤字的影响

当政府支出大于税收收入时，所导致的预算赤字降低了国民储蓄。可贷资金的供给下降，均衡利率上升。这样，当政府借款为其预算赤字筹资时，有些原本要借款用于投资的家庭和企业就被挤出。在图中，当供给从 S_1 移至 S_2 时，均衡利率从 5% 上升至 6%，储蓄和投资的可贷资金均衡数量从 1.2 万亿美元降至 0.8 万亿美元。

第一，当预算赤字出现时哪一条曲线移动？我们还记得，国民储蓄——可贷资金供给的来源——由私人储蓄和公共储蓄组成。政府预算余额的变动代表公共储蓄的变动，从而代表可贷资金供给的变动。由于预算赤字并不影响家庭和企业在利率既定时想要为投资筹资借款的数量，所以它没有改变可贷资金的需求。

第二，供给曲线向哪个方向移动？当政府出现预算赤字时，公共储蓄是负的，这就减少了国民储蓄。换句话说，当政府借款为其预算赤字筹资时，它就减少了可用于家庭和企业为投资筹资的可贷资金的供给。因此，预算赤字使可贷资金供给曲线从 S_1 向左移动到 S_2，如图 26-4 所示。

第三，比较新旧均衡。在图中，当预算赤字减少了可贷资金供给时，利率从 5% 上升到 6%。这种高利率之后又改变了参与借贷市场的家庭和企业的行为，特别是许多可贷资金需求者受到高利率的抑制。买新房子的家庭少了，选择建立新工厂的企业也少了。由于政府借款而引起的投资减少称为**挤出**（crowding out），在图中用可贷资金沿着需求曲线从 1.2 万亿美元变动为 0.8 万亿美元来代表。这就是说，当政府借款为其预算赤字筹资时，它挤出了那些想为投资筹资的私人借款者。

挤出：
政府借款所引起的投资减少。

因此，从预算赤字对可贷资金供求影响中直接得出的有关预算赤字的最基本结论是：当政府通过预算赤字减少了国民储蓄时，利率就会上升且投资减少。由于投资对长期经济增长很重要，所以政府预算赤字降低了经济的增长率。

你会问，为什么预算赤字影响可贷资金的供给，而不影响可贷资金的需求呢？首先，政府要通过出售债券为预算赤字筹资，从而向私人部门借钱。为什么增加的政府借款改变了供给曲线，而私人投资者增加的借款改变了需求曲线? 为了回答这个问题,我们需要更准确地考察"可贷资金"的含义。这里提出的模型认为这个词是指为私人投资筹资可以得到的资源流量,因此,政府的预算赤字减少了可贷资金的供给。相反,如果我们把"可贷资金"这个词定义为从私人储蓄中得到的资源流量,那么政府预算赤字就会增加需求,而不是减少供给。在我们描述的模型中,改变这个词的解释会引起语义上的改变,但分析的结果是相同的:在这两种情况下,预算赤字都提高了利率,从而挤出了依靠金融市场为私人投资项目筹集资金的私人借款者。

既然我们知道了预算赤字的影响,我们就可以改变分析的方向,说明政府预算盈余的相反影响。当政府得到的税收收入大于其支出时,它偿还一些未清偿的政府债务后把余额存起来。这种预算盈余,或公共储蓄,对国民储蓄作出了贡献。因此,预算盈余增加了可贷资金的供给,降低了利率,并刺激了投资。反过来,更高的投资又意味着更多的资本积累和更快的经济增长。

案例研究
美国政府债务史

美国政府的债务情况是怎样的?这个问题的答案随着时间的推移而迥然不同。图 26-5 显示了美国联邦政府债务占美国 GDP 的百分比。该图表明,政府债务占 GDP 的百分比在 0(1836 年)至 107(1945 年)之间波动。

图 26-5 美国政府债务

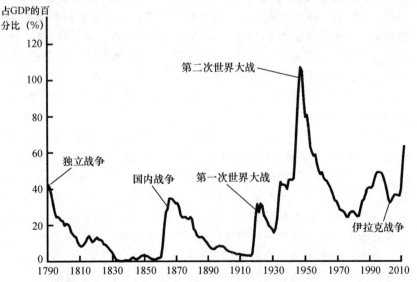

在图中,用占 GDP 百分比表示的美国联邦政府债务在历史上一直在变动。战时的支出通常都与政府债务大幅度增长相关。

资料来源:U. S. Department of Treasury; U. S. Department of Commerce; and T. S. Berry, "Production and Population since 1789", Bostwick Paper No. 6, Richmond, 1988.

债务—GDP比率是政府财政状况的一个标志。由于GDP是政府税基的粗略衡量指标,所以,债务—GDP比率的下降表明:相对于政府筹集税收收入的能力,它的债务减少了。这就表明,从某种意义上说,政府在其财力之内才能生存。与此相反,债务—GDP比率上升意味着:相对于政府筹集税收收入的能力,它的债务在增加。这往往被解释为财政政策——政府支出和税收收入——不能以现在的水平一直维持下去。

在历史上,政府债务波动的主要原因是战争。当战争爆发时,政府的国防支出大幅度增加,用以支付士兵的薪酬和军事装备。税收通常也会增加,但一般远远小于支出的增加。结果是预算赤字和政府债务增加。当战争结束时,政府支出减少,债务—GDP比率也开始下降。

有两个理由使人们相信,为战争而进行的债务筹资是一种合适的政策。第一,它可以使政府一直保持税率平稳。没有债务筹资,税率在战争期间就会急剧上升,而且这会引起经济效率大幅度下降。第二,为战争筹资的债务将部分战争费用转移给子孙后代,他们将不得不偿还政府债务。这是一种有争议的公平负担分摊,因为当一代人为保卫国家免受外国侵略而战斗时,他们的子孙后代会从中受益。

不能用战争解释的政府债务的一次大幅度增加是在1980年左右开始出现的。当罗纳德·里根(Ronald Reagan)总统在1981年执政时,他承诺缩小政府支出并减税。但他发现削减政府支出在政治上比减税要困难,结果一个存在大量预算赤字的时期自此开始,这个时期不仅在整个里根当政期间一直持续,而且以后还持续了许多年。结果,政府债务从1980年占GDP的26%上升到1993年占GDP的50%。

如前所述,政府预算赤字减少了国民储蓄、投资和长期经济增长,这也正是20世纪80年代期间政府债务增加使许多经济学家和决策者头疼的原因。当比尔·克林顿(Bill Clinton)在1993年入主白宫时,减少赤字是他的第一个主要目标。同样,当共和党在1995年控制了国会时,减少赤字在其立法议事日程中也占有重要的地位。这两方面的努力大大降低了政府预算赤字的规模,并最终变为略有盈余。结果到20世纪90年代末,债务—GDP比率下降了。

在乔治·W.布什(George W. Bush)总统任期的前几年,由于预算盈余变成预算赤字,债务—GDP比率又开始上升。这一变动有三个原因:第一,布什总统签署了2000年他在竞选期间承诺的几项主要税收减免的法律;第二,在2001年,美国经济经历了一次衰退(经济活动的减少),从而自动减少了税收收入并增加了政府支出;第三,"9·11"恐怖袭击后国家安全方面的支出以及其后对伊拉克和阿富汗的战争导致政府支出增加。

债务—GDP比率真正的急剧上升是从2008年开始的,这时经济经历了金融危机和严重的衰退(在以后一些章节中我们将更全面地讨论这个问题)。衰退自动地增加了预算赤字,而由布什和奥巴马政府为应付衰退而通过的一些政策措施又进一步减少了税收并增加了政府支出。在2009年和2010年,联邦政府的预算赤字占GDP的10%左右,这是二战以来最大的赤字。用借款为这些赤字筹资就引起了债务—GDP 比率的大幅度上升,正如图中所显示的。使联邦预算回到稳定或下降的债务—GDP 比率的正常路径是以后几代决策者所面临的最大的政策挑战之一。

即问即答 如果更多美国人采取了"今朝有酒今朝醉"的生活方式,这将如何影响储蓄、投资和利率?

26.4 结论

莎士比亚的《哈姆雷特》中的波罗纽斯建议他的儿子"既不当债务人也不当债权人"。如果每个人都遵循这个建议,本章也就没有必要了。

很少有经济学家同意波罗纽斯的看法。在我们的经济中,人们常常向别人借钱,也借钱给别人,而且通常都有充分的理由。你可以在某一天借钱开办自己的企业或买一所房子。而且,人们也会贷款给你,希望你支付的利息能使他们享受更好的退休生活。金融体系有协调所有这些借款与贷款活动的作用。

在许多方面,金融市场和经济中的其他市场一样。可贷资金的价格——利率——由供求的力量决定,正如经济中的其他价格一样。而且我们也可以像分析其他市场一样分析金融市场上供给或需求的变动。第1章中介绍的经济学十大原理之一是,市场通常是组织经济活动的一种好方法。这个原理也适用于金融市场。当金融市场使可贷资金的供求平衡时,它们就有助于使经济中的稀缺资源得到最有效的配置。

但是,金融市场在一个方面是特殊的。与大多数其他市场不同,金融市场起着联系现在与未来的重要作用。那些提供可贷资金的人——储蓄者——之所以这样做,是因为他们想把一些现期收入变为未来的购买力。那些需要可贷资金的人——借款者——之所以这样做,是因为他们想要现在投资,以便未来有生产物品与劳务的额外资本。因此,运行良好的金融市场不仅对现在这一代人是重要的,而且对将要继承相应利益的他们的子孙后代也是重要的。

内容提要

◎ 美国金融体系由各种金融机构组成,例如,债券市场、股票市场、银行和共同基金。所有这些机构的作用都是使那些想把一部分收入储蓄起来的家庭的资源流入到那些想借款的家庭和企业的手中。

◎ 国民收入账户恒等式说明了宏观经济变量之间的一些重要关系。特别是,对一个封闭经济来说,国民储蓄一定等于投资。金融机构是使一个人的储蓄与另一个人的投资相匹配的机制。
◎ 利率由可贷资金的供求决定。可贷资金的供给来自想把自己的一部分收入储蓄起来并借贷出去的家庭。可贷资金的需求来自想借款投资的家庭和企业。为了分析任何一种政策或事件如何影响利率,我们应该考虑它如何影响可贷资金的供给与需求。
◎ 国民储蓄等于私人储蓄加公共储蓄。政府预算赤字代表负的公共储蓄,从而减少了国民储蓄和可用于为投资筹资的可贷资金供给。当政府预算赤字挤出了投资时,它就降低了生产率和 GDP 的增长。

关键概念

金融体系　　　　共同基金　　　　　预算赤字
金融市场　　　　国民储蓄(储蓄)　　可贷资金市场
债券　　　　　　私人储蓄　　　　　挤出
股票　　　　　　公共储蓄
金融中介机构　　预算盈余

复习题

1. 金融体系的作用是什么?说出作为金融体系一部分的两种市场的名称并描述之。说出两种金融中介机构的名称并描述之。
2. 为什么那些拥有股票和债券的人要使自己持有的资产多样化?哪种金融机构进行多样化更容易?
3. 什么是国民储蓄?什么是私人储蓄?什么是公共储蓄?这三个变量如何相关?
4. 什么是投资?它如何与国民储蓄相关?
5. 描述可以增加私人储蓄的一种税法变动。如果实施了这种政策,它会如何影响可贷资金市场呢?
6. 什么是政府预算赤字?它如何影响利率、投资以及经济增长?

问题与应用

1. 在下列每一对选项中,你预期哪一种债券会支付高利率?解释之。
   a. 美国政府债券或东欧国家政府债券。
   b. 在 2015 年偿还本金的债券或在 2040 年偿还本金的债券。
   c. 可口可乐公司的债券或在你家车库经营的软件公司的债券。
   d. 联邦政府发行的债券或纽约州政府发行的债券。
2. 许多工人持有他们所在的企业发行的大量股票。你认为为什么公司鼓励这种行为?一个人为什么可能不想持有他所在公司的股票?
3. 根据宏观经济学家的定义,解释储蓄和投资之间的差别。下列哪一种情况代表投资？哪一种代表储蓄？解释之。

   a. 你的家庭拿到抵押贷款并购买新房子。
   b. 你用200美元工资购买 AT&T 公司的股票。
   c. 你的同屋赚了100美元并把它存入银行账户。
   d. 你从银行借了1 000美元买一辆用于送比萨饼的汽车。

4. 假设 GDP 是8万亿美元，税收是1.5万亿美元，私人储蓄是0.5万亿美元，而公共储蓄是0.2万亿美元。假设这个经济是封闭的，计算消费、政府购买、国民储蓄和投资。

5. 在一个封闭国家 Funlandia，经济学家收集到以下某一年的经济信息：

$$Y = 10\,000$$
$$C = 6\,000$$
$$T = 1\,500$$
$$G = 1\,700$$

经济学家还估算出投资函数为：

$$I = 3\,300 - 100r$$

其中，r 为该国家的真实利率，用百分比表示。计算私人储蓄、公共储蓄、国民储蓄、投资和均衡的真实利率。

6. 假设英特尔公司正考虑建立一个新的芯片工厂。

   a. 假设英特尔公司需要在债券市场上筹资，为什么利率上升会影响英特尔公司是否建立这个工厂的决策？
   b. 如果英特尔公司有足够的自有资金来为新工厂筹资而不用借钱，利率的上升还会影响英特尔公司是否建立这个工厂的决策吗？解释之。

7. 三个学生各有储蓄1 000美元。每个人都有一个可投资2 000美元的投资机会。下面是各个学生投资项目的收益率：

   Harry   5%
   Ron   8%
   Hermione   20%

   a. 如果借款和贷款都受到禁止，因此每个学生只能用自己的储蓄为其投资项目筹资，一年后当项目支付收益时，每个学生各有多少？
   b. 现在假设他们学校开了一个可贷资金市场，学生可以在他们之间以利率 r 把钱借出去和贷款。决定学生选择成为借款人，还是贷款人的因素是什么？
   c. 在利率为7%时，在这三个学生中，可贷资金供给量和需求量各是多少？在利率为10%时呢？
   d. 在什么样的均衡利率时，三个学生的可贷资金市场可以均衡？在这种利率时，哪个学生会把钱借出去？哪个会贷款？
   e. 在均衡利率时，一年后投资项目支付了收益并偿还贷款后，每个学生有多少钱？把你的答案与 a 题的答案比较。谁从可贷资金市场的存在中获益——借款人还是贷款人？有没有人受损失？

8. 假设政府明年的借款比今年多200亿美元。

   a. 用供求图分析这种政策。利率会上升还是会下降？
   b. 投资会发生什么变动？私人储蓄呢？公共储蓄呢？国民储蓄呢？将这些变动的大小与增加的200亿美元政府借款进行比较。
   c. 可贷资金供给弹性如何影响这些变动的大小？
   d. 可贷资金需求弹性如何影响这些变动的大小？
   e. 假设家庭相信，政府现在借款越多意味着未来为了偿还政府债务而必须征收的税率越高。这种信念对私人储蓄和可贷资金供给有什么影响？这种信念是加强还是减弱了你在 a

与b中所讨论的影响?
9. 在2010年夏天,议会通过了一个意义深远的金融改革方案,以防止另一次像2008—2009年一样的金融危机。考虑以下可能性:
   a. 假设通过要求企业遵守一些更严格的管制,该法案增加了投资的成本。在一个标志清楚的图上说明该法案对可贷资金市场的影响。确定均衡利率、储蓄和投资水平的变动。该法案对长期经济增长有什么影响?
   b. 另一方面,假设通过对金融体系的有效管制,该法案增加了储户对金融体系的信心。用新图形说明这种情况下政策的效果,要注明均衡利率、储蓄和投资水平的变动,还要评价对长期增长的影响。
10. 本章解释了投资既可能由于对私人储蓄减税而增加,也可能由于政府预算赤字减少而增加。
    a. 为什么同时实施这两种政策是困难的?
    b. 为了判断这两种政策中哪一种是增加投资的更有效方法,你需要对私人储蓄了解些什么?

第 27 章
基本金融工具

在生活中,有时你必须与经济中的金融体系打交道。你将把你的储蓄存入银行账户,或者你要借住房抵押贷款买房。在你找到一份工作以后,你将决定是否把你的退休金账户里的钱投资于股票、债券或其他金融工具。如果你努力理出自己的股票组合,你就要决定把赌注压在通用电气这样已有良好信誉的公司上,还是谷歌这样的新公司上。而且,只要你看晚间新闻,你就会听到有关股市上涨或下跌的报道,同时还经常徒劳地企图解释为什么市场这样行事。

如果思考一下在一生中你将做出的许多金融决策,你会在几乎所有这些事情中看到两个相关的要素:时间和风险。正如我们在前面两章中说明的,金融体系协调经济的储蓄与投资,而储蓄与投资又是经济增长的关键决定因素。更为重要的是,金融体系涉及我们每天进行的决策和行为,这些决策和行为将影响我们未来的生活。但未来是不可知的,当个人决定留存一些储蓄或企业决定进行一项投资时,决策依据的是对可能结果的猜测。但是实际结果可能与我们预期的完全不同。

本章介绍一些工具,有助于理解人们在参与金融市场时所做出的决策。**金融学**(finance)学科详细介绍了这些工具,你可以选修集中讨论这个主题的课程。但是,由于金融体系对经济的作用如此重要,所以金融学的许多基本观点对理解经济如何运行也是至关重要的。金融学工具会有助于你思考一生中将要做出的一些决策。

本章包括三个主题:第一,讨论如何比较不同时点的货币量;第二,讨论如何管理风险;第三,根据对时间和风险的分析,考察什么决定一种资产比如一股股票的价值。

金融学:
研究人们如何在某一时期内做出关于配置资源和应对风险的决策的学科。

27.1 现值:衡量货币的时间价值

设想某个人今天给你 100 美元或 10 年后给你 100 美元。你将选择哪一个呢?这是一个简单的问题。今天得到100美元更好,因为你总可以把这笔钱存入银行,在10年中你仍然拥有这笔钱,顺便还赚到了利息。结论是,今天的钱比未来同样数量的钱更值钱。

现在考虑一个难一点儿的问题:设想某人今天给你100美元或10年后给你200美元。你将选择哪一个呢?为了回答这个问题,你需要用某种方法来比较不同时点上的货币量。经济学家为此引入了现值的概念。任何未来一定量货币的**现值**(present value)是在现期利率下产生这一未来货币量所需要的现在货币量。

现值:
用现行利率产生一定量未来货币所需要的现在货币量。

未来值:
在现行利率既定时,现在货币量将带来的未来货币量。

复利:
货币量的累积,比如说银行账户上货币量的累积,即赚得的利息仍留在账户上以赚取未来更多的利息。

为了了解如何运用现值的概念,我们通过两个简单的例子来说明:

问题:如果你今天把100美元存入银行账户,在 N 年后这100美元将值多少?这就是说,这100美元的**未来值**(future value)是多少?

解答:我们用 r 代表以小数形式表示的利率(因此,5%的利率意味着 $r=0.05$)。假设每年支付利息,而且所支付的利息仍然在银行账户上继续生息——一种称为**复利**(compounding)的过程,那么100美元将是:

$(1+r) \times 100$ 美元	1年以后
$(1+r) \times (1+r) \times 100$ 美元 $= (1+r)^2 \times 100$ 美元	2年以后
$(1+r) \times (1+r) \times (1+r) \times 100$ 美元 $= (1+r)^3 \times 100$ 美元	3年以后
……	……
$(1+r)^N \times 100$ 美元	N 年以后

例如,如果我们按5%的利率投资10年,那么100美元的未来值将是 $(1.05)^{10} \times 100$ 美元,即163美元。

问题:现在假设你在 N 年后将得到200美元。这笔未来收入的现值是多少呢?这就是说,为了在 N 年后得到200美元,你现在必须在银行中存入多少钱?

解答:为了回答这个问题,要回到前一个答案。在上一个问题中,我们用现值乘以 $(1+r)^N$ 来计算未来值。为了由未来值计算现值,我们用 $(1+r)^N$ 来除未来值。因此,N 年后的200美元的现值是200美元$/(1+r)^N$。如果这个量是今天存入银行中的,那么在 N 年后它将变成 $(1+r)^N \times [200$ 美元$/(1+r)^N]$,即200美元。例如,如果利率是5%,10年后的200美元的现值就是200美元$/(1.05)^{10}$,即123美元。这就意味着今天在利率为5%的银行账户中存入123美元,10年后就得到200美元。

这说明了如下具有普遍性的公式:

- 如果利率是 r,那么在 N 年后将得到的 X 量的现值是 $X/(1+r)^N$。

由于赚到利息的可能性使现值降到 X 量之下,所以寻找一定量未来货币现值的过程称为贴现。这个公式准确表示出,未来一定的货币量应该贴现为多少。

现在我们回到以前的问题:你应该选择今天的100美元,还是10年后的200美元呢?我们可以从现值的计算中推导出,如果利率是5%,你应该选择10年后的200美元。未来200美元的现值是123美元,这大于100美元。等待未来的货币量,你的状况会更好。

要注意的是,这一问题的答案取决于利率。如果利率是8%,那么10年后的200美元的现值是200美元$/(1.08)^{10}$,即只有93美元。在这种情况下,你应该选择今天的100美元。为什么利率对你的选择至关重要呢?答案是利率越高,你把钱存在银行能赚到的钱越多,因此,得到今天的100美元也就越有吸引力。

现值的概念在许多应用中是很有用的,包括评价投资项目时公司所面临的决策。例如,设想通用汽车公司正在考虑建立一个新的工厂。假设建厂今天将耗资1亿美元,并在10年后给公司带来2亿美元收益。通用汽车公司应该实施这个项目吗?你可以看到,这种决策完全和我们研究过的决策一样。为了作出决策,公司将比较2亿美元收益的现值和1亿美元的成本。

因此,公司的决策将取决于利率。如果利率是5%,那么工厂2亿美元收益的现值是1.23亿美元,公司将选择支付1亿美元的成本。与此相反,如果利率是8%,那么收益的现值仅为0.93亿美元,公司将决定放弃这个项目。因此,现值的概念有助于解释为什么当利率上升时,投资——可贷资金的需求量——减少。

下面是现值的另一种应用:假设你赢得了100万美元的彩票并面临一个选择,在未来50年中每年支付给你2万美元(总计100万美元),或者立即支付给你40万美元。你应该选择哪一个呢?为了作出正确的选择,你需要计算支付流的现值。我们假设利率是7%,在完成了与以上类似的50次计算(每支付一次计算一次)并把结果加总之后,你就会知道,在利率为7%时,这笔100万美元奖金的现值仅为27.6万美元。你选择立即支付40万美元会更好。100万美元看来是很多钱,但一旦贴现为现值后,未来的现金流就远不那么值钱了。

即问即答 利率是7%,10年后得到的150美元的现值是多少?

参考资料
复利计算的魔力与70规则

假设你观察到,一个国家每年的平均增长率为1%,而另一个国家每年的平均增长率为3%。乍一看,这并不是什么大事。2%会产生多大差别呢?

答案是:会产生很大差别。在写成百分比时看来很小的增长率在许多年的复利计算之后会变得很大。

我们来看一个例子。假设两个大学毕业生——Finn和Quinn——在

22岁时都找到了第一份年收入为3万美元的工作。Finn生活在一个所有收入都按每年1%增长的经济中,而Quinn生活在一个所有收入都按每年3%增长的经济中。简单明了的计算可以表明所发生的情况。40年后,当两人都62岁时,Finn一年收入为4.5万美元,而Quinn一年收入为9.8万美元。由于增长率2%的差别,在老年时Quinn的收入是Finn的两倍多。

一个称为70规则的古老经验规则有助于理解增长率和复利计算的结果。根据70规则,如果某个变量每年按$x\%$增长,那么大约在$70/x$年以后,该变量翻一番。在Finn的经济中,收入按每年1%增长,因此,收入翻一番需要70年左右的时间。在Quinn的经济中,收入按每年3%增长,因此,收入翻一番需要大约70/3年,即23年。

70规则不仅适用于增长的经济,而且还适用于增长的储蓄账户。下面是一个例子:1791年,本·富兰克林(Ben Franklin)去世,留下为期200年的5 000美元投资,用于资助医学院学生和科学研究。如果这笔钱每年赚取7%的收益(实际上,这是非常可能的),那么这笔投资的价值每10年就能翻一番。在200年中,它就翻了20倍。在200年复利计算结束时,这笔投资将值$2^{20} \times 5 000$美元,约为50亿美元。(实际上,富兰克林的5 000美元在200年中只增加到200万美元,因为一部分钱在此期间花掉了。)

正如这些例子所表明的,许多年中增长率和利率的复利计算会带来惊人的结果。也许这就是阿尔伯特·爱因斯坦(Albert Einstein)称复利计算为"有史以来最伟大的数学发现"的原因。

27.2 风险管理

生活充满了赌博。当你去滑雪时,你有摔断腿的风险。当你开车去上班时,你有发生车祸的风险。当你把储蓄投入股市时,你要面临股价下跌的风险。对这种风险的理性反应不是一定要不计成本地去回避它,而是在你做决策时要考虑到风险。现在我们看看一个人能对风险做些什么。

27.2.1 风险厌恶

风险厌恶:
不喜欢不确定性。

大多数人是**风险厌恶**(risk aversion)的。这就意味着,人们更不喜欢坏事发生在他们身上。这也意味着,他们对坏事的厌恶甚于对可比的好事的喜欢。

例如,假设一个朋友向你提供了下面的机会。他将掷硬币。如果面朝上,他支付给你1 000美元。但如果背朝上,你必须给他1 000美元。你会接受这个交易吗?如果你是一个风险厌恶者,你不会接受。对一个风险厌恶者来说,失去1 000美元的痛苦大于赢得1 000美元的快乐。

经济学家用效用的概念建立了风险厌恶模型。效用是一个人对福利或满足的主观衡量。如图27-1的效用函数所示,每种财富水平都给出一定的效用量。但这个函数表现出边际效用递减的性质,即一个人拥有的财富越多,他从增加的1美元中得到的效用越少。因此,在图27-1中,随着财富的增加,效用函数越来越平坦。由于边际效用递减,失去1 000美元损失的效用大于赢得1 000美元获得的效用。因此,人们是风险厌恶者。

图 27-1 效用函数

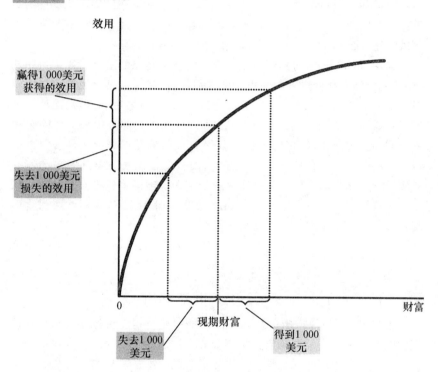

这个效用函数表示,效用,即满足的主观衡量,如何取决于财富。随着财富的增加,效用函数变得平坦,这反映了边际效用递减的性质。由于边际效用递减,损失1 000美元减少的效用大于得到1 000美元增加的效用。

风险厌恶为我们提供了解释我们在经济中所观察到的各种事情的出发点。现在我们来考虑其中的三件事:保险、多元化与风险—收益权衡取舍。

27.2.2 保险市场

应对风险的一种方法是购买保险。保险合同的一般特点是,面临风险的人向保险公司支付一笔保险费,作为回报,保险公司同意接受所有或部分风险。保险类型有许多种。汽车保险补偿遭遇车祸的风险,火灾保险补偿房子遭受火灾的风险,医疗保险补偿可能需要昂贵医疗的风险,而人寿保险补偿被保险人死亡后留下没有收入的家人的风险。还有应对长寿的保险:你今天交纳一笔保险费,保险公司将向你支付一笔年金——每年的一笔定期收入,直到你去世为止。

在某种意义上说,每一份保险合同就是一场赌博。很可能你没有遭遇车祸,你的房子也没着火,你也不需要昂贵的医疗。在大多数年份,你将向保险公司交纳保险费,而除了心境平和之外你什么也没得到。实际上,保险公司正是依赖这一事实:大多数人并不会按它们的政策提出索赔;否则,它就无法向少数不幸的人支付大量索赔并持续经营下去。

从整个经济的角度看,保险的作用并不是消除生活中固有的风险,而是更有效地分摊风险。例如,考虑火灾保险。购买了火灾保险的投保人并不会因此减少房子着火的风险。但是,如果不幸发生了火灾,保险公司就会赔偿你。风险不是由你一个人承担,而是由成千上万个保险公司的投保人共同承担。由于人们是风险厌恶者,因此,一万个人承担万分之一的风险比你自己一个人承担全部风险容易得多。

保险市场受到制约其分摊风险能力的两类问题的困扰。一是**逆向选择**:高风险的人比低风险的人更可能申请保险,因为高风险的人从保险的保护中获益更大。二是**道德风险**:人们在购买保险之后,对他们谨慎从事以规避风险的激励小了,因为保险公司将会补偿大部分损失。保险公司意识到了这些问题,但它们无法充分保护自己免受损失。保险公司无法很好地区分高风险客户与低风险客户,而且它也无法监测其客户的所有风险行为。保单的价格也反映了保险公司在售出保险后将面对的实际风险。保费很高是一些人,特别是知道自己风险低的人,决定不购买保险而是自己承受生活中的某些不确定性的原因。

27.2.3 企业特有风险的多元化

2002 年,曾经规模庞大且备受尊敬的安然公司在被控诈骗和会计违规中破产了。该公司的几位高层管理人员被起诉,最终被判入狱。但是,这个事件最悲惨的部分是受牵连的数千名低层雇员。他们不仅失去了工作,而且许多人还失去了他们一生的储蓄。这些雇员将大约三分之二的退休基金投资于安然股票,现在这些股票一文不值。

如果说金融学向风险厌恶者提供了实用的建议,那就是"不要把你所有的鸡蛋放在一个篮子里"。你以前可能听说过这句话,但是金融学把这个传统智慧变成了科学。它称为**多元化**(diversification)。

多元化:

通过用大量不相关的小风险代替一种风险来降低风险。

保险市场是多元化的一个例子。设想一个城镇有一万名房主,每一个都面临房子遭受火灾的风险。如果某人开办了一家保险公司,而且镇上的每个人既是该公司的股东又是该公司的保险客户,那么他们都通过多元化而降低了风险。现在每个人面对一万次可能发生的火灾的万分之一的风险,而不是自己家里一次火灾的全部风险。除非整个镇子同时发生火灾,否则每个人面临的风险就大大降低。

当人们用储蓄购买金融资产时,他们也可以通过多元化来降低风险。购买一家公司股票的投资者是在和该公司未来的利润率打赌。这种孤注一掷的风险往往很大,因为公司的未来是难以预期的。微软从由一些十几岁的毛孩子开始创建到发展为世界上最有价值的公司仅仅用了几年;安然从世界上最受尊敬的公司之一到几乎一文不值仅仅用了几个月。幸运的是,一个股东并不一定要把自己的未来与任何一家公司联系在一起。人们可以通过打大量的小赌,而不是少量大赌来降低风险。

图 27-2 表明了股票有价证券组合的风险如何取决于这种组合中股票的数量。这里的风险用统计学中的标准差衡量,你可能在数学或统计学课上听过这个词。标准差衡量变量的变动,即变量的波动可能有多大。有价证券组合收益的标准差越大,组合收益可能越易变化,而且该组合持有者不能得到其预期收益的风险越大。

图 27-2 多元化降低风险

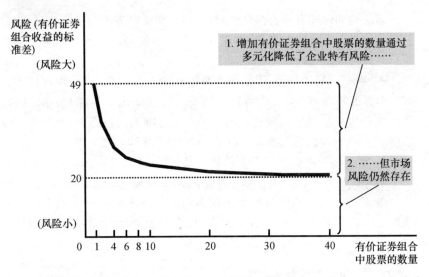

该图表明,用标准差来衡量的有价证券组合的风险如何取决于有价证券组合中股票的数量。假设投资者把其有价证券组合的相同百分比投入每一种股票。增加股票数量减少了股票有价证券组合的风险,但并没有消除风险。

资料来源:Adapted from Meir Statman, "How Many Stocks Make a Diversified Portfolio?" *Journal of Financial and Quantitative Analysis* 22 (September, 1987): 353—364.

该图表明,股票有价证券组合的风险随着股票数量的增加而大大降低。对于有价证券组合来说,如果只有一种股票,标准差是 49%;从 1 种股票增加到 10 种股票,风险消除了约 50%;从 10 种股票增加到 20 种股票,风险又降低了 13%。随着股票数量的继续增加,风险继续下降,但在有价证券组合中包含 20 或 30 种股票以后风险的下降幅度就很小了。

要注意的是,通过增加有价证券组合中的股票数量来消除所有风险是不可能的。多元化可以消除**企业特有风险**(firm-specific risk)——与某家公司相关的不确定性,但是不能消除**市场风险**(market risk)——与整个经济相关的影响所有在股市上交易的公司的不确定性。例如,当经济进入衰退期时,大多数公司都要经历销售量减少、利润下降以及股票收益降低。多元化降低了持有股票的风险,但并没有消除它。

企业特有风险:
只影响一家公司的风险。

市场风险:
影响股市上所有公司的风险。

27.2.4　风险与收益的权衡取舍

第 1 章的经济学十大原理之一是人们面临权衡取舍。与理解金融决策最相关的权衡取舍是风险和收益之间的权衡取舍。

正如我们已经说明的,即使在多元化有价证券组合中,持有股票也存在固有风险。但是,风险厌恶者愿意接受这种不确定性,因为他们这样做会得到补偿。从历史上看,股票提供的收益率远远高于其他可供选择的金融资产,比如债券和银行储蓄账户。在过去的两个世纪中,股票提供的平均真实收益率为每年 8% 左右,而短期政府债券支付的真实收益率每年只有 3%。

当决定如何配置自己的储蓄时,人们必须决定为了赚取高收益,他们愿意承担多大的风险。例如,考虑一个人在两种资产类型之间配置资产组合时如何做出选择:

- 第一种资产类型是有风险的股票的多元化组合,平均收益率为 8%,而标准差为 20%。(你可以回忆一下数学或统计学课程,正常随机变量约有 95% 的时间出现在其均值的两个标准差之内。因此,当真实收益以 8% 为中心时,它通常是在收益 48% 到亏损 32% 之间变动。)
- 第二种资产类型是安全的替代品,收益率为 3%,而标准差为零。安全的替代品既可以是银行储蓄账户,也可以是政府债券。

图 27-3 说明了风险与收益的权衡取舍。该图中的每一点都代表有风险的股票与安全的资产之间的某一种有价证券组合配置。该图说明,投入的股票越多,风险和收益就越大。

图 27-3 风险与收益的权衡取舍

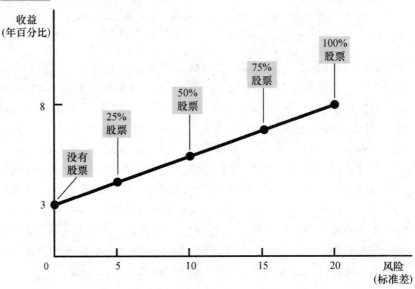

当人们增加他们投资于股票的储蓄百分比时,他们增加了他们预期可以赚到的平均收益,但也增加了面临的风险。

了解风险—收益权衡取舍本身并没有告诉我们一个人应该做什么。对风险和收益某种组合的选择取决于一个人的风险厌恶程度,这反映了他的偏好。但是,对股票持有者来说,认识到他们享有的高平均收益要以高风险为代价是很重要的。

即问即答 描述风险厌恶者降低他所面临的风险的三种方法。

27.3 资产评估

既然我们已经对金融学两个模块——时间和风险——有了基本了解,那么让我们来运用这些知识。本节考虑一个简单的问题:什么决定股票的价格?正如大多数价格一样,答案是供给与需求。但是,事情并没有结束。为了了解股票价格,我们需要深入考虑是什么决定了投资者对每股股票的支付意愿。

27.3.1 基本面分析

我们设想,你已经决定把60%的储蓄投入股票,并实现多元化,你还决定购买20种不同的股票。如果你翻开报纸,你就会发现上面列出了几千种股票。你应该如何挑选有价证券组合中的20种股票呢?

当你购买股票时,你是在购买企业的股权。当决定你想拥有哪一个企业时,自然要考虑两件事:购买企业的股份的价值和股份出售时的价格。如果价格低于价值,则股票被低估了。如果价格高于价值,则股票被高估了。如果价格与价值相等,则股票被公正地估价。当选择你的有价证券组合中的20种股票时,你偏爱被低估的股票。在这些情况下,你通过支付低于企业价值的价格而达成买卖。

说起来容易做起来难。了解股票价格是很容易的:你只要看看报纸就可以了。困难的是确定企业的价值。**基本面分析**(fundamental analysis)指为决定一家公司的价值而对其进行的详细分析。许多华尔街企业都雇用股票分析师来进行这种基本面分析,并向其提供有关购买什么股票的建议。

股票对股东的价值是他能从拥有的股票中得到的东西,这包括红利支付流量和股票的最后出售价格的现值。回想一下,红利是公司对其股东进行的现金支付。一个公司支付红利的能力以及股东出售其股权时股票的价值,取决于该公司的赢利能力。反过来,公司的利润率又取决于许多因素——对其产品的需求,它所面临的竞争程度,它有多少资本在运行,工人是否受工会控制,顾客的忠诚程度,它所面对的是哪一种政府管制和税收,等等。基本面分析的目的就是考虑所有这些因素以决定公司

基本面分析:为决定一家公司的价值而对其会计报表和未来前景进行的研究。

的一股股票价值。

如果你想依靠基本面分析来挑选股票有价证券组合,有三种方法可以考虑:第一种是,你自己通过阅读公司的年度报表进行所有必要的研究;第二种是,依靠华尔街分析师的建议;第三种是,购买共同基金,它有进行基本面分析并替你作出决策的基金经理。

27.3.2 有效市场假说

为你的有价证券组合选择20种股票的另一种方法是:随机挑选这些股票,例如,把股票页贴在你的公告牌上,并向股票页仍一些飞镖,扎到哪个算哪个。这听起来有点发疯,但有理由相信,这不会使你误入歧途。这个理由是所谓的**有效市场假说**(efficient markets hypothesis)。

为了理解这一理论,我们的出发点是要认识到在一个主要股票交易所上市的每家公司都处于许多资金经理的跟踪之下,例如,管理共同基金的人就跟踪这些上市公司。这些管理者每天都关注新闻事件并进行基本面分析,以努力确定股票的价值。他们的工作就是在价格下降到低于其价值时买进股票,并在价格上升到高于其价值时抛出股票。

有效市场假说的第二个内容是:供求均衡决定了市场价格。这就意味着,在市场价格这一点,为销售提供的股份数量正好等于人们想要购买的股份数量。换句话说,在市场价格这一点,认为股票被高估的人数与认为股票被低估的人数正好平衡。根据市场上普通人的判断,所有股票总是被公正地估价。

根据这一理论,股票市场表现出是**信息有效**(informational efficiency)的:它反映了有关资产价值的所有可获得的信息。当信息改变时,股票价格就会变动。当有关公司前景的利好新闻公开时,股票价值和价格都上升。当公司前景恶化时,价值和价格都下跌。但是,在任何一个时点上,市场价格是以可获得信息为依据的公司价值的最好估算。

有效市场假说的一个含义是,股票价格应该是**随机行走的**(random walk)。这意味着,股票价格的变动不可能根据可获得的信息来预期。如果根据公开可获得的信息,一个人能够预期股票价格明天将上升10%,那么今天的股票市场就必定没有包括这条信息。根据这一理论,只有改变公司价值的市场感觉的新闻才能改变股票价格。但是,新闻应该是不可预期的——否则,它就不是新闻了。出于同样的原因,股票价格的变动应该是不可预期的。

如果有效市场假说是正确的,那么为了决定将哪20种股票加入你的有价证券组合而花许多时间研究企业资料就没有什么意义了。如果价格反映了所有可获得的信息,就没有一种股票是比其他任何股票更好的购买选择。你最好的选择就是购买多元化的有价证券组合。

有效市场假说:
认为资产价格反映了关于一种资产价值的所有公开的、可获得的信息的理论。

信息有效:
以理性方式反映所有可获得的信息的有关资产价格的描述。

随机行走:
一种变量变动的路径是不可预期的。

新闻摘录
漫画家指导挑选股票

滑稽连环漫画 Dilbert 的创造者(他曾在一所大学主修经济学专业)提供了一些金融建议。

赌坏孩子
Scott Adams

当我听说英国石油公司(BP)正在破坏地球上的部分环境,并且并未认真讨论它们减少红利时,我就有两种想法:① 我憎恨它们;② 这是购买他们股票的绝佳时机。我确实这样做了,尽管我应该再观望一个星期。

人们问我在选择道德堕落时有什么想法。我的回答是:相当好! 谢谢你问我这个问题。做个不高兴的受害者感觉又如何呢?

我有一个理论,你应该投资于你最憎恨的公司。人们讨厌一家公司的理由通常是,这家公司如此之强大,以至于可以让你花很多钱,同时又让你乞求得到它的产品。像 BP 这样的石油公司实际上并不能引起我要石油,但我认为,我们都知道它有能力这样做的,这体现在燃气价格上。

我憎恨 BP,但我也很欣赏它们,就像敬佩连环杀手的职业道德一样。我记得,有一天我知道了 BP 是用在海下一英里带有网络摄像的潜艇向世界提供它们灾难的活生生的录像,我的心在喊叫,"别想让我爱上你! 必须……想到……死去的鸟来保持愤怒!"我可笑的另一面是有点爱上了它们,但由于它们把佛罗里达变成了一片黏糊糊的地方,我仍然憎恨它们。

也许你认为仅仅因为你恨这些公司就投资于它们是荒唐的。但是,让我们比较一下我的投资决策方法与其他所有的投资决策方法。

技术分析

技术分析包括将研究股票随时间推移变动的图形作为预测未来变动的方法。这是华尔街普遍运用的方法,它具有的科学有用性恰恰就像你装扮成女巫依据小鸡落下来预测市场变动一样。

投资于管理良好的公司

当公司赚钱时,我们假设这些公司管理良好。这些公司的 CEO 们乐于告诉你他们做的使公司赚钱的所有事都十分明智加强了这种印象。依靠这种信息来源的问题是 CEO 们在诡称领导力的这种特殊形式上技能高超。领导力包括使雇主和投资者相信,CEO 们有某种富于乐观主义幻觉的洞察力,只有在巨大报酬和雇员们学会不太自私的环境中这种乐观主义幻觉才能变为现实。

跟踪记录

也许你可以放心地投资于有长期赢利记录的公司。这听起来可靠、合理且正确吗?问题是每一个投资专家都知道有关投资的两个真理:(1)过去的业绩并不是未来业绩的衡量指标;(2)你需要考虑公司的跟踪记录。

的确,这两个真理正好相反。于是任何一个人对投资的了解都是如此。一个投资专业人士可以根据选择忽视第一点或第二点来作出某种投资决策。对此你要每年支付给这些投资专业人士你证券组合价值的1%或2%,而无论业绩如何。

投资于你喜爱的公司

不是像我建议的那样投资于你所憎恨的公司,也许你可以投资于你喜爱的公司。我曾经聘请了Wells Fargo的职业基金管理人士为我做此类事。作为他们服务的一部分,他们承诺听取职业骗子们(CEO)的甜言蜜语,然后代表我上当受骗。Wells Fargo的职业管理人士支持我购买安然(Enron)、世通公司(WorldCom)和其他许多令人喜爱的公司的资产组合,但很快这些公司都破产了。为此,我憎恨Wells Fargo。但我确实希望在我恨Wells Fargo的同时购买了它的股票,因为Wells Fargo的业绩卓越。明白这是怎么回事了吗?

按你自己的判断做事

感谢我本能的不信任感,我并没有让Wells Fargo管理我的全部资产组合。我另一半的资产组合是根据我自己的研究做的。(设想一下,红旗遍野翻卷,但我不注意它们。)我最喜欢的投资是在我绝对喜爱的公司。我爱它们的商业模式。我爱它们的使命。我爱它们如何计划使我们的日常生活更容易。它们由于努力改变已经固定的行业而受到尊重。它们公司的领导人报告,在一个关键领域它们刚刚实现现金流为正,这说明了它们经营模式的正确性,未来是有前途的。我的信心倍增。这家公司就是Webvan,愿它在平静中安息。

(现在是提醒你不要根据漫画家的智慧做出投资决策的时候。)

资料来源: Betting on the Bad Guys By Scott Adams from *The Wall Street Journal*, June 5, 2010. Reprinted by permission of Dow Jones & Company.

案例研究
随机行走与指数基金

有效市场假说是一种关于金融市场如何运行的理论。这一理论也许并不完全正确:我们在下一部分讨论时,就有理由怀疑股东总是理性的以及股票价格在每一个时点都是信息有效的。但是,有效市场假说作为一种对世界的描述,比你认为的要好得多。

有许多证据表明,即使股票价格不完全是随机行走的,也非常接近于它。例如,你会打算购买近期上涨的股票并避开近期下跌的股票(或者也许正好相反)。但是,统计研究说明,跟随这种趋势(或对抗这种趋势)不会使市场表现得更好。一只股票一年中的状况与其在下一年的状况的相关性几乎为零。

支持有效市场假说的最有力证据来自指数基金的业绩。指数基金是一种按照既定股票指数购买所有股票的共同基金。可以将这些基金的业绩与被积极管理的共同基金的业绩相比较，后一种基金由专业的有价证券组合管理者根据广泛研究和所谓的专家意见挑选股票。在本质上，指数基金购买所有股票，而积极基金据认为只购买最好的股票。

在实践中，积极管理者通常并没有胜过指数基金。例如，到2010年6月为止的14年中，75%的股票共同基金没有胜过持有在美国证券交易所交易的所有股票的指数基金。在这段时期内，股票基金的平均年收益比指数基金的收益低1.25个百分点。大多数积极的有价证券组合管理者没有胜过市场，因为他们频繁地交易，导致了更多的交易费用；也因为他们要收取更高的费用，作为他们对所谓专家的报酬。

怎么会有25%的管理者胜过了市场呢？也许是他们比一般人更聪明，也许是他们更幸运。如果让5 000个人掷10次硬币，平均而言有5个人10次都掷出了正面；这5个人可以声称有不寻常的掷硬币技能，但他们要重复这种业绩就有困难了。同样，研究表明，有优异业绩史的共同基金管理者通常没有在以后时期中保持这种业绩。

2008年1月3日《华尔街日报》披露了这种现象的一个例子。该报报道，卖给公众的成千上万种共同基金中只有31种在1999—2006年这八年的每一年中优于标准普尔500工业指数。怀疑有效市场假说的人可能会认为，以后这些业绩好的基金会提供比平均水平好的投资。但是，在2007年，这31种共同基金中只有14种胜过标准普尔500工业指数。过去格外好的业绩看来并不能成为预期未来成功的理由。

有效市场假说认为，胜过市场是不可能的。关于金融市场的许多研究证实了，胜过市场是极为困难的。即使有效市场假说不是对世界的准确描述，它也包含了大量的真理成分。

新闻摘录
有效市场假说过时了吗

在2008年和2009年，美国经济经历了一次金融危机，这场金融危机开始于房产价格的大幅度下跌，并扩大到抵押贷款的崩溃。一些观察家说，这场危机应该使我们放弃有效市场假说。经济学家Jeremy Siegel不同意这种说法。

有效市场假说与金融危机

Jeremy Siegel

财经记者和畅销书作家Roger Lowenstein今年夏天在《华盛顿邮报》的一篇文章中直言不讳地说道："当前的大萧条可以推翻以有效市场假说闻名的学院派自认为可以解决社会问题的核心。"广受尊敬的基金管理者和金融分析师 Jeremy Grantham 在去年一月的季度报告中以同样的腔调写道:"极其错误的有效市场理论(引起)资产泡沫、放松警惕、有害的激励和不良复杂制度等一系列致命危险组合,这些导致我们当前的困境。"

但是,有效市场假说(EMH)真的应该对当前的危机负责吗?答案是否定的。有效市场假说最早是 20 世纪 60 年代由芝加哥大学的 Eugene Fama 提出的,这个假说认为,有价证券的价格反映了影响其价值的所有已知信息。这个假说并不认为市场价格总是正确的。相反,它意味着市场上的价格经常是错误的,但在某一既定时点上,根本不能轻易地判断这些价格是太高还是太低。华尔街最棒、最聪明的家伙犯了这么多错误的事实,恰恰表明战胜市场有多难。

这并不意味着,失败的金融企业的 CEO 或管理者可以把有效市场假说作为借口,他们没有看到住房抵押贷款证券对经济的金融稳定引起的潜在风险。管理者错误地相信,金融企业可以消除它们的信贷风险,而银行和信用评级机构又受低估了不动产风险的错误模型误导。

1982 年衰退之后,美国和世界各国经济进入较长的国内生产总值、工业生产和就业等指标波动时期,这些指标大大低于二战以来的水平。经济学家把这个时期称为"大缓和",并把日益增长的稳定归因于更好的货币政策、更大的服务部门和更好的存货控制,当然还有其他因素。

对大缓和的经济反应是可预测的:风险贴水减少,个人和企业利用更多的杠杆作用。由于历史上的低名义利率与真实利率和次贷市场证券的发展,住房价格提高了。

根据耶鲁大学教授 Robert Shiller 所收集的数据,在从 1945 年到 2006 年的 61 年间,平均住房价格最大的累积性下降是 1991 年的 2.84%。如果住房价格的这种低振荡能持续到未来,那么构成国民贷款多元化有价证券的抵押贷款有价证券(其由住房价值的前 80% 构成),就决不会接近破产。购房者的信用质量是次要的,因为据认为基本抵押品——住房——在房东不能偿还贷款时也总可以弥补本金。这些模型使信贷机构把次级抵押贷款评定为"投资级"。

但是,这种估价是错误的。从 2000 年到 2006 年,国内住房价格上升了 88.7%,远远高于消费物价指数上升的 17.5% 或中等居民收入上涨的微不足道的 1%。以前住房价格从未上升到超过消费价格和收入。

这应该已经发出了红色警报,并对使用仅仅关注历史性下降来预测未来风险的模型持怀疑态度。但这些警报被忽视了,因为华尔街在打包和出售有价证券时获得大量利润,而国会也很满意更多的美国人可以实现拥有住房的"美国梦"。实际上通过政府发起的房利美、房地美等这些企业,华盛顿的次贷高潮加剧了。

评级机构的错误和金融企业在次贷有价证券中的过度抵押都不是市场假说的过错。不考虑投资级别评级而只考虑抵押收益高的事实已经说明了市场对于这些证券的质量怀疑是有道理的,这应该对未来购买者起到了警示作用。

除了少数例外(高盛就是一个),金融公司都忽视了这种警告,这些公司的 CEO 们没有行使监控企业整体风险的权力,却相信了那些用不足以看到大格局的狭隘模型工作的技术人员……

我们的危机并不是由于盲目相信有效市场假说。事实上风险贴水低并不意味着这种贴水不存在,以及市场价格是正确的。尽管有近年来的衰退,但大缓和是真实的,而且我们的经济本质上更稳定。

但是,这并不意味着风险已经消失了,打一个比喻,今天的汽车比多年前安全得多这一事实并不意味着你可以开到时速 120 英里。路上小的巅波也许对低速行驶的汽车微不足道,但却很容易使高速行驶的汽车翻车。我们的金融企业开得太快了,我们的中央银行没有制止它们,住房的崩败击垮了银行和经济。

资料来源:Efficient Market Theory and the Crisis By Jeremy Siegel from *The Wall Street Journal*, October 28, 2009. Reprinted by permission of Dow Jones & Company.

27.3.3 市场非理性

有效市场假说假设,买卖股票的人理性地处理他们拥有的关于股票基本价值的信息。但是,股票市场真的是理性的吗?或者,股票价格有时会背离其真实价值的理性预期吗?

长期以来,传统观点认为,股票价格波动部分是心理原因造成的。在 20 世纪 30 年代,经济学家约翰·梅纳德·凯恩斯(John Maynard Keynes)提出,资产市场是由投资者的"本能冲动"——乐观主义与悲观主义非理性的波动——驱动的。在 20 世纪 90 年代,当股票市场攀至新高时,美联储主席艾伦·格林斯潘怀疑,高涨是否反映了"非理性的繁荣"。股票价格后来真的下跌了,但是,在可获得的信息为既定时,对 90 年代的繁荣是否为非理性的仍然存有争论。只要一种资产的价格上升到高于其基本价值,就可以说市场正经历一场投机泡沫。

股票市场投机泡沫可能性的产生部分是因为股票对股东的价值不仅取决于红利支付流量,还取决于最终的出售价格。因此,如果一个人预期另一个人明天会支付更高价格,他愿意支付的价格就会比股票今天的价值高。当你评价一只股票时,你不仅必须估算企业的价值,还要估算其他人认为企业未来值多少。

经济学家对背离理性定价的频繁性与重要性存在许多争论。相信市场非理性的人(正确地)指出,很难根据可以改变理性评价的新闻来解释股市的变动方式。相信有效市场假说的人(正确地)指出,要知道对一家公司的正确、理性评价是不可能的,因此,不应该很快地得出任何一种具体评价是非理性的结论。而且,如果市场是非理性的,理性人就应该能利用这个事实,但正如我们在前一个案例研究中所讨论的,胜过市场几乎是不可能的。

即问即答 《财富》杂志定期公布"最受尊重的公司"的排行榜。根据有效市场假说,如果把你的股票有价证券组合限于这些公司,你赚得的收益会比平均收益多吗?解释之。

27.4 结论

本章提出了一些人们在做出金融决策时应该(而且经常)使用的一些基本工具。现值的概念提醒我们,未来的 1 美元不如现在的 1 美元值钱,而且,它给了我们比较不同时点货币量的一种方法。风险管理理论提醒我们,未来是不确定的,而且风险厌恶者可以谨慎地防止这种不确定性。资产评估研究告诉我们,任何一家公司的股票价格应该反映其预期的未来赢利性。

虽然大多数金融工具已经创建完善,但是对于有效市场假说的正确性以及实践中股票价格是不是公司真正价值的理性估算仍然存在争论。无论理性与否,我们观察到的股票价格的大幅波动具有重要的宏观经济意义。股票市场波动往往更广泛地与经济中的波动携手而来。当我们在本书后面研究经济波动时,将再次谈及股市。

内容提要

◎ 由于储蓄可以赚到利息,所以今天的货币量比未来相同的货币量更有价值。人们可以用现值的概念比较不同时间的货币量。任何一笔未来货币量的现值是现行的利率既定时为产生未来这一货币量今天所需要的货币量。

◎ 由于边际效用递减,大多数人是风险厌恶者。风险厌恶者可以通过购买保险、使其持有的财产多元化,以及选择低风险和低收益的有价证券组合来降低风险。

◎ 一种资产的价值等于所有者将得到的现金流的现值。对一股股票而言,这些现金流包括红利流量以及最终出售价格。根据有效市场假说,金融市场理性地处理可获得的信息,因此股票价格总是等于企业价值的最好估算。但是,一些经济学家质疑有效市场假说,并相信非理性心理因素也影响资产价格。

关键概念

金融学	风险厌恶	基本面分析
现值	多元化	有效市场假说
未来值	企业特有风险	信息有效
复利	市场风险	随机行走

复习题

1. 利率为7%。用现值的概念比较10年后得到的200美元与20年后得到的300美元。
2. 人们从保险市场中得到了什么利益？阻碍保险公司完美运作的两个问题是什么？
3. 什么是多元化？股票持有者从1—10种股票中还是从100—120种股票中得到更多的多元化？
4. 比较股票和政府债券，哪一种风险更大？哪一种能够带来更高的平均收益？
5. 股票分析师在确定一股股票的价值时应该考虑哪些因素？
6. 描述有效市场假说，并给出一个与这种理论一致的证据。
7. 解释那些怀疑有效市场假说的经济学家的观点。

问题与应用

1. 根据一个古老的传说，大约400年前，美国土著人以24美元出卖了曼哈顿岛。如果他们按每年7%的利率把这笔钱投资，他们今天有多少钱？
2. 一家公司有一个今天花费1 000万美元、4年后收益1 500万美元的投资项目。
   a. 如果利率是11%，该公司应该实施这个项目吗？利率是10%、9%或8%时，情况又如何？
   b. 你能指出赢利与不赢利之间准确的利率分界线吗？
3. 债券A在20年后支付8 000美元。债券B在40年后支付8 000美元。（为了使事情简单，假设是零息票债券，这意味着8 000美元是债券持有者得到的唯一收益。）
   a. 如果利率是3.5%，每种债券今天的价值是多少？哪一种债券更值钱？为什么？（提示：你可以使用计算器，但70规则将使计算容易些。）
   b. 如果利率上升到7%，每种债券的价值是多少？哪一种债券价值变动的百分比大？
   c. 根据上面的例子，完成这个句子中的两个空格：当利率上升时，一种债券的价值是（上升/下降），期限更长的债券对利率变动是（更敏感/不敏感）。
4. 你的银行账户支付8%的利率。你正考虑购买110美元XYZ公司的股份。在1年、2年和3年之后，该公司会付给你红利5美元。你预期在3年后以120美元卖掉股票。XYZ公司的股票是一种好的投资吗？用计算支持你的答案。
5. 对以下每一类保险，举出一个可以称为道德风险的行为的例子和另一个可以称为逆向选择的行为的例子。
   a. 医疗保险
   b. 汽车保险
6. 你预期哪一种股票会带来较高的平均收益：对经济状况极为敏感的行业的股票（例如汽车制造业），或者对经济状况相对不敏感的行业的股票（例如自来水公司）？为什么？
7. 一个公司面临两种风险：企业特有风险是竞争者可能会进入其市场并夺走它的一些客户；市场风险是经济可能会进入衰退期，销售量减少。这两种风险中哪一种更可能使公司股东需要高收益？为什么？

8. 你有两个投资于股票市场的室友。

   a. 一个室友说，她只买每个人都相信其未来利润会大大增加的公司的股票。你认为如何比较这些公司的价格—收益比率和其他公司的价格—收益比率？购买这些公司的股票会有什么不利之处？

   b. 另一个室友说，他只买便宜公司的股票，他用低价格—收益比率来衡量。你认为如何比较这些公司的收益前景与其他公司的收益前景？购买这些公司的股票会有什么不利之处？

9. 当公司高层管理人员根据凭借其地位得到的私人信息买卖股票时，他们就是在进行内部人交易。

   a. 举出一个对买卖股票有用的内部信息的例子。

   b. 那些根据内部信息交易股票的人通常赚到极高收益率。这个事实违背了有效市场假说吗？

   c. 内部人交易是非法的。为什么你认为它非法？

10. Jamal 的效用函数是 $U = W^{1/2}$，这里 W 表示他的财富，以百万美元计（这决定了他在一生中可以购买与消费多少），而 U 表示他得到的效用。

    a. 画出 Jamal 的效用函数图。他是风险厌恶者吗？解释之。

    b. 在赌博的最后阶段显示，庄家向 Jamal 提供了一种选择：(A) 确保有 400 万美元，(B) 赌有 0.6 成功概率的 100 万美元和有 0.4 成功概率的 900 万美元。Jamal 会选 A 还是 B？通过适当的计算后说明你的原因。（提示：一个随机变量的预期值是可能结果的加权平均数，这里概率就是加权数。）

第 28 章
失业

在人的一生中,失去工作可能是最悲惨的经济事件。大多数人依靠他们的劳动收入来维持生活水平,而且许多人也从工作中获得了个人成就感。失去工作意味着现期生活水平降低,对未来的担忧以及自尊心受到伤害。因此,毫不奇怪,政治家在竞选时往往谈到他们提出的政策将如何有助于创造工作岗位。

在前几章中,我们说明了决定一国生活水平和经济增长的因素。例如,一个将其大部分收入用于储蓄和投资的国家,它的资本存量和 GDP 的增长要快于储蓄和投资较少的国家。一国生活水平更明显的决定因素是它正常情况下所存在的失业量。那些想工作但又找不到工作的人对经济中物品与劳务的生产没有作出贡献。虽然某种程度的失业在一个有成千上万家企业和数百万工人的复杂经济中是不可避免的,但在不同时期和不同国家,失业量差别很大。当一国尽可能使其工人充分就业时,它所达到的 GDP 水平高于使许多工人赋闲在家时的状况。

本章开始研究失业。失业问题通常分为两类——长期失业问题与短期失业问题。经济的自然失业率指经济中正常情况下存在的失业量。周期性失业指失业量围绕自然失业率逐年波动,它与经济活动的短期上升与下降密切相关。对周期性失业的解释,我们在本书后面研究短期经济波动时再作讨论。在本章中,我们讨论决定一个经济中的自然失业率的因素。正如我们将要说明的,自然这个词既不意味着这种失业率是合意的,也不意味着它是一直不变的,或是对经济政策不产生影响的。它仅仅是指,这种失业即使在长期中也不会自行消失。

本章我们从观察描述失业的一些相关事实开始。特别是,我们要考察三个问题:政府如何衡量经济中的失业率?在解释失业数据时出现了什么问题?一般情况下失业者没有工作的时间会有多长?

然后,我们转向经济中总是存在某种失业的原因以及决策者可以帮助失业者的方式。我们讨论对经济中自然失业率的四种解释——寻找工作、最低工资法、工会和效率工资。正如我们将要说明的,长期失业并不是由只有一种解决方法的单个问题所引起的。相反,它反映了多种相关问题。因此,对决策者来说,并没有一种轻而易举的方法能够既减少经济中的自然失业率,又减轻失业者所遭受的痛苦。

28.1 失业的确认

我们从更准确地考察失业这个术语的含义开始。

28.1.1 如何衡量失业

衡量失业是劳工统计局(BLS)的工作,该局是劳工部的一个部门。劳工统计局每个月提供有关失业和劳动市场其他方面的数据,包括失业类型、平均工作周的长度以及失业的持续时间。这些数据来自于对大约6万个家庭的定期调查,这种调查称为当前人口调查。

根据对调查问题的回答,劳工统计局把每个受调查家庭中的每个成年人(16岁以上)分别划入三个类别:

- 就业者:这类人包括作为得到报酬的员工而工作的人,在自己的企业里工作且得到报酬的人,以及在家族企业里工作但拿不到报酬的人。无论全职工作还是部分时间工作的工人都计算在内。这类人还包括现在不工作,但有工作岗位,只是由于度假、生病或天气恶劣等原因暂时不在工作岗位的人。
- 失业者:这类人包括能够工作且在之前4周内努力找工作但没有找到工作的人,还包括被解雇正在等待重新被招回工作岗位的人。
- 非劳动力:这类人包括不属于前两个类别的人,如全日制的学生、家务劳动者和退休人员。

图28-1显示了2009年这三种类别的划分。

一旦劳工统计局把所有受调查者归入各个类别,它就可以计算出概括劳动市场状况的各种统计数字。劳工统计局把**劳动力**(labor force)定义为就业者与失业者之和:

劳动力 = 就业者人数 + 失业者人数

劳工统计局把**失业率**(unemployment rate)定义为失业者占劳动力的百分比:

$$失业率 = \frac{失业者人数}{劳动力} \times 100\%$$

劳工统计局计算整个成年人的失业率,以及较小群体如黑人、白人、男性、女性等的失业率。

劳工统计局用同一个调查来提供有关劳动力参工率的数据。**劳动力**

劳动力:
既包括就业者又包括失业者的工人总数。

失业率:
劳动力中失业者所占的百分比。

劳动力参工率:
劳动力占成年人口的百分比。

参工率(labor-force participation rate)衡量的是美国总成年人口中劳动力所占的百分比：

$$劳动力参工率 = \frac{劳动力}{成年人口} \times 100\%$$

图 28-1　2009 年人口的分类

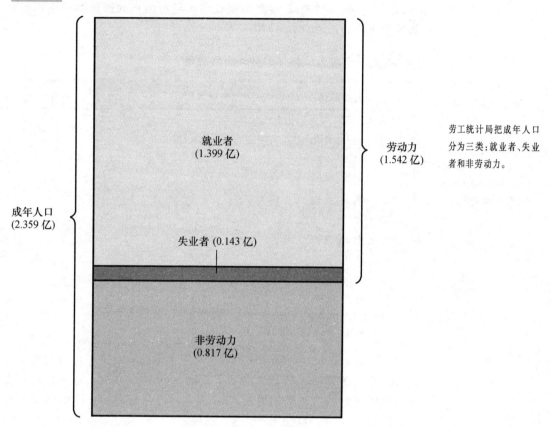

劳工统计局把成年人口分为三类：就业者、失业者和非劳动力。

资料来源：Bureau of Labor Statistics.

这个统计数字告诉我们选择参与劳动市场的人口的比率。与失业率一样，劳动力参工率既可以计算整个成年人口的劳动力参工率，也可以计算更多的特殊群体的劳动力参工率。

为了说明如何计算这些数据，我们来看一下 2009 年的数字。在那一年，1.399 亿人就业，而 0.143 亿人失业。劳动力是：

$$劳动力 = 1.399 + 0.143 = 1.542（亿人）$$

失业率是：

$$失业率 = (0.143/1.542) \times 100\% = 9.3\%$$

由于成年人口是 2.359 亿，劳动力参工率是：

$$劳动力参工率 = (1.542/2.359) \times 100\% = 65.4\%$$

因此，2009 年几乎有 2/3 的美国成年人参与了劳动市场，这些劳动市场参与者中有 9.3% 的人没有工作。

表28-1说明了美国人口中各个群体的失业率与劳动力参工率的数据。有三种对比是最明显的。第一,20岁及以上的女性的劳动力参工率低于男性,但一旦女性成为劳动力,女性的失业率略低于男性的失业率。第二,20岁及以上的黑人的劳动力参工率与白人类似,但黑人的失业率要高得多。第三,青少年的劳动力参工率低于成年人,而且失业率比成年人高得多。更一般地说,这些数据说明了经济内不同群体的劳动市场经历极为不同。

表28-1 不同人口群体的劳动市场经历

人口群体	失业率(%)	劳动力参工率(%)
成年人(20岁及以上)		
白人,男性	8.8	75.3
白人,女性	6.8	60.4
黑人,男性	16.3	69.6
黑人,女性	11.5	63.4
青少年(16—19岁)		
白人,男性	25.2	40.3
白人,女性	18.4	40.9
黑人,男性	46.0	26.4
黑人,女性	33.4	27.9

该表显示了2009年美国人口中不同群体的失业率与劳动力参工率。

资料来源:Bureau of Labor Statistics.

劳工统计局关于劳动市场的数据使经济学家和决策者可以监测一定时期内经济的变动。图28-2显示了美国1960年以来的失业率。该图表明,经济中总是存在某种失业,并且失业量逐年变动。失业率围绕正常

图28-2 1960年以来的失业率

该图用美国失业率的年度数据来说明没有工作的劳动力的百分比。自然失业率是正常的失业水平,失业率围绕它波动。

资料来源:U.S. Department of Labor, Congressional Budget Office.

失业率波动,这一正常失业率称为**自然失业率**(natural rate of unemployment),失业率对自然失业率的背离称为**周期性失业**(cyclical unemployment)。图中显示的自然失业率是由国会预算办公室的经济学家估算的一系列数字。2009年,他们估算出自然失业率为5%,远远低于实际失业率9.3%。在本书的后面我们要讨论短期经济波动,包括失业围绕自然失业率的逐年波动。但是,在本章的其余部分,我们不考虑短期波动,只考虑为什么市场经济中总有某种失业存在。

自然失业率:
失业率围绕它而波动的正常失业率。

周期性失业:
失业率对自然失业率的背离。

案例研究
美国经济中男性与女性的劳动力参工率

过去一个世纪以来,美国社会中女性的作用发生了巨大的变化。社会评论家已经指出了这种变化的许多原因:部分归因于新技术,如洗衣机、烘干机、电冰箱、冷藏柜和洗碗机,这些新技术减少了完成日常家务劳动所需的时间量;部分归因于有效的生育控制,减少了普通家庭生儿育女的数量;部分归因于政治与社会态度的变化,而这种变化又得到了技术进步与生育控制的促进。这些发展共同对社会总体,特别是对经济产生了深远的影响。

这种影响在劳动力参工率数据上体现得最为明显。图28-3表明了美国1950年以来男性与女性的劳动力参工率。第二次世界大战后不久,男性与女性在社会中的作用差别很大。只有33%的女性从事工作或在找工作,相比之下,男性的这一比率为87%。在过去的几十年间,随着越来越多的女性进入劳动力队伍和一些男性离开劳动力队伍,男性与女性的劳动力参工率之间的差别逐渐缩小。2009年的数据表明,女

图28-3 1950年以来男性与女性的劳动力参工率

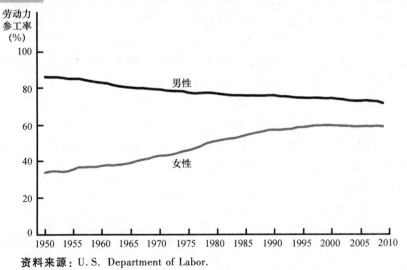

资料来源:U. S. Department of Labor.

该图显示了劳动力成员中成年男性与女性各自的百分比。它表明在过去的几十年间,更多的女性进入了劳动力队伍,而一些男性则离开了劳动力队伍。

性的劳动力参工率为59%,相比之下,男性的这一比率为72%。按照劳动力参工率来衡量,男性和女性现在在经济中起着更平等的作用。

女性劳动力参工率提高是很容易理解的,但男性劳动力参工率下降似乎是一个谜。这种下降有以下几个原因:第一,年轻男性在学校上学的时间比他们的父亲和祖父们长。第二,老年男性现在退休得更早并活得更长。第三,随着更多的女性就业,现在更多的父亲留在家里照料自己的子女。全日制学生、退休者和留在家里照料孩子的父亲都不算作劳动力。

28.1.2 失业率衡量了我们想要衡量的内容吗

衡量经济中的失业量看似容易,实际上,情况并非如此。区别全职工作的人与完全不工作的人很容易,然而区分失业者与非劳动力就要难得多。

实际上,进入与退出劳动力队伍是极为常见的。1/3以上的失业者是最近进入劳动力队伍的。这些进入者包括第一次找工作的年轻工人,还包括相当多的以前离开劳动力市场但现在又回来找工作的老工人。而且,并不是所有失业都以求职者找到工作而结束。在整个失业队伍中,几乎有一半失业最后是以失业者离开劳动力队伍而结束的。

由于人们如此频繁地进入和离开劳动力队伍,所以很难解释失业统计数字。一方面,一些报告自己失业的人事实上并没有努力去找工作。他们称自己为失业者,可能是因为他们想使自己符合为失业者提供经济帮助的政府计划的资格要求,或者是因为他们实际上在工作并且"暗中"获得了报酬,从而避免就其收入纳税。把这些人视为非劳动力,或者在某种情况下视为就业者更为真实。另一方面,一些报告是非劳动力的人实际上想工作。这些人可能已经努力地找工作,但在求职失败之后放弃了努力。这些人称为**丧失信心的工人**(discouraged workers),尽管他们实际上是没有工作的工人,但在失业统计中并没有表示出来。

丧失信心的工人: 想工作但已放弃寻找工作的人。

由于这些和其他问题,劳工统计局除了计算官方失业率之外,还计算其他几种劳动力利用不足的衡量指标。表28-2中提出了这些可供选择的衡量指标。最后,我们最好把官方失业率看做有用的但不完善的失业衡量指标。

表 28-2　劳动力利用不足的可供选择衡量指标

衡量指标与说明		比率
U-1	失业 15 周或更长时间的人占国内劳动力的百分比（只包括极长期失业者）	5.8%
U-2	失去工作者和结束了暂时工作的人占国内劳动力的百分比（不包括离职者）	6.0%
U-3	失业者总数占国内劳动力的百分比（官方失业率）	9.9%
U-4	失业者总数加丧失信心的工人占国内劳动力加丧失信心的工人的百分比	10.6%
U-5	失业者总数加所有属于边际状态的工人占国内劳动力加所有属于边际状态工人的百分比	11.3%
U-6	失业者总数加所有属于边际状态的工人加由于经济原因非全职就业者占国内劳动力加所有属于边际状态的工人的百分比	17.1%

说明：劳工统计局对部分术语的定义如下：
- 边际状态的工人是那些现在既无工作又不找工作的人，但表明他们想工作而且得到过工作，并在最近有时也找过工作。
- 丧失信心的工人是指那些属于边际状态且现在不找工作的原因与劳动市场状况相关的工人。
- 由于经济原因非全职就业者是那些想要并得到全职工作，但不得不按部分时间表工作的人。

该表显示了美国经济中失业者的各种衡量指标，数据是 2010 年 4 月数据。

资料来源：U.S. Department of Labor.

28.1.3　失业者没有工作的时间有多长

在判断失业问题的严重性时，要考虑的一个问题是，正常情况下失业是一种短期状态还是一种长期状态。如果失业是短期的，那么就可以得出这不是一个大问题的结论。在变换工作时工人需要几周时间找到一个最适合自己技能与嗜好的空缺。但如果失业是长期的，就可以得出这是一个严重问题的结论。失业了许多个月的工人可能要承受更大的经济与心理痛苦。

由于失业时间长短会影响我们关于失业问题严重性的观点，所以，经济学家将很多精力用于研究有关失业时间长短的数据。从这项工作中，他们得出了一个重要的、微妙的而又似乎矛盾的结论：大多数失业是短期的，而在任何一个既定时间所观察到的大多数失业又是长期的。

为了说明这种表述是正确的，我们来看一个例子。假设你一年中每周去一次政府失业机构以调查失业者的状况。你发现每周有 4 个失业工人。这 4 个人中的 3 个在整个一年中都是相同的，而第 4 个人每周换一个。根据这种情形，你认为失业是短期的还是长期的？

一些简单的计算有助于回答这个问题。在这个例子中，你在一年中总计会见了 55 个失业工人，其中 52 人失业 1 周，3 人失业 1 年。这意味着,52/55 即 95% 的失业在 1 周内结束。但是,无论你什么时候去失业机构,你见的 4 个工人中有 3 个全年是失业者。因此,尽管 95% 的失业在 1 周内结束,但任一时刻我们所观察到的 75% 的失业是由全年失业的人引起的。在这个例子中,与全世界一样,美国的大多数失业是短期的,但在任何一个既定时间所观察到的大多数失业却是长期的。

这种微妙的结论意味着,在解释失业数据以及在设计帮助失业者的政策时,经济学家和决策者一定要谨慎。那些成为失业者的大多数人将很快找到工作,而经济中的大部分失业问题是由少数长期没有工作的工人所造成的。

新闻摘录
长期失业的上升

在 2008 年和 2009 年的经济衰退期间,长期失业的人数达到历史上的新高。

长期失业深深困扰
Sara Murray

星期二,Ricard Moran 坐在其密歇根州 Ortonville 的车库,在失去在克莱斯勒公司的工作后,他已失业两年半了。

劳工市场正在改善,但有一个统计数字提醒我们仍然存在的挑战:将近一半的失业者——45.9%——没有工作的时间超过了 6 个月,这大于自从 1948 年劳工部开始跟踪这个数字以来的任何一个时候。

即使在 20 世纪 80 年代早期最糟的月份,当时几个月失业率就达到 10%,但只有约四分之一的失业者失去工作的时间超过了 6 个月。

整体而言,700 万美国人找工作的时间为 27 周或再长一点,他们中的许多人——470 万人——已经失业一年或更长时间。

长期失业已经涉及每一个人群,但一些人受到的打击特别沉重。典型的长期失业工人是只有高中或以下学历的白人。年龄大的失业工人失去工作的时间往往也长一些。那些年龄在 65 岁到 69 岁之间仍然希望工作的人,失去工作的时间普遍为 49.8 周。

当整个失业率朝向正常失业率下降时,长期失业的影响会更长一些,并预示着长期失业工人队伍会增加。这种情况曾经在欧洲比美国更普遍。

哥伦比亚大学的经济学家 Till Marco von Wachter 说:"结果是那些不能很快找到工作的人的状况进一步恶化。"长期失业的影响从技术萎缩扩大到处于不幸与焦虑的更大可能性。工人长期失去工作往往找工作就更困难,von Wachter 先生说,"人们失业时间越长,他们最终放弃找工作并退出劳动力的可能性更大。"

资料来源:Chronic Joblessness Bites Deep By Sara Murray from *The Wall Street Journal*, June 2, 2010. Reprinted by permission of Dow Jones & Company.

28.1.4 为什么有些人总是失业者

我们已经讨论了政府如何衡量失业量、在解释失业统计数字中所出现的问题以及劳动经济学家关于失业时间长短的发现。现在你对什么是失业应该有一个正确的概念了。

但是,这种讨论并没有解释为什么经济中存在失业。在经济的大部分市场中,价格调整使供给量与需求量达到平衡。在一个理想的劳动市场中,工资的调整会使劳动的供给量与需求量平衡,这种工资的调整将保证所有工人总是充分就业的。

当然,现实与理想并不一致。甚至在整个经济运行良好时,也总有一些工人没有工作。换句话说,失业率从未降至零;相反,失业率总是围绕自然失业率波动。为了理解这种自然失业率,本章其余部分将研究实际劳动市场背离充分就业理想状态的原因。

为了预先展示我们的结论,我们将找出解释长期中失业的四种方法。第一种解释是工人寻找最适合自己的工作需要时间。由使工人与工作相匹配的过程所引起的失业有时称为**摩擦性失业**(frictional unemployment),通常认为这种失业可以解释较短的失业持续时间。

以下三种对失业的解释表明,在某些劳动市场上可提供的工作岗位数量可能不足以为每个想工作的人提供工作。当劳动的供给量大于需求量时就出现了这种情况。这种类型的失业有时称为**结构性失业**(structural unemployment),通常认为这种失业可以解释较长的失业持续时间。正如我们将要看到的,当工资由于某些原因高于使供求均衡的水平时,就产生了这种失业。我们将考察高于均衡工资的三个可能原因:最低工资法、工会和效率工资。

即问即答 • 如何衡量失业率? • 失业率如何可能高估了失去工作的人的数量?如何可能低估了失去工作的人的数量?

摩擦性失业:
由于工人寻找最适合自己嗜好和技能的工作需要时间而引起的失业。

结构性失业:
由于某些劳动市场上可提供的工作岗位数量不足以为每个想工作的人提供工作而引起的失业。

参考资料
就业岗位数

每月初,劳工统计局都会公布失业率,同时也会公布经济中增加或者减少的就业岗位数。作为短期经济趋势的指标之一,就业岗位数和失业率一样引人关注。

就业岗位数是从哪里来的?你可能会猜想来自得出失业率的6万个家庭户的同样调查。事实上家庭户调查确实提供了整体就业的数据。但是大家最关心的就业岗位数,来自另一个16万家工商户的调查,这个调查包括了4 000万就业人口。工商户调查的结果和家庭户调查的结果是同时宣布的。

这两个调查都能够得到整体就业水平的信息,但是结果并不总是一致的。一个原因是工商户调查的样本量更大,所以结论应该更可信。另一个原因是这两个调查衡量的不是同一样东西。比如,一个在不同的公司做两份兼职工作的人,在家庭户调查中是一个就业人口,但在工商户调查中就要算作两个工作职位。再比如,自己做生意的人在家庭户调查中是就业人口,但是在工商户调查中就不会被计入,因为工商户调查只针对领工资的雇员。

工商户调查能够紧密反映就业数据,但是完全不能说明失业的情形。要知道失业数字,我们必须知道没有工作的人中有多少人正努力找工作,家庭户调查是能够提供这些数字的唯一来源。

28.2 寻找工作

寻找工作:
在工人的嗜好与技能既定时工人寻找适当工作的过程。

经济中总存在某些失业的一个原因是寻找工作。**寻找工作**(job search)是使工人与适当工作相匹配的过程。如果所有工人和所有工作岗位是同样的,以至于所有工人都同样适合于所有工作,那么寻找工作就不是一个问题。被解雇的工人可以很快找到非常适合于他们的新工作。但是,实际上工人的嗜好与技能不同,工作的性质不同,而且等候工作者和职位空缺的信息在经济的许多企业和家庭中扩散得很慢。

28.2.1 为什么一些摩擦性失业是不可避免的

摩擦性失业通常是不同企业间劳动需求变动的结果。当消费者对戴尔电脑的偏好大于苹果电脑时,戴尔公司就会增加就业,而苹果公司则裁减工人。苹果公司裁减的工人现在必须寻找新工作,而戴尔公司必须决定雇用哪些新工人来从事空缺的各种工作。这种转变的结果是出现一个失业的时期。

同样,由于一国的不同地区生产不同的物品,所以,当一个地区的就业增加时,另一个地区的就业可能减少。例如,考虑世界石油价格下跌时发生的情况。阿拉斯加石油生产企业对价格下跌的反应是减少生产和就业。同时,廉价的汽油刺激了汽车销售,因此,密歇根的汽车生产企业增加了生产和就业。当世界石油价格上升时,相反的情况就会出现。各行业或各地区之间的需求构成变动称为部门转移。由于工人在新部门找到工作需要时间,所以部门转移暂时引起失业。

摩擦性失业是不可避免的,仅仅是因为经济总是处于变动之中。一个世纪以前,美国就业最多的四个行业是棉纺织品、毛纺制品、男士服装以及木材。现在,就业最多的四个行业是汽车、飞机、通信与电子元件。随着这种转移的发生,一些企业创造了工作岗位,而另一些企业中的工作岗位则消失了。这一过程的结果是更高的生产率和生活水平。但是,伴随这一过程,处于衰落行业的工人发现他们失去了工作,并要寻找新的工作。

数据表明,美国制造业中每年最少有10%的工作岗位被取消。此外,一般在一个月中,有3%以上的工人离开了他们的工作岗位,有时这是因为他们意识到这些工作与他们的嗜好和技能并不匹配。许多工人,特别是年轻工人,转而寻找工资更高的工作。在一个运行良好且动态化的市场经济中,劳动市场的这种变动是正常的,但结果是出现一定数量的摩擦性失业。

28.2.2 公共政策和寻找工作

尽管一些摩擦性失业是不可避免的,但并没有准确的数量。有关工作机会与工人可获得性的信息传播得越快,工人与企业匹配得也就越快。例如,互联网就有助于使寻找工作变得方便,并减少摩擦性失业。此外,公共政策也会起作用。如果政策可以减少失业工人寻找新工作所需的时间,就可以降低经济中的自然失业率。

政府计划努力以各种方式促进寻找工作。一种方法是通过政府管理的就业机构,该机构发布有关职位空缺的信息。另一种方法是通过公共培训计划,其目的是使处于衰落行业的工人易于转移到增长行业中,并帮助处于不利地位的群体脱贫。这些计划的倡导者认为,这些计划可以通过使劳动力更充分地就业而使经济更有效地运行,而且这些计划减少了始终变动的市场经济中的固有不平等。

这些计划的批评者怀疑政府是否应该卷入寻找工作的过程。他们认为,让私人市场使工人与工作相匹配也许更好一些。实际上,我们经济中的大部分寻找工作的活动都是在没有政府干预的情况下进行的。报纸广告、就业网站、大学就业辅导处、猎头公司和口头传言,都有助于传播有关职位空缺与工作候选人的信息。同样,许多工人教育也可由私人进行,既可以通过学校,也可以通过在职培训。这些批评者认为,在向适当的工人传播适当的信息以及决定哪一种工人培训最有价值方面,政府并不是更好的——而且很可能是最坏的。他们声称,这些决策最好由工人和雇主独立地做出。

28.2.3 失业保险

失业保险：
当工人失业时为他们提供部分收入保障的政府计划。

无意增加摩擦性失业人数但却导致这一后果的一个政府计划是**失业保险**(unemployment insurance)。这个计划是给失去工作的工人提供部分保障。那些辞去自己的工作、由于过失而被开除，或刚刚进入劳动力队伍的失业者不具备受保障资格。失业保险仅仅向那些由于以前的雇主不再需要其技能而被解雇的失业者支付补助。虽然这个计划的条款在不同时期和不同州有所不同，但在美国享有失业保险的一个普通工人可以在 26 周内得到相当于其以前工资 50% 的补助。

尽管失业保险减轻了失业的痛苦，但也增加了失业量。这种解释依据了第 1 章的经济学十大原理之一：人们会对激励做出反应。由于当工人找到一份新工作时失业补助才停止发放，所以失业者不会努力地找工作，而更可能拒绝缺乏吸引力的工作。此外，由于失业保险使失业不是那么难应付，所以当工人就就业条件与雇主谈判时，不大会想取得雇主关于工作保障的保证。

劳动经济学家的许多研究考察了失业保险的激励效应。一项研究考察了 1985 年在伊利诺伊州进行的一项试验。当失业工人申请领取失业保险补助时，州政府随机地选出一些人，并且告诉他们如果能在 11 周内找到新工作，就给每人 500 美元的额外补助。然后把这个群体与一个不被提供这种激励的受控群体进行比较。被提供额外补助的群体平均失业时间比受控群体缩短 7%。这个试验说明，失业保险制度的设计影响了失业者寻找工作的努力程度。

几项其他研究通过跟踪不同时期的一个工人群体，考察了他们寻找工作的努力程度。失业保险补助并不是无限期地存在，通常是在半年或一年以后结束。这些研究发现，当失业者失去领取补助资格时，他们找到新工作的概率显著提高了。因此，领取失业保险补助确实降低了失业者找工作的努力程度。

即使失业保险降低了找工作的努力程度并增加了失业，我们也不一定能得出这项政策不好的结论。这项计划达到了降低工人面临的收入不确定性的主要目标。此外，当工人拒绝所提供的没有吸引力的工作时，他们就有机会寻找更适合于他们嗜好和技能的工作。一些经济学家认为，失业保险提高了一个经济使每个工人与其最适合的工作相匹配的能力。

对失业保险的研究表明，失业率是衡量一国整体经济福利水平的一个不完善的指标。大多数经济学家一致认为，取消失业保险会减少经济中的失业量，但经济学家们对这种政策改变将会提高还是降低经济福利的看法并不一致。

即问即答 世界石油价格的提高会如何影响摩擦性失业的数量？这种失业是不合意的吗？哪一种公共政策可能会影响这种价格变动所引起的失业量？

新闻摘录
失业者对激励会做出多大反应

在 2008 年和 2009 年经济衰退期间，经济学家和决策者全力研究失业保险制度对失业工人的行为有多大影响。

长期衰退引起对失业津贴的争论
Sara Murray

加州 Sacramento 招工管理主管说，最近他们难以年薪 6 万美元为 Oregon 一家工厂招六个工程师，并猜测长期失业津贴是部分原因。

正在招收工程师的企业的管理合伙人 Karl Dinse 说："我们打电话给几位失业的工程师，他们说，你知道，如果年薪是 8 万美元，我会考虑。"他还说，一些候选人提出，当他们的失业津贴计划结束时，再给他们打电话。

对于延长失业津贴，Rick Jewell 有不同的看法：他不想领取津贴，但没有其他选择。他自从 2008 年 12 月失去了为印第安纳州 Greenwood 一家化妆品公司以每小时 12 美元开叉式起重车的工作后，就一直没工作。直至今年 6 月初他每周得到 315 美元的失业津贴——今年 6 月初议会拒绝延长针对印第安纳州和其他几个州工人 99 周的失业补贴援助法案。

Jewell 先生说："我厌倦了待在家里，厌倦了不是一个能养家的人。"他说他每天都在找工作。他和他妻子现在靠妻子在同一家化妆品公司当分配管理员每周 480 美元的工作生活。

在长期衰退而无复苏迹象的情况下，政府要把失业津贴扩大到超过自从 20 世纪 30 年代建立失业补贴以来的任何时期。而工人失业的时间超过了 1967 年有记录以来的任何一个时期。

政治家和经济学家现在正激烈地争论这会给失业者带来什么严重的结果：更慷慨的失业津贴会使失业工人在找工作时挑挑拣拣吗？或者这项计划是对多年来最糟的衰退的谨慎反应呢？……

经济学家多年来一直认为扩大政府的失业津贴延长了失业，并且很可能增加了整体失业率。大多数经济学家相信，扩大失业津贴真的会遏制一些失业者去找工作或接受可获得的工作。但是，他们对这种作用有多敏感，特别是在工作缺乏时的看法并不一致。

哈佛大学的经济学家 Raj Chetty 说："在当前的经济状况下，我对这种效应会相当大的说法持怀疑态度。我认为人们会接受他们能得到的任何工作。"

经济学家正确地看到了延长失业津贴的危害。设在华盛顿的自由主义思想库 Cato 研究所的 Michael Tanner 说:"我并不认为失业可以使人致富,也不认为人是懒惰的。但事实是,只要有支票进账,哪怕金额相当少,你也没有动力去找工作或接受一份不是最好的工作。"

最近的衰退在各方面几乎都是严重的。与二战后的其他衰退相比,它更深、更长,而且更多的人失去了工作。在经济开始增长后的一年中,失业仍然是极高的 9.5%。将近一半的失业者——总数达 680 万人——失去工作超过 6 个月,而 430 万人失去工作已经超过一年。普通失业者退出劳动市场的中位时间是 25.5 周。

政府的反应也是非正常的,不仅仅是在给银行的大额资金保证上。在正常时期,给失业者 26 周失业津贴,主要由雇员的税收提供资金。在衰退中,州和联邦政府经常共同负担为受打击最大的州增加 20 周失业津贴的资金,这次衰退中议会又增加了另外 53 周的联邦基金失业津贴,而即使在 20 世纪 80 年代严重危机时期,最大总额也从未超过 55 周。

1935 年创立的失业津贴制度目的在于使工人在暂时失业时期渡过难关。失业津贴的数额基于工人失业前的工资,平均为每周 310 美元。只有那些失去工作并不是由于自己的原因的工人才有资格享有失业津贴。那些自动离职或刚刚进入劳动力队伍的工人没有资格享受。他们必须每周或每两周申请一次,这取决于州政府的规定,而且要表明他们正在找工作。

在 20 世纪 80 年代,只有一半失业工人获得了失业津贴。在 2010 年的第一季度,69% 的失业工人得到了失业津贴。经济学家说,这部分是因为失业津贴延长的原因。这也是因为华盛顿鼓励各州政府把失业津贴扩大到寻找部分时间工作的工人以及注册加入职业培训的工人。

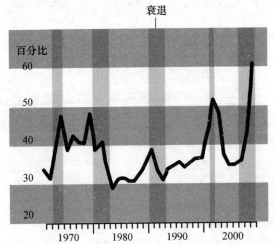

领取失业津贴的人占失业者的百分比
重影部分代表"衰退"。
资料来源:Labor Dept.

各种研究都表明,再增加 53 周的失业津贴增加了普通工人失业的时间 4.2 周到 10.6 周。这种较高的估算是基于几十年进行的研究,当时解雇往往是暂时的;在这次衰退中,许多失业工人再也回不到他们原来的岗位……。在这样的一次衰退中——每一个工作机会有 5 个失业工人等着——旧的学术研究结果是否适用并不清楚。

现任奥巴马经济顾问的 Lawrence Summers 在过去的学术生涯中,1993 年时曾写道:"政府的援助计划由于提供了不去工作的激励和具体手段而引起长期失业。"当 4 月份的《华尔街日报》编辑部描述了他的立场后,Summers 先生在给编辑的回信中回击了这一点,"由于认识到这是 80 年来最严重的经济危机……所以毫无疑问,失业的最重要原因是经济危机,而不是失业保险的存在。"

资料来源: Long Recession Ignites Debate on Jobless Benefits By Sara Murray from *The Wall Street Journal*, July 7, 2010. Reprinted by permission of Dow Jones & Company.

28.3 最低工资法

我们已经说明了摩擦性失业产生于使工人与工作岗位相匹配的过程,现在我们考察当工作岗位数量小于工人数量时,结构性失业如何产生。

为了说明结构性失业,我们从评论最低工资法如何引起失业开始。虽然最低工资并不是美国经济中失业的主要原因,但它对某些失业率特别高的群体有着重要的影响。而且,把对最低工资的分析作为出发点也是正常的,因为它可以用于了解结构性失业的某些其他原因。

图 28-4 说明了最低工资的基本经济学分析。当最低工资法迫使工资高于供求平衡的水平时,与均衡水平相比,它就增加了劳动供给量而减少了劳动需求量,因而,存在着过剩的劳动。由于愿意工作的工人的数量多于工作岗位的数量,所以一些工人成为失业者。

尽管最低工资法是美国经济中存在失业的一个原因,但它并不影响每一个人。大多数工人的工资远远高于法定最低工资,因此,最低工资法并不限制调节供求平衡的工资。最低工资法对劳动力中的最不熟练工人和经验最少的工人,如青少年,是最重要的。他们的均衡工资往往相当低,因此,更可能低于法定最低工资。最低工资法解释的只是这些工人中失业的存在。

虽然画出图 28-4 是要说明最低工资法的影响,但它也说明了一个更具有一般性的结论:如果工资由于任何一种原因高于均衡水平,就会导致失业。最低工资法只是工资可能"太高"的一个原因。在本章的余下

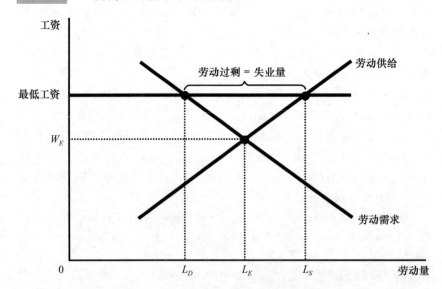

图 28-4 工资高于均衡水平引起的失业

在这个劳动市场上，供给与需求平衡的工资是 W_E。在这种均衡工资下，劳动供给量与劳动需求量都等于 L_E。与此相比，如果最低工资法使工资被迫高于均衡水平，劳动供给量增加到 L_S，而劳动需求量下降到 L_D，结果引起过剩的劳动 $L_S - L_D$，它代表失业量。

两个部分中，我们考虑工资高于均衡水平的两个其他原因——工会和效率工资。在这些情况下，失业的基本经济学分析与图 28-4 所示的是相同的，但这些失业解释可以适用于经济中更多的工人。

但是，现在我们应该停下来并关注，从某种重要的意义上说，产生于高于均衡工资的结构性失业不同于产生于寻找工作过程的摩擦性失业。需要寻找工作并不是因为工资不能使劳动的供求平衡。当把寻找工作作为失业的解释时，工人正在寻找最适于自己嗜好和技能的工作岗位。与此相反，当工资高于均衡水平时，劳动供给量大于劳动需求量，工人失业是因为他们等待工作岗位的开放。

即问即答 画出工资高于均衡水平时劳动市场的供给曲线和需求曲线，并说明劳动供给量、劳动需求量和失业量。

参考资料
谁在领取最低工资

在 2010 年，劳工部公布了一项关于哪些工人的报告收入处于或低于 2009 年最低工资水平的研究，在 2009 年 7 月最低工资从每小时 6.55 美元增加到 7.25 美元。（报告工资低于最低工资是可能的，因为一些工人不在最低工资法所适用的范围之内，因为最低工资法在实施过程中有这样那样的问题，也因为一些工人在调查中报告自己的工资时将其工资四舍五入。）下面是对研究结果的总结：

- 在领取小时工资的工人中，约有 4% 的男性和 6% 的女性的报告工资处于或低于现行的联邦最低工资。

- 领取最低工资的工人往往是年轻人。在所有领取小时工资在最低工资及以下的工人中有一半年龄低于 25 岁,而且其中大约 1/4 的人年龄在 16—19 岁。在青少年中,19% 的人工资为最低工资或更少,相比之下,在 25 岁及以上的工人中这一比例仅为 3%。

- 领取最低工资的工人往往受教育少。在 16 岁及以上领取小时工资的工人中,没有高中文凭的人中领取最低工资或更少的比例约为 10%,相比之下,高中毕业(但未上大学)的人中这一比例约为 4%,而获得大学学位的人中这一比例仅为 3%。

- 领取最低工资的工人更可能从事部分时间工作。在从事部分时间工作的人(他们通常每周工作少于 35 小时)中,11% 的人工资在最低工资或以下,相比之下,从事全职工作的人中这一比例为 2%。

- 所报告的小时工资等于或低于最低工资的工人最多的行业是休闲和接待(约有 21%)。工资处于或低于最低工资水平的所有工人中约有一半的人在这个行业就业,主要是餐饮服务和饮料服务。对这些人来说,有小费补充不多的小时工资。

- 每小时得到的工资等于或低于联邦最低工资的工人的比例自从 1979 年——第一次开始定期收集数据的年份——以来一直在下降。

28.4 工会和集体谈判

工会(union)是一个就工资、津贴和工作条件与雇主进行谈判的工人协会。尽管美国现在只有 12% 的工人加入了工会,但是过去工会在美国劳动市场上曾起过重要作用。在 20 世纪 40 年代和 50 年代,工会处于鼎盛时期,美国工人中大约有 1/3 加入了工会。

基于各种历史原因,在许多欧洲国家,工会仍然起着相当大的作用。例如,在比利时、挪威和瑞典,有一半以上的工人加入了工会。在法国和德国,大部分工人的工资是通过集体谈判再经由法律确定的,尽管这些工人中只有一部分是工会成员。在这些情况下,工资并不是由竞争的劳动市场上的供求均衡决定的。

工会:
与雇主就工资、津贴和工作条件进行谈判的工人协会。

28.4.1 工会的经济学

工会是一种卡特尔。与任何卡特尔一样,工会是卖者共同行动以希望发挥其共同市场势力的一个集团。在美国经济中,大部分工人单独地与其雇主讨论工资、津贴和工作条件。与此相反,工会的工人是作为一个

集体谈判：
工会和企业就就业条件达成一致的过程。

罢工：
工会组织工人从企业撤出劳动。

集团来这样做的。工会与企业就就业条件达成一致的过程称为**集体谈判**(collective bargaining)。

当工会与企业谈判时，它提出的工资、津贴和工作条件会比没有工会时高。如果工会和企业没有达成协议，工会就会组织工人从企业撤出劳动，这称为**罢工**(strike)。由于罢工减少了生产、销售和利润，所以面临罢工威胁的企业可能同意支付比没有工会时更高的工资。研究工会影响的经济学家会发现，参加工会的工人赚得的收入比不属于工会的类似工人高出 10%—20%。

当工会把工资提高到均衡水平之上时，它就增加了劳动供给量，减少了劳动需求量，从而引起了失业。那些在较高工资时仍然就业的工人的状况变好了，但那些以前有工作而现在失业的工人的状况变坏了。实际上，通常认为工会是引起不同工人集团之间——从工会高工资中得到好处的局内人与没有得到工会工作岗位的局外人之间——冲突的原因。

局外人可以用两种方法中的一种对其处境作出反应。他们中的一些人仍然处于失业状态，并等待时机成为局内人，以赚到工会的高工资。另一些人在没有工会组织的企业中工作。因此，当工会提高了经济中一个部门的工资时，经济中其他部门的劳动供给就增加了。这种劳动供给的增加又降低了那些没有工会组织的行业的工资。换句话说，参加工会的工人从集体谈判中得到了好处，而没有参加工会的工人承担了部分代价。

经济中工会的作用部分取决于指导工会组织和集体谈判的法律。在正常情况下，卡特尔成员之间的公开协议是非法的。当出售相似产品的企业达成协议确定一个高价格时，这种协议就被认为是"限制交易的共谋"，政府会在民事或刑事法庭起诉这些企业违背了反托拉斯法。与此相反，工会不受这些法律的限制。那些制定反托拉斯法的决策者相信，工人在与雇主谈判时需要更大的市场势力。实际上，政府所制定的各种法律都鼓励建立工会。特别是 1935 年的瓦格纳法案，它禁止雇主在工人努力组织工会时进行干预，并要求雇主以高度的诚信与工会进行谈判。全国劳工关系委员会(NLRB)是实现工人组织工会权利的政府机构。

影响工会市场势力的立法一直是政治争论的主题。州的立法者有时争论工作权利法，该法赋予有工会组织的企业中的工人选择是否加入工会的权利。在没有这类法律时，工会就会在集体谈判时坚持要求企业把成为工会会员作为就业的条件。华盛顿立法者一直在争论一项法律议案，该法律禁止企业靠雇用长期人员来替代正在罢工的工人。这项法律使罢工给企业带来的代价更高，从而加强了工会的市场势力。这些法律和类似的政策决策将有助于决定工会运动的未来。

28.4.2 工会对经济是好还是坏

经济学家关于工会对整个经济是好还是坏的看法并不一致。我们来考虑争论的双方。

工会的批评者认为,工会仅仅是一种卡特尔。当工会把工资提高到竞争市场应有的水平之上时,工会就减少了劳动需求量,使一些工人失业,并降低了其他经济部门的工资。批评者认为,由此引起的劳动配置既是无效率的,又是不公平的。它之所以无效率,是因为工会的高工资使有工会组织的企业的就业降低到有效率的竞争水平之下。它之所以不公平,是因为一些工人的获益是以另一些工人的损失为代价的。

工会的支持者争辩说,工会是与雇用工人的企业的市场势力抗衡所必需的。这种市场势力的极端情况是"公司城",在这种地方,一个企业雇用了该地区的大部分工人。在公司城中,如果工人不接受企业提供的工资和工作条件,他们除了搬走或不工作以外别无选择。因此,在没有工会的情况下,与企业必须同其他企业竞争以雇用同样的工人时所出现的情况相比,企业可以凭借其市场势力支付低工资,并提供恶劣的工作条件。在这种情况下,工会可以平衡企业的市场势力,并保护工人免受企业所有者的摆布。

工会的支持者还声称,工会在帮助企业有效地对工人的利益作出反应方面也是重要的。当工人接受了一份工作时,工人与企业必须就除了工资之外的许多工作特性达成一致意见,如工作时间、加班、休假、病假、医疗津贴、晋升、工作安全,等等。工会通过代表工人在这些问题上的观点,使企业提供这些工作特性的适当组合。即使工会在使工资高于均衡水平和引起失业上有不利影响,但是它们在帮助企业保有一支乐观而富有生产效率的劳动力队伍方面却是有益的。

总之,经济学家对于工会对经济是好还是坏并没有达成共识。与许多制度一样,工会的影响也许在一些情况下是有利的,而在另一些情况下是不利的。

即问即答 在汽车行业中,工会如何影响通用汽车公司和福特汽车公司的工资和就业?工会如何影响其他行业的工资和就业?

28.5 效率工资理论

经济中总是存在一些失业的第四个原因——除了寻找工作、最低工资法和工会之外——是**效率工资**(efficiency wages)理论所提出来的。根据这种理论,如果工资高于均衡水平,企业的经营会更具效率。因此,即使存在超额劳动供给,企业保持高工资也是有利的。

在某些方面,效率工资引起的失业与最低工资法和工会所引起的失业是相似的。在这三种情况下,失业都是因为工资高于使劳动供给量与

效率工资:
企业为了提高工人的生产率而支付的高于均衡水平的工资。

劳动需求量平衡的水平。但也有一个重要的差别：最低工资法和工会可以阻止企业在工人过剩时降低工资；效率工资理论则认为，在许多情况下，这种对企业的限制是不必要的，因为企业使工资处于均衡水平之上时其状况可能会更好。

为什么企业想保持高工资？这个决策看来有点古怪，因为工资是企业成本的主要部分。在正常的情况下，我们预期利润最大化的企业要使成本——从而使工资——尽可能低。效率工资理论的新观点是，支付高工资可能是有利的，因为高工资可以提高企业工人的效率。

有几种效率工资理论。每种理论都对企业为什么想支付高工资给出了不同的解释。现在我们来考虑这四种理论。

28.5.1 工人健康

第一种也是最简单的效率工资理论强调工资和工人健康之间的联系。工资高的工人因其饮食的营养更丰富，所以更健康、更有生产率。企业会发现，支付高工资并且有更加健康、生产率更高的工人，比支付低工资从而有不健康、生产率低的工人更有利。

这种效率工资理论可用于解释欠发达国家的失业。在这些国家，营养不良会是一个问题，企业可能担心削减工资实际上会对其工人的健康和生产率有不利的影响。换言之，对营养问题的关注，可以解释为什么尽管劳动过剩企业仍会把工资保持在均衡水平以上。对工人健康的关注并不适用于美国这类富裕国家的企业，在这些国家，大多数工人的均衡工资都远远超出保证其充足饮食所需要的水平。

28.5.2 工人流动率

第二种效率工资理论强调工资与工人流动率之间的联系。工人会因许多原因而离职，如接受其他企业的工作、移居到本国其他地方、离开劳动力队伍等。工人离职的频率取决于他们面临的一整套激励，包括离职的利益和留下的利益。企业向工人支付的工资越多，通常选择离职的工人就越少。因此，企业可以通过支付高工资来减少其工人的流动率。

为什么企业关心工人流动率呢？原因是企业雇用并培训新工人是有成本的。而且，即使在经过培训之后，新雇用的工人的生产率也不如有经验的工人高。因此，工人流动率高的企业往往生产成本也高。企业会发现，为了减少工人流动而支付给工人高于均衡水平的工资是有利的。

28.5.3　工人素质

第三种效率工资理论强调工资和工人素质之间的联系。所有企业都想要更能干的工人,而且他们努力挑选最好的申请者来填补职位空缺。但是由于企业无法准确测定申请者的素质,雇用就有一定的随机性。当一个企业支付了高工资时,它就吸引了更好的工人来申请这份工作,从而提高了其劳动力的素质。如果企业对劳动过剩的反应是降低工资,那么大多数有能力的申请者——他们比那些缺乏能力的申请者更有可能有更好的选择机会——就会选择不申请。如果工资对工人素质的这种影响是相当大的,对企业来说支付高于供求均衡水平的工资就是有利的。

28.5.4　工人努力程度

第四种也是最后一种效率工资理论强调工资和工人努力程度之间的联系。在许多工作中,工人对自己工作的努力程度有某种相机抉择权。因此,企业要监测工人的努力程度,并解雇逃避责任的工人。但是,抓住所有逃避责任者的难度很大,因为监测工人的成本高昂且又不完全有效。处于这种环境下的企业总在寻找克服逃避责任的方法。

一种解决方法是支付高于均衡水平的工资。高工资使工人更渴望保持他们的工作,从而给予工人付出最大努力的激励。如果工资在使供求均衡的水平上,工人就没有什么理由去努力工作,因为即使他们被解雇他们也能很快找到一份支付同样工资的工作。因此,企业把工资提高到均衡水平以上,可以激励工人不要逃避责任。

案例研究
亨利·福特及其极为慷慨的每天 5 美元工资

亨利·福特是一位有远见的工业家。作为福特汽车公司的创始人,他负责引进了现代生产技术。福特不是靠熟练工匠的小团队来生产汽车,而是用装配线来生产汽车,在装配线上不熟练工人被教会完成不断重复的简单工作。这种装配线的产品是 T 型福特车,它是早期最有名的汽车之一。

在 1914 年,福特进行了另一项革新:每个工作日 5 美元工资。这在今天看似微不足道,但退回到当时,5 美元是一般工资的 2 倍左右。这种工资远远高于使供求均衡的工资。每天 5 美元工资的新政策一经宣布,福特公司的工厂外面求职的人就排起了长队。愿意在这种工资水平下工作的工人数量远远超出了福特公司需要的工人数量。

福特公司的高工资政策产生了效率工资理论所预期的许多有利影响。流动率下降了,缺勤率下降了,而生产率提高了。工人的效率如此之高,以至于尽管工资较高,但福特公司的生产成本减少了。因此,支付高于均衡水平的工资对企业是有利的。研究早期福特汽车公司的一位历史学家写道:"福特及其部下在许多场合公开宣称,高工资政策的结果是良好的业绩。他们这样说的意思是,它加强了工人的纪律,使工人忠于公司,并提高了工人的个人效率。"亨利·福特本人称每天5美元工资是"我们所做出的最成功的降低成本的努力之一"。

为什么亨利·福特要引进这种效率工资呢?为什么其他公司不采用这种看似有利的经营战略呢?根据某些分析家的看法,福特的决策与其装配线的使用是密切相关的。用装配线组织起来的工人相互之间是高度依赖的。如果一个工人旷工或工作缓慢,其他工人就不能完成他们自己的任务。因此,当装配线使生产更有效率时,它们也提高了工人低流动率、高度努力和高素质的重要性。因此,与当时其他公司相比,支付效率工资对福特汽车公司是一种更好的策略。

即问即答 给出四种解释,说明为什么企业会发现支付高于使劳动供给量与劳动需求量均衡水平的工资是有利的。

28.6 结论

在本章中,我们讨论了失业的衡量以及经济中总是存在某种程度失业的原因。我们说明了寻找工作、最低工资法、工会和效率工资如何有助于解释为什么一些工人没有工作。这四种有关自然失业率的解释中哪一种对美国经济和世界其他经济最重要呢?不幸的是,要说明这一点并不容易。经济学家们在这些解释中哪一个最重要的问题上意见并不一致。

本章的分析得出了一个重要结论:尽管经济中总有某种失业,但是自然失业率一直在变动。许多事件和政策都会改变经济正常运行时所存在的失业量。随着信息革命改变寻找工作的过程,随着国会调整最低工资,随着工人组成或离开工会,以及随着企业改变对效率工资的依赖,自然失业率也在变动。失业并不是一个用简单方法就能解决的问题,但我们选择如何组织我们的社会能够深深地影响存在多少失业。

内容提要

◎ 失业率是那些想要工作但又没有工作的人所占的百分比。劳工统计局每月根据对成千上万户家庭的调查计算这个统计数字。

◎ 失业率是对失去工作者的一个不完善的衡量指标。一些自称失业的人实际上可能并不想工作,而一些想工作的人在寻找工作失败后离开了劳动力队伍,从而被计算为失业者。

◎ 在美国经济中,大多数成为失业者的人在短期内找到了工作。然而,在任何一段既定时间内所观察到的大多数失业归因于少数几个长期失业者。

◎ 失业的一个原因是工人寻找最适合于他们技能与嗜好的工作需要时间。由于失业保险、政府政策旨在保护工人收入,摩擦性失业增加。

◎ 经济中总是存在某种失业的第二个原因是最低工资法。最低工资法通过把不熟练与无经验的工人的工资提高到均衡水平以上而增加了劳动供给量,并减少了劳动需求量。它所引起的过剩劳动供给代表失业。

◎ 失业的第三个原因是工会的市场势力。当工会推动有工会组织的行业的工资提高到均衡水平之上时,工会就创造出了过剩的劳动供给。

◎ 效率工资理论提出了失业的第四个原因。根据这种理论,企业发现支付高于均衡水平的工资是有利的。高工资可以改善工人的健康状况,降低工人流动率,提高工人努力程度,以及提高工人素质。

关键概念

劳动力	丧失信心的工人	工会
失业率	摩擦性失业	集体谈判
劳动力参工率	结构性失业	罢工
自然失业率	寻找工作	效率工资
周期性失业	失业保险	

复习题

1. 劳工统计局把每个人划入哪三个类别?它如何计算劳动力、失业率以及劳动力参工率?
2. 失业在正常情况下是短期的还是长期的?解释之。
3. 为什么摩擦性失业是不可避免的?政府如何降低摩擦性失业的数量?
4. 最低工资法能更好地解释青少年的结构性失业还是大学毕业生的结构性失业?为什么?
5. 工会如何影响自然失业率?
6. 工会的支持者提出了哪些观点来证明工会对经济有利?
7. 解释企业通过提高它所支付的工资增加利润的四种方式。

问题与应用

1. 2010年4月劳工统计局宣布,在所有美国成年人中,就业者为1.39455亿,失业者为0.1526亿,非劳动力为0.82614亿。用这些信息计算:
   a. 成年人口
   b. 劳动力
   c. 劳动力参工率
   d. 失业率

2. 登录劳工统计局的网站(http://www.bls.gov)。现在全国失业率是多少?找出最适于描述你的人口群体(例如,根据年龄、性别和种族划分的)的失业率。这一失业率高于还是低于全国平均水平?你认为为什么会这样?

3. 在2004—2007年间,美国总就业增加了680万工人,但失业工人的人数仅减少了110万。这些数字相互一致吗?为什么有人认为失业人数的减少小于就业人数的增加?

4. 经济学家用劳动市场资料来评价经济如何利用其最有价值的资源——人。两个被密切关注的统计数字是失业率和就业—人口比率。解释下面每一种情况下会出现什么事情。按你的看法,哪一个统计数字是经济良好运行的更有意义的标尺。
   a. 一个汽车公司破产,并解雇了它的工人,这些人立即开始找新工作。
   b. 一些被解雇的工人在找工作失败之后放弃了找新工作。
   c. 许多大学毕业生找不到工作。
   d. 许多大学毕业生立即开始了新工作。
   e. 股市繁荣使60岁的工人成为新富,并提前退休。
   f. 医疗进步延长了许多退休者的生命。

5. 以下工人更可能经历短期失业还是长期失业?解释之。
   a. 由于坏天气被解雇的建筑工人。
   b. 在一个偏僻地区失去工厂工作的制造业工人。
   c. 因铁路竞争而被解雇的驿站业工人。
   d. 当一家新餐馆在马路对面开业时,失去工作的快餐厨师。
   e. 当公司安装了自动焊接机时,失去工作的受正规教育很少的专业焊接工。

6. 用劳动市场图说明最低工资提高对工人所得到的工资、工人供给量、工人需求量和失业量的影响。

7. 考虑有两个劳动市场——一个是制造业工人市场,另一个是服务业工人市场——的经济。假设这两个市场最初都没有工会。
   a. 如果制造业工人成立了工会。你预期这对制造业的工资和就业会有什么影响?
   b. 制造业劳动市场的这些变化对服务业工人市场的劳动供给会有什么影响?这个劳动市场上的均衡工资与就业会有什么变动?

8. 结构性失业有时被认为是雇主要求的工作技能与工人的工作技能不匹配的结果。为了解释这种思想,考虑一个有两个部门——汽车制造业和飞机制造业——的经济。
   a. 如果这两个行业的工人都获得了相近的培训量,而且他们在开始就业生涯时可以选择参加哪一个行业的培训,你认为这两个行业的工资会如何?这个过程将持续多久?解释之。
   b. 假设有一天该经济对国际贸易开放,由此开始进口汽车并出口飞机。这两个行业的劳动需求会发生什么变化?

c. 假设一个行业的工人不能迅速地转移到另一个行业去。这种需求变动会如何影响短期和长期中的均衡工资?

d. 如果由于某些原因,工资不能调整到新的均衡水平,会出现什么情况?

9. 假设国会通过了要求雇主为雇员提供某种津贴(例如医疗)的法律,该法律使雇用一名雇员的成本每小时增加了 4 美元。

   a. 这种对雇主的规定对劳动需求有什么影响?(在回答这一问题和以下问题时,最好用定量分析。)

   b. 如果雇员对这种津贴的评价正好等于成本,这种对雇主的规定对劳动供给有什么影响?

   c. 如果工资自由地使供求平衡,这一法律对工资和就业水平有什么影响?雇主的状况变好了还是变坏了?雇员的状况变好了还是变坏了?

   d. 假定在未通过这项规定之前,市场上的工资高于最低工资 3 美元。在这种情况下,对雇主的这条规定如何影响工资、就业水平和失业水平?

   e. 现在假设工人根本不认为所规定的津贴有价值。这种不同的假设是否会改变你对以上 b 和 c 的回答?

第 10 篇　长期中的货币与物价

第29章
货币制度

当你走进一家餐馆点了一份饭时,你得到了某种有价值的东西——饱餐一顿。为了对这种服务付费,你会递给餐馆老板几张破旧的,上面印有奇特的符号、政府大楼和已故美国名人肖像的淡绿色纸片。或者,你也可以拿出一张载有银行名称和你的签名的纸片。无论你是支付现金还是支票,餐馆老板都乐于为满足你的食欲而辛勤工作,以换取这些本身没有什么价值的纸片。

对于任何一个生活在现代经济中的人来说,这种社会习惯一点也不奇怪。尽管纸币没有内在价值,但餐馆老板相信未来会有第三个人接受它,由此餐馆老板可以换取他认为有价值的东西。而且,这第三个人也相信会有第四个人接受这些纸币,并知道还有第五个人也将接受它,如此等等。对餐馆老板和我们社会中的其他人来说,你的现金或支票代表了对未来物品与劳务的索取权。

使用货币进行交易的社会习惯在一个大而复杂的社会中是极其有用的。假设经济中没有这种在交换物品与劳务时被广泛接受的媒介,人们就不得不依靠物物交换——用一种物品或劳务交换另一种物品或劳务——来得到他们需要的东西。例如,你为了得到餐馆的一顿饭,你就必须提供对餐馆老板有直接价值的东西。你可以帮他洗一些盘子、给他擦汽车,或者把你家的肉糜糕秘方给他。一个依靠物物交换的经济,难以有效地配置其稀缺资源。在这种经济中,交易要求欲望的双向一致性——一种不大可能的偶然巧合,即两个人彼此都有对方想要的物品或劳务。

货币的存在使贸易变得容易了。餐馆老板并不关心你是否能生产对他有价值的物品或劳务,他乐于接受你的货币,因为他知道其他人也会接受他的货币。这种惯例使交易循环往复地进行。餐馆老板接受你的货币,并把它支付给他的厨师;厨师又用她的工资支票送孩子上托儿所;托儿所用这些学费支付教师的工资;教师又雇你给她修剪草坪。随着货币在经济中从一个人手中流到另一个人手中,它便利了生产和贸易,从而使每个人都能专门从事自己最擅长的活动,并提高每个人的生活水平。

在本章中，我们开始考察货币在经济中的作用。我们讨论什么是货币、货币的各种形式、银行体系如何有助于创造货币，以及政府如何控制流通中的货币量。由于货币在经济中如此重要，所以在本书的其他部分，我们用了许多精力来了解货币量变动如何影响各种经济变量，包括通货膨胀、利率、生产和就业。为了与前四章中集中于长期问题保持一致，我们将在下一章中考察货币量变动的长期影响。货币变动的短期影响是一个更为复杂的题目，我们将在本书的后面论述这一问题。本章为这些进一步的分析提供了一些背景知识。

29.1 货币的含义

什么是货币？这个问题似乎有点奇怪。当你谈到亿万富翁比尔·盖茨有许多货币时，你知道这是指：他如此富裕，以至于他几乎可以买到他想要的任何东西。在这个意义上，货币这个词用来指代财富。

货币：
经济中人们经常用于向其他人购买物品与劳务的一组资产。

但是，经济学家在更为具体的意义上使用这个词：货币（money）是经济中人们经常用于相互购买物品与劳务的一组资产。你钱包里的现金之所以是货币，是因为你可以用它在餐馆买饭或在服装店买衬衣。与此相反，如果你碰巧也像比尔·盖茨那样拥有微软公司的大部分股权，你也是很富有的，但这种资产并不能作为货币的一种形式。如果不首先得到一些现金，你不能用这种财富买饭或买衬衣。根据经济学家的定义，货币只包括在物品与劳务交换中卖者通常接受的少数几种财富。

29.1.1 货币的职能

货币在经济中有三种职能：交换媒介、计价单位和价值储藏手段。这三种职能把货币与经济中的其他资产，如股票、债券、不动产、艺术品，甚至棒球运动员卡区分开来。现在我们依次考察货币的每一种职能。

交换媒介：
买者在购买物品与劳务时给予卖者的东西。

交换媒介（medium of exchange）是买者在购买物品与劳务时给予卖者的东西。当你在服装店购买一件衬衣时，商店给你衬衣，你给商店货币。货币从买者向卖者的转移使交易得以进行。当你走进商店时，你确信商店会为它出售的商品而接受你的货币，因为货币是普遍接受的交换媒介。

计价单位：
人们用来表示价格和记录债务的标准。

计价单位（unit of account）是人们用来表示价格和记录债务的标准。当你去购物时，你会观察到，衬衣价格为30美元，而汉堡包价格为3美元。尽管说衬衣的价格是10个汉堡包以及汉堡包的价格是1/10件衬衣也是正确的，但价格绝不是用这种方式表示的。同样，如果你从银行得到一笔贷款，你将来偿还贷款的数额也用美元来衡量，而不用物品和劳务的数量来衡量。当我们想衡量并记录经济价值时，我们把货币作为计价单位。

价值储藏(store of value)是人们可以用来把现在的购买力转变为未来的购买力的东西。当卖者今天在物品与劳务的交换中得到货币时,他可以持有货币,并在另一个时候成为另一种物品或劳务的买者。货币不是经济中唯一的价值储藏手段:人们也可以通过持有诸如股票和债券这些非货币资产来把现在的购买力转变为未来的购买力。财富这个词用来指所有价值储藏的总量,包括货币和非货币资产。

经济学家用**流动性**(liquidity)来说明一种资产兑换为经济中的交换媒介的容易程度。由于货币是经济中的交换媒介,所以它是最具流动性的资产。其他资产在流动性方面差别很大。大多数股票和债券能以较小的代价变现,因此,它们是流动性较强的资产。与此相反,出售一所房子、一幅伦勃朗的油画或者一张1948年Joe DiMaggio的棒球运动员卡就要付出更多时间和努力,所以这些资产的流动性较弱。

当人们决定以某种形式持有自己的财富时,他们必须使每种可能资产的流动性与资产作为价值储藏手段的有用性保持平衡。货币是最具流动性的资产,但它作为价值储藏手段远不够完美。当物价上升时,货币的价值减少了。换句话说,当物品和劳务变得更为昂贵时,你钱包里的每一美元的购买力就变小了。物价水平与货币价值之间的这种联系对理解货币如何影响经济是很关键的,我们将在下一章中论及这个题目。

29.1.2 货币的种类

当货币采取有内在价值的商品形式时,它被称为**商品货币**(commodity money)。内在价值这个词是指,即使不作为货币,东西本身也有价值。商品货币的一个例子是黄金。黄金之所以有内在价值,是因为它可以用于工业和制造首饰。虽然今天我们不再把黄金作为货币,但它在历史上是货币最常见的形式,因为它较容易携带、衡量和确定成色。当一个经济用黄金(或者用可以随时兑换为黄金的纸币)作为货币时,可以说这个经济是在金本位下运行。

商品货币的另一个例子是香烟。在第二次世界大战的战俘营中,战俘们用作为价值储藏、计价单位和交换媒介的香烟进行交易。同样,当苏联在20世纪80年代末解体时,香烟在莫斯科又开始替代卢布成为受欢迎的通货。在这两种情况下,即使一个不吸烟的人也乐于在交换中接受香烟,因为他们知道可以用香烟去购买其他物品与劳务。

没有内在价值的货币称为**法定货币**(fiat money)。法定就是一种命令或法令,法定货币是由政府法令所确定的货币。例如,比较你钱包中的纸币美元(由美国政府印制)和垄断游戏中的纸币美元(由帕克兄弟游戏公司印制)。为什么你能用前者支付餐馆的账单,而不能用后者支付?答案是美国政府的法令规定它的美元为有效货币。你钱包里的每一张纸币上都写着:"本币是所有公私债务的合法偿付。"

价值储藏:
人们可以用来把现在的购买力转变为未来的购买力的东西。

流动性:
一种资产兑换为经济中交换媒介的容易程度。

商品货币:
以有内在价值的商品为形式的货币。

法定货币:
没有内在价值、由政府法令确定作为通货使用的货币。

虽然政府是建立并管理法定货币制度的中心（例如，对造伪钞者予以惩罚），但这种货币制度的成功还依赖于其他因素。在很大程度上，接受法定货币对预期和社会习惯的依赖与对政府法令的依赖同样重要。20世纪80年代，苏联政府并没有废除作为官方通货的卢布，但莫斯科人民在物品与劳务交换中更愿意接受香烟（或者美元），因为他们确信未来其他人将接受这些替代货币。

新闻摘录
鲭鱼经济学

货币的演进当然是为了便于交换，甚至在狱中也如此。

鱼罐头作为通货
Justin Scheck

几年前当 Larry Levine 为一个委托人准备一份离婚协议书时，他得到的报酬是鲭鱼。他说，在那件事结束时，他有了一堆鲭鱼。

Levine 先生和他的委托人那时都是加州 Lompoc 联邦改造营地的犯人。和全国的其他监狱一样，他们发现一罐鲭鱼——犯人的行话是"mack"——是标准的通货。

Mark Bailey 说："这是现实的铸币。"他支付给 Levine 先生的报酬是鱼。Bailey 先生由于与他的一家连锁脱衣舞夜总会有关的税务作假而被判两年。Levine 先生由于毒品事件而被判9年。Levine 先生说，他曾用鲭鱼让其他犯人给他修胡子、熨衣服和擦皮鞋。他说："理发是两罐鲭鱼。"这是在狱中理发店工作的狱友希望的小费。

图片来源:© BANANASTOCK/BANANASTOCK/THINKSTOCK.

以前的狱友和一些监狱顾问都说，自从2004年前后以来，在联邦监狱中一直都有鲭鱼经济。在那之前，烟作为通货。由于2004年前后，联邦监狱开始禁烟，由于缺乏成盒的香烟，鱼罐头开始作为通货。

犯人需要美元的替代品，因为不允许他们拥有现金。他们的货币来自狱中工作（根据联邦监狱局的规定，最高每小时40美分）或家人打到狱中服务社账户上的，以让他们买食品和卫生用品之类的东西。在禁烟之后，狱友们就把服务社货单上有的其他东西作为通货。

邮册是一种容易得到的替代品。Tony Serra 是知名的旧金山犯罪辩护律师，去年他结束了由于税收犯罪在 Lompoc 九个月的牢狱生活，他说："我喜欢用半本邮册换一片水果。"Ed Bales 是一位为即将入狱的人提供咨询的顾问，他说，在西部其他地方，狱友们用能量糖棒或金枪鱼罐头。他说，但在许多联邦监狱中，鲭鱼成为所选择的通货。

鲭鱼供给商，Global Source 销售公司说，自2004年以来，来自监狱的需求增加了。纽约 Bohemia 的供给商 Power Commissary 公司的副总裁 Jon Linder 说：近年来，需求已从罐头——监狱长们不喜欢罐头是因为囚犯们可以把罐头变为临时用的刀——转向塑料与锡箔包装的无骨鲭鱼片。

环球资源公司从亚洲罐头食品厂进口这种油浸的黑肉鱼片,该公司总裁 Mark Muntz 说,在美国监狱里,鲭鱼很流行,但是其他地方鲭鱼就不这么热销了。Muntz 先生说,他正努力把鲭鱼推销到折扣店里。他说:"我们甚至努力进入 99 分店,但是无论零售商多努力,鲭鱼销售得一点都不好,而在监狱它却非常受欢迎。"

Muntz 先生说,去年他向联邦监狱杂货店卖了 100 多万美元的鲭鱼。他说,这占了他所有杂货店销售额的一半,超过了他卖的罐头金枪鱼、蟹肉、鸡和牡蛎。前犯人们说,鲭鱼与那些更昂贵的美味不同,它是美元很好的替代品,因为每一罐(或每包)差不多一美元,而且——除了那些举重运动员才会渴望的蛋白质——很少有人想吃它。

因此,犯人把鲭鱼藏在监狱所提供的小柜子里,并用它们购买物品,包括诸如偷来的食物和私酿的"监狱烈酒",以及擦皮鞋和清扫牢房这样的服务。

资料来源: Packs of Fish Catch on as Currency By Justin Scheck from *The Wall Street Journal*, October 2, 2008. Reprinted by permission of Dow Jones & Company.

29.1.3 美国经济中的货币

正如我们将要说明的,经济中流通的货币量称为货币存量,它对许多经济变量有重要的影响。但是,在我们考虑这一点为什么正确之前,我们需要问一个基本问题:什么是货币量?特别是,假设给你一个衡量美国经济中有多少货币的任务,在衡量时你会包括什么?

要包括在内的最明显的资产是**通货**(currency)——公众手中的纸币钞票和铸币。通货显然是我们经济中最为广泛接受的交换媒介。毫无疑问,它是货币存量的一部分。

然而通货并不是你可以用来购买物品和劳务的唯一资产。许多商店还接受个人支票。你支票账户中拥有的财富几乎和你钱包中的财富一样,可以同样方便地购买物品。因此,为了衡量货币存量,你应该想到包括**活期存款**(demand deposits)——储户可以简单地通过开支票或在商店中刷借记卡而随时支取的银行账户余额。

一旦你开始考虑把支票账户上的余额作为货币存量的一部分,你就要考虑人们在银行和其他金融机构所拥有的大量其他账户。银行储户通常并不能根据他们储蓄账户的余额开支票,但他们可以很容易地把资金从储蓄账户转到支票账户。此外,货币市场共同基金的储户通常可以根据他们的余额开支票。因此,把这些其他账户作为美国货币存量的一部分应该是有道理的。

在一个像我们这样复杂的经济中,要在能够称为"货币"的资产和不能称为"货币"的资产之间划一条界线是不容易的。你钱包中的铸币显然

通货:
公众手中持有的纸币钞票和铸币。

活期存款:
储户可以通过开支票而随时支取的银行账户余额。

是货币存量的一部分,而帝国大厦显然不是,但在这两个极端之间存在许多资产,要做出选择并不那么容易。由于如何在货币资产与非货币资产之间划出一条线不同的分析者并没有一致的意见,所以美国就有各种不同的货币存量衡量标准。图 29-1 表示了两个最常用的衡量指标,称为 M_1 和 M_2。M_2 衡量指标中包括的资产比 M_1 多。

两个广为采用的货币存量衡量指标是 M_1 和 M_2。该图显示了 2009 年每个衡量指标的规模。

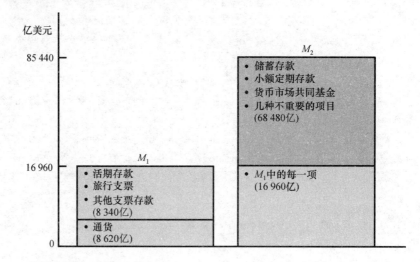

图 29-1 美国经济中货币存量的两种衡量指标

资料来源:Federal Reserve.

就本书的目的而言,我们并不需要深入探讨各种货币衡量指标之间的差别。我们的讨论不受 M_1 与 M_2 之间区别的影响。重要的一点是,美国经济的货币存量不仅包括通货,而且还包括银行和其他金融机构的存款,这些存款可以随时获得并用于购买物品与劳务。

参考资料
为什么信用卡不是货币

把信用卡作为经济中货币存量的一部分似乎是很自然的。毕竟人们用信用卡可以购买许多东西。因此,信用卡难道不是一种交换媒介吗?

乍一看这个推理看似有些道理,但信用卡并不是一种货币量的衡量指标。理由是,信用卡实际上并不是一种支付方式,而是一种延期支付方式。当你用信用卡买一份饭时,发行信用卡的银行向餐馆支付了应该支付的钱。过一段时间,你必须偿还银行的钱(也许还有利息)。到你支付信用卡账单时,你会从你的支票账户开一张支票来进行支付。这种支票账户上的余额是经济中货币存量的一部分。

要注意的是,信用卡完全不同于借记卡,借记卡自动地从银行账户提取资金为所买的东西付款。借记卡不允许使用者为购买而延期支付,只允许使用者立即从银行账户提取存款。在这个意义上,借记卡更类似于支票而不像信用卡。借记卡上的账户余额包括在货币量的衡量中。

尽管信用卡不作为货币的一种形式,但它对分析货币制度是很重要的。信用卡的持有人可以在月底一次付清所有账单,而不是在购买时随时支付。因此,信用卡的持有人所持有的货币平均而言可能少于没有信用卡的人。这样,使用并提高信用卡的普及程度可以减少人们选择持有的货币量。

案例研究
所有的通货都在哪里

美国经济中货币存量的一个谜与通货量有关。在2009年底,流通在外的通货有8 620亿美元。为了仔细观察这个数字,我们可以用它除以美国成年人(16岁及以上)人口数2.36亿。这种计算意味着,平均每个成年人持有大约3 653美元的通货。当知道美国经济中有这么多通货时大多数人都很惊讶,因为他们的钱包里远远没有这么多钱。

谁持有所有这些通货?没有一个人确切地知道,但有两种看起来合理的解释。

第一种解释是,许多通货由外国人持有。在没有稳定货币制度的某些国家,人们通常对美元的偏好大于本国资产。事实上,经常可以看到美元在别国作为交换媒介、计价单位和价值储藏手段。

第二种解释是,许多通货由毒品商、逃税者和其他犯罪分子持有。对于美国经济中的大多数人来说,通货并不是持有财富的一种特别好的方式。通货不仅会丢失或被偷走而且也赚不到利息,而银行存款有利息。因此,大多数人只持有少量通货。与此相反,犯罪分子可能不喜欢把他们的财富放在银行,因为银行存款会给警察留下纸面证据,警察可以由此追踪他们的非法活动。对于犯罪分子来说,通货可能是可以得到的最好的价值储藏手段。

即问即答 列出并说明货币的三种职能。

29.2 联邦储备体系

只要是像美国经济这样使用法定货币制度的经济,就必须有某个机构负责管理这个制度。在美国,这个机构是**联邦储备**(Federal Reserve),通常简称为美联储(Fed)。如果你观察一张美元钞票的上部,你将看到

联邦储备(Fed):
美国的中央银行。

中央银行：
为了监管银行体系和调节经济中的货币量而设计的机构。

"联邦储备券"的字样。联邦储备是**中央银行**（central bank）的一个例子，中央银行是为了监管银行体系和调节经济中货币量而设计的机构。世界其他主要的中央银行包括英格兰银行、日本银行和欧洲中央银行。

29.2.1 美联储的结构

在经历了1907年的一系列银行倒闭事件以后，国会相信美国需要一个中央银行来确保全国银行体系的正常运行，于是在1913年创建了联邦储备。现在，美联储由其理事会管理，理事会有7名由总统任命并得到参议院确认的理事。理事任期14年。正如联邦法官的终身任职使他们与政治分离一样，美联储理事的长期任职使他们在制定货币政策时独立于短期的政治压力。

在理事会的7名成员中，最重要的是主席。主席任命美联储官员，主持理事会会议，并定期在国会各种委员会前为美联储的政策作证。总统有权任命任期4年的主席。当本书即将付印时，美联储主席是本·伯南克，他以前是一位经济学教授，2005年由乔治·W.布什总统任命担任美联储的这一职务，2009年又由巴拉克·奥巴马总统再次任命。

联邦储备体系由设在华盛顿特区的联邦储备理事会和位于全国一些主要城市的12个地区联邦储备银行组成。地区银行的总裁由每个银行的理事会选择，理事会成员一般来自当地银行和企业界。

美联储有两项相互关联的工作。第一项工作是管制银行并确保银行体系的正常运行。这项工作主要由地区联邦储备银行负责。特别是，美联储监管每个银行的财务状况，推进银行的支票结算交易。它也是银行的银行。这就是说，美联储在银行想要借款时给它们贷款。当财务上出现麻烦的银行发现自己现金短缺时，美联储充当最后贷款者——贷款给在其他任何地方都借不到款的银行的贷款者——以便维持整个银行体系的稳定。

货币供给：
经济中可得到的货币量。

货币政策：
中央银行的决策者对货币供给的安排。

美联储的第二项且更为重要的工作是控制经济中可以得到的货币量，这种货币量称为**货币供给**（money supply）。决策者关于货币供给的决策构成**货币政策**（monetary policy）。在美联储，货币政策是由联邦公开市场委员会制定的。联邦公开市场委员会每6周在华盛顿特区开一次会，讨论经济状况并考虑货币政策的变动。

29.2.2 联邦公开市场委员会

联邦公开市场委员会由美联储的7位理事和12个地区银行总裁中的5位组成。所有12个地区银行总裁都参加联邦公开市场委员会的每次会议，但只有5个有投票权。这5个投票权由12个地区银行总裁轮流享有。但纽约联邦储备银行的总裁总是拥有投票权,因为纽约是美国经济传统的金融中心,并且美联储的所有政府债券的买卖都在纽约联邦储备银行的交易柜台进行。

通过联邦公开市场委员会的决策,美联储有权增加或减少经济中美元的数量。用一个简单的比喻,你可以想象美联储印制美元钞票,然后用直升机送到全国各地。同样,你也可以想象美联储用一个巨大的吸尘器把人们钱包中的美元钞票吸走。虽然实际上美联储改变货币供给的方法比这要复杂和微妙,但直升机和吸尘器的比喻是理解货币政策含义的一个很好开始。

在本章后面我们要讨论美联储实际上如何改变货币供给,但在这里要注意的是,美联储的主要工具是公开市场操作——买卖美国政府债券。(我们还记得,美国政府债券是联邦政府负债的凭证。)如果联邦公开市场委员会决定增加货币供给,美联储就创造美元并用它们在全国债券市场上从公众手中购买政府债券,于是这些美元就到了公众手中。因此,美联储对债券的公开市场购买增加了货币供给。相反,如果联邦公开市场委员会决定减少货币供给,美联储就在全国债券市场上把它的资产组合中的政府债券卖给公众,于是它从公众手中得到了美元。因此,美联储对债券的公开市场出售减少了货币供给。

由于货币供给的变动会极大地影响经济,所以中央银行是一个重要的机构。第1章中的经济学十大原理之一是,当政府发行了过多货币时,物价上升。经济学十大原理的另一个是,社会面临通货膨胀与失业之间的短期权衡取舍。美联储的权力正是依靠这些原理。美联储的政策决定在长期中对经济的通货膨胀率以及在短期中对经济的就业与生产都有重要的影响,其原因我们将在以后几章进行详细的讨论。实际上,联邦储备主席被称为美国第二有影响的人物。

即问即答 联邦储备的主要职责是什么?如果美联储想增加货币供给,它通常怎么做?

29.3 银行与货币供给

到目前为止,我们已经介绍了"货币"的概念,并讨论了联邦储备如何通过在公开市场操作中买卖政府债券来控制货币供给。虽然这样解释货币供给是正确的,但并不完全。特别是,它遗漏了银行在货币制度中所起的中心作用。

我们还记得,你持有的货币量包括了通货(你钱包中的钞票和你口袋中的铸币)和活期存款(你支票账户上的余额)。由于活期存款放在银行,所以银行的行为也会影响经济中的活期存款量,从而影响货币供给。这一节我们将解释银行如何影响货币供给,以及在这样做时它们如何使美联储控制货币供给的工作复杂化。

29.3.1 百分之百准备金银行的简单情况

为了说明银行如何影响货币供给,首先让我们假想一个根本没有一家银行的世界。在这个简单的世界中,通货是唯一的货币形式。为了具体化,我们假设通货总量是100美元。因此,货币供给是100美元。

现在假设某人开办了一家银行,称之为第一国民银行。第一国民银行是唯一的存款机构——这就是说,该银行接受存款,但不发放贷款。该银行的目的是向储户提供一个安全保存货币的地方。只要有人存入一笔货币,银行就把货币放到它的金库中,直至储户来提取,或根据其余额开支票,或刷借记卡。银行得到但没有贷出去的存款称为**准备金**(reserves)。在这个假想的经济中,所有存款都作为准备金持有,因此这种制度被称为百分之百准备金银行。

我们可以用一个T型账户表示第一国民银行的财务状况,T型账户是表明银行资产与负债变动的一个简化的会计报表。如果该经济的全部100美元货币都存在银行中,则第一国民银行的T型账户如下:

第一国民银行			
资产		负债	
准备金	100美元	存款	100美元

T型账户的左边是银行的资产100美元(银行金库中持有的准备金),右边是银行的负债100美元(银行欠储户的货币量)。由于第一国民银行的资产与负债完全相等,所以这个账户表述有时称为资产负债表。

现在考虑这个假想经济中的货币供给。在第一国民银行开办之前,货币供给是人们持有的100美元通货。在银行开办且人们把通货全部存入银行之后,货币供给是100美元活期存款(不再有任何流通在外的通货,因其全部在银行金库中)。银行的每一笔存款都减少了通货并增加了等量的活期存款,从而使货币供给不变。因此,如果银行以准备金形式持有所有存款,银行就不影响货币供给。

29.3.2 部分准备金银行的货币创造

第一国民银行的老板终于开始重新考虑其百分之百准备金银行的政策。把所有货币都闲置在金库中看来是不必要的。为什么不把一些货币

准备金:
银行得到但没有贷出去的存款。

用于发放贷款,并且通过对贷款收取利息来赚得利润呢?买房子的家庭、建立新工厂的企业和支付学费的学生都乐于为借用一些钱一段时间而支付利息。当然,第一国民银行必须持有一些准备金,以便储户想提取存款时备有通货。但是,如果新存款流入量与提款流出量大体相同,第一国民银行就只需要把它的一部分存款作为准备金。因此,第一国民银行采用了称为**部分准备金银行**(fractional-reserve banking)的制度。

银行在总存款中作为准备金持有的比例称为**准备金率**(reserve ratio)。这个比率由政府管制和银行政策共同决定。正如本章后面我们要详细讨论的,美联储规定了银行必须持有的准备金量的最低水平,这称为法定准备金。此外,银行可以持有高于法定最低量的准备金,这称为超额准备金。这样,银行可以更有把握不会缺少通货。就我们这里的目的而言,我们只把准备金率作为既定的以考察部分准备金银行如何影响货币供给。

我们现在假设,第一国民银行的准备金率为1/10,即10%。这就意味着该银行把存款的10%作为准备金,而把其余存款贷出。现在我们再来看看该银行的T型账户:

部分准备金银行:
只把部分存款作为准备金的银行制度。

准备金率:
银行作为准备金持有的存款比例。

第一国民银行			
资产		负债	
准备金	10美元	存款	100美元
贷款	90美元		

第一国民银行的负债仍是100美元,因为发放贷款并没有改变银行对其储户的义务。但现在银行有两种资产:在其金库中的10美元准备金和90美元贷款。(这些贷款是借款人的负债,但它们是发放贷款的银行的资产,因为债务人以后要偿还贷款。)总之,第一国民银行的资产仍然等于其负债。

再来考虑经济中的货币供给。在第一国民银行发放贷款之前,货币供给是银行中的100美元存款。但当第一国民银行发放了这些贷款以后,货币供给增加了。储户的活期存款仍是100美元,但现在债务人持有90美元通货。货币供给(等于通货加活期存款)等于190美元。因此,当银行只把部分存款作为准备金时,银行创造了货币。

乍一看,这种部分准备金银行创造货币似乎好得令人难以置信:银行似乎是无中生有地创造出了货币。为了使这种货币创造看起来不那么神秘,要注意当第一国民银行把它的部分准备金贷出去并创造了货币时,它并没有创造出任何财富。第一国民银行的贷款给了借款人一些通货以及购买物品和劳务的能力,但借款人也承担了债务,因此贷款并没有使他们变富。换句话说,当一个银行创造了货币资产时,它也创造了相应的借款人的负债。在这个货币创造过程结束时,从交换媒介增多的意义上说,经济更具流动性,但是经济并没有比以前更富。

"我对货币的了解不算少了,现在我想尝试一下。"

图片来源:© MICK STEVENS/THE NEW YORKER COLLECTION/ WWW.CARTOONBANK.COM.

29.3.3 货币乘数

货币创造并没有在第一国民银行停止。假设第一国民银行的借款人用 90 美元购买了某人的东西,这个人又把通货存入第二国民银行。下面是第二国民银行的 T 型账户:

第二国民银行			
资产		负债	
准备金	9 美元	存款	90 美元
贷款	81 美元		

在存款以后,这家银行的负债为 90 美元。如果第二国民银行也是 10% 的准备金率,它把 9 美元资产作为准备金,并发放 81 美元贷款。第二国民银行用这种方法创造了额外的 81 美元货币。如果这 81 美元货币最终存入了第三国民银行,该银行也是 10% 的准备金率,它就留 8.1 美元作为准备金,并发放贷款 72.9 美元。下面是第三国民银行的 T 型账户:

第三国民银行			
资产		负债	
准备金	8.10 美元	存款	81 美元
贷款	72.90 美元		

这个过程会继续下去。货币每存入一次,银行就进行一次贷款,更多的货币就被创造出来。

这个经济最终创造出了多少货币呢?我们来相加:

初始存款　　　　　=100 美元
第一国民银行贷款 =90 美元(0.9×100 美元)
第二国民银行贷款 =81 美元(0.9×90 美元)
第三国民银行贷款 =72.90 美元(0.9×81 美元)
⋮　　　　　　　　　⋮
货币供给总量　　 =1 000 美元

结果,尽管这个货币创造过程可以无限继续下去,但是它没有创造出无限的货币量。如果你耐心地把无限的一系列数字相加,你发现 100 美元准备金产生了 1 000 美元货币。银行体系用 1 美元准备金所产生的货币量称为**货币乘数**(money multiplier)。在这个假想的经济中,100 美元准备金产生了 1 000 美元货币,货币乘数是 10。

什么因素决定货币乘数的大小呢?答案很简单:货币乘数是准备金率的倒数。如果 R 是经济中所有银行的准备金率,那么每美元准备金能

货币乘数:
银行体系用 1 美元准备金所产生的货币量。

产生 1/R 美元货币。在我们的例子中,R=1/10,因此,货币乘数是 10。

货币乘数的这个倒数公式是有意义的。如果一家银行持有 1 000 美元存款,那么准备金率为 1/10(10%)就意味着银行必须持有 100 美元准备金。货币乘数只是其逆向思维:如果银行体系持有总计为 100 美元的准备金,它就只能有 1 000 美元存款。换句话说,如果 R 是每家银行准备金与存款的比率(即准备金率),那么银行体系中的存款与准备金的比率(即货币乘数)必定是 1/R。

这个公式表明,银行创造多少货币量取决于准备金率。如果准备金率只是 1/20(5%),那么银行体系的存款就是准备金的 20 倍,这意味着货币乘数为 20,1 美元准备金将产生 20 美元货币。同样,如果准备金率是 1/4(25%),那么存款就是准备金的 4 倍,货币乘数将是 4,1 美元准备金将产生 4 美元货币。因此,准备金率越高,每个存款银行贷出的款越少,货币乘数越小。在百分之百准备金银行的特殊情况下,准备金率是 1,货币乘数是 1,银行不进行贷款也不创造货币。

29.3.4 银行资本、杠杆以及 2008—2009 年的金融危机

在前几节中,我们给出了银行如何运行的极为简单的解释。但是,现代银行的现实比这更复杂一点,而且这种复杂的现实在 2008—2009 年的金融危机中起了重要作用。在研究这次危机之前,我们需要对银行实际如何运行了解得更多一点。

在到现在为止你看到的银行资产负债表中,银行接受存款并把这些存款用于发放贷款或作为持有的准备金。更现实的情况是,一家银行不仅从接受存款中得到金融资源,而且还可以像其他公司那样,从发行股票和债券中得到金融资源。银行从向其所有者发行股票中得到的资源称为**银行资本**(bank capital)。银行以各种方式使用这些金融资源以为其所有者产生利润。它不仅发放贷款和持有准备金,而且还购买股票和债券这类金融有价证券。

银行资本:
银行的所有者投入机构的资源。

下面是更现实的银行资产负债表的例子:

更现实的国民银行			
资产		负债和所有者的权益	
准备金	200 美元	存款	800 美元
贷款	700 美元	债务	150 美元
有价证券	100 美元	资本(所有者权益)	50 美元

这个资产负债表的右边是银行的负债和资本(也称为所有者权益)。这家银行从其所有者得到 50 美元,它还得到 800 美元存款并发行了 150

美元债务。总计1 000美元可以用于三方面,这就是资产负债表左边(表明银行资产)所列出的。这家银行持有200美元准备金,发放了700美元银行贷款,并用100美元购买政府和公司债券这类金融有价证券。银行根据各种资产的风险与收益以及任何一种限制银行选择的管制(如法定准备金)来决定如何把资源在各种类型资产之间进行配置。

根据会计规则,资产负债表左边的准备金、贷款和有价证券在总量上应该总是等于资产负债表右边的存款、债务和资本。这个等式中没有魔法。它之所以发生是因为,根据定义所有者权益的价值等于银行资产(准备金、贷款和有价证券)价值减负债(存款和债务)的价值。因此,资产负债表的左边和右边加总起来总是同一个总量。

经济中许多经营活动依靠**杠杆**(leverage),即将借到的货币追加到用于投资的现有资金上。实际上,只要有人用债务为投资项目筹资,他就是在运用杠杆。但杠杆对银行特别重要,因为借与贷是它们所做的事的中心。因此,为了充分了解银行,理解杠杆如何发挥作用是关键。

杠杆率(leverage ratio)是银行的总资产与银行资本的比率。在这个例子中,杠杆率为1 000美元/50美元,即20。杠杆率为20意味着银行所有者所拿出的每一美元资本可以使银行有20美元资产。在这20美元的资产中,19美元是由借来的货币筹资的——可以通过吸收存款或发行债务。

你在科学课程中可能已经学过,杠杆可以放大一种力量:你只用手臂不可能移动一块大石头,但如果你用杠杆就可以。相似的结果也发生在银行杠杆上。为了说明这是如何发生作用的,我们继续用数字例子。假定银行的资产价值上升了5%,比如说是由于银行持有的有价证券价格上升了。那么,1 000美元的资产现在就值1 050美元了。由于储户和债权人仍然拥有950美元,那么银行资本就从50美元上升到100美元。因此,当杠杆率是20时,资产价值5%的增加就会使所有者权益增加100%。

同样的原理在下降时也发生作用,但这就会有令人麻烦的结果。假定一些从银行借钱的人拖欠了他们的贷款,使银行的资产价值减少了5%,到950美元。由于储户和债权人有在银行所有者之前得到补偿的法定权利,所以所有者权益的价值减少为零。这样,当杠杆率是20时,银行资产价值下降5%就使银行资本减少100%。如果资产价值下降超过5%,银行的资产就会减少到低于负债。在这种情况下,银行就会破产,而且它不能完全偿还债权人和储户。

银行管制者要求银行持有一定量资本。这种**资本需要量**(capital requirement)的目的是确保银行能偿还其储户(在没有依靠政府提供的存款保险基金的情况下)。所要求的资本量取决于银行持有的资产的类型。如果银行持有政府债券这类安全资产,管制者要求的资本就少于银行持有对储户贷款这类风险资产时要求的资本,因为储户的信贷是质量不高的。

在2008年和2009年,许多银行发现在它们的一些资产——特别是抵押贷款和由抵押贷款支持的有价证券出现了亏损后,其资本太少。资本短缺引起银行减少贷款,这种现象有时称为信用危机,这反对来又引起严重的

杠杆:
将借到的货币追加到用于投资的现有资金上。

杠杆率:
资产与银行资本的比率。

资本需要量:
政府管制确定的最低银行资本量。

经济活动下降。（这个事件在第33章中还要更充分地讨论。）为了解决这个问题，美国财政部和联邦储备共同努力把几百亿美元公共资金投入银行体系以增加银行的资本量。结果，它暂时使美国纳税人成为许多银行的部分所有者。这个不寻常的政策的目的是对银行体系再资本化，以便银行的贷款可以回到高于正常水平，实际上这出现在2009年底。

29.4 美联储控制货币的工具

如前所述，联邦储备负责控制经济中的货币供给。既然我们知道了银行如何运行，就可以更好地了解美联储如何进行这项工作。由于银行在部分准备金银行制度中创造货币，所以美联储对货币供给的控制是间接的。当美联储决定改变货币供给时，它必须考虑它的行动如何通过银行体系而起作用。

美联储的货币工具箱中有各种工具。我们可以把这些工具分为两类：影响准备金量的和影响准备金率从而影响货币乘数的。

29.4.1 美联储如何影响准备金量

美联储可以改变货币供给的第一种方法是通过改变准备金量。美联储改变经济中的准备金量既可以通过在公开市场操作中购买和出售债券，也可以通过对银行发放贷款（或者两种方法的某种结合）。现在我们依次来考虑每一种做法。

公开市场操作 正如我们以前提到的，美联储在买卖政府债券时进行了**公开市场操作**（open-market operations）。为了增加货币供给，美联储会指令它在纽约美联储的债券交易商在全国债券市场上买进公众手中的债券。美联储为债券支付的美元就增加了经济中美元的数量。这些新增的美元有一些作为通货持有，有一些存入银行。作为通货持有的每一美元都正好增加了一美元货币供给。而存入银行的每一美元增加的货币供给大于一美元，因为它增加了准备金，从而增加了银行体系可以创造的货币量。

为了减少货币供给，美联储的做法正好相反：它在全国债券市场上向公众抛出政府债券。公众用它持有的通货和银行存款来购买这些债券，这就直接减少了流通中的货币量。此外，由于人们从银行提款然后向美联储购买这些债券，所以银行发现自己的准备金也减少了。因此，银行就会减少贷款量，货币创造的过程在反方向起作用。

公开市场操作是容易进行的。实际上，美联储在全国债券市场上买卖政府债券类似于任何人为自己的资产组合所进行的交易活动。（当然，

公开市场操作：
美联储买卖美国政府债券。

当个人买卖债券时,货币只是易手,流通中的货币量并未改变。)此外,在没有重大法律或银行管制条例变动的情况下,美联储可以在任何一天利用公开市场操作或多或少地改变货币供给。因此,公开市场操作是美联储最常用的货币政策工具。

美联储向银行发放贷款 美联储还可以通过向银行贷款来增加经济中的准备金量。当银行感到其没有充分的准备金时,它们向美联储借款,准备金既可以满足银行监管者,又可以满足储户取款,还可以发放新贷款,或者用于其他某种商业原因。

银行向美联储借钱可以有多种方式。传统上,银行从美联储的贴现窗口借款,并对贷款支付称为**贴现率**(discount rate)的利率。当美联储向银行发放这笔贷款时,银行体系就比没有这笔贷款时有了更多准备金,而且这些增加的准备金就使银行体系可以创造更多货币。

贴现率：
美联储向银行发放贷款的利率。

美联储可以通过改变贴现率改变货币供给。贴现率高就阻碍银行向美联储借准备金。因此,提高贴现率就减少了银行体系的准备金量,这又减少了货币供给。相反,低贴现率鼓励银行向美联储借款,这就增加了准备金量和货币供给。

近年来,联邦储备建立了银行向美联储借款的新机制。比如,在短期拍卖工具之下,美联储确定它想借给银行的资金量,并确定合乎资格的银行,然后拍卖借出这些资金。贷款给出价最高的合乎资格者——这就是说,给那些有可接受的抵押品而且愿意支付最高利率的银行。与在贴现窗口美联储确定贷款价格而银行决定借款数量不同,短期拍卖工具是美联储确定借款数量,并且在参与投标竞争的银行中进行竞争性拍卖。通过这种和类似技巧,美联储可以得到的资金更多,准备金量更多,货币供给也更多。

美联储运用这种贷款方式不仅能控制货币量,而且还可以在金融机构遇到问题时帮助它们。例如,当1987年10月19日股票市场崩溃22%时,许多华尔街证券公司发现它们需要短期资金来为大量的股票交易筹资。第二天早晨,在股票市场开盘之前,美联储主席艾伦·格林斯潘宣布,美联储"随时可以作为支持经济与金融体系的流动性资金来源"。许多经济学家认为,格林斯潘对股市崩溃的反应是这场风波几乎没有留下什么后遗症的重要原因。

同样,在2008年和2009年,席卷美国的房价下跌引起拖欠抵押贷款的房主数量急剧增加,而且许多持有这些抵押贷款的金融机构遇到了麻烦。为了防止这些事件扩大到各个经济部门,美联储向许多处于困境中的金融机构提供贷款。

29.4.2 美联储如何影响准备金率

除了影响准备金量以外,美联储还可以通过影响准备金率,从而影响货币乘数来改变货币供给。美联储影响准备金率既可以通过控制银行必须持有的准备金量,也可以通过美联储支付给银行准备金的利率。我们再来依次考察这两种货币政策工具。

法定准备金 美联储可以影响准备金率的一种方法是改变**法定准备金**(reserve requirements),法定准备金是银行必须根据其存款持有的最低准备金量的规定。法定准备金影响银行体系用每一美元准备金创造出的货币量。法定准备金的增加意味着银行必须持有更多的准备金,从而存入银行的每一美元中可以贷出去的就减少了。结果,法定准备金增加就提高了准备金率,降低了货币乘数,并减少了货币供给。相反,法定准备金的减少就降低了准备金率,提高了货币乘数,并增加了货币供给。

美联储很少使用改变法定准备金的方法,因为这会干扰银行的经营。例如,当美联储提高法定准备金时,一些银行发现尽管他们并没有看到存款变动但准备金不够了。结果,它们不得不减少贷款,直至它们的准备金达到新规定的水平。然而,近年来,这种特殊的工具也变得不太有效,因为许多银行持有超额准备金(这就是说,它们持有的准备金大于规定的)。

支付准备金利息 在传统上,银行持有的准备金不赚取任何利息。但是,在2008年10月,美联储开始支付准备金利息。这就是说,当一家银行以在美联储的存款持有准备金时,美联储现在为这些存款向银行支付利息。这种改变给予美联储另一种影响经济的工具。准备金利率越高,银行选择持有的准备金越多。因此,准备金利率上升会提高准备金率,降低货币乘数,并减少货币供给。由于美联储支付准备金利息的时间并不长,所以这种新工具在运用货币政策中的重要程度还不明显。

> **法定准备金**:关于银行必须根据其存款持有的最低准备金量的规定。

29.4.3 控制货币供给中的问题

美联储的各种工具——公开市场操作、银行贷款、法定准备金和准备金利息——对货币供给有着重要的影响。但美联储对货币供给的控制并不精确。美联储必须克服两个问题,每个问题的产生都源于我们的部分准备金银行制度创造了大量的货币供给。

第一个问题是,美联储不能控制家庭选择以银行存款的方式持有的货币量。家庭持有的存款货币越多,银行的准备金越多,银行体系所能创造的货币就越多。而家庭持有的存款货币越少,银行的准备金越少,银行体系所能创造的货币就越少。为了说明为什么这是一个问题,假设某一天人们开始对银行体系失去信心,因而决定提取存款并持有更多通货。当这种情况出现时,银行体系失去了准备金,创造的货币也减少了。即使没有美联储的任何行动,货币供给也减少了。

第二个问题是,美联储不能控制银行选择的贷款量。当货币存入银行后,只有当银行把它贷出去,它才能创造更多的货币。由于银行可以选择持有超额准备金,所以美联储不能确定银行体系创造了多少货币。例如,假设有一天银行家更为审慎地看待经济状况,决定少发放贷款,持有较多准备金。在这种情况下,银行体系创造的货币量就会减少。由于银行家的决策,货币供给减少了。

因此,在一个部分准备金银行制度中,经济中的货币量部分取决于储户和银行家的行为。由于美联储不能控制或准确地预期这种行为,它就不能完全控制货币供给。但是,如果美联储谨慎行事,这些问题就不严重。美联储通过每周收集银行存款与准备金的数据,可以很快地掌握储户或银行家行为的任何变动。因此,它可以对这些变动作出反应,使货币供给接近于它所选定的水平。

案例研究
银行挤兑和货币供给

尽管你也许从未目睹过现实生活中的银行挤兑,但你可能在《玛丽·波平斯》或《生活真奇妙》这类电影中看到过这种场面。当储户怀疑银行可能要破产,从而"挤"到银行去提取自己的存款时,银行挤兑就发生了。在最近的历史上美国还没有大的银行挤兑出现,但在英国,北岩银行(Northern Rock)在 2007 年经历了挤兑,结果最终由政府接管。

银行挤兑是部分准备金银行制度产生的一个问题。由于银行只以准备金形式持有部分存款,因此它不可能满足所有储户的提款要求。即使银行实际上有偿付能力(即它的资产大于负债),但它手头也没有足够的现金使所有储户可以马上得到他们所有的货币。当挤兑发生时,银行被迫关门,直至一些银行贷款得到偿还,或直至某个最后贷款人(例如美联储)向它提供满足储户所需要的通货。

银行挤兑使控制货币供给复杂化。这个问题的一个重要例子发生在 20 世纪 30 年代初期的大萧条时期。在银行挤兑和银行关闭风潮之后,家庭和银行家变得更谨慎了。家庭从银行提取它们的存款,宁愿以通货的形式持有货币。当银行家对准备金减少的反应是减少银行贷款时,这一决策却使货币创造的过程在反方向起作用。同时,银行家提高他们的准备金率,以便手头有足够的现金在任何未来的银行挤兑发生时能满足储户的需求。较高的准备金率降低了货币乘数,这又进一步减少了货币供给。从 1929 年到 1933 年,尽管联邦储备没有采取任何有意的紧缩行为,但货币供给减少了 28%。许多经济学家用这种货币供给的大幅度减少来解释这一时期存在的高失业与物价的下降。(在以后各章中,我们要考察货币供给变动影响失业和物价的机制。)

现在,银行挤兑已经不是美国银行体系或美联储的主要问题了。联邦政府现在主要通过联邦存款保险公司(FDIC)来保证大多数银行存款的安全。储户不用到他们的银行挤兑,因为他们确信即使银行破产了,FDIC 也将保证其存款完好无损。政府的存款保险政策是有代价的:那些存款得到保证的银行家在发放贷款时失去了规避坏账风险的激励。但存款保险的好处是更稳定的银行体系。因此,大多数人只在电影中看见过银行挤兑。

29.4.4 联邦基金利率

如果你阅读报纸上有关美国货币政策的信息,你会发现许多有关**联邦基金利率**(federal funds rate)的讨论。这一讨论提出了几个问题:

问:什么是联邦基金利率?

答:联邦基金利率是银行相互贷款时收取的短期利率。如果一家银行发现自己准备金不足,而另一家银行有超额准备金,那么第二家银行就可以贷给第一家银行一些准备金。贷款是暂时的,通常只有一夜。这种贷款的价格就是联邦基金利率。

问:联邦基金利率与贴现率有什么不同?

答:贴现率是银行通过贴现窗口直接从联邦储备借款支付的利率。在联邦基金市场上从其他银行借准备金是替代从美联储借准备金的另一种方法,而且银行缺乏准备金时一般是哪一种方法便宜用哪一种。实际上,贴现率与联邦基金利率的变动总是密切相关的。

问:联邦基金利率只对银行至关重要吗?

答:完全不是。虽然只有银行才能直接在联邦基金市场上借钱,但是这个市场对经济的影响要广泛得多。由于金融体系的各个部分高度相关,不同类型贷款的利率也密切相关。因此,当联邦基金利率上升或下降时,其他利率往往同方向变动。

问:联邦储备要对联邦基金利率做些什么呢?

答:近年来,联邦储备给联邦基金利率设定了一个目标。当联邦公开市场委员会每六周开一次会时,它决定是提高还是降低这个目标。

问:美联储如何能使联邦基金利率钉住它确定的目标?

答:尽管实际的联邦基金利率是由银行间贷款市场上的供求决定的,但美联储可以用公开市场操作来影响这个市场。例如,当美联储在公开市场操作中购买债券时,它就把准备金注入了银行体系。由于银行体系中有了更多准备金,发现需要借准备金来满足法定准备金的银行就少了。借准备金的需求减少就降低了这种借贷的价格,即联邦基金利率。相反,当美联储出售债券并从银行体系抽走准备金时,发现准备金不足的银行就多了,这就会使借贷准备金的价格上升。因此,公开市场购买降低了联邦基金利率,而公开市场出售则提高了联邦基金利率。

问:这些公开市场操作难道不影响货币供给吗?

答:绝对影响。当美联储宣布联邦基金利率变动时,它承诺利用必要的公开市场操作干预市场上的变动,这些公开市场操作将改变货币供给。联邦公开市场委员会改变联邦基金利率目标的决策也是改变货币供给的决策。这是同一枚硬币的两面。在其他条件相同时,联邦基金利率目标

联邦基金利率:
银行向另一家银行进行隔夜贷款时的利率。

的下降意味着货币供给的扩张,而联邦基金利率目标的上升意味着货币供给的紧缩。

即问即答 • 描述银行如何创造货币。• 如果美联储想用所有这三种政策工具来减少货币供给,它将怎么做?

29.5 结论

几年前,有一本畅销书叫做《庙堂的秘密:联邦储备如何治理这个国家》。毫无疑问,虽然这个题目是夸大其词的,但是它也强调了货币制度在我们日常生活中的重要作用。无论我们买东西还是卖东西,我们都要依赖极为有用的称为"货币"的社会习俗。现在我们知道了什么是货币以及什么因素决定货币供给,我们就可以讨论货币量的变动如何影响经济了。在下一章中,我们开始研究这个主题。

内容提要

◎ 货币这个词指人们经常用来购买物品与劳务的资产。

◎ 货币有三种职能:作为交换媒介,它提供用于进行交易的东西;作为计价单位,它提供记录价格和其他经济价值的手段;作为价值储藏手段,它提供把购买力从现在转移到未来的方式。

◎ 像黄金这样的商品货币是有其内在价值的货币:即使它不作为货币也有其价值。像纸币这样的法定货币是没有内在价值的货币:如果它不作为货币就没有价值。

◎ 在美国经济中,货币以通货和其他各类银行存款,例如支票账户的形式存在。

◎ 联邦储备,即美国的中央银行,负责管理美国的货币制度。美联储主席每隔4年由总统任命并得到国会确认,他是联邦公开市场委员会的领导人。联邦公开市场委员会约每6周开一次会,考虑货币政策的变动。

◎ 银行储户通过把他们的钱存到银行账户向银行提供资源。这些存款是银行负债的一部分。银行所有者也为银行提供资源(称为银行资本)。由于杠杆作用(为投资而借入资金),银行资产价值较小的变动就会引起银行资本价值较大的变动。为了保护储户,银行监管者要求银行持有某种最低的资本量。

◎ 美联储主要通过公开市场操作来控制货币供给:购买政府债券增加货币供给,出售政府债券减少货币供给。美联储还可以用其他工具来控制货币供给。美联储可以通过降低贴现率,增加它对银行的贷款,降低法定准备金,或者降低准备金利率,来扩大货币供给。也可以通过提高贴现率,减少它对银行的贷款,提高法定准备金,或者提高准备金利率,来减少货币供给。

◎ 当个人在银行有存款货币,并且银行把一些存款贷出去时,经济中的货币量就增加了。由于银行体系以这种方式影响货币供给,所以美联储对货币供给的控制是不完全的。

◎ 美联储近年来确定了选择联邦基金利率作为目标的货币政策,联邦基金利率是银行向另一家银行贷款的短期利率。当美联储要实现这个目标时,它调整货币供给。

关键概念

货币
交换媒介
计价单位
价值储藏
流动性
商品货币
法定货币
通货

活期存款
联邦储备(Fed)
中央银行
货币供给
货币政策
准备金
部分准备金银行
准备金率

货币乘数
银行资本
杠杆作用
杠杆率
资本需要量
公开市场操作
贴现率
法定准备金
联邦基金利率

复习题

1. 如何区分经济中的货币与其他资产?
2. 什么是商品货币?什么是法定货币?我们用哪一种货币?
3. 什么是活期存款?为什么活期存款应该包括在货币存量中?
4. 谁负责制定美国的货币政策?这个团体如何选择?
5. 如果美联储想用公开市场操作增加货币供给,它应该怎么做?
6. 为什么银行不持有百分之百的准备金?银行持有的准备金量与银行体系创造的货币量有什么关系?
7. 银行 A 的杠杆率是 10,而银行 B 的杠杆率是 20。两家银行相似的贷款亏损使它们的资产价值下降了 7%,哪一家银行表现出银行资本更大的变动?这两家银行仍然有偿还力吗?解释之。
8. 什么是贴现率?当美联储提高贴现率时,货币供给会发生什么变动?
9. 什么是法定准备金?当美联储提高法定准备金时,货币供给会发生什么变动?
10. 为什么美联储不能完全控制货币供给?

问题与应用

1. 下列哪一种是美国经济中的货币?哪一种不是?通过讨论货币三种职能中的每一种解释你的答案。
   a. 一美分
   b. 一墨西哥比索
   c. 一幅毕加索的油画
   d. 一张塑料信用卡
2. 你的叔叔通过开出他在第十国民银行(TNB)支票账户上的一张 100 美元支票偿还了该银行的 100 美元贷款。用 T 型账户说明这种交易对你叔叔和银行的影响。你叔叔的财富变动了吗？解释之。

3. 伯列戈瑞德州银行（Beleaguered State Bank，BSB）有2.5亿美元存款，并保持10%的准备金率。
   a. 列出BSB的T型账户。
   b. 现在假设BSB最大的储户从其账户上提取了1000万美元现金。如果BSB决定通过减少在外贷款量来恢复其准备金率，说明它的新T型账户。
   c. 解释BSB的行动对其他银行的影响。
   d. 为什么BSB采取b中所描述的行动是困难的？讨论BSB恢复其原来准备金率的另一种方法。

4. 你拿出放在床垫下的100美元并存入你的银行账户。如果这100美元作为准备金留在银行体系中，并且银行持有的准备金等于存款的10%，那么银行体系的存款总量会增加多少？货币供给会增加多少？

5. Happy银行开始时有银行资本200美元，然后它吸收了800美元存款。它将存款的12.5%（8分之一）作为准备金，并将其他资产用于发放贷款。
   a. 说明Happy银行的资产负债表。
   b. Happy银行的杠杆率是多少？
   c. 假定Happy银行的借款者有10%的拖欠，而且这些银行贷款变得一文不值。说明该银行新的资产负债表。
   d. 银行的总资产减少了百分之几？银行的资本减少了百分之几？哪一种变化大？为什么？

6. 联邦储备进行1000万美元政府债券的公开市场购买。如果法定准备金率是10%，那么引起的货币供给的最大可能增加量是多少？解释之。最小可能增加量又是多少？解释之。

7. 假设法定准备金率是5%。在其他条件相同的情况下，如果美联储购买价值2000美元的债券，或者如果某人把藏在曲奇罐中的2000美元存入银行，那么货币供给会增

加得更多吗？如果可以创造更多货币，那么它可以创造多少货币？证明你的思考。

8. 假设第一国民银行的T型账户如下：

资产	负债
准备金 10万美元	存款 50万美元
贷款 40万美元	

   a. 如果美联储要求银行把5%的存款作为准备金，第一国民银行持有的超额准备金现在是多少？
   b. 假设所有其他银行都只持有所要求的准备金量。如果第一国民银行决定把它的准备金减少到所要求的量，经济中的货币供给量会增加多少？

9. 假设支票存款的法定准备金率是10%，而且银行没有持有任何超额准备金。
   a. 如果美联储出售100万美元政府债券，那么这对经济中的准备金和货币供给有什么影响？
   b. 现在假设美联储把法定准备金率降低到5%，但银行选择再把另外5%的存款作为超额准备金。银行为什么要这样做？这些行动使货币乘数和货币供给如何变动？

10. 假设银行体系总准备金为1000亿美元，再假设法定准备金是支票存款的10%，而且银行没有超额准备金，家庭也不持有通货。
    a. 货币乘数是多少？货币供给是多少？
    b. 如果现在美联储把法定准备金提高到存款的20%，那么准备金会有什么变动？货币供给会有什么变动？

11. 假设法定准备金率是20%。再假设银行并不持有超额准备金，而且公众也不持有现金。美联储决定，它要扩大货币供给4000万美元。
    a. 如果美联储使用公开市场操作，那么它是要购买还是要出售债券？
    b. 为了达到这一目的，美联储需要购

买或出售多少债券？解释之。
12. 艾尔蒙顿（Elmendyn）经济中有 2 000 张 1 美元的纸币。
   a. 如果人们把所有货币作为通货持有，那么货币量是多少？
   b. 如果人们把所有货币作为活期存款持有，并且银行保持百分之百准备金，那么货币量是多少？
   c. 如果人们持有等量的通货和活期存款，并且银行保持百分之百准备金，那么货币量是多少？
   d. 如果人们把所有货币作为活期存款持有，并且银行保持 10% 的准备金率，那么货币量是多少？
   e. 如果人们持有等量的通货和活期存款，并且银行保持 10% 的准备金率，那么货币量是多少？

第30章
货币增长与通货膨胀

今天,如果你想买一个冰淇淋蛋卷,你至少需要2美元,但情况也并不总是这样。在20世纪30年代,我的祖母在新泽西的特伦顿经营一家糖果店,她出售两种规格的冰淇淋蛋卷。一小勺量的冰淇淋蛋卷只卖3美分;饥饿的顾客则可以花5美分买一大勺量的冰淇淋蛋卷。

对冰淇淋价格的上升你也许不会感到奇怪。在我们的经济中,大多数价格往往一直在上升。这种物价总水平的上升称为通货膨胀。在本书前面,我们已经考察了经济学家如何用消费物价指数(CPI)、GDP平减指数或某些其他物价总水平指数的变动百分比来衡量通货膨胀率。这些物价指数说明,在过去的70年间,物价平均每年上升4%左右,这些年来每年4%的通货膨胀率的积累使物价水平上升了16倍。

对那些近几十年来在美国长大的人来说,通货膨胀似乎是自然的、不可避免的,但实际上它并不是不可避免的。在19世纪的较长时期中,大多数物价都在下降——这种现象称为通货紧缩。1896年美国经济的平均物价水平比1880年低23%,而且这种通货紧缩成为1896年美国总统大选时的一个主要议题。当谷物价格下降减少了农民的收入,从而降低了他们偿还债务的能力时,积累了大量债务的农民苦不堪言,因而他们支持扭转通货紧缩的政府政策。

虽然通货膨胀在近代历史上是正常现象,但物价上升的比率有很大变动。在20世纪90年代,物价以平均每年2%左右的比率上升。相比之下,在70年代物价平均每年上升7%,这意味着10年间物价水平就要翻一番。公众往往把这种高通货膨胀率看做一个主要的经济问题。实际上,当吉米·卡特(Jimmy Carter)在1980年再次竞选总统时,他的竞争对手罗纳德·里根就指出高通货膨胀是卡特政府经济政策的一个失败。

国际数据表明,通货膨胀变动的范围还要大得多。在2009年,当美国的通货膨胀率为2%左右时,日本的通货膨胀率为-1.7%,俄罗斯为9%,委内瑞拉为25%。并且俄罗斯和委内瑞拉的高通货膨胀率按某些标准也是适度的。2008年2月,津巴布韦中央银行宣布,它们经济中的通货膨胀率达到24 000%,然而一些独立人士估计这个数字甚至还要高。像这样极高的通货膨胀率称为超速通货膨胀。

什么因素决定了一个经济中有没有通货膨胀?如果有通货膨胀,它会有多高呢?本章通过提出货币数量论来回答这个问题。第1章把这个理论概括为经济学十大原理之一:当政府发行了过多货币时,物价上升。这种观点长久以来一直为经济学家们所认同。18世纪著名的哲学家、经济学家大卫·休谟(David Hume)提出了货币数量论,而近年来倡导这种理论的是著名经济学家米尔顿·弗里德曼(Milton Friedman)。这种理论既可以解释温和的通货膨胀,如美国所经历的通货膨胀,也可以解释超速通货膨胀。

在提出通货膨胀理论之后,我们回到一个与之相关的问题:为什么通货膨胀成为一个问题?乍一看,对这个问题的回答似乎是显而易见的:通货膨胀之所以成为一个问题,是因为人们不喜欢它。在20世纪70年代,当美国经历较高的通货膨胀率时,民意调查把通货膨胀作为国家面临的最重要的问题。1974年当福特总统把通货膨胀列为"头号公敌"时,他顺从了这种民意。当时,他在其上衣领子上别了一个写有"WIN"的徽章,意思是立刻铲除通货膨胀(Whip Inflation Now)。

但是,准确地说,通货膨胀给社会带来的成本是什么呢?答案可能会让你吃惊。确定通货膨胀的各种成本并不像乍看起来那么简单。因此,虽然所有经济学家都谴责超速通货膨胀,但一些经济学家认为,温和通货膨胀的成本并不像公众认为的那么大。

30.1 古典通货膨胀理论

我们从提出货币数量论开始我们对通货膨胀的研究。这种理论之所以被称为"古典的",是因为它是由一些最早的经济思想家提出来的。今天,大多数经济学家用这种理论来说明物价水平和通货膨胀率的长期决定因素。

30.1.1 物价水平与货币价值

"我们该怎么办?是要和去年一样大的,还是要与去年一样价钱的?"

图片来源:© FRANK MODEL/THE NEW YORKER COLLECTION/WWW.CARTOONBANK.COM.

假设我们观察到,在某一时期内冰淇淋蛋卷的价格从5美分涨到1美元。从人们愿意为得到一个冰淇淋蛋卷而放弃这么多货币这一事实中我们应该得出什么结论呢?可能人们变得更喜欢吃冰淇淋了(或许是因为某个化学家研制了一种神奇的新口味)。但也可能不是这种情况。更可能的情况是,人们对冰淇淋的喜好大体没有什么变化,只是随着时间的推移，用来购买冰淇淋蛋卷的货币变得不值钱了。实际上，关于通货膨胀的第一种观点就是它是关于货币价值的，而不是关于物品价值的。

这种观点有助于推导出通货膨胀理论。当消费物价指数和其他物价水平衡量指标上升时，评论家通常更注意观察组成这些物价指数的许多单个价格："上个月 CPI 上升了 3%，是由于咖啡价格上升了 20% 和燃油价格上升了 30%。"虽然这种方法包含了某些关于经济中所发生情况的有趣信息，但它忽略了关键的一点：通货膨胀是一种广泛的经济现象，它涉及的首要并且最重要的是经济中交换媒介的价值。

我们可以从两个方面来看待经济中的物价总水平。一方面，到目前为止，我们一直把物价水平看做一篮子物品与劳务的价格。当物价水平上升时，人们必须为他们购买的物品与劳务支付更多的钱。另一方面，我们还可以把物价水平看做货币价值的一种衡量指标。物价水平上升意味着货币价值下降，因为你钱包中的每一美元所能购买的物品与劳务量变少了。

用数学方法来表述上述思想或许有助于理解。例如，假设 P 是用消费物价指数或 GDP 平减指数所衡量的物价水平，那么 P 也就衡量了购买一篮子物品与劳务所需要的美元数量。现在反过来考虑，即用一美元所能购买的物品与劳务量等于 $1/P$。换句话说，如果 P 是用货币衡量的物品与劳务的价格，那么 $1/P$ 就是用物品与劳务衡量的货币价值。

这种数学方法对理解只生产一种物品，比如说冰淇淋蛋卷的经济是最简单的。在这个例子中，P 是一个蛋卷的价格。当蛋卷的价格（P）是 2 美元时，那么一美元的价值（$1/P$）就是一个蛋卷的一半。当价格（P）上升到 3 美元时，一美元的价值（$1/P$）就下降到蛋卷的三分之一。现实经济生产成千上万种物品与劳务，因此我们使用的是物价指数而不是一种物品的价格。但逻辑是相同的：当物价总水平上升时，货币的价值下降。

30.1.2 货币供给、货币需求与货币均衡

什么因素决定货币的价值？这个问题的答案也和经济学中许多问题的答案一样，是供给与需求。正如香蕉的供给与需求决定了香蕉的价格一样，货币的供给与需求也决定了货币的价值。因此，在提出货币数量论的过程中，下一步就是要考虑货币供给与货币需求的决定因素。

首先考虑货币供给。在上一章中，我们讨论了联邦储备如何与银行体系共同决定货币的供给。当美联储在公开市场操作中出售政府债券时，它换回了美元，减少了货币供给。当美联储购买政府债券时，它支付了美元，扩大了货币供给。此外，如果这些美元中有一些存在银行，银行再把一些作为准备金并把其他的贷出去，那么货币乘数就发生作用，这些公开市场操作对货币供给的影响甚至就会更大。就我们本章的目的而言，我们可以不考虑银行体系引起的复杂性，而是简单地把货币供给量当做由美联储控制的政策变量。

现在考虑货币需求。最基本的是,货币需求反映了人们想以流动性形式持有的财富量。许多因素影响货币需求量。例如,人们钱包中的通货数量取决于他们对信用卡的依赖程度,以及是否很容易就能找到一台自动提款机。又如,正如我们将在本书第 34 章中强调的,由于人们宁愿购买有利息的债券,而不愿把它放在钱包里或低息支票账户中,因此,货币需求量取决于人们能够从债券中赚取的利率。

虽然许多变量都影响货币需求,但有一个变量最为重要:经济中的平均物价水平。人们持有货币是因为它是交换媒介。与债券或股票这类资产不同,人们可以用货币购买他们购物单上的物品与劳务。他们选择持有多少货币取决于这些物品与劳务的价格。价格越高,正常交易所需要的货币就越多,人们选择在其钱包和支票账户中持有的货币也就越多。这就是说,物价水平上升(货币价值下降)增加了货币需求量。

是什么因素确保美联储供给的货币量与人们需求的货币量平衡呢?答案取决于所考虑的时间长短。在本书的后面,我们将考察短期时这一问题的答案,并说明利率起着关键作用。但是,在长期中,答案是不同的,而且要简单得多。在长期中,物价总水平调整到使货币需求等于货币供给的水平。如果物价水平高于均衡水平,人们想要持有的货币量就大于美联储所创造的,所以物价水平必然下降以使供求平衡。如果物价水平低于均衡水平,人们想要持有的货币量就小于美联储所创造的,此时物价水平必然上升以使供求平衡。在均衡的物价水平时,人们想要持有的货币量与美联储所供给的货币量恰好平衡。

图 30-1 说明了这些思想。该图的横轴表示货币量。左边纵轴表示货币价值 $1/P$,而右边纵轴表示物价水平 P。需要注意的是,物价水平轴正好上下颠倒:较低的物价水平接近于这条轴的顶端,而较高的物价水平则接近于底部。这种颠倒的轴表示,当货币价值高时(用接近左边纵轴的顶端来表示),物价水平低(用接近右边纵轴的顶端来表示)。

图 30-1 货币供给与货币需求如何决定均衡的物价水平

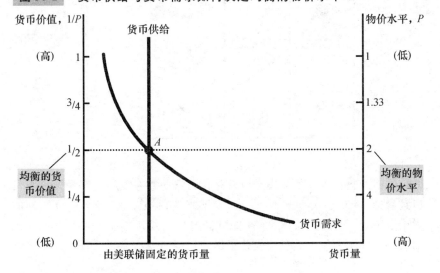

横轴表示货币量;左边纵轴表示货币价值,右边纵轴表示物价水平。货币供给曲线是垂直的,因为美联储将货币供给量固定了。货币需求曲线向右下方倾斜,因为当每一美元买的东西减少时人们想持有的货币量就更多。在均衡时,即 A 点时,货币价值(在左边纵轴)与物价水平(在右边纵轴)已调整到使货币供给量与货币需求量平衡。

图中的两条曲线是货币的供给曲线与需求曲线。货币供给曲线是垂直的,因为美联储固定了可得到的货币量。货币需求曲线向右下方倾斜,表示当货币价值低(物价水平高)时,人们需要更多的货币来购买物品与劳务。在均衡时,如图中 A 点所示,货币需求量与货币供给量平衡。这种货币供给与货币需求的均衡决定了货币价值和物价水平。

30.1.3 货币注入的影响

现在我们考虑货币政策变动产生的影响。为了这样做,设想经济最初是均衡的,然后突然美联储通过印刷一些美元钞票并用直升机把它们撒到全国各地而使货币供给翻了一番。(或者,不太戏剧化或更为现实地说,美联储可以通过在公开市场操作中向公众购买一些政府债券而向经济中注入货币。)在这种货币注入之后经济会发生什么变动呢?与旧均衡相比,新均衡会如何呢?

图 30-2 显示了发生的变动。货币注入使供给曲线从 MS_1 向右移动到 MS_2,而且均衡点从 A 点移动到 B 点。结果,货币价值(用左边纵轴表示)从 1/2 下降到 1/4,而均衡物价水平(用右边纵轴表示)从 2 上升到 4。换句话说,当货币供给增加使美元更多时,结果是物价水平上升,这使每一美元更不值钱。

图 30-2　货币供给增加

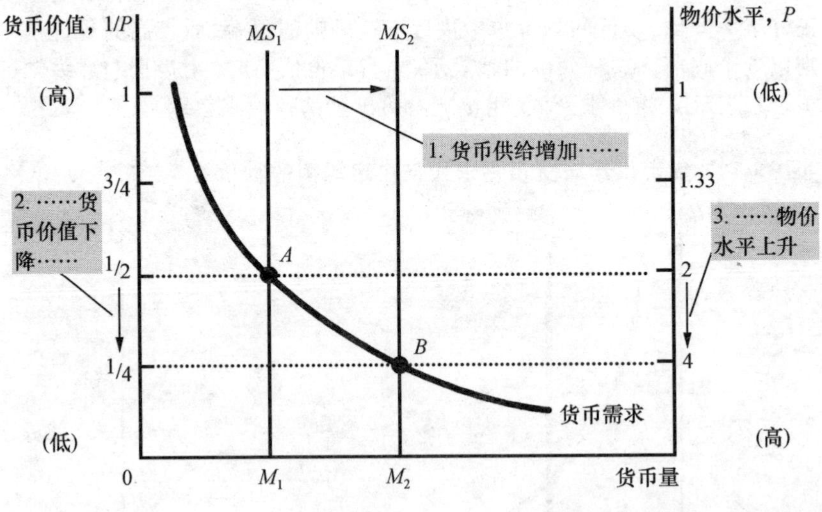

当美联储增加货币供给时,货币供给曲线从 MS_1 移动到 MS_2。货币价值(左边纵轴)和物价水平(右边纵轴)的调整使货币供求回到均衡状态。均衡点从 A 点移动到 B 点。因此,当货币供给增加使美元增多时,物价水平上升,这使每一美元更不值钱。

货币数量论:
一种认为可得到的货币量决定物价水平,可得到的货币量的增长率决定通货膨胀率的理论。

这种对物价水平如何决定以及为什么它一直在变化的解释被称为**货币数量论**(quantity theory of money)。根据货币数量论,经济中可得到的货币量决定了货币的价值,而且货币量增长是通货膨胀的主要原因。正如经济学家米尔顿·弗里德曼曾指出的:"通货膨胀永远而且处处是一种货币现象。"

30.1.4 调整过程简述

到目前为止,我们比较了旧均衡与注入货币后的新均衡。经济如何从旧均衡达到新均衡呢?对这个问题的完整回答要求了解经济中的短期波动,我们将在本书的后面考察这一问题。在这里,我们简单地考虑在货币供给变动之后所发生的调整过程。

货币注入的直接影响是创造了超额货币供给。在注入之前,经济是均衡的(图30-2中的 A 点)。在现行的物价水平下,人们拥有的货币量正好是他们想拥有的。但在直升机撒下新货币并且人们在街上捡到这些货币后,人们钱包里的美元比他们想要的多了。在现行的物价水平下,货币供给量现在超过了货币需求量。

人们试图以各种方式花掉这些超额货币供给。他们可能用所持有的超额货币购买物品与劳务。或者他们也可能用这些超额货币通过购买债券或把货币存入银行储蓄账户而向其他人发放贷款,这些贷款又使其他人可以购买物品与劳务。在这两种情况下,货币的注入都增加了人们对物品与劳务的需求。

然而,经济中生产物品与劳务的能力并没有改变,正如我们在生产与增长那一章中说明的,经济中物品与劳务的产量由可获得的劳动、物质资本、人力资本、自然资源和技术知识决定。货币注入并没有改变这些因素中的任何一项。

因此,这种对物品与劳务需求的增加就引起其价格上升。而物价水平上升又增加了货币需求量,因为人们要为每次交易支付更多的美元。最后,经济在货币需求量又等于货币供给量时实现了新均衡(图30-2中的 B 点)。物品与劳务的物价总水平以这种方法调整货币供给与货币需求的平衡。

30.1.5 古典二分法和货币中性

我们已经说明了货币供给变动如何引起物品与劳务的平均物价水平变动,这些货币变动又如何影响其他经济变量,如生产、就业、真实工资和真实利率呢?这个问题长期以来引起经济学家的极大兴趣,其中包括18世纪的大卫·休谟。

休谟与其同时代人提出,所有经济变量应该分为两类:第一类由**名义变量**(nominal variables)组成——名义变量是按货币单位衡量的变量。第二类由**真实变量**(real variables)组成——真实变量是按实物单位衡量的变量。例如,种玉米的农民的收入是名义变量,因为它是按美元衡量的;

名义变量:
按货币单位衡量的变量。

真实变量:
按实物单位衡量的变量。

而他们生产的玉米量是真实变量,因为它是按蒲式耳衡量的。名义 GDP 是名义变量,因为它衡量的是经济中物品与劳务产出的美元价值;而真实 GDP 是真实变量,因为它衡量的是生产的物品与劳务总量,并且不受这些物品与劳务现期价格的影响。这种对名义变量和真实变量的区分称为**古典二分法**(classical dichotomy)。(二分法指分为两类,古典指早期的经济思想家。)

古典二分法:
名义变量和真实变量的理论区分。

当我们转向价格时,古典二分法的应用就有点复杂了。经济中的大多数价格是用货币来表示的,因此它们是名义变量。当我们说,玉米的价格是每蒲式耳 2 美元或小麦的价格是每蒲式耳 1 美元时,这两种价格都是名义变量。但相对价格——一种东西与另一种东西相比的价格——是什么呢?在我们的例子中,我们可以说一蒲式耳玉米的价格是两蒲式耳小麦。这种相对价格不再用货币衡量。当比较任意两种物品的价格时,美元符号被抹去了,所得出的数字是用实物单位衡量的。因此,美元价格是名义变量,而相对价格是真实变量。

这个结论有许多应用。例如,真实工资(根据通货膨胀调整后的美元工资)是真实变量,因为它衡量经济中用物品与劳务交换一单位劳动的比率。同样,真实利率(根据通货膨胀调整后的名义利率)也是真实变量,因为它衡量用今天的物品与劳务交换未来的物品与劳务的比率。

为什么要把变量分为这两类呢?古典二分法是有用的,因为影响真实变量与名义变量的因素不同。根据古典分析,名义变量受经济中货币制度发展的影响,而货币对于解释真实变量基本是无关的。

这种思想隐含在我们关于长期中真实经济的讨论中。在前几章中,我们在没有引入货币的情况下讨论了真实 GDP、储蓄、投资、真实利率和失业是如何决定的。在那种分析中,经济中物品与劳务的生产取决于生产率和要素供给;真实利率的调整使可贷资金的供求平衡;真实工资的调整使劳动的供求平衡;当真实工资由于某种原因高于其均衡水平时,就引起了失业。这些重要结论均与货币供给量无关。

根据古典分析,货币供给变动影响名义变量而不影响真实变量。当中央银行使货币供给翻一番时,物价水平翻了一番,美元工资翻了一番,所有其他用美元衡量的价值都翻了一番。而真实变量,例如,生产、就业、真实工资和真实利率等都没有变动。这种货币供给变动对真实变量的无关性称为**货币中性**(monetary neutrality)。

货币中性:
认为货币供给变动并不影响真实变量的观点。

一个类比有助于解释货币中性。作为计价单位,货币是我们用来衡量经济交易的尺度。当中央银行使货币供给翻一番时,所有物价都翻了一番,而且计价单位的价值下降了一半。如果政府要把一码的长度从 36 英寸减少为 18 英寸,将会发生类似的变动:由于新的衡量单位,所有可衡量的距离(名义变量)都翻了一番,但实际距离(真实变量)仍然相同。美元也和码一样,仅仅是一种衡量单位,因此,它的价值的变动并没有实际影响。

货币中性真实吗?不完全是。一码的长度从 36 英寸变为 18 英寸在长期中并没有关系,但在短期中它肯定会引起混乱和各种错误。同样,大多数经济学家现在相信,在短期中——在一两年的时期内,货币变动对真实变量有影响。休谟本人也怀疑货币中性在短期中的适用性。(在本书后面我们将研究短期货币非中性,这个主题将有助于解释为什么美联储一直变动货币供给。)

然而古典分析对长期经济而言是正确的。例如,在十年期间,货币变动对名义变量(例如物价水平)有重要影响,但对真实变量(例如真实GDP)的影响却是微不足道的。在研究经济中的长期变动时,货币中性对世界如何运行提供了一个很好的描述。

30.1.6 货币流通速度与货币数量方程式

我们可以通过考虑下面这个问题而从另一个角度说明货币数量论:普通的一美元钞票每年有多少次要用于支付新生产的物品与劳务?一个称为**货币流通速度**(velocity of money)的变量对这个问题做出了回答。在物理学中,速度这个词指物体运动的速度。在经济学中,货币流通速度指在经济中普通的一美元在不同人手中流动的速度。

货币流通速度:
货币易手的速度。

为了计算货币流通速度,我们用产出的名义值(名义 GDP)除以货币量。如果 P 表示物价水平(GDP 平减指数),Y 表示产量(真实 GDP),M 表示货币量,那么,货币流通速度为:

$$V = (P \times Y)/M$$

为了说明这个公式为什么有意义,设想一个只生产比萨饼的简单经济。假设该经济在一年内生产了 100 个比萨饼,一个比萨饼售价为 10 美元,而该经济中的货币量为 50 美元。那么,货币流通速度为:

$$V = (10 \text{ 美元} \times 100)/50 \text{ 美元} = 20$$

在这个经济中,人们每年用于比萨饼的总支出为 1 000 美元。由于只用 50 美元货币进行这 1 000 美元的支出,所以每美元钞票必须每年平均易手 20 次。

对方程式略加整理,可以将其改写为:

$$M \times V = P \times Y$$

这个方程式说明,货币数量(M)乘以货币流通速度(V)等于产品的价格(P)乘以产量(Y)。这个公式称为**数量方程式**(quantity equation),因为它把货币数量(M)与产出的名义价值($P \times Y$)联系起来。数量方程式说明,经济中货币量的增加必然反映在其他三个变量中的一个上:物价水平必然上升,产量必然上升,或货币流通速度必然下降。

数量方程式:
方程式 $M \times V = P \times Y$ 把货币量、货币流通速度和经济中物品与劳务产出的美元价值联系在一起。

在许多情况下,货币流通速度是较为稳定的。例如,图 30-3 显示了 1960 年以来美国经济的名义 GDP、货币量(用 M_2 衡量)以及货币流通速度。在这一时期,货币供给与名义 GDP 都增加了 20 多倍。与此相反,虽然货币流通速度并不是完全不变的,但是它变动并不大。因此,就某些目的而言,货币流通速度不变的假设可能是相当接近现实的。

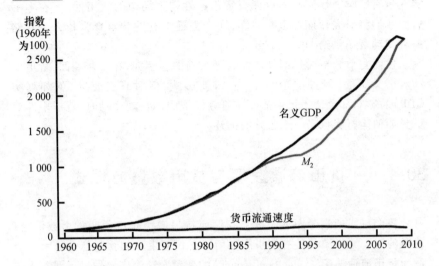

图 30-3 名义 GDP、货币量与货币流通速度

该图显示了用名义 GDP 衡量的名义产出价值，用 M_2 衡量的货币量，以及用这两者比率衡量的货币流通速度。为了便于比较，这三个指标系列均以 1960 年为 100。要注意的是，在这个时期，名义 GDP 与货币量增长幅度相当大，而货币流通速度则相对稳定。

资料来源：U. S. Department of Commerce；Federal Reserve Board.

现在我们有了解释均衡物价水平和通货膨胀率所需的所有因素。这些因素是：

（1）货币流通速度一直是较为稳定的。

（2）由于货币流通速度稳定，所以当中央银行改变货币量（M）时，它就引起了名义产出价值（$P \times Y$）的同比例变动。

（3）一个经济的物品与劳务产量（Y）主要是由要素供给（劳动、物质资本、人力资本和自然资源）和可以得到的生产技术决定的，特别是，由于货币是中性的，所以它并不影响产量。

（4）在产量（Y）由要素供给和技术决定的情况下，当中央银行改变货币供给（M）并引起名义产出价值（$P \times Y$）发生同比例变动时，这些变动反应在物价水平（P）的变动上。

（5）因此，当中央银行迅速增加货币供给时，结果就是高通货膨胀率。

这五个步骤是货币数量论的本质。

案例研究
四次超速通货膨胀期间的货币与物价

虽然地震对社会可能是一场大浩劫，但其有利的副产品是给地震学家提供了大量有用的数据。这些数据有助于地震学家发现可供选择的理论，从而有助于社会预测并应对未来的威胁。同样，超速通货膨胀也为货币经济学家提供了一个自然的试验，他们可以用这个试验研究货币对经济的影响。

超速通货膨胀之所以令人感兴趣，部分是因为货币供给和物价水平的变动如此之大。实际上,超速通货膨胀一般被定义为每月通货膨胀在50%以上,这意味着物价水平在一年之内要上升100倍以上。

超速通货膨胀的数据清晰地表明了货币量与物价水平之间的联系。图 30-4 是 20 世纪 20 年代分别发生在奥地利、匈牙利、德国和波兰的四次经典性超速通货膨胀的数据。其中,每幅图表示一个经济中的货币量与物价水平指数。货币供给曲线的斜率代表货币量增长的比率,而物价水平曲线的斜率代表通货膨胀率。这两条曲线的倾斜度越大,货币增长率或通货膨胀率越大。

图 30-4 四次超速通货膨胀期间的货币与物价

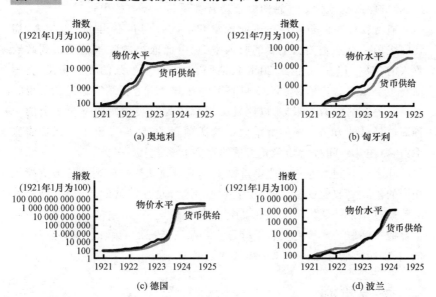

该图显示了四次通货膨胀期间的货币量与物价水平。(需要注意的是,这些变量在图中是以对数形式表示的,这意味着图中纵轴上相等的距离代表变量相同的变动百分比。) 在每种情况下,货币量与物价水平几乎同步运动。两者的高度相关与货币数量论中货币供给的增长是通货膨胀的主要原因这一论述是一致的。

资料来源:Adapted from Thomas J. Sargent, "The End of Four Big Inflations", in Robert Hall, ed., *Inflation* (Chicago: University of Chicago Press, 1983), pp.41—93.

要注意的是,在每幅图中,货币量与物价水平几乎是平行的。在这四种情况下,货币量的增长起初都是温和的,通货膨胀也是这样。但随着时间的推移,货币量增长得越来越快。几乎在同时,通货膨胀也加快了。最后,当货币量稳定时,物价水平也稳定了。这些事件充分说明了经济学十大原理之一:当政府发行了过多货币时,物价上升。

30.1.7 通货膨胀税

如果通货膨胀如此容易解释,那么为什么一些国家还会发生超速通货膨胀呢?也就是说,为什么这些国家的中央银行选择发行这么多货币,以致货币必然会一直迅速贬值呢?

653

通货膨胀税：
政府通过创造货币而筹集的收入。

答案是，这些国家的政府把货币创造作为支付其支出的一种方法。当政府想要修公路、支付军人薪水，或者对穷人或老年人进行转移支付时，它首先必须筹集必要的资金。在正常的情况下，政府可以通过征收所得税和销售税来筹资，也可以通过出售政府债券向公众借债来筹资。然而政府也可以简单地通过印发它需要的货币来为其支出进行支付。

当政府通过印发货币筹集收入时，可以说是在征收一种**通货膨胀税**（inflation tax）。但是，通货膨胀税和其他税并不完全一样，因为没有一个人从政府那里收到这种税的税单。相反，通货膨胀税是较为隐蔽的。当政府印发货币时，物价水平就会上升，你钱包里的美元就不值钱了。因此，通货膨胀税就像是一种向每个持有货币的人征收的税。

654

通货膨胀税的重要性在不同国家和不同时期并不相同。近年来，通货膨胀税一直不是美国主要的收入来源，由此取得的收入估计不到政府收入的3%。但在18世纪70年代期间，对刚成立不久的美国来说，美国国会主要依靠通货膨胀税来支付其军事支出。因为新政府通过正常税收或借款筹资的能力有限，所以印发美元就成为向美国军人支付工资的一种简单易行的方法。正如货币数量论所预言的，结果导致了高通货膨胀率：在短短几年间按大陆美元衡量的物价上涨了100多倍。

几乎所有超速通货膨胀都遵循了与美国独立战争时期超速通货膨胀相同的模式。政府面临高额支出，税收不足，而且借款能力有限，结果就只能通过印发钞票来为其支出进行支付。最终，货币量的大量增加引起了高通货膨胀。当政府实行消除通货膨胀税所需的财政改革措施时——例如，削减政府支出——通货膨胀就结束了。

参考资料
津巴布韦的超速通货膨胀

在21世纪的这十年间，津巴布韦这个国家经历了历史上最严重的一次超速通货膨胀。这个故事听起来司空见惯：巨大的政府预算赤字引起创造大量货币，并引起高通货膨胀。超速通货膨胀在2009年4月结束，这时津巴布韦中央银行停止印制津巴布韦元，而且该国开始使用美元和南非兰特这类外国通货作为交换媒介。

有关津巴布韦通货膨胀有多高的各种估计差别很大，但中央银行发行的货币量证明问题相当严重。在超速通货膨胀开始之前，津巴布韦元的价值比美元略高一点，因此，纸币的面额与在美国见到的情况类似。例如，一个人的钱包里带10元左右。但是，在2008年1月，几年的高通货膨胀之后，津巴布韦储备银行发行了面值1 000万津巴布韦元的纸币，这相当于4美元。但即使这样还不够大。一年后，中央银行宣布它将发行面值100亿津巴布韦元的钞票，这只值3美元。

随着物价上升和中央银行发行越来越大面值的货币，过去小面额的货币已经失去价值并变得几乎一文不值。津巴布韦一间公共厕所的标语就是这一现象的一个证明。

> 本厕所只能使用厕所手纸
> 不能用硬纸板
> 不能用布
> 不能用津巴布韦元
> 不能用报纸

30.1.8 费雪效应

根据货币中性原理,货币增长率的上升导致了通货膨胀率的上升,但并不影响任何真实变量。这个原理的一个重要应用涉及货币对利率的影响。利率是宏观经济学家要了解的重要变量,因为利率通过对储蓄和投资的影响而把现在的经济与未来的经济联系在一起。

为了理解货币、通货膨胀和利率之间的关系,我们首先回忆一下名义利率和真实利率之间的区别。名义利率是你在银行得知的利率。例如,如果你有一个储蓄账户,则名义利率会告诉你,你账户上的美元数量在一定时期内将以多快的速度增加。真实利率是根据通货膨胀的影响校正的名义利率,它告诉你,你储蓄账户的购买力在一定时期内会以多快的速度增长。真实利率等于名义利率减通货膨胀率:

真实利率 = 名义利率 - 通货膨胀率

例如,如果银行公布名义利率是每年7%,通货膨胀率是每年3%,那么存款的真实价值每年增加4%。

我们可以改写这个等式,以便说明名义利率是真实利率和通货膨胀率之和:

名义利率 = 真实利率 + 通货膨胀率

这种观察名义利率的方法是有用的,因为决定这个公式右边每一项的经济力量是不同的。正如我们在本书前面讨论的,可贷资金的供求决定真实利率,而且根据货币数量论,货币供给的增长决定通货膨胀率。

现在我们考虑货币供给增长如何影响利率。货币在长期中是中性的,货币增长的变动并不会影响真实利率。真实利率毕竟是真实变量。由于真实利率不受影响,所以名义利率必然根据通货膨胀的变动进行一对一的调整。因此,当美联储提高货币增长率时,长期的结果是更高的通货膨胀率和更高的名义利率。这种名义利率根据通货膨胀率所做的调整称为**费雪效应**(Fisher effect),以第一个研究这个问题的经济学家阿尔文·费雪(Irving Fisher, 1867—1947)的名字命名。

费雪效应:
名义利率对通货膨胀率所进行的一对一的调整。

记住，我们对费雪效应的分析在长期中是正确的。费雪效应在短期是不成立的，因为通货膨胀是不可预期的。名义利率是对一笔贷款的支付，而且它通常是在最初进行贷款时确定的。如果通货膨胀的变动出乎债务人和债权人的意料之外，他们事先达成协议的名义利率就没有反映较高的通货膨胀。但是，如果通货膨胀保持在高位，人们最终就会预期到这一较高的通货膨胀，而且贷款协议也将反映这种预期。确切地说，费雪效应表明名义利率是根据预期的通货膨胀进行调整的。长期中预期的通货膨胀随实际通货膨胀而变动，但短期中不一定。

费雪效应对于理解名义利率在长期中的变动是至关重要的。图 30-5 显示了美国 1960 年以来的名义利率和通货膨胀率。这两个变量之间的密切联系是显而易见的。从 20 世纪 60 年代初到 70 年代名义利率上升了，因为在这一时期通货膨胀率也上升了。同样，从 20 世纪 80 年代初到 90 年代，名义利率下降了，因为美联储控制住了通货膨胀。

图 30-5 名义利率和通货膨胀率

该图用 1960 年以来的年度数据说明了三个月期国库券的名义利率和用消费物价指数衡量的通货膨胀率。这两个变量之间的密切联系验证了费雪效应：当通货膨胀率上升时，名义利率也上升。

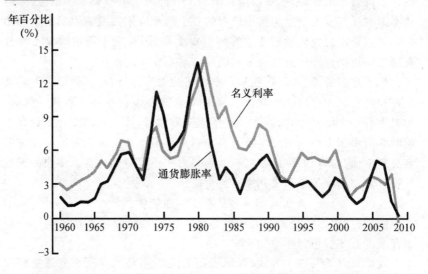

资料来源：U. S. Department of Treasury；U. S. Department of Labor.

即问即答 一国政府把货币供给增长率从每年 5% 提高到 50%，物价会发生什么变动？名义利率会发生什么变动？政府为什么要这样做？

30.2 通货膨胀的成本

在 20 世纪 70 年代后期，美国的年通货膨胀率达到 10% 左右，通货膨胀率成了关于经济政策争论的最主要主题。尽管在近十年中通货膨胀率一直很低，但通货膨胀率仍然是受到密切关注的宏观经济变量。一项研究发现,通货膨胀是美国报纸最经常提到的一个经济术语(远远领先于第二位的失业和第三位的生产率)。

通货膨胀受到密切关注和广泛讨论是因为它被认为是一个严重的经济问题。但这种认识正确吗？如果正确的话,又是为什么呢？

30.2.1 购买力下降？通货膨胀的谬误

如果你问一个普通人为什么通货膨胀是坏事,他会告诉你,答案是显而易见的:通货膨胀剥夺了他辛苦赚来的美元的购买力。当物价上升时,每一美元收入所能购买的物品和劳务量都减少了。因此,似乎通货膨胀直接降低了生活水平。

但进一步思考你就会发现这个答案存在一个谬误。当物价上升时,尽管物品与劳务的购买者为他们所买的东西支付得多了,但同时,物品与劳务的卖者从他们所卖的东西中得到的也多了。由于大多数人通过出卖他的劳务而赚到收入,所以收入的膨胀与物价的膨胀是同步的。因此,通货膨胀本身并没有降低人们的实际购买力。

人们相信这个通货膨胀谬误是因为他们并没有认识到货币中性的原理。每年收入增加10%的工人倾向于认为这是对其才能与努力的奖励。当6%的通货膨胀率把这种收入增加降为4%时,工人会感到他应该得到的收入被剥夺了。实际上,正如我们在生产与增长那一章中所讨论的,真实收入是由真实变量决定的,如物质资本、人力资本、自然资源和可以得到的生产技术;而名义收入是由这些因素和物价总水平决定的。如果美联储把通货膨胀率从6%降到0,工人们每年的收入增加也会从10%降到4%。此时,虽然他可能感觉自己没有再被通货膨胀剥夺,但他的收入也没有更快地增加。

如果名义收入往往与物价上升保持一致,那么为什么通货膨胀还是一个问题呢？对这个问题并没有一个单一的答案。相反,经济学家确定了几种通货膨胀的成本。这些成本中的每一种都说明了持续的货币供给增长实际上以某种方式对真实变量产生了某种影响。

30.2.2 皮鞋成本

正如我们所讨论的,通货膨胀像是对货币持有者征收的一种税。税收本身对社会并不是一种成本,它仅仅是把资源从家庭转移到政府。但是,大多数税收给人们以改变自己的行为来避免纳税的激励,而且这种激励的扭曲给整个社会造成了无谓损失。和其他税收一样,通货膨胀税也造成了无谓损失,因为人们把稀缺资源浪费在试图避免通货膨胀上。

一个人如何才能避免支付通货膨胀税呢？由于通货膨胀侵蚀了你钱

包中货币的真实价值,所以你可以通过少持有货币来避免通货膨胀税。一种方法是你可以更经常地去银行。例如,你可以每周去银行提取50美元,而不是每4周提取200美元。通过更频繁地去银行,你可以把更多财富放在有利息的储蓄账户上,而少放一些在通货膨胀会侵蚀货币价值的钱包中。

减少货币持有量的成本称为通货膨胀的**皮鞋成本**(shoeleather cost),因为更经常地去银行会使你的鞋磨损得更快。当然,不能从字面上理解这个词,减少货币持有量的实际成本不是鞋的磨损,而是为了使手头保留的钱少于没有通货膨胀时的数量你必须牺牲的时间与便利。

通货膨胀的皮鞋成本似乎是微不足道的,而且在近年来只有温和通货膨胀的情况下,美国的皮鞋成本的确很少。但是在经历过超速通货膨胀的国家中,这种成本就很重要了。下面是对一个人在玻利维亚超速通货膨胀时期经历的描述(发表在1985年8月13日的《华尔街日报》上):

> 当Edgar Miranda得到他每月作为教师的工资2 500万比索时,他一刻也没有耽误。比索的价值每小时都在下跌。因此,当他的妻子冲向市场上买一个月的大米和面条时,他也赶紧把剩下的比索换为黑市美元。
>
> Miranda先生正是在实践在失控的通货膨胀世界中的第一生存规则。玻利维亚是飞速的通货膨胀如何破坏社会的一个案例。物价上升幅度如此之大,以至于这些数字几乎让人难以置信。例如,在6个月的时间里,价格按每年38 000%的比率上涨。但是,按官方的统计,去年的通货膨胀率达到2 000%,而今年预期达到8 000%——尽管其他的估算比这还要高许多倍。无论如何,玻利维亚的通货膨胀率使以色列的370%和阿根廷的1 100%——这两种情况已经是严重的通货膨胀——相形见绌。
>
> 很容易看出,如果38岁的Miranda先生不很快把比索兑换为美元,他的工资会发生什么变动。他得到2 500万比索工资的那一天,1美元值50万比索,因此他可以得到50美元。仅仅是几天之后,就要90万比索才能兑换1美元,那时他只能得到27美元。

正如这个故事所说明的,通货膨胀的皮鞋成本可能相当高。在通货膨胀率高时,Miranda先生没有奢侈地把本国货币作为价值储藏手段持有。相反,他被迫很快地把他的比索换为物品或美元,因为它们作为价值储藏手段更稳定。Miranda先生为减少其货币持有量而付出的时间和努力是一种资源浪费。如果货币当局采取低通货膨胀政策,Miranda先生就乐于持有比索,他也可以把他的时间和努力投入到更具生产性的活动中。实际上,在这篇文章写完后不久,由于采取了更具限制性的货币政策,玻利维亚的通货膨胀率大大降低了。

皮鞋成本:
当通货膨胀鼓励人们减少货币持有量时所浪费的资源。

30.2.3　菜单成本

大多数企业并不是每天改变它们产品的价格。相反,企业往往公布价格,并使价格在几周、几个月甚至几年内保持不变。一项研究发现,普通的美国企业大约一年改变一次产品的价格。

企业不经常改变价格是因为改变价格有成本。调整价格的成本称为**菜单成本**(menu costs),这个词源自餐馆印刷新菜单的成本。菜单成本包括决定新价格的成本、印刷新清单和目录的成本、把这些新价格表和目录送给中间商和顾客的成本、为新价格做广告的成本,甚至还包括处理顾客对价格变动的恼怒的成本。

菜单成本：
改变价格的成本。

通货膨胀增加了企业必须承担的菜单成本。在当前美国经济中,由于通货膨胀率低,一年调整一次价格是许多企业合适的经营策略。但是,当高通货膨胀使企业成本迅速增加时,一年调整一次价格就是不现实的。例如,在超速通货膨胀期间,企业必须每天甚至更频繁地变动价格,以便与经济中所有其他价格保持一致。

30.2.4　相对价格变动与资源配置不当

假设艾塔比特小吃店在每年的1月份印一份新菜单,并使其价格在一年中其他时间保持不变。如果没有通货膨胀,艾塔比特的相对价格——与经济中其他价格相比的其饭菜价格——将会在一年中固定不变。与此相反,如果年通货膨胀率为12%,艾塔比特的相对价格每月就会自动下降1%。在刚刚印了新菜单后的一年中最初的几个月内,餐馆的价格相对较高,但在以后几个月则相对较低。而且,通货膨胀率越高,这种自发的变动就越大。因此,由于在一段时期内价格只变动一次,所以通货膨胀引起的相对价格的变动就比没有通货膨胀时大。

这一点为什么如此重要呢？原因是市场经济依靠相对价格来配置稀缺资源。消费者通过比较各种物品与劳务的质量和价格决定购买什么。通过这些决策,他们决定稀缺的生产要素如何在个人与企业中配置。当通货膨胀扭曲了相对价格时,消费者的决策也被扭曲了,市场也就不能把资源配置到其最好的用途中。

30.2.5　通货膨胀引起的税收扭曲

几乎所有税收都扭曲了激励,引起人们改变自己的行为,并导致经济资源配置的无效率。当存在通货膨胀时,许多税收因扭曲激励而更成问题了。这是因为法律制定者在制定税法时往往没有考虑到通货膨胀。那些研究税法的经济学家得出的结论是，通货膨胀往往增加了储蓄所赚到的收入的税收负担。

通货膨胀如何抑制储蓄的一个例子是税收对资本收益——以高于购买价格出售一种资产所得到的利润——的处理。假设 1980 年你用一些储蓄以每股 10 美元的价格买进了微软公司的股票，并在 2010 年以 50 美元的价格抛出了该股票。根据税法规定，当计算应纳税收入时，你必须把赚到的 40 美元资本收益包括在你的收入中。但是，假设从 1980 年到 2010 年物价总水平翻了一番。在这种情况下，1980 年你投资的 10 美元就相当于（按购买力计算）2010 年的 20 美元。当你以 50 美元出售股票时，你的真实收益（购买力的增加）仅为 30 美元。但是，税法并不考虑通货膨胀，而是对你 40 美元的收益征税，因此，通货膨胀扩大了资本收益的规模，无形中增加了这种收入的税收负担。

另一个例子是税收对利息收入的处理。尽管名义利率的一部分仅仅是为补偿通货膨胀，但所得税把名义储蓄利息作为收入。为了说明这种政策的影响，考虑表 30-1 中的数字例子。该表比较了两个经济，这两个经济都对利息收入按 25% 的税率征税。在经济 A 中，通货膨胀率为零，名义利率和真实利率都为 4%。在这种情况下，对利息收入征收 25% 的税使真实利率从 4% 下降为 3%。在经济 B 中，真实利率仍然是 4%，但通货膨胀率是 8%。由于费雪效应，名义利率是 12%。因为所得税把整个 12% 的利息作为收入，政府对它征收 25% 的税，所以剩下的税后名义利率仅为 9%，而税后真实利率仅为 1%。在这种情况下，对利息收入征收 25% 的税使真实利率从 4% 下降为 1%。因为税后真实利率提供了对储蓄的激励，所以，在存在通货膨胀的经济（经济 B）中，储蓄的吸引力就比在价格稳定的经济（经济 A）中要小得多。

表 30-1 通货膨胀如何增加了储蓄的税收负担

单位：%

在没有通货膨胀时，对利息收入征收 25% 的税使真实利率从 4% 下降为 3%。在存在 8% 的通货膨胀时，同样的税收使真实利率从 4% 下降为 1%。

	经济 A（物价稳定）	经济 B（通货膨胀）
真实利率	4	4
通货膨胀率	0	8
名义利率（真实利率 + 通货膨胀率）	4	12
25% 税收引起的利率减少（0.25 × 名义利率）	1	3
税后名义利率（0.75 × 名义利率）	3	9
税后真实利率（税后名义利率 − 通货膨胀率）	3	1

对名义资本收益和名义利息收入的税收是税法与通货膨胀如何相互

影响的两个例子。经济中还有许多其他例子。由于通货膨胀引起的税收变化,高通货膨胀倾向于抑制人们的储蓄。我们还记得,经济中的储蓄提供了投资资源,而投资又是长期经济增长的关键因素。因此,当通货膨胀增加了储蓄的税收负担时,它就倾向于抑制经济的长期增长率。但是,经济学家们对这种影响的大小的看法并不一致。

除了消除通货膨胀之外,解决这个问题的另一种方法是税制指数化。这就是说,可以修改税法以考虑到通货膨胀的影响。例如,在资本收益的情况下,税法可以用物价指数调整购买价格,并只对真实收益征税。在利息收入的情况下,政府可以扣除补偿通货膨胀的那部分利息收入而只对真实利息收入征税。在某种程度上,税法可以按指数化的方向变动。例如,每年根据消费物价指数的变动来自动地调整所得税税率变动所依据的收入水平。但税法的其他方面——例如,对资本收益和利息收入的税收处理——并没有指数化。

在一个理想的世界中,税法的规定应该使通货膨胀不改变任何一个人的真实税收负担。但在现实世界中,税法是很不完善的。更为完善的指数化也许是合意的,但它将使已经让许多人认为太复杂的税法变得更为复杂。

30.2.6 混乱与不方便

设想我们进行一项民意调查,在调查中向人们提出这样一个问题:"今年1码是36英寸。你认为明年1码应该是多长?"假设我们可以让人们认为我们是严肃的,那么他们将告诉我们,1码应该仍是36英寸。任何一种使生活复杂化的事情都是不必要的。

这种发现与通货膨胀有什么关系呢?我们还记得,货币作为经济的计价单位是我们用来表示价格和记录债务的东西。换句话说,货币是我们用以衡量经济交易的尺度。联邦储备的工作有点儿像标准局的工作——确保常用衡量单位的可靠性。当美联储增加货币供给并引起通货膨胀时,它就侵蚀了计价单位的真实价值。

要判断通货膨胀引起的混乱和不方便的成本是困难的。以前我们讨论了存在通货膨胀时,税法如何错误地衡量了真实收入。同样,当价格一直在上升时,会计师也会错误地衡量企业的收入。因为通货膨胀使不同时期的美元有不同的真实价值,所以,在存在通货膨胀的经济中计算企业利润——其收益与成本的差额——要更复杂。因此,在某种程度上,通货膨胀使投资者不能区分成功与不成功的企业,这又抑制了金融市场在把经济中的储蓄配置到不同类型投资中的作用。

30.2.7 未预期到的通货膨胀的特殊成本:任意的财富再分配

到目前为止,我们所讨论过的通货膨胀的成本即使在通货膨胀稳定和可预期时也会发生。然而,当通货膨胀的发生出乎意料时,还会发生额外的成本。未预期到的通货膨胀以一种既与价值无关又与需要无关的方式在人们中重新分配财富。这种再分配的发生是因为经济中的许多贷款是按计价单位——货币——来规定贷款条件的。

来看一个例子。假设学生 Sam 以 7% 的利率从大银行(Bigbank)贷款 2 万美元用于上大学,10 年后贷款将到期。这笔债务按 7% 的复利计算,10 年后 Sam 将欠大银行 4 万美元。这笔债务的真实价值将取决于这 10 年间的通货膨胀。如果 Sam 走运,这 10 年间经济中将发生超速通货膨胀。在这种情况下,工资和物价将会上升得如此之高,以至于 Sam 只用一点儿零钱就可以偿还这 4 万美元的债务。与此相反,如果经济中发生了严重的通货紧缩,那么工资和物价将下降,Sam 将发现 4 万美元的债务负担比他预期的要大得多。

这个例子说明,未预期到的物价变动在债务人和债权人之间进行财富再分配。超速通货膨胀以损害大银行的利益为代价使 Sam 变得更富有,因为这种通货膨胀减少了债务的真实价值,Sam 可以用不如他预期的那样值钱的美元来偿还贷款。通货紧缩以损害 Sam 的利益为代价使大银行变得更富有,因为债务的真实价值增加了。在这种情况下,Sam 必须用比他预期的更值钱的美元来偿还债务。如果通货膨胀可以预期,那么大银行和 Sam 在确定名义利率时就可以考虑到通货膨胀(回想一下费雪效应)。但是,如果通货膨胀难以预期,它就把风险加在都想回避它的 Sam 和大银行身上。

与另一个事实一起考虑时,未预期到的通货膨胀的成本是很重要的:当平均通货膨胀率很高时,通货膨胀就特别多变而且不确定。通过考察不同国家的经历就可以很容易地说明这一点。平均通货膨胀率低的国家,例如 20 世纪后半期的德国,往往有稳定的通货膨胀。平均通货膨胀率高的国家,例如拉丁美洲的许多国家,往往有不稳定的通货膨胀。还不知道有哪一个经济中存在高而且稳定的通货膨胀。通货膨胀水平与可变性之间的这种关系指出了通货膨胀的另一种成本。如果一个国家实行高通货膨胀的货币政策,那么它不仅要承受预期到的高通货膨胀的成本,而且还要承受与未预期到的通货膨胀相关的任意的财富再分配。

30.2.8 通货膨胀不好，但通货紧缩可能更坏

在美国近代的历史上，通货膨胀一直是正常的。但是也有物价水平下降的时期，例如19世纪后期与20世纪30年代初期。而且，日本近年来也经历了物价总水平的下降。到现在为止我们总结了有关通货膨胀成本的讨论，我们也应该简单考虑一下通货紧缩的成本。

一些经济学家认为，小且可预期的通货紧缩可能是合意的。米尔顿·弗里德曼指出，通货紧缩会降低名义利率（回想一下费雪效应），而名义利率下降又引起持有货币的成本下降。他认为，持有货币的皮鞋成本会由于名义利率接近于零而达到最小，这反过来又会要求通货紧缩等于真实利率。适度通货紧缩的这种做法被称为弗里德曼规则。

但是，还有其他通货紧缩成本。有一些是通货膨胀成本的反映。例如，正如物价水平上升引起菜单成本和相对价格变动一样，物价水平下降也如此。而且，在实际上，通货膨胀很少像弗里德曼所说的那样稳定和可预期。更经常的情况是，它会突然而至，并引起财富向有利于债权人而不利于债务人的再分配。

也许更重要的是，通货紧缩也会由于广泛的宏观经济困难而经常出现。正如我们在以后几章将看到的，当出现货币紧缩这样的事情时，物价就会下降，对经济中整个物品与劳务的需求减少。总需求减少又会引起收入减少和失业增加。换言之，通货紧缩往往是更深层经济问题的症状。

■ 案例研究
《欧兹国历险记》与银币自由铸造的争论

在孩提时代，你也许看过电影《欧兹国历险记》（中文旧译《绿野仙踪》——译者注），这部电影以1900年写的一本儿童读物为蓝本。电影和书讲述了一个名叫陶利丝的小姑娘的故事，这个小姑娘在远离家乡的一块陌生土地上迷了路。但也许你并不知道，这个故事实际是对19世纪后期美国货币政策的一种影射。

早期关于货币政策的争论

图片来源：© MGM/THE KOBAL COLLECTION/PICTURE DESK.

从1880年到1896年，美国物价水平下降了23%。由于这个事件是没有预期到的，所以引起了重大的财富再分配。美国西部地区的大部分农民成了债务人，而他们的债权人是东部的银行家。当物价水平下降时，它引起这些债务的真实价值上升，这就以损害农民的利益为代价而富了银行。

根据当时人民党政治家的看法，解决农民问题的方法是银币的自由铸造。在这个时期，美国是在金本位制下运行。黄金的数量决定了货币供给，从而也决定了物价水平。银币自由铸造的倡导者想把银如金一样作为货币。如果采用了这个建议，就增加了货币供给，使物价上升，并减少农民债务的真实负担。

围绕着银币的争论达到白热化,并且成为 19 世纪 90 年代政治的中心。人民党的竞选口号是"我们负债累累,只剩下了手中的选票"。银币自由铸造的一位著名倡导者是民主党 1896 年总统候选人 William Jennings Bryan。他被人们记住部分是因为他在民主党提名大会上的一次演讲,在这次演讲中他说:"你们不应该把这顶满是荆棘的皇冠硬扣在劳动者头上,你们不应该用金十字架来残害自己的同胞。"从那时以来,很少再有政治家能用诗一样的语言来包装自己对货币政策的不同观点。但 Bryan 在竞选中败给了共和党人 William McKinley,从而美国也保持了金本位。

《欧兹国历险记》的作者 L. Frank Baum 是中西部的一名记者。当他给孩子们写这个故事时,他创造了几个代表当时重大政治斗争中人物的角色。下面是经济史学家 Hugh Rockoff 在 1990 年发表于《政治经济学杂志》上的对这个故事的解释:

陶利丝:传统的美国价值观

小狗托托:禁酒党,又称戒酒主义者

稻草人:农民

铁皮人:产业工人

胆小的狮子:William Jennings Bryan

莫其干人:东部居民

东方坏女巫:Grover Cleveland

西方坏女巫:William McKinley

魔法师:共和党主席 Marcus Alonzo Hanna

欧兹国:一盎司黄金的简写

黄砖路:金本位

在故事的结尾,陶利丝找到了回家的路,但并不是沿着黄砖路。在经历了漫长而危险的旅程之后,她懂得了魔法师不能帮助她或她的朋友们。最终陶利丝发现了她的银拖鞋的魔力。(当《欧兹国历险记》这本书 1939 年被拍成电影时,陶利丝的拖鞋从银的换成了红宝石的。显然,好莱坞的电影制片商更感兴趣于炫耀彩色印片这一新技术,而不是讲述有关 19 世纪的货币政策的故事。)

虽然人民党在关于银币自由铸造的争论中失败了,但他们最终得到了货币扩张和他们想要的通货膨胀。1898 年探矿者在加拿大育空的克朗代克河附近发现了黄金,从南非金矿运来的黄金也增加了。因此,美国和其他采用金本位的国家货币供给和物价水平开始上升。在 15 年内,美国的物价回升到 19 世纪 80 年代所达到的水平,农民也能更好地应付他们的债务了。

即问即答 列出并说明通货膨胀的六种成本。

新闻摘录
通货膨胀威胁

在2008年和2009年金融危机和经济衰退之后,一些美国经济的观察家开始担心通货膨胀。

伯南克和通货膨胀
Gregory Mankiw

飞奔的通货膨胀就要来了吗?毫无疑问,美国正表现出通货膨胀失控的某些前兆。但更深入的观察表明,事情并非如此简单。

让我们首先从经济学原理开始。经济学的一个基本经验是,当政府创造了超额货币量时,物价上升。换言之,当有过多货币追逐过少物品时,通货膨胀就发生了。

第二个经验是,政府转向迅速的货币增长是因为它们面临财政问题。当政府支出大于税收时,决策者有时就会转向它们的中央银行,中央银行基本上用印货币来弥补预算缺口。

这两个经验可以解释历史上的超速通货膨胀,例如,20世纪20年代德国的经历或者近年来津巴布韦的经历。美国会走向这条路吗?

的确,我们有巨大的预算赤字和过快的货币增长。在2010财政年第一季度联邦政府的预算赤字达3 900亿美元,或者说是国内生产总值的11%左右。这种巨大的赤字在几年前是不可想象的。

美联储也一直在迅速地创造货币。货币基础——意思是通货加银行准备金——是衡量美联储最直接控制的货币供给的标准。这个数字已经超过了两年前的两倍。

但是,尽管有两个高通货膨胀的事例,美国只经历了温和的物价上升。在过去一年间,包括食物和能源在内的核心消费物价指数,只上升了不到2%。而且,长期利率仍然保持较低,这表明债券市场并没有太担心通胀。这告诉我们什么?

部分答案是,尽管我们有巨额预算赤字和迅速的货币增长,但这两者并没有互相影响。美联储主席本·伯南克发行货币并不是为奥巴马总统的支出筹资,而是为了确保金融体系,并支持疲软的经济。

而且,银行乐于把大部分新货币作为超额准备金。在正常情况下,美联储扩大货币基础时,银行会贷出这些货币,而且其他货币供给衡量指标也会平行增加。但现在并不是正常时刻。由于银行满足于持有闲置现金,称为M_2的广义货币衡量指标(包括现金和支票与储蓄账户上的存款)近两年来每年增长只有6%。

随着经济复苏,银行会把它们的一些准备金贷出去。这就会引起广义货币供给衡量指标更快的增长,并最终引起相当大的通胀,但美联储具有在必要时防止这种后果出现的工具。

一种办法是,美联储可以出售过去两年中累积的以抵押贷款支撑的有价证券和其他资产的大量资产组合。当这些资产的私人购买者付款时,它们就可以吸收银行体系的准备金。

而且,由于2008年10月立法的改变,美联储有了新的工具:它可以给准备金支付利息。由于现在短期利率接近于零,这种工具并没有多大用。但是,随着经济复苏和利率上升,美联储可以提高它支付给银行持有的准备金的利率。准备金的高利率可以限制银行借贷,防止货币基础巨大扩张引起的通货膨胀。

但是,当需要时,伯南克先生和他的同事们会充分利用这些工具吗?他们很可能会,但仍有一些原因让人怀疑。

首先,有一点通货膨胀并不严重。伯南克先生和他的同事可能决定让价格上升,从而减少借款的真实成本,以有助于刺激低迷的经济。这么做的难点在于如何使通胀程度足以帮助经济复苏而又不至于对过程失去控制。微调是难以把握的。

其次,美联储会轻易地过高估计经济的增长潜力。由于有奥巴马主政下的巨大财政不平衡,可以有把握地断定,他会在未来一些年以对大多数美国人提高税收来终结这种状况。高税率意味着减弱工作激励,并降低潜在产量。如果美联储没有考虑到这种变化,它就会促进高于经济可以支撑的增长,引起通货膨胀上升。

最后,即使美联储要保证低通货膨胀,而且也认识到以上的挑战,但政治家也可能限制它的政策选择。提高利率来应对迫在眉睫的通胀压力从来都不受欢迎,而在近期的金融危机之后,伯南克先生也不能指望有无尽的良好愿望可依。随着经济复苏,对通胀压力迅速而充分的反应可能会在面对公众的反对时显示出其艰难来。

那些抢购利率低于5%的30年期国债的投资者在打赌美联储会抵制通胀风险。他们也许是对的。但是,由于当前的货币与财政政策远远超过了历史上正常的水平,任何人都很难有把握。从今往后的十年,我们回头看今天的债券市场会是这个时代中非理性的繁荣。

资料来源:Economic View: Bernanke and the Beast by N. Gregory Mankiw from *The New York Times*, January 17, 2010. Copyright © 2010 The New York Times Co. Reprinted by permission.

30.3 结论

本章讨论了通货膨胀的成因与成本。通货膨胀的主要原因就是货币量增加。当中央银行创造了大量货币时,货币的价值就迅速下降。为了维持物价稳定,中央银行必须保持对货币供给的严格控制。

通货膨胀的成本是较为隐蔽的。这种成本包括皮鞋成本、菜单成本、相对价格变动的加剧、意想不到的税收义务变动、混乱与不方便,以及任意的财富再分配。这些成本在总量上是大还是小呢?所有经济学家一致认为,在超速通货膨胀时期这些成本是巨大的。但在温和通货膨胀时——当每年物价上升小于10%时——这些成本的大小则尚无定论。

虽然本章提出了许多有关通货膨胀的最重要的结论,但这种讨论并不完全。正如货币数量论所提出的,当中央银行降低货币增长率时,物价上升较慢。但当经济转向这种低通货膨胀率时,货币政策的变动也会对生产和就业产生不利影响。这就是说,尽管在长期中货币政策是中性的,但在短期中它对真实变量具有重要影响。在本书的后面,我们将讨论短期中货币非中性的原因,以加深我们对通货膨胀成因与成本的理解。

内容提要

◎ 经济中物价总水平的调整使货币供给与货币需求平衡。当中央银行增加货币供给时,就会引起物价水平上升。货币供给量的持续增长引起了持续的通货膨胀。

◎ 货币中性原理断言,货币量变动只影响名义变量而不影响真实变量。大多数经济学家认为,货币中性近似地描述了长期中的经济行为。

◎ 政府可以简单地通过印发货币来为自己的一些支出付款。当国家主要依靠这种通货膨胀税时,结果就是超速通货膨胀。

◎ 货币中性原理的一个应用是费雪效应。根据费雪效应,当通货膨胀率上升时,名义利率等量上升,因此,真实利率仍然不变。

◎ 许多人认为,通货膨胀使他们变穷了,因为通货膨胀提高了他们所买东西的成本。但这种观点是错误的,因为通货膨胀也提高了名义收入。

◎ 经济学家确定了通货膨胀的六种成本:与减少货币持有量相关的皮鞋成本,与更频繁地调整价格相关的菜单成本,相对价格变动的加剧,由于税法非指数化引起的意想不到的税收义务变动,由于计价单位变动引起的混乱和不方便,以及债务人与债权人之间任意的财富再分配。在超速通货膨胀时期,这些成本都是巨大的,但温和通货膨胀时期这些成本的大小并不清楚。

关键概念

货币数量论   货币中性   费雪效应
名义变量   货币流通速度   皮鞋成本
真实变量   数量方程式   菜单成本
古典二分法   通货膨胀税

复习题

1. 解释物价水平上升如何影响货币的真实价值。
2. 根据货币数量论,货币量增加的影响是什么?
3. 解释名义变量与真实变量之间的差别,并各举出两个例子。根据货币中性原理,哪一个变量受货币量变动的影响?
4. 从什么意义上说,通货膨胀像一种税?把通货膨胀作为一种税如何有助于解释超速通货膨胀?
5. 根据费雪效应,通货膨胀率的上升如何影响真实利率与名义利率?
6. 通货膨胀的成本是什么?你认为这些成本中的哪一种对美国经济最重要?
7. 如果通货膨胀比预期的低,谁会受益——债务人还是债权人?解释之。

问题与应用

1. 假设今年的货币供给是5 000亿美元,名义GDP是10万亿美元,而真实GDP是5万亿美元。
    a. 物价水平是多少?货币流通速度是多少?
    b. 假设货币流通速度是不变的,而每年经济中物品与劳务的产出增加5%。如果美联储想保持货币供给不变,明年的名义GDP和物价水平是多少?
    c. 如果美联储想保持物价水平不变,它应该把明年的货币供给设定为多少?
    d. 如果美联储想把通货膨胀率控制在10%,它应该把货币供给设定为多少?
2. 假设银行规定的变动扩大了信用卡的可获得性,因此人们需要持有的现金少了。
    a. 这个事件如何影响货币需求?
    b. 如果美联储没有对这个事件作出反应,物价水平将发生什么变动?
    c. 如果美联储想保持物价水平稳定,它应该做什么?
3. 有时人们建议,联邦储备应努力把美国的通货膨胀率降为零。如果我们假设货币流通速度不变,零通货膨胀目标是否要求货币增长率也等于零?如果是的话,解释原因。如果不是的话,说明货币增长率应该等于多少?
4. 假设一个国家的通货膨胀率急剧上升。对货币持有者征收的通货膨胀税会发生什么变动?为什么储蓄账户中持有的财富不受通货膨胀税变动的影响?你认为会有哪些方式使储蓄账户持有者受到通货膨胀率上升的伤害?
5. 超速通货膨胀在中央银行独立于政府其他部门的国家中是很少见的。为什么会这样?
6. 考虑在一个只由两个人组成的经济中通货膨胀的影响:Bob是种黄豆的农民,Rita是种大米的农民。他们俩总是消费等量的大米和黄豆。在2010年,黄豆价格是1美元,大米价格是3美元。
    a. 假设2011年黄豆价格是2美元,而大米价格是6美元。通货膨胀率是多少?Bob的状况是变好了、变坏了,还是不受价格变动的影响?Rita呢?
    b. 现在假设2011年黄豆价格是2美元,大米价格是4美元。通货膨胀率是多少?Bob的状况是变好了、变坏了,还是不受价格变动的影响?Rita呢?

c. 最后，假设 2011 年黄豆价格是 2 美元，大米价格是 1.5 美元。通货膨胀率是多少？Bob 的状况是变好了、变坏了，还是不受价格变动的影响？Rita 呢？

d. 对 Bob 和 Rita 来说什么更重要——是整体通货膨胀率，还是黄豆与大米的相对价格？

7. 如果税率是 40%，计算下述每种情况下的税前真实利率和税后真实利率：

   a. 名义利率是 10%，而通货膨胀率是 5%。

   b. 名义利率是 6%，而通货膨胀率是 2%。

   c. 名义利率是 4%，而通货膨胀率是 1%。

8. 你去银行的皮鞋成本是多少？你如何用美元衡量这些成本？你认为你们大学校长的皮鞋成本与你的有什么不同？

9. 回忆一下货币在经济中执行的三种职能。这三种职能是什么？通货膨胀如何影响货币执行每一种职能的能力？

10. 假设人们预期通货膨胀率等于 3%，但实际上物价上升了 5%。描述这种未预期到的高通货膨胀率是帮助还是损害了以下的主体：

    a. 政府

    b. 有固定利率抵押贷款的房主

    c. 签订劳动合同第二年的工会工人

    d. 把其某些资金投资于政府债券的大学

11. 解释一种与未预期到的通货膨胀相关而与预期到的通货膨胀无关的害处。然后解释一种既与预期到的通货膨胀相关，又与未预期到的通货膨胀相关的害处。

12. 说明以下陈述是正确、错误，还是不确定。

    a. "通货膨胀损害了债务人的利益而帮助了债权人，因为债务人必须支付更高的利率。"

    b. "如果价格以一种使物价总水平不变的方式变动，那么没有一个人的状况会变得更好或更坏。"

    c. "通货膨胀并没有降低大多数工人的购买力。"

第 11 篇 开放经济的宏观经济学

第31章
开放经济的宏观经济学:基本概念

当你决定买一辆汽车时,你可以比较福特公司和丰田公司提供的最新车型。当你有下一次假期时,你可以考虑在佛罗里达海滩或墨西哥海滩度假。当你开始为退休后的生活储蓄时,你可以在购买美国公司股票的共同基金和购买外国公司股票的共同基金之间做出选择。在所有这些情况下,你不仅参与了美国经济,而且参与了世界经济。

开放国际贸易的好处是显而易见的:贸易使人们生产自己最擅长生产的东西,并消费世界各国生产的各种各样的物品与劳务。实际上,第1章强调的经济学十大原理之一就是,贸易可以使每个人的状况都变得更好。国际贸易可以使每个国家专门生产自己具有比较优势的物品与劳务,从而提高所有国家的生活水平。

到目前为止,我们提出的宏观经济学大体上忽略了一个经济与世界其他经济之间的相互交易。对宏观经济学的大部分问题而言,国际问题是次要的。例如,当我们讨论自然失业率和通货膨胀的原因时,可以忽略国际贸易的影响。实际上,为了使分析简化,宏观经济学家经常假设一个**封闭经济**(closed economy)——一个不与其他经济相互交易的经济。

但是,某些新的宏观经济问题产生于**开放经济**(open economy)——一个与世界上其他经济自由交易的经济。因此,本章和下一章将介绍开放经济的宏观经济学。在本章中,我们从讨论描述一个开放经济在世界市场上相互交易的基本宏观经济变量开始。你阅读新闻报道或观看晚间新闻时也许已经注意到了这些变量——出口、进口、贸易余额和汇率。我们的第一项工作就是要理解这些数据的含义。在下一章中,我们建立了一个解释这些变量如何决定以及它们如何受各种政府政策影响的模型。

封闭经济:
不与世界上其他经济相互交易的经济。

开放经济:
与世界上其他经济自由交易的经济。

31.1 物品与资本的国际流动

一个开放经济以两种方式和其他经济相互交易:在世界产品市场上

购买并出售物品与劳务；在世界金融市场上购买并出售股票和债券这类资本资产。下面我们就讨论这两种活动以及它们之间的密切关系。

31.1.1　物品的流动：出口、进口以及净出口

出口：
国内生产而在国外销售的物品与劳务。

进口：
国外生产而在国内销售的物品与劳务。

净出口：
一国的出口值减进口值，又称贸易余额。

贸易余额：
一国的出口值减进口值，又称净出口。

贸易盈余：
出口大于进口的部分。

贸易赤字：
进口大于出口的部分。

贸易平衡：
出口等于进口的状况。

出口（exports）是在国内生产而在国外销售的物品与劳务；**进口**（imports）是在国外生产而在国内销售的物品与劳务。当美国飞机制造商波音公司制造了一架飞机并把它卖给法国航空公司时，这种销售对美国而言是出口，对法国而言是进口。当瑞典汽车制造商沃尔沃公司生产了一辆汽车并把它卖给一个美国居民时，这种销售对美国而言是进口，对瑞典而言是出口。

任何一国的**净出口**（net exports）是其出口值与其进口值的差额：

净出口 = 一国的出口值 − 一国的进口值

波音公司的销售增加了美国的净出口，而沃尔沃公司的销售减少了美国的净出口。由于净出口告诉我们一国在总量上是世界物品与劳务市场中的卖者还是买者，所以净出口又称为**贸易余额**（trade balance）。如果净出口是正的，即出口大于进口，则表明一国向国外出售的物品与劳务多于它向其他国家购买的。在这种情况下，可以说该国有**贸易盈余**（trade surplus）。如果净出口是负的，即出口小于进口，则表明一国向国外出售的物品与劳务少于它向其他国家购买的。在这种情况下，可以说该国有**贸易赤字**（trade deficit）。如果净出口为零，即它的出口与进口完全相等，可以说该国**贸易平衡**（balanced trade）。

在下一章中，我们要建立一种理论来解释一国的贸易余额，但即使在现在这个初始的阶段考虑会影响一国出口、进口和净出口的许多因素也并不难。这些因素包括：

- 消费者对国内与国外物品的嗜好；
- 国内与国外物品的价格；
- 人们可以用国内通货购买国外通货的汇率；
- 国内与国外消费者的收入；
- 从一国向另一国运送物品的成本；
- 政府对国际贸易的政策。

随着这些变量的变动，国际贸易量也在变动。

"我们所谈的可不仅仅是买一辆车——而是关于这个国家面临的与日本的贸易赤字问题。"

图片来源：© MORT GERBERG/THE NEW YORKER COLLECTION/WWW.CARTOONBANK.COM.

案例研究
美国经济日益提高的开放程度

过去60年间，美国经济最大的变化也许就是国际贸易与国际金融的重要性一直在提高。图31-1说明了这种变化，该图表明了向其他国家出口和从其他国家进口的物品与劳务的总价值在国内生产总值中所占的百分比。在20世纪50年代，物品与劳务的进口和出口一般占GDP的

4%—5%。近年来,出口和进口已经翻了一番还多。美国的贸易伙伴包括不同的国家集团。到 2009 年,根据进口与出口之和来衡量,最大的贸易伙伴是加拿大,紧随其后的是中国、墨西哥、日本、德国和英国。

图 31-1　美国经济的国际化

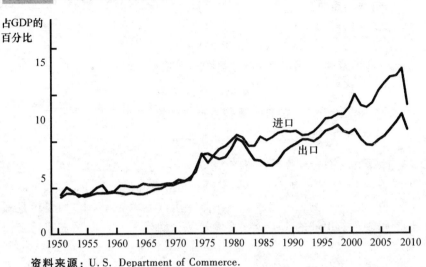

资料来源:U.S. Department of Commerce.

该图表明了 1950 年以来美国经济的出口与进口在美国国内生产总值中所占的百分比。这一时期巨幅的增长表明了国际贸易与国际金融重要性的提高。

在过去几十年里,国际贸易的这种增加部分是由于运输的改善。在 1950 年,一般商船的运载量不足 1 万吨;现在,许多船的运载量超过 10 万吨。1958 年引进了远程喷气飞机,1967 年又引进了宽体飞机,这使空运更便宜了。由于这些进步,曾经不得不在本土生产的物品现在可以在世界各国交易:以色列种植的鲜切花空运到美国出售;许多只能在夏天种植的新鲜水果和蔬菜现在冬天也可以消费,因为可以从南半球国家运到美国。

国际贸易的增长也受惠于通信进步,这种进步使企业可以更容易地接触国外顾客。例如,1956 年才铺设第一条海底电缆。到 1966 年,通信技术只能使北美与欧洲之间的 138 个人同时通话。现在,通信卫星可以使 100 多万人同时进行通话。

技术进步也通过改变各国经济生产的物品种类促进了国际贸易。当体积大的原料(例如钢铁)和易腐烂的物品(例如食物)占了世界产出的大部分时,这些物品往往运输成本高昂,有时甚至是不可能运输的。与此相反,用现代技术生产的物品往往既轻又易于运输。例如,家用电器每美元价值的重量变轻,这使得这些产品易于在一国生产而在另一国出售。一个更极端的例子是电影行业。一旦好莱坞的制片厂拍摄了一部电影,它几乎就能以零成本把这部电影的拷贝送到世界各地。事实上,电影的确是美国的一种主要出口品。

政府的贸易政策也是国际贸易增加的一个因素。正如我们在本书前面讨论的,经济学家长期以来一直认为,各国之间的自由贸易是互利的。随着时间的推移,世界各国大多数决策者终于接受了这些结论。例如,北美自由贸易协定(NAFTA)和关税与贸易总协定(GATT)这些国际协定,已经逐渐降低了关税、进口配额和其他贸易壁垒。图 31-1 所表明的日益增加的贸易模式是大多数经济学家和决策者支持并且鼓励的现象。

新闻摘录
分解生产链

一些物品是在很多国家而不是在某个国家生产的。

iPod 具有全球价值，
去问问那些生产它的国家吧

Hal R. Varian

苹果 iPod 是谁制造的？给你个提示：它不是苹果公司制造的。苹果公司把所有的生产都外包给了一系列亚洲企业，比如华硕、英华达和富士康。

但是这一系列公司名单也还不是令人满意的答案。它们仅仅是最后的组装厂。iPod 的 451 个零部件是怎么回事呢？它们是在哪以及由谁生产的呢？

加州大学 Irvine 分校的三位研究人员——Greg Linden，Kenneth L. Kraemer 和 Jason Dedrick——利用调查成本会计的方法和 Portelligent 公司的报告，检测了 iPod 的所有部件。

由斯隆基金会资助的这项研究呈现了一幅全球经济复杂性的美好图画，并且说明了仅用通常的贸易统计数字来理解这种复杂性是多么不易。

研究人员检测的 30G iPod 的零售价格是 299 美元。这里面最昂贵的部件是硬盘，由东芝生产，成本约为 73 美元，其余贵的部件依次是屏幕显示模块（约 20 美元）、视频/多媒体处理芯片（8 美元）和控制芯片（5 美元）。他们估计最后在中国的组装成本是每件约 4 美元。

描述供应链布局的一个方法是把组件的成本归于其生产者所在的国家。这样，iPod 73 美元的成本归日本，因为东芝是一家日本公司；13 美元的芯片成本归美国，因为其供应商 Broadcom 和 PortalPlayer 都是美国公司，如此这般排列下去。

但是这种方法隐藏了一些非常重要的细节。东芝算是个日本公司，但是它大部分的硬盘是在菲律宾和中国生产的，所以我们也许应该把硬盘的部分成本分配给这两个国家。Broadcom 生产的芯片也有同样的问题，因为其大部分产品在中国台湾生产。这样，如何才能以有效的方法将 iPod 部件的成本在其部件生产国进行分配？

为了回答这个问题，让我们把生产过程视为一系列步骤，每一步由不同的公司在不同的国家完成。每一步中像芯片和裸电路板等投入，被转换为集成电路板等产出。投入与产出的价值差异是每一步的"附加值"，这就可以作为生产国的价值。

一般配件比如螺丝帽和螺丝钉之类的利润空间很低，因为这些东西都是激烈竞争行业生产的,而且哪里都可以生产,所以它们几乎没有增加 iPod 的最终价值。而硬盘和控制芯片这些特殊的部件具有更高的附加值。

根据研究人员的估算,iPod 73 美元的东芝硬盘含有 54 美元的部件和劳务,所以东芝给硬盘增加的价值是 19 美元加上其直接劳务成本。由于东芝是日本公司,所以这 19 美元归日本。

研究人员用这种方法查验了 iPod 的主要零部件,努力计算出在生产过程中的不同阶段增加的价值,然后把这些价值分配给创造出这些价值的国家。这不是一件容易的工作。不过按照最初的估算,显然 iPod 里最多的附加值来自美国企业,特别是在美国出售的那些 iPod。

研究人员估算出,iPod 在美国 299 美元的零售价值中有 163 美元是由美国公司和工人获取,其中 75 美元是配送和零售成本,80 美元归苹果公司,还有 8 美元归各个国内的零件生产商。日本有 26 美元的附加值(大部分是东芝的硬盘),而韩国不到 1 美元。

这样制造 iPod 涉及的部件和劳务中未计算的约为 110 美元。研究人员希望能把这部分成本分配到合适的国家去,但是正如硬盘的例子所描述的,这可不容易。

这个附加值计算说明了用传统的贸易统计数字来概述如此复杂的制造过程是徒劳的。即使中国工人只贡献了 iPod 价值的 1%,出口到美国的每一件 iPod 成品直接造成美国与中国的双边贸易逆差约为 150 美元。

最终来看,对于谁或者哪里制造的 iPod 这个问题是没有一个简单答案的。iPod 和其他许多产品一样,是由几个国家的很多公司制造的,生产中的每一个阶段都对最终价值有不同数量的贡献。

iPod 的真正价值不在那些部件中,也不在于把这些部件组装在一起。iPod 的价值主要体现在 iPod 的概念和设计上。这是苹果公司每卖出一部 iPod 就能得到 80 美元的原因。迄今为止,这 80 美元是整个供应链中最大的一笔附加值。

苹果公司那些聪明的家伙们有办法把大部分都很普通的 451 个零件组合成一件有价值的产品,他们可能确实没有制造 iPod,但是他们创造了它。这才是归根结底真正重要的东西。

资料来源:An iPod Has Global Value. Ask the (Many) Countries That Make It by Hal Varian from *The New York Times*, June 28, 2007, p. C3. Copyright © 2007 The New York Times Co. Reprinted by permission.

31.1.2 金融资源的流动:资本净流出

到目前为止,我们讨论了一个开放经济的居民如何参与世界物品与劳务市场。此外,一个开放经济的居民还可以参与世界金融市场。一个有 2 万美元的美国居民可以用这些钱买一辆丰田汽车,但他也可以用这些钱买丰田公司的股票。第一种交易代表物品流动,而第二种交易则代表资本流动。

资本净流出:
本国居民购买的外国资产减外国人购买的国内资产。

资本净流出(net capital outflow)这个词指本国居民购买的外国资产与外国人购买的国内资产之间的差额:

资本净流出 = 本国居民购买的外国资产 – 外国人购买的国内资产

当一个美国居民购买了一家墨西哥电话公司 Telmex 的股票时,这种购买增加了等式右边的第一项,因此,增加了美国的资本净流出。当一个日本居民购买了美国政府发行的债券时,这种购买增加了等式右边的第二项,因此,减少了美国的资本净流出。

美国和世界各国之间的资本流动采取了两种形式。一种形式,麦当劳在俄罗斯开了一家快餐店,这是国外直接投资的例子。另一种形式,一个美国人购买了一家俄罗斯公司的股票,这就是国外有价证券投资的例子。在第一种情况下,美国所有者(麦当劳公司)主动管理投资;而在第二种情况下,美国所有者(股东)起了较为消极的作用。在这两种情况下,美国居民都购买了位于另一个国家的资产,因此,这两种购买都增加了美国的资本净流出。

资本净流出(有时称为国外净投资)既可以是正的,也可以是负的。当它是正的时,国内居民购买的外国资产多于外国人购买的国内资产,此时可以说资本流出一国。当资本流出是负的时,国内居民购买的外国资产少于外国人购买的国内资产,此时可以说资本流入一国。也就是说,当一国的资本净流出是负的时,该国有资本流入。

在下一章中我们要提出一种理论解释资本净流出。这里我们只是简要地考虑以下一些影响资本净流出的较重要因素:

- 国外资产得到的真实利率;
- 国内资产得到的真实利率;
- 持有国外资产可以觉察到的经济与政治风险;
- 影响国外对国内资产所有权的政府政策。

例如,考虑美国投资者决定购买墨西哥政府债券还是美国政府债券。(我们还记得,债券实际上是发行者的借据。)为了做出这种决策,美国投资者要比较这两种债券提供的真实利率。债券的真实利率越高,也就越有吸引力。但是,在进行这种比较时,美国投资者还应该考虑到这些政府中的某一个会拖欠其债务(即不按时支付利息或本金)的风险,以及墨西哥政府对在墨西哥的外国投资者所实行的任何一种限制,或在未来可能实行的任何一种限制。

31.1.3 净出口与资本净流出相等

我们已经说明了,一个开放经济以两种方式与世界其他经济相互交易——在世界物品与劳务市场上和世界金融市场上。净出口和资本净流出分别衡量了在这两个市场上的不平衡类型。净出口衡量一国出口与其进口之间的不平衡;资本净流出衡量本国居民购买的外国资产量与外国人购买的国内资产量之间的不平衡。

一个重要但又微妙的核算事实表明,对整个经济而言,资本净流出(NCO)必然总是等于净出口(NX):

$$NCO = NX$$

这个等式之所以成立,是因为影响这个等式一方的每一次交易也必然完全等量地影响另一方。这个等式是一个恒等式——根据等式中各变量定义与衡量的方法,这个等式必然成立。

为了说明为什么这个会计恒等式是正确的,我们来看一个例子。设想你是一个居住在美国的电脑程序员。有一天,你编了一个软件并将其以1万日元卖给一个日本消费者。软件销售是美国的出口,因此它增加了美国的净出口。为了确保这个恒等式成立会出现什么情况?答案取决于你用你得到的1万日元做什么。

首先,我们假设你简单地把日元放在你的床垫下(我们可以说,你是为日元而拥有日元)。在这种情况下,你将一些收入投资于日本经济。也就是说,国内居民(你)得到了外国资产(日本通货)。美国净出口增加与美国资本净流出的增加相当。

然而,更现实一些,如果你想投资于日本经济,你不会持有日本通货。更可能的是,你会用1万日元去购买一家日本公司的股票,或者你会购买日本政府的债券。但你决策的结果是极为相同的,国内居民最终都获得了一种外国资产。美国资本净流出(购买日本股票或债券)的增加完全等于美国净出口(出售软件)的增加。

现在我们再改变这个例子。假设你不是用1万日元去购买日本资产,而是用它去购买日本生产的一种物品,例如游戏机。由于购买这种游戏机,美国的进口增加了。软件出口和游戏机进口代表贸易平衡。由于出口和进口等量增加,净出口没有变化。在这种情况下,没有一个美国人最终获得外国资产,也没有一个外国人最终获得美国资产,因此,对美国资本净流出没有影响。

最后,还有一种可能是,你到当地一家银行把你的1万日元兑换为美元。但这并没有使情况发生改变,因为现在银行可以用这1万日元做些事。它可以购买日本资产(美国的资本净流出),也可以购买日本的物品(美国的进口),还可以把日元卖给另一个想进行这种交易的美国人。结果,美国的净出口必定等于美国的资本净流出。

这个例子开始时是美国的程序员把一些软件卖到国外,但这件事和美国人购买其他国家的物品与劳务几乎一样。例如,沃尔玛从中国购买了5 000万美元的衣服并将其出售给美国消费者,这5 000万美元一定会发生点事情。一种可能是,中国可以把这5 000万美元投资于美国。这种来自中国的资本流入采取的形式是中国人购买美国政府债券。在这种情况下,出售衣服减少了美国的净进口,而出售债券又减少了美国的资本净流出。另一种可能是,中国可以用5 000万美元购买美国飞机制造商波音公司生产的飞机。在这种情况下,美国的衣服进口与飞机出口平衡,因此净出口和资本净流出都未发生变化。在所有这些情况下,交易对净出口和资本净流出的影响相同。

我们可以对整个经济概括如下结论:

- 当一国有贸易盈余时($NX>0$),它出售给外国人的物品与劳务多于外国人购买的。用它从国外的物品与劳务的净销售中得到的外国通货做什么呢?它必定用它购买外国资产。因此,资本从一国流出($NCO>0$)。
- 当一国有贸易赤字时($NX<0$),它从外国人那里购买的物品与劳务多于向外国人出售的。在世界市场上它如何为这些物品与劳务的净购买筹资呢?它必定在国外出售资产。因此,资本流入国内($NCO<0$)。

国际物品与劳务的流动和国际资本流动是同一个问题的两个方面。

31.1.4 储蓄、投资及其与国际流动的关系

一国的储蓄和投资是其长期经济增长的关键。正如我们在本书前面所说明的,在一个封闭经济中储蓄与投资是相等的,但在开放经济中,事情并不是这么简单的。现在我们考虑储蓄和投资如何与用净出口和资本净流出衡量的物品与资本的国际流动相关。

也许你还记得,净出口这个词是在本书前面讨论国内生产总值构成时出现的。一个经济的国内生产总值(Y)分为四个组成部分:消费(C)、投资(I)、政府购买(G)和净出口(NX)。我们把它写为:

$$Y = C + I + G + NX$$

对经济中物品与劳务产出的总支出是用于消费、投资、政府购买和净出口的支出之和。因为支出的每一美元都可以归入这四个组成部分之一,所以这个等式是一个会计恒等式:它必然正确是因为这些变量定义和衡量的方法。

我们还记得,国民储蓄是在支付了现期消费和政府购买之后剩下的国民收入。国民储蓄(S)等于 $Y-C-G$。如果我们重新整理上式来说明这个事实,我们就得出:

$$Y - C - G = I + NX$$
$$S = I + NX$$

因为净出口(NX)也等于资本净流出(NCO),所以我们也可以把这个式子写为:

$$S = I + NCO$$

储蓄 = 国内投资 + 资本净流出

这个式子表明,一国的储蓄必定等于其国内投资加资本净流出。换句话说,当美国公民为未来储蓄了其收入中的一美元时,这一美元既可以用于为国内资本积累筹资,也可以用于为国外资本的购买筹资。

对这个式子你应该似曾相识。在本书前面,当我们分析金融体系的

作用时,我们考虑了封闭经济这一特殊情况下的这个恒等式。在一个封闭经济中,资本净流出是零($NCO=0$),因此,储蓄等于投资($S=I$)。相比之下,在一个开放经济中,储蓄有两种用途:国内投资与资本净流出。

与以前一样,我们认定金融体系处于这个恒等式的两边之间。例如,假设 Smith 家决定储蓄一部分收入以便退休后使用。这个决策对国民储蓄,即等式的左边作出了贡献。如果 Smith 家把储蓄存入共同基金,共同基金就可以用一些存款购买通用汽车公司发行的股票,然后通用汽车公司可以用这些钱在俄亥俄州建一个工厂。此外,共同基金也可以用 Smith 一家的部分存款购买丰田公司发行的股票,然后丰田公司可以用这些钱在大阪市建一个工厂。这些交易列示在等式的右边。从美国会计的角度看,通用汽车公司用于新工厂的支出属于国内投资,而美国居民购买丰田公司的股票是资本净流出。因此,美国经济的全部储蓄表现为在美国经济中的投资或美国的资本净流出。

储蓄、投资和国际资本流动错综复杂地相互关联。当一国的储蓄大于其国内投资时,它的资本净流出就是正的,这表明该国用它的一些储蓄购买外国资产。当一国的国内投资大于其储蓄时,它的资本净流出就是负的,这表明外国人正通过购买国内资产为一部分国内投资筹资。

31.1.5 总结

表 31-1 总结了迄今为止本章提出的许多思想。它描述了一个开放经济的三种可能:有贸易赤字的国家、贸易平衡的国家以及有贸易盈余的国家。

表 31-1 物品与资本的国际流动:总结

贸易赤字	贸易平衡	贸易盈余
出口 < 进口	出口 = 进口	出口 > 进口
净出口 < 0	净出口 = 0	净出口 > 0
$Y < C + I + G$	$Y = C + I + G$	$Y > C + I + G$
储蓄 < 投资	储蓄 = 投资	储蓄 > 投资
资本净流出 < 0	资本净流出 = 0	资本净流出 > 0

该表表明了一个开放经济的三种可能结果。

先考虑有贸易盈余的国家。根据定义,贸易盈余意味着出口值大于进口值。因为净出口等于出口减进口,所以净出口(NX)大于零。结果,收入($Y = C + I + G + NX$)必定大于国内支出($C + I + G$)。但是,如果收入(Y)大于国内支出($C + I + G$),那么储蓄($S = Y - C - G$)必定大于投资(I)。因为该国储蓄大于投资,所以它必定把一些储蓄输出到国外。这就是说,资本净流出必定大于零。

相反的逻辑适用于有贸易赤字的国家(比如近年来的美国经济)。根据定义,贸易赤字意味着出口值小于进口值。因为净出口等于出口减进口,所以净出口(NX)是负的。因此,收入($Y = C + I + G + NX$)必定小于国内支出($C + I + G$)。但是,如果收入(Y)小于国内支出($C + I + G$),那么储蓄($S = Y - C - G$)必定小于投资(I)。因为该国投资大于储蓄,所以它必定通过在国外出售一些资产来为一些国内投资筹资。这就是说,资本净流出必定是负的。

贸易平衡的国家介于这两种情况之间。出口等于进口,因此,净出口为零。收入等于国内支出,并且储蓄等于投资。资本净流出等于零。

案例研究
美国的贸易赤字是一个全国性问题吗

你可能听到过新闻上称美国是"世界上最大的债务国",因为在过去30年间,美国通过在世界金融市场上大量借款来为巨额贸易赤字筹资。美国为什么要这样做?这件事是使美国人担忧的原因吗?

为了回答这些问题,现在我们来看看这些宏观经济会计恒等式告诉了我们关于美国经济的一些什么内容。图31-2中(a)幅表明了1960年以来美国经济中国民储蓄和国内投资占GDP的百分比,(b)幅显示了资本净流出(即贸易余额)占GDP的百分比。要注意的是,正如恒等式所要求的,资本净流出总是等于国民储蓄减国内投资。

该图显示出20世纪80年代初开始的急剧变化。在1980年以前,国民储蓄和国内投资是非常接近的,而且资本净流出是很少的。但是,1980年以后,国民储蓄降到大大低于国内投资,而且资本净流出变为较大的负数。这就是说,存在资本净流入:外国人在美国购买的资本资产多于美国人购买的国外资本资产。美国陷入了债务中。

历史表明,资本流动的变动有时产生于储蓄的变动,有时产生于投资的变动。从1980年到1987年,流入美国的资本占GDP的0.5%—3.1%,这2.6个百分点的变动主要是由于储蓄减少了3.2%。国民储蓄的这种减少经常被认为是由于公共储蓄的减少——也就是说,政府预算赤字的增加。

不同的情况解释了以后10年间的事件。从1991年到2000年,流入美国的资本从占GDP的0.5%上升到3.9%。这3.4个百分点的变动不能归因于储蓄的减少;实际上,在这一时期,随着政府预算从赤字转变为盈余,储蓄增加了。但是,随着经济在信息技术领域中出现了繁荣以及许多企业热衷于进行高科技投资,投资从占GDP的13.4%上升到17.7%。

从2000年到2006年,流入美国的资本又进一步增加了,创下了占GDP 5.7%的纪录。2000年以后投资潮减弱,但联邦政府又一次开始有预算赤字,而且按历史标准,国民储蓄降到了极低水平。

近年来,这种趋势有点逆转过来了。从2007年到2009年,由于经济经历了住房价格的大幅度下跌和严重的衰退(两者均使投资大幅度减少),贸易赤字降低了。

图 31-2 国民储蓄、国内投资与资本净流出

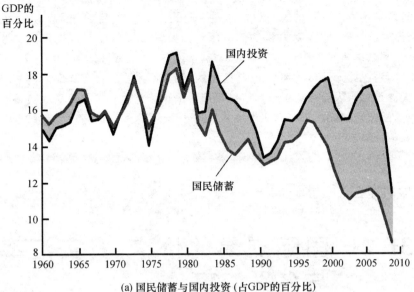

(a) 国民储蓄与国内投资（占GDP的百分比）

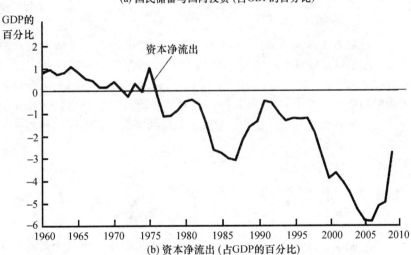

(b) 资本净流出（占GDP的百分比）

资料来源：U. S. Department of Commerce.

(a)幅显示了国民储蓄和国内投资占 GDP 的百分比，(b)幅显示了资本净流出占 GDP 的百分比。从图中你可以看出，1980 年以来国民储蓄比 1980 年以前低。国民储蓄的减少主要反映在资本净流出的减少上，而不是反映在国内投资的减少上。

贸易赤字对美国经济来说是一个问题吗？为了回答这个问题，重要的是要密切关注一国的储蓄和投资。

首先考虑储蓄减少引起的贸易赤字，比如 20 世纪 80 年代和 21 世纪初期出现的情况。低储蓄意味着一国收入中用于未来的量少了。但是，一旦国民储蓄减少了，就没有理由为所引起的贸易赤字而遗憾。如果国民储蓄减少而又没有引起贸易赤字，美国的投资就会减少。投资减少又会对资本存量、劳动生产率和真实工资的增长产生不利影响。换句话说，在美国储蓄减少的情况下，有外国人投资于美国经济比完全没有要好。

现在考虑投资高涨引起的贸易赤字，比如 20 世纪 90 年代的贸易赤字。在这种情况下，该经济从国外借款来为购买新资本品筹资。如果这种增加的资本以更多的物品与劳务生产的形式提供了良好的收益，那么经济就应该能够应对累积的债务。而如果投资项目没有产生预期的收益，那么这些债务看起来就不太合意，至少事后的认识是这样。

对以此为题目的案例研究提出的问题并没有一个简单且正确的答案。正如个人既可能由于精打细算而负债也可能由于挥霍浪费而负债一样，国家也如此。贸易赤字本身并不是一个问题，但有时它可能是某个问题的征兆。

即问即答 给出净出口与资本净流出的定义，并说明它们如何相关。

31.2 国际交易的价格：真实汇率与名义汇率

到目前为止，我们讨论了对各国间物品与劳务流动以及资本流动的衡量。除了这些数量变量之外，宏观经济学家还研究了衡量这些国际交易的价格的变量。正如任何一个市场上的价格在协调该市场上买者与卖者中所起的重要作用一样，国际价格也有助于协调消费者与生产者在国际市场上进行交易时的决策。这里我们讨论两种最重要的国际价格——名义汇率与真实汇率。

31.2.1 名义汇率

名义汇率：
一个人可以用一国通货交换另一国通货的比率。

升值：
按所能购买到的外国通货量衡量的一国通货的价值增加。

贬值：
按所能购买到的外国通货量衡量的一国通货的价值减少。

名义汇率（nominal exchange rate）是一个人可以用一国通货交换另一国通货的比率。例如，如果你到银行，你就会看到标出的汇率是 80 日元兑 1 美元。如果你给银行 1 美元，银行就给你 80 日元；如果你给银行 80 日元，银行就给你 1 美元。（实际上，银行标出的买卖日元的价格会略微不同，这一差别给银行提供这种服务一点利润。就我们这里的目的而言，我们可以忽略这些差别。）

一种汇率总可以用两种方法来表示。如果汇率是 1 美元兑 80 日元，那么，它也就是 1 日元兑 1/80（即 0.0125）美元。在本书中，我们用 1 美元兑外国通货的单位来表示名义汇率，比如，1 美元兑 80 日元。

如果汇率的变动使 1 美元能买到更多的外国通货，那么这种变动称为美元**升值**（appreciation）。如果汇率的变动使 1 美元能买到的外国通货减少，那么这种变动称为美元**贬值**（depreciation）。例如，当汇率从 1 美元兑80日元上升到90日元时，就可以说美元升值了。同时，因为现在1日元购买的美国通货少了，所以可以说日元贬值了。当汇率从1美元兑80日元下降为70日元时，可以说美元贬值了，而日元升值了。

你也许常听到媒体报道美元"坚挺"或"疲软"。这些描述通常指名义汇率的近期变动。当一种通货升值时，就可以说它是"坚挺"的，因为它可以购买更多的外国通货。同样，当一种通货贬值时，就可以说它是"疲软"的。

对于任何一个国家来说，存在许多名义汇率。可以用美元来购买日元、英镑、墨西哥比索等。当经济学家研究汇率的变动时，他们通常使用将这许多汇率平均的指数。正如消费物价指数把经济中的许多价格变为物价水平的一种单一衡量指标一样，汇率指数也把这许多汇率变为国际通货价值的一种单一衡量指标。因此，当经济学家谈论美元升值或贬值时，他们通常是指一种考虑到许多单个汇率的汇率指数。

参考资料
欧元

你可能听说过，甚至见过法国法郎、德国马克和意大利里拉这些通货。这些货币类型已经不存在了。在20世纪90年代，许多欧洲国家决定放弃各国的通货，并且使用一种称为欧元的共同通货。2002年1月1日，欧元开始流通。欧元区的货币政策现在由欧洲中央银行（ECB）制定，该银行由来自所有参与国的代表组成。欧洲中央银行负责发行欧元，并控制货币供给，就像联邦储备控制美国经济中的美元供给一样。

图片来源：ⓒ IS-TOCKPHOTO/THINK-STOCK.

为什么这些国家采用了共同的通货？共同通货的一个好处是使贸易更容易。设想美国50个州中每个州都有不同的通货。你每跨过一个州界，就需要兑换你的货币，并进行本书中讨论的那种汇率计算。这很不方便，并可能阻止你在你所在的州之外购买物品与劳务。欧洲国家决定，随着它们的经济变得更为一体化，避免这种不方便会更好一些。

在某种程度上，欧洲采用一种共同通货是基于超出标准经济学范围考虑的一种政治决策。有些欧元的支持者想削弱民族主义感情，并使欧洲人更充分地意识到他们的共同历史与命运。他们认为，欧洲大陆大多数国家使用单一货币将有助于达到这个目的。

但是，采用一种共同通货也有代价。如果欧洲国家只有一种货币，它们就只能有一种货币政策。如果它们对于什么货币政策是最好的有分歧，它们就必须达成某种一致，而不是各行其是。由于采用单一货币既有好处又有代价，所以经济学家对欧洲最近采用欧元是不是一个好的决策仍有争论。

在2010年，随着一些欧洲国家要应付各种经济困难，欧元问题突显出来。特别是希腊陷入了大量政府债务，而且发现自己面临可能的拖欠。结果，它就不得不提高税收并大幅度削减政府支出。一些观察家认为，如果政府有一种工具——一国的货币政策，解决这些问题就并不难。他们甚至讨论了希腊离开欧元区并重新引入其通货的可能性。但是，在本书即将付印之际，还看不出结果。

31.2.2 真实汇率

真实汇率：
一个人可以用一国物品与劳务交换另一国物品与劳务的比率。

真实汇率（real exchange rate）是一个人可以用一国的物品与劳务交换另一国的物品与劳务的比率。例如，假设你到商店购物，发现一磅瑞士奶酪的价格是一磅美国奶酪的 2 倍，真实汇率是一磅美国奶酪对 1/2 磅瑞士奶酪。要注意的是，和名义汇率一样，真实汇率也可以用一单位国内东西的外国东西单位量来表示。但在这种情况下，东西是物品，而不是通货。

真实汇率与名义汇率是紧密相关的。为了说明它们如何相关，我们来看一个例子。假设每蒲式耳美国大米卖 100 美元，而每蒲式耳日本大米卖 16 000 日元。美国大米与日本大米之间的真实汇率是多少呢？为了回答这个问题，我们首先必须用名义汇率把价格转换为一种共同的通货。如果名义汇率是 1 美元兑 80 日元，那么每蒲式耳美国大米 100 美元的价格等于每蒲式耳 8 000 日元。我们得出，美国大米价格是日本大米的一半。真实汇率是每蒲式耳美国大米兑 1/2 蒲式耳日本大米。

我们可以用以下公式总结真实汇率的计算：

$$\text{真实汇率} = \frac{\text{名义汇率} \times \text{国内价格}}{\text{国外价格}}$$

把例子中的数字代入公式，得到：

$$\text{真实汇率} = \frac{(\text{每美元兑 80 日元}) \times (\text{每蒲式耳美国大米 100 美元})}{\text{每蒲式耳日本大米 16 000 日元}}$$

$$= \frac{\text{每蒲式耳美国大米 8 000 日元}}{\text{每蒲式耳日本大米 16 000 日元}}$$

$$= \text{每蒲式耳美国大米兑 1/2 蒲式耳日本大米}$$

因此，真实汇率取决于名义汇率和用本国通货衡量的两国物品的价格。

为什么真实汇率至关重要呢？正如你可能猜到的，因为真实汇率是一国出口与进口多少的关键决定因素。例如，当 Ben 大叔的公司在决定是买美国大米还是买日本大米来存入库中时，它将要问哪一种大米更便宜。真实汇率给出了这一问题的答案。再举一个例子，假设你要决定是在佛罗里达的迈阿密海滩度假还是在墨西哥的坎科海滩度假。你一定会问你的旅行代理人迈阿密旅馆房间的价格（用美元衡量）、坎科旅馆房间的价格（用比索衡量）以及比索和美元之间的汇率。如果你通过比较成本来决定在哪里度假，那么你就要基于真实汇率做出决策。

当研究整个经济时，宏观经济学家关注的是物价总水平，而不是个别东西的价格。这就是说，为了衡量真实汇率，他们使用物价指数，例如衡量一篮子物品与劳务价格的消费物价指数。通过使用美国一篮子物品与劳务的消费物价指数(P)、国外一篮子物品与劳务的消费物价指数(P^*)以及美元和外国通货之间的名义汇率(e),我们可以用以下公式计算美国和其他国家之间的总体真实汇率:

$$真实汇率 = (e \times P)/P^*$$

这个真实汇率衡量国内得到的一篮子物品与劳务相对于国外得到的一篮子物品与劳务的价格。

正如我们在下一章中将要更充分说明的,一国的真实汇率是其物品与劳务净出口的关键决定因素。美国真实汇率的下降意味着相对于外国物品而言,美国物品变得便宜了。这种变化鼓励国内与国外消费者更多地购买美国物品,而更少地购买外国物品。结果美国出口增加而进口减少,这两种变化都增加了美国的净出口。相反,美国真实汇率的上升意味着与外国物品相比,美国物品变得昂贵了。因此,美国的净出口减少了。

即问即答 • 给出名义汇率与真实汇率的定义,并解释它们如何相关。• 如果名义汇率从 1 美元兑 100 日元上升到 120 日元,美元是升值了还是贬值了?

31.3 第一种汇率决定理论:购买力平价

汇率的变动一直很大。在 1970 年,1 美元可以兑换 3.65 德国马克或 627 意大利里拉。在 1998 年,当德国和意大利都准备采用欧元作为共同的通货时,1 美元可以兑换 1.76 德国马克或 1 737 意大利里拉。换句话说,在这一时期内,与马克相比,美元的价值下降了一半多;而与里拉相比,美元的价值翻了一番还多。

什么因素可以解释这些幅度大且反方向的变动呢?经济学家建立了许多模型来解释汇率是如何决定的,每一种模型都强调了一些因素的作用。这里我们提出一种最简单的,称为**购买力平价**(purchasing-power parity)的汇率理论。这种理论认为,任何一单位通货应该能在所有国家买到等量的物品。许多经济学家认为,购买力平价描述了长期中决定汇率的因素。现在我们考虑这种长期汇率理论所依据的逻辑以及这种理论的含义与局限性。

购买力平价:
一种认为任何一单位通货应该能在所有国家买到等量物品的汇率理论。

31.3.1 购买力平价理论的基本逻辑

购买力平价理论根据一价定律的原理得出。这个定律认为,一种物品在所有地方都应该按同样的价格出售,否则就有未被利用的可以获取利润的机会。例如,假设西雅图咖啡豆的售价低于波士顿。一个人就可以在西雅图,比如说以每磅4美元的价格购买咖啡,然后在波士顿以每磅5美元的价格出售,这样他就从这种价格差中获得每磅1美元的利润。利用不同市场上同一种东西的价格差的过程称为套利。在我们的例子中,当人们利用这种套利机会时,他们就增加了西雅图的咖啡需求并增加了波士顿的咖啡供给,从而西雅图的咖啡价格将上升(由于需求增加),而波士顿的咖啡价格将下降(由于供给增加)。这个过程会一直持续到最终两个市场上的价格相同时为止。

现在考虑一价定律如何应用于国际市场。如果1美元(或任何一种其他通货)在美国可以买到的咖啡比在日本多,国际贸易者就会通过在美国购买咖啡并将其在日本出售而获得利润。这种从美国到日本的咖啡出口会使美国的咖啡价格上升,使日本的咖啡价格下降。相反,如果1美元在日本能买到的咖啡比在美国多,贸易者就会在日本购买咖啡并将其在美国出售。这种从日本到美国的咖啡的进口会使美国的咖啡价格下降而日本的咖啡价格上升。最后,一价定律告诉我们,在所有国家,1美元都必定能买到等量的咖啡。

这种逻辑使我们得出购买力平价理论。根据这个理论,一种通货必然在所有国家具有相同的购买力。这就是说,1美元在美国和日本能购买的物品量必然相等,并且1日元在日本和美国能购买的物品量也必然相等。实际上,这种理论的名称就恰当地描述了它的内容。平价意味着平等,而购买力是指用它能购买到的物品量衡量的货币价值。购买力平价说明,一单位通货在每个国家都应该有相同的真实价值。

31.3.2 购买力平价理论的含义

购买力平价理论对汇率的含义是什么呢?它告诉我们,两国通货之间的名义汇率取决于这两个国家的物价水平。如果1美元在美国(用美元衡量价格)和在日本(用日元衡量价格)能买到等量物品,那么每1美元兑日元的数量必然反映了该物品在美国和日本的价格。例如,如果1磅咖啡在日本值500日元而在美国值5美元,那么名义汇率必然是1美元兑100日元(500日元/5美元=100日元/美元)。否则,1美元的购买力在这两个国家就不相同。

为了更充分地说明这是如何起作用的,用一些数学方法是有帮助的。假设 P 是美国一篮子物品的价格(用美元衡量),P^* 是日本一篮子物品的价格(用日元衡量),而 e 是名义汇率(1美元可以购买的日元数量)。现在考虑1美元可以在国内与国外购买的物品数量。在国内,物价水平是 P,因此在国内1美元的购买力是 $1/P$。这就是说,1美元可以购买 $1/P$ 物品量。在国外,1美元可以交换 e 单位外国通货,其购买力相应地就为 e/P^*。由于在这两个国家1美元的购买力相同,所以应该有:

$$1/P = e/P^*$$

整理上式,该式可变为:

$$1 = eP/P^*$$

要注意的是,式子的左边是一个常量,右边是真实汇率。因此,如果1美元的购买力在国内和国外总是相同的,那么,真实汇率——国内物品和国外物品的相对价格——就不会改变。

为了说明这种分析对名义汇率的含义,我们整理上式以解出名义汇率:

$$e = P^*/P$$

这就是说,名义汇率等于外国物价水平(用外国通货单位衡量)与国内物价水平(用国内通货单位衡量)的比率。根据购买力平价理论,两国通货之间的名义汇率必然反映这两个国家的物价水平。

这一理论的关键含义是,当物价水平变动时,名义汇率也变动。正如我们在前一章所说明的,任何一个国家物价水平的调整都使货币供给量与货币需求量达到平衡。由于名义汇率取决于物价水平,它也就取决于每个国家的货币供给与货币需求。当任何一个国家的中央银行增加货币供给并引起物价水平上升时,它就会引起该国通货相对于世界其他通货贬值。换句话说,当中央银行印发了大量货币时,无论根据它能买到的物品与劳务,还是根据它能买到的其他通货,这种货币的价值都减少了。

现在我们可以回答这一节开始时的问题了:为什么与德国马克相比,美元价值减少了?而与意大利里拉相比,美元价值提高了?答案是,德国实行比美国通货膨胀低的货币政策,而意大利实行比美国通货膨胀高的货币政策。从1970年到1998年,美国的年通货膨胀率是5.3%。与此相比,德国的年通货膨胀率是3.5%,而意大利的年通货膨胀率是9.6%。由于美国的物价相对于德国而言上升了,所以美元的价值相对于马克就下降了。同样,由于美国的物价相对于意大利而言下降了,所以美元的价值相对于里拉就上升了。

德国和意大利现在使用共同的通货——欧元。这意味着,两国只有一种货币政策,而且两国的通货膨胀率将有密切的联系。但是,里拉和马克的历史教训也适用于欧元。从现在起的20年中,美元对欧元的汇率的高低取决于欧洲中央银行引起的欧洲通货膨胀高于还是低于联邦储备所引起的美国的通货膨胀。

案例研究
超速通货膨胀时期的名义汇率

宏观经济学家只有在罕见的情况下才能进行受控制的试验。他们应该更经常地从历史上出现的自然试验中收集他们所能得到的一切资料。一种自然试验是超速通货膨胀——当政府为了支付其大量支出而转向印发货币时出现的高通货膨胀。因为超速通货膨胀如此极端,所以它能够清晰地说明一些基本的经济学原理。

考虑德国 20 世纪 20 年代初的超速通货膨胀。图 31-3 表示了德国的货币供给、德国的物价水平以及那一时期的名义汇率（用每德国马克兑美分来衡量）。要注意的是，这一系列变动几乎是同时发生的。当货币供给开始迅速增长时，物价水平也迅速上升，随之而来的便是德国马克的贬值。当货币供给稳定时，物价水平和汇率也稳定了。

图 31-3 德国超速通货膨胀时期的货币供给、物价水平与名义汇率

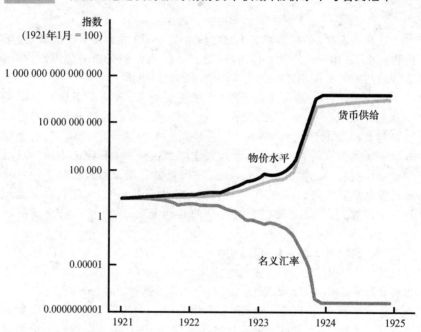

该图显示了从 1921 年 1 月到 1924 年 12 月德国超速通货膨胀时期的货币供给、物价水平以及名义汇率（用每马克兑美分来衡量）。要注意的是，这三个变量的变动如何相似。当货币供给量开始迅速增长时，物价水平随之上升，马克相对于美元贬值。当德国中央银行稳定了货币供给时，物价水平和汇率也稳定了。

该图所表明的模式出现在每一次超速通货膨胀期间。毫无疑问，货币、物价与名义汇率之间存在一种基本联系。前一章所讨论的货币数量论解释了货币供给如何影响物价水平，本章所讨论的购买力平价理论解释了物价水平如何影响名义汇率。

资料来源：Adapted from Thomas J. Sargent, "The End of Four Big Inflations", in Robert Hall, ed., *Inflation* (Chicago：University of Chicago Press, 1983), pp.41—93.

31.3.3　购买力平价理论的局限性

购买力平价理论提供了一个有关汇率如何被决定的简单模型。对于理解许多经济现象，这种理论是很有用的。特别是，它可以解释许多长期趋势，例如美元对德国马克的贬值以及美元对意大利里拉的升值；它也可以解释超速通货膨胀期间出现的汇率的重大变动。

然而,购买力平价理论并不是完全正确的。这就是说,汇率的变动并不总能保证美元在所有国家始终都具有同样的真实价值。购买力平价理论在实践中并不总能成立有如下两个原因:

第一个原因是,许多物品是不容易进行贸易的。例如,设想在巴黎理发比纽约贵。国际旅游者可以避免在巴黎理发,一些理发师也可以从纽约移居到巴黎。但这种套利是如此有限,以至于无法消除价格差。因此,与购买力平价的背离会存在下去,而美元(或欧元)在巴黎购买的理发服务会继续少于纽约。

第二个原因是,即使是可贸易物品,当它们在不同国家生产时,也并不总能完全替代。例如,一些消费者偏爱德国汽车,而另一些则偏爱美国汽车。而且随着时间的推移,消费者对汽车的嗜好也在变化。如果德国汽车突然变得更受欢迎,需求的增加会使德国汽车的价格相对于美国汽车价格上升。尽管两个市场上有这种价格差,可是并不存在有利可图的套利机会,因为消费者并不认为这两种汽车是相同的。

因此,由于一些物品是不可贸易的,以及一些可贸易物品并不能完全替代国外的相应物品,所以购买力平价不是一种完美的汇率决定理论。由于这些原因,真实汇率事实上一直在波动。然而,购买力平价理论提供了理解汇率的有用的第一步。基本逻辑是可信的:当真实汇率背离了购买力平价理论所预期的水平时,人们就会有在各国之间买卖物品的激励。即使购买力平价的力量不能完全确定真实汇率,它也使我们有理由预期,真实汇率的变动通常是小而暂时的。因此,大幅度且持久的名义汇率的变动反映了国内外物价水平的变动。

案例研究
汉堡包标准

当经济学家运用购买力平价理论来解释汇率时,他们需要有关不同国家可得到的一篮子物品的价格的数据。国际新闻杂志《经济学家》进行了这种分析。该杂志不定期收集由"两块煎牛肉饼、特殊调味品、莴苣叶、奶酪、泡菜、洋葱和时鲜面包"组成的一篮子物品的价格数据。这一篮子物品被称为"巨无霸",并在全世界的麦当劳店中销售。

一旦我们有了在两个国家用各自通货表示的巨无霸价格,我们就可以计算购买力平价理论所预期的汇率了。这种预期的汇率是使两个国家巨无霸的成本相同的汇率。例如,如果在美国一个巨无霸的价格是3美元,而在日本是300日元,那么购买力平价理论将预期汇率是每1美元兑100日元。

当把购买力平价理论运用于巨无霸时,这种理论如何起作用呢?下面是2009年7月的一些例子,这时巨无霸在美国的价格是3.57美元:

国别	巨无霸的价格	预期的汇率	真实汇率
印度尼西亚	20 900 卢比	5 854 卢比/美元	10 200 卢比/美元
韩国	3 400 韩元	952 韩元/美元	1 315 韩元/美元
日本	320 日元	89.6 日元/美元	92.6 日元/美元
瑞典	39 克朗	10.9 克朗/美元	7.9 克朗/美元
墨西哥	33 比索	9.2 比索/美元	13.8 比索/美元
欧元区	3.31 欧元	0.93 欧元/美元	0.72 欧元/美元
英国	2.29 英镑	0.64 英镑/美元	0.62 英镑/美元

你可以看到,预期的汇率与真实汇率并不完全相同。最终,巨无霸的国际套利是不容易进行的。然而,两种汇率通常又是十分相近的。虽然购买力平价理论不是一种精确的汇率理论,但它经常能够提供一个最合理的近似值。

即问即答 过去 20 年间,墨西哥通货膨胀一直较高,而日本通货膨胀一直较低。你预测一个人用 1 日元可以购买的墨西哥比索数量会发生什么变动?

31.4 结论

本章的目的是要提出一些宏观经济学家用来研究开放经济的基本概念。现在你应该了解了一国的贸易余额如何与资本的国际流动相关,以及开放经济中一国的储蓄如何可以不等于国内投资;你也应该了解了,当一国有贸易盈余时,它必须把资本输出到外国,而当一国有贸易赤字时,它必定有资本流入;你还应该了解了名义汇率与真实汇率的含义,以及作为汇率决定理论的购买力平价理论的含义和局限性。

这里所定义的宏观经济变量为分析一个开放经济与世界其他经济的相互交易提供了一个出发点。在下一章中,我们要提出一个可以说明什么因素决定这些变量的模型。然后,我们就可以讨论各种事件与政策如何影响一国的贸易余额以及各国在世界市场上按什么比率进行交换。

内容提要

◎ 净出口是在国外销售的国内生产的物品与劳务的价值(出口)减去在国内销售的国外物品与劳务的价值(进口)。资本净流出是国内居民获得的国外资产(资本流出)减去外国人获得的国内资产(资本流入)。由于每一次国际交易都包括资产与物品或劳务的交换,所以一个经济的资本净流出总是等于其净出口。

◎ 一个经济的储蓄既可以用于为国内投资

筹资,又可以用于购买国外资产。因此,国民储蓄等于国内投资加资本净流出。
◎ 名义汇率是两国通货的相对价格,而真实汇率是两国物品与劳务的相对价格。当名义汇率变动致使每美元能购买更多的外国通货时,可以说美元升值或者坚挺。当名义汇率变动致使每美元只能购买较少的外国通货时,可以说美元贬值或者疲软。
◎ 根据购买力平价理论,一美元(或者一单位任何一种其他通货)应该能在所有国家购买等量的物品。这种理论意味着两国通货之间的名义汇率应该反映这两个国家的物价水平。因此,有较高通货膨胀的国家的通货应该贬值,而有较低通货膨胀的国家的通货应该升值。

关键概念

封闭经济	贸易余额	名义汇率
开放经济	贸易盈余	升值
出口	贸易赤字	贬值
进口	贸易平衡	真实汇率
净出口	资本净流出	购买力平价

复习题

1. 定义净出口与资本净流出。解释它们如何相关以及为什么相关。
2. 解释储蓄、投资和资本净流出之间的关系。
3. 如果一辆日本汽车的价格为 50 万日元,一辆类似的美国汽车的价格为 1 万美元,并且 1 美元可以兑换 100 日元,那么名义汇率与真实汇率分别为多少?
4. 描述购买力平价理论背后的经济逻辑。
5. 如果美联储开始大量印发美元,1 美元所能购买的日元数量会有什么变化?为什么?

问题与应用

1. 下列这些交易如何影响美国的出口、进口以及净出口?
   a. 一位美国艺术教授利用暑假参观欧洲的博物馆。
   b. 巴黎的学生纷纷去观看好莱坞最新的电影。
   c. 你叔叔购买了一辆新沃尔沃汽车。
   d. 英国牛津大学的学生书店卖了一条 Levi's 501 牛仔裤。
   e. 加拿大公民为了避开加拿大的销售税在佛蒙特州北部的一家商店购物。
2. 以下每一项交易应该包括在净出口中还是资本净流出中?确切地说出每一项交易是代表那种变量的增加还是减少?
   a. 一个美国人买了一台索尼牌电视机。
   b. 一个美国人买了索尼公司的股票。
   c. 索尼公司的养老基金购买了美国财政部发行的债券。

d. 一个日本索尼工厂的工人购买了美国农民种的一些佐治亚州桃子。
3. 描述国外直接投资与国外有价证券投资之间的差别。谁更有可能进行国外直接投资——公司还是个人投资者？谁更有可能进行国外有价证券投资？
4. 下列交易如何影响美国的资本净流出？此外，说明每一项是直接投资，还是有价证券投资。
   a. 美国一家移动电话公司在捷克共和国建立了一个办事处。
   b. 伦敦的 Harrod 公司把股票卖给通用电气公司的养老基金。
   c. 本田公司扩大其在俄亥俄州 Marysville 的工厂。
   d. Fidelity 共同基金把其大众汽车公司的股票卖给一个法国投资者。
5. 大多数主要报纸的经济版都有列示美国汇率的表格。在报纸或网上找出一个来并用它回答下列问题：
   a. 这个表显示的是名义汇率还是真实汇率？解释之。
   b. 美国和加拿大之间以及美国和日本之间的汇率各是多少？计算加拿大和日本之间的汇率。
   c. 如果在下一年美国的通货膨胀超过了日本，根据你的预计，相对于日元而言，美元将升值还是贬值？
6. 如果美元升值，下列每一个群体的人是高兴还是不高兴？解释之。
   a. 持有美国政府债券的荷兰养老基金。
   b. 美国制造业。
   c. 计划到美国旅游的澳大利亚旅游者。
   d. 一家想购买国外资产的美国企业。
7. 在下列每一种情况下，美国的真实汇率会发生什么变动？解释之。
   a. 美国的名义汇率未变，但美国的物价上升快于国外。
   b. 美国的名义汇率未变，但国外的物价上升快于美国。
   c. 美国的名义汇率下降了，但美国和国外的物价都没有变。
   d. 美国的名义汇率下降了，并且国外物价的上升快于美国。
8. 一罐软饮料在美国价格为 0.75 美元，在墨西哥为 12 比索。如果购买力平价理论成立，那么比索与美元之间的汇率是多少？如果货币扩张引起墨西哥的物价翻了一番，以致软饮料价格上升到 24 比索，那么比索与美元之间的汇率会发生什么变动？
9. 假设美国大米每蒲式耳卖 100 美元，日本大米每蒲式耳卖 16 000 日元，并且名义汇率是 1 美元兑 80 日元。
   a. 解释你如何从这种情况中赚到利润。每蒲式耳大米你能赚到多少利润？如果其他人利用同样的机会，日本和美国的大米价格会发生什么变动？
   b. 假设大米是世界上唯一的商品。美国和日本之间的真实汇率会发生什么变动？
10. 本章的案例研究用巨无霸的价格分析了几个国家的购买力平价。下面是其他几个国家的数据：

国别	巨无霸的价格	预期的汇率	真实汇率
智利	1 750 比索	_____ 比索/美元	549 比索/美元
匈牙利	720 福林	_____ 福林/美元	199 福林/美元
捷克共和国	67.9 克朗	_____ 克朗/美元	18.7 克朗/美元
巴西	8.03 雷阿尔	_____ 雷阿尔/美元	2.00 雷阿尔/美元
加拿大	3.89 加元	_____ 加元/美元	1.16 加元/美元

a. 计算每个国家的通货对每美元的预期汇率。（回想一下，美国的巨无霸是3.57美元。）

b. 根据购买力平价理论，匈牙利福林和加元之间预期的汇率是多少？真实汇率是多少？

c. 购买力平价理论圆满地解释了汇率吗？

11. 购买力平价在 Ectenia 国和 Wiknam 国之间是成立的，这里只有一种商品，即斯帕姆午餐肉。

a. 2000 年每个斯帕姆午餐肉在 Ectenia 是 2 美元，在 Wiknam 是 6 比索。Ectenia 美元和 Wiknam 比索的比率是多少？

b. 在以后 20 年间，Ectenia 每年的通货膨胀率是 3.5%，而 Wiknam 是 7%。在此期间，斯帕姆午餐肉的价格和汇率会发生什么变化？（提示：回忆一下第 27 章的 70 规则）。

c. 这两个国家哪一个国家的名义汇率高？为什么？

d. 你的朋友提出一个快速致富的计划，从名义利率低的国家借钱，投资到名义利率高的国家，并从利率差中获得利润。你认为这种想法有什么潜在的问题？解释之。

第32章
开放经济的宏观经济理论

在过去的30年间，美国进口的物品与劳务一直大于其出口。这就是说，美国的净出口一直是负数。虽然经济学家们一直在争论这些贸易赤字对于美国经济是不是一个问题，但美国企业界有一种强烈的舆论。许多企业领导人声称，贸易赤字反映了不平等的竞争：美国政府允许外国企业在美国市场上出售其产品，而外国政府却不让美国企业在国外销售美国产品。

设想你是美国总统，并且你想消除这些贸易赤字，你应该怎么办呢？你是否应该通过对来自中国的纺织品或日本的汽车实行配额来努力限制进口？或者，你应该用其他某种方式来影响本国的贸易赤字？

为了理解什么因素决定一国的贸易余额以及政府政策如何影响贸易余额，我们需要一种解释开放经济如何运行的宏观经济理论。前一章介绍了一些关键宏观经济变量——包括净出口、资本净流出以及真实汇率和名义汇率，这些变量描述了一个经济与其他经济的关系。这一章要建立一个模型来说明什么因素决定了这些变量以及这些变量如何彼此相关。

为了建立这个开放经济的宏观经济模型，我们以两种方式扩展以前的分析。第一，这个模型把经济的GDP作为既定的。我们假设，用真实GDP衡量的一个经济中物品与劳务的产量是由生产要素的供给和可获得的把这些投入变为产出的生产技术决定的。第二，这个模型把经济中的物价水平作为既定的。我们假设物价水平的调整使货币的供求达到平衡。换句话说，本章把前几章中学到的有关决定经济中的产量与物价水平的结论作为出发点。

本章模型的目的是阐明决定经济的贸易余额和汇率的力量。从某种意义上说，这个模型是简单的：它仅仅是把供求工具运用于开放经济。但这个模型还是比我们所论述过的其他模型更为复杂，因为它要同时考察两个相关的市场——可贷资金市场和外汇市场。在我们提出这个开放经济模型之后，我们就用它考察各种事件和政策如何影响经济的贸易余额和汇率。然后,我们将能确定最可能扭转美国经济过去30年经历的贸易赤字的政府政策。

32.1 可贷资金市场与外汇市场的供给与需求

为了理解在开放经济中发生作用的力量,我们集中研究两个市场的供给与需求。第一个是可贷资金市场,它协调经济中的储蓄与投资,以及国外可贷资金的流动(所谓的资本净流出)。第二个是外汇市场,它协调那些想用国内通货交换其他国家通货的人。在这一节,我们讨论每个市场上的供给与需求。在下一节,我们把这两个市场放在一起来解释开放经济的整体均衡。

32.1.1 可贷资金市场

当我们在第26章中第一次分析金融体系的作用时,我们做了一个可以使研究简化的假设:金融体系只包括一个市场,即所谓的可贷资金市场。所有储蓄者都到这个市场上存入他们的储蓄,所有借款者都从这个市场上得到他们的贷款。在这个市场上,存在一种利率,它既是储蓄的收益,又是借款的成本。

为了理解开放经济中的可贷资金市场,我们将上一章所讨论的恒等式作为起点:

$$S = I + NCO$$
储蓄 = 国内投资 + 资本净流出

每当一国储蓄了其一美元收入时,它就可以用这一美元来为购买国内资产筹资,或为购买国外资产筹资。这个恒等式的两边代表可贷资金市场的双方。可贷资金的供给来自国民储蓄(S),可贷资金的需求来自国内投资(I)和资本净流出(NCO)。

可贷资金应该解释为国内产生的可用于资本积累的资源流量。无论是购买国内资本资产(I)还是购买国外资本资产(NCO),这种购买都增加了可贷资金的需求。由于资本净流出既可以是正的,也可以是负的,所以它既可以增加也可以减少由国内投资引起的可贷资金的需求。当 $NCO > 0$ 时,一国有资本净流出,此时对海外资本的净购买增加了对国内产生的可贷资金的需求;当 $NCO < 0$ 时,一国有资本净流入,此时来自国外的资本资源减少了对国内产生的可贷资金的需求。

正如我们在以前关于可贷资金市场的讨论中所知道的,可贷资金的供给量和需求量取决于真实利率。较高的真实利率鼓励人们更多地储蓄,因此,增加了可贷资金供给量。较高的真实利率也增加了为资本项目筹资而借款的成本,因此,它抑制了投资,并减少了可贷资金的需求量。

除了影响国民储蓄和国内投资之外,一国的真实利率还影响该国的**资本净流出**。为了说明原因,考虑两种共同基金——美国的和德国的——以决定是购买美国政府的债券还是购买德国政府的债券。共同基金的管理者部分是通过比较美国和德国的真实利率来作出这个购买决策的。当美国真实利率上升时,美国债券对这两种共同基金都更有吸引力了。因此,美国真实利率上升就抑制了美国人购买外国资产,且鼓励了外国人购买美国资产。由于这两个原因,美国较高的真实利率降低了其资本净流出。

我们用图32-1中熟悉的供求图来说明可贷资金市场。与以前我们对金融体系的分析一样,供给曲线向右上方倾斜,因为较高的利率增加了可贷资金的供给量;而需求曲线向右下方倾斜,因为较高的利率减少了可贷资金的需求量。但是,与我们以前讨论的情况不同,现在市场的需求一方代表国内投资与资本净流出行为。这就是说,在一个开放经济中,可贷资金需求不仅来自那些想借贷以购买国内资本品的人,而且还来自那些想借贷以购买外国资产的人。

图32-1　可贷资金市场

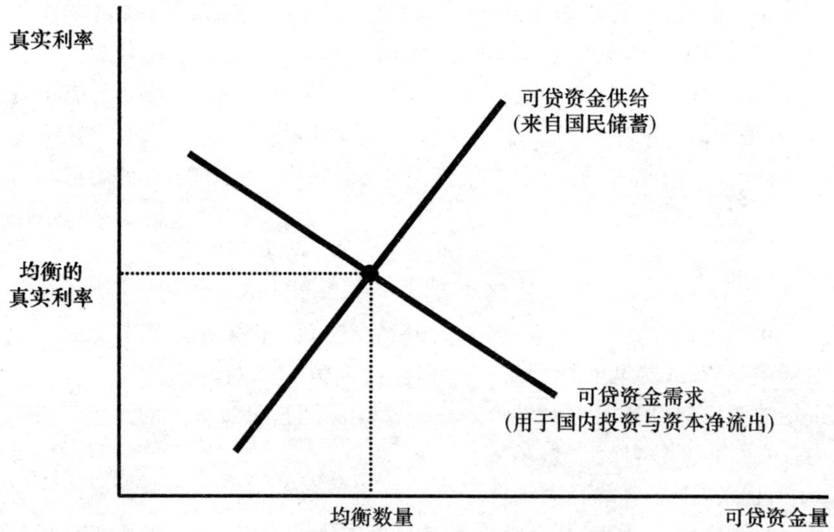

开放经济中的利率和封闭经济中的一样,都是由可贷资金的供给与需求决定的。国民储蓄是可贷资金供给的来源。国内投资和资本净流出是可贷资金需求的来源。在均衡利率时,人们想储蓄的量正好与人们想为购买国内资本和国外资产而借贷的量相等。

利率调整使可贷资金的供给与需求平衡。如果利率低于均衡水平,可贷资金供给量将小于需求量,所引起的可贷资金短缺将使利率上升。相反,如果利率高于均衡水平,可贷资金供给量将大于需求量,可贷资金过剩将使利率下降。在均衡利率时,可贷资金供给正好与需求平衡。这就是说,在均衡利率时,人们想储蓄的量正好与合意的国内投资和资本净流出量平衡。

32.1.2 外汇市场

开放经济模型中的第二个市场是外汇市场,这个市场的参与者用美元兑换外国通货。为了了解外汇市场,我们从上一章的另一个恒等式开始:

$$NCO = NX$$
资本净流出 = 净出口

这个恒等式表明,国外资本资产的购买与出售之间的不平衡(NCO)等于物品与劳务的出口和进口之间的不平衡(NX)。例如,当美国有贸易盈余($NX>0$)时,外国人购买的美国物品与劳务多于美国人购买的外国物品与劳务。美国人用他们从这种物品与劳务的国外净销售中得到的外国通货做什么呢?他们必定购买外国资产,因此,美国资本流向国外($NCO>0$)。相反,如果美国有贸易赤字($NX<0$),那么美国人用于购买外国物品与劳务的支出就多于他们从国外销售中得到的收入。因此,部分支出必定通过出售美国人的国外资产来筹资,因此,外国资本流入美国($NCO<0$)。

我们的开放经济模型假设,这个恒等式的两边代表外汇市场上的双方。资本净流出代表为购买国外资产而供给的美元量。例如,当一个美国共同基金想购买日本政府债券时,它就需要把美元兑换为日元,因此它在外汇市场上供给美元。净出口代表为了购买美国物品与劳务的净出口而需要的美元量。例如,当一家日本航空公司想购买波音公司制造的飞机时,它需要把日元兑换成美元,因此,它在外汇市场上需要美元。

使外汇市场供求平衡的价格是什么呢?答案是真实汇率。正如我们在上一章中所说明的,真实汇率是国内物品与国外物品的相对价格,从而也是净出口的关键决定因素。当美国真实汇率上升时,美国物品相对于国外物品变贵了,这使美国物品对国内外消费者的吸引力变小了。结果,美国的出口减少,而进口增加。由于这两个原因,美国的净出口减少了。因此,真实汇率上升减少了外汇市场上美元的需求量。

图32-2表明了外汇市场的供给与需求。需求曲线向右下方倾斜,原因我们刚刚讨论过,即较高的真实汇率使美国的物品更加昂贵,并减少了为购买这些物品而需求的美元量。供给曲线是垂直的,因为为资本净流出而供给的美元量并不取决于真实汇率。(正如以前所讨论的,资本净流出取决于真实利率。当讨论外汇市场时,我们把真实利率和资本净流出作为既定的。)

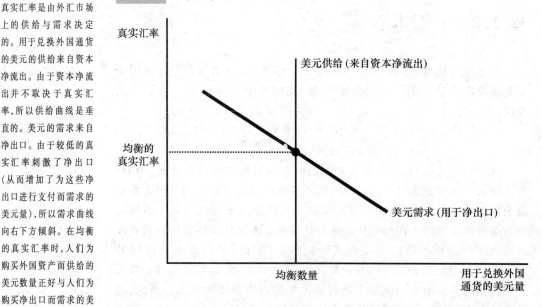

图 32-2　外汇市场

真实汇率是由外汇市场上的供给与需求决定的。用于兑换外国通货的美元的供给来自资本净流出。由于资本净流出并不取决于真实汇率，所以供给曲线是垂直的。美元的需求来自净出口。由于较低的真实汇率刺激了净出口（从而增加了为这些净出口进行支付而需求的美元量），所以需求曲线向右下方倾斜。在均衡的真实汇率时，人们为购买外国资产而供给的美元数量正好与人们为购买净出口而需求的美元数量平衡。

乍一看，资本净流出并不取决于汇率似乎是奇怪的。毕竟，较高的美元兑换价值不仅使外国物品对美国购买者来说便宜了，而且也使外国资产便宜了。人们会猜测，这会使外国资产更有吸引力。但是，要记住，一个美国投资者最终想把外国资产，以及从这种资产中赚到的任何利润转变回美元。例如，美元的高价值使美国人购买日本公司的股票便宜了，但当股票分红时，这些红利是日元。当把这些日元兑换为美元时，美元的高价值就意味着红利买的美元少了。因此，汇率变动既影响购买外国资产的成本，又影响拥有这些资产的收益，而且这两种影响相互抵消。由于这些原因，我们的开放经济模型假定资本净流出并不取决于真实汇率，正如图 32-2 中垂直的供给曲线所表示的。

真实汇率变动以确保这个市场均衡。这就是说，其调整使美元的供求平衡，这正如任何一种物品的价格调整使该物品的供求平衡一样。如果真实汇率低于均衡水平，那么美元供给量将小于需求量，所引起的美元短缺将使美元的价值上升。相反，如果真实汇率高于均衡水平，那么美元供给量将大于需求量，美元过剩将使美元的价值下降。在均衡的真实汇率时，由美国物品与劳务净出口所引起的外国人对美元的需求正好与由美国资本净流出所引起的来自美国人的美元供给相平衡。

即问即答　描述可贷资金市场与外汇市场上供给与需求的来源。

> **参考资料**
> **购买力平价是一种特例**
>
> 细心的本书读者可能会问:为什么我们在这里还要提出一种汇率理论?在前一章中我们不是已经提出了一种汇率理论吗?
>
> 正如你可能记得的,在上一章中我们提出了称为购买力平价的汇率理论。这种理论认为,美元(或任何一种其他通货)在不同国家应该能买到等量的物品与劳务。因此,真实汇率是固定的,并且两种通货之间名义汇率的一切变动都反映了两国物价水平的变动。
>
> 这里所提出的汇率模型与购买力平价理论是相关的。根据购买力平价理论,国际贸易对国际价格差作出了迅速反应。如果一个国家的物品比另一个国家便宜,那么这些物品就会从第一个国家出口并且进口到第二个国家,直至价格差消失为止。换句话说,购买力平价理论假定,净出口对真实汇率的微小变动都反应极快。如果净出口实际上是这样作出反应的,图32-2中的需求曲线就应该是水平的。
>
> 因此,购买力平价理论可以被看做是这里所考虑的模型的一种特例。在这种特例下,外汇的需求曲线不是向右下方倾斜,而是在确保国内外购买力平价的真实汇率时的一条水平线。当研究汇率时,这种特例是一个良好的出发点,但远远不是事情的结局。
>
> 因此,本章集中在更现实的情况上。在这种情况下,外汇的需求曲线是向右下方倾斜的,这就使真实汇率可以像现实世界中的情况那样一直变动。

32.2 开放经济中的均衡

到目前为止,我们已经讨论了两个市场——可贷资金市场和外汇市场——的供给与需求。现在我们来考虑这两个市场如何相关。

32.2.1 资本净流出:两个市场之间的联系

我们首先扼要重述迄今为止在本章中所学过的内容。我们已经讨论了经济如何协调四个重要的宏观经济变量:国民储蓄(S)、国内投资(I)、资本净流出(NCO)和净出口(NX)。记住以下恒等式:

$$S = I + NCO$$

以及

$$NCO = NX$$

在可贷资金市场上,供给来自国民储蓄(S),需求来自国内投资(I)和资本净流出(NCO),并且真实利率使供求平衡。在外汇市场上,供给来自资本净流出(NCO),需求来自净出口(NX),并且真实汇率使供求平衡。

资本净流出是联系这两个市场的变量。在可贷资金市场上,资本净流出是需求的一部分。那些想购买国外资产的人必须通过在可贷资金市场上获得资源为这种购买筹资。在外汇市场上,资本净流出是供给的来源。那些想购买另一个国家资产的人必须供给美元,以便用美元兑换那个国家的通货。

如前所述,资本净流出的关键决定因素是真实利率。当美国的真实利率高时,拥有美国资产更有吸引力,因而美国的资本净流出低。图32-3显示了真实利率和资本净流出之间的这种负相关关系。这条资本净流出曲线把可贷资金市场和外汇市场联系起来。

图 32-3 资本净流出如何取决于真实利率

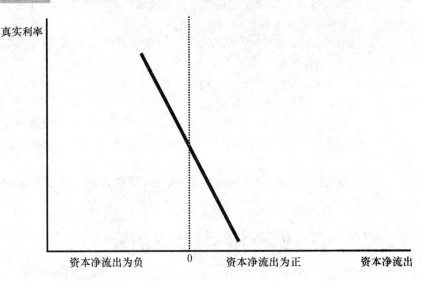

由于较高的国内真实利率使国内资产更有吸引力,这就减少了资本净流出。要注意的是,在横轴零的位置时,资本净流出既可以为正,也可以为负。资本净流出为负值意味着经济中存在资本净流入。

32.2.2 两个市场的同时均衡

现在我们可以把模型中的各个部分放在图32-4中了。这个图说明了可贷资金市场和外汇市场如何共同决定开放经济中的重要宏观经济变量。

图32-4(a)幅表示可贷资金市场(取自图32-1)。和以前一样,国民储蓄是可贷资金供给的来源,国内投资和资本净流出是可贷资金需求的来源,均衡的真实利率(r_1)使可贷资金供给量和可贷资金需求量平衡。

图32-4(b)幅表示资本净流出(取自图32-3)。它说明从(a)幅中得出的真实利率如何决定资本净流出。国内真实利率高使国内资产更有吸引力,而这又减少了资本净流出。因此,(b)幅中的资本净流出曲线向右

下方倾斜。

图32-4(c)幅表示外汇市场(取自图32-2)。由于必须用外国通货购买外国资产,所以从(b)幅中得出的资本净流出量决定了用于兑换外国通货的美元的供给。真实汇率并不影响资本净流出,因此,供给曲线是垂直的。对美元的需求来自净出口。因为真实汇率下降增加了净出口,所以外汇需求曲线向右下方倾斜。均衡的真实汇率(E_1)使外汇市场上美元的供给量与需求量平衡。

图32-4中所表示的两个市场决定了两个相对价格——真实利率和真实汇率。(a)幅中决定的真实利率是相对于未来物品与劳务的现期物品与劳务的价格。(c)幅中决定的真实汇率是相对于国外物品与劳务的国内物品与劳务的价格。这两个相对价格同时调整使这两个市场的供求达到平衡。当这两个相对价格调整时,它们就决定了国民储蓄、国内投资、资本净流出和净出口。我们接下来就用这个模型来说明:当某种政策或事件引起这些曲线中的一条移动时,所有这些变量将如何变动。

图32-4 开放经济的实际均衡

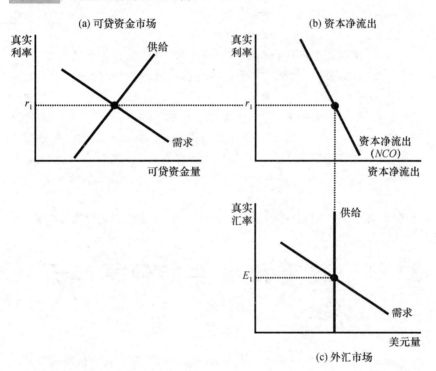

在(a)幅中,可贷资金的供给和需求决定了真实利率。在(b)幅中,真实利率决定了资本净流出,资本净流出提供了外汇市场上的美元供给。在(c)幅中,外汇市场上美元的供给与需求决定了真实汇率。

即问即答 在刚刚提出的开放经济模型中,两个市场决定两个相对价格。这两个市场是什么?这两个相对价格又是什么?

> **参考资料**
> **分开供给与需求**
>
> 假设一个苹果园主决定消费一些他自己的苹果。这个决策代表了苹果需求增加,还是苹果供给减少?这两种答案都是正确的,只要我们在以后的分析中留心,我们就会发现没有什么重要的事情会随我们选择哪一个答案而发生变动。有时我们如何区分供给与需求是有点随意的。
>
> 在本章中建立的开放经济的宏观经济模型中,交易在"供给"和"需求"之间的划分也有点随意性。这对可贷资金市场和外汇市场都是适用的。
>
> 首先,考虑可贷资金市场。这个模型把资本净流出作为可贷资金市场需求的一部分。但我们可以不写成 $S = I + NCO$,而是很容易地写为 $S - NCO = I$。当按这种方式重写方程式时,资本流出看来就像可贷资金供给的减少。哪一种方法都可以。第一种表达式($S = I + NCO$)强调了无论在国内还是在国外使用,可贷资金是在国内产生的。第二种表达式($S - NCO = I$)强调了无论产生于国内还是国外,可贷资金都可以用于国内投资。
>
> 同样,考虑外汇市场。在我们的模型中,净出口是美元需求的来源,而资本净流出是美元供给的来源。因此,当一个美国公民进口了一辆日本生产的汽车时,我们的模型把这种交易作为美元需求量的减少(因为净出口减少了),而不是作为美元供给量的增加。同样,当一个日本公民购买了美国政府的债券时,我们的模型把这个交易作为美元供给量的减少(因为资本净流出减少了),而不是作为美元需求量的增加。乍一看,这种对供给与需求的定义似乎有点不正常,但在分析各种政策的影响时,它被证明是有用的。

32.3 政策和事件如何影响开放经济

在提出了一个解释开放经济中关键宏观经济变量如何决定的模型之后,我们就可以用它来分析政策和其他事件的变动如何改变经济的均衡。当我们进行这种分析时,要牢记:我们的模型仅仅是两个市场——可贷资金市场和外汇市场——的供给与需求。当用这个模型来分析任何一个事件时,我们可以运用在第4章中所概括的三个步骤:第一,确定该事件影响供给曲线和需求曲线中的哪一条;第二,确定曲线以什么方式移动;第三,用供求图考察这些移动如何改变经济的均衡。

32.3.1 政府预算赤字

在本书的前面当我们第一次讨论可贷资金的供给与需求时,我们考察了政府预算赤字的影响:当政府支出大于政府收入时,赤字就出现了。由于政府预算赤字代表负的公共储蓄,所以它减少了国民储蓄(公共储蓄与私人储蓄之和)。因此,政府预算赤字减少了可贷资金的供给,使利率上升,并挤出了投资。

现在我们考虑开放经济中预算赤字的影响。第一步,我们的模型中哪一条曲线移动?与封闭经济中的情况一样,预算赤字最初是影响国民储蓄,从而影响可贷资金的供给。第二步,这条供给曲线以什么方式移动?又与封闭经济中的情况一样,预算赤字代表负的公共储蓄,因此它减少了国民储蓄,并使可贷资金供给曲线向左移动。如图32-5(a)幅所示,这条曲线从 S_1 移动到 S_2。

图 32-5 政府预算赤字的影响

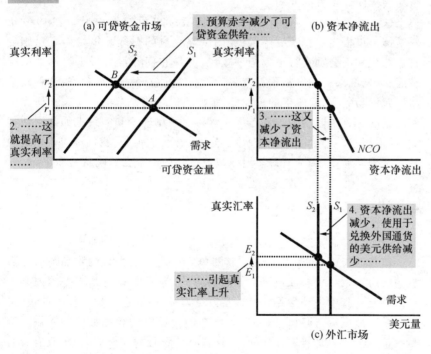

当政府有预算赤字时,它使可贷资金的供给从(a)幅中的 S_1 减少为 S_2。利率从 r_1 上升到 r_2,以使可贷资金的供求平衡。在(b)幅中,较高的利率减少了资本净流出。减少的资本净流出又使外汇市场上美元的供给从(c)幅中的 S_1 减少为 S_2。美元供给的这种减少引起真实汇率从 E_1 上升为 E_2。汇率上升使贸易余额向赤字方向变动。

第三步,也是最后一步,是比较新旧均衡。图32-5(a)幅显示了美国预算赤字对其可贷资金市场的影响。随着美国金融市场上借款者得到的资金减少,利率从 r_1 上升到 r_2,以使供求平衡。面对较高的利率,可贷资金市场上的借款者选择少借贷。这种变化反映在图中是沿着可贷资金需求曲线从 A 点移动到 B 点。特别是,家庭和企业减少了它们对资本品的购买。如同在封闭经济中一样,预算赤字挤出了国内投资。

但是,在开放经济中,可贷资金供给的减少还有额外的影响。图 32-5(b)幅显示了利率从 r_1 上升到 r_2 减少了资本净流出。(这种资本净流出减少也是(a)幅中可贷资金需求量从 A 点减少到 B 点中的一部分。)由于现在在国内储蓄赚到了较高的收益率,国外投资的吸引力就小了,国内居民购买的外国资产也少了。较高的利率还吸引了外国投资者,因为他们想赚取美国资产的较高收益。因此,当预算赤字提高了利率时,国内与国外的行为都使美国资本净流出减少。

图 32-5(c)幅显示了预算赤字如何影响外汇市场。由于资本净流出减少,人们需要用于购买外国资产的外国通货少了,因此外汇市场上美元的供给也减少了。这使美元供给曲线从 S_1 向左移动到 S_2。美元供给减少使真实汇率从 E_1 上升为 E_2。这就是说,与外国通货相比,美元变得更值钱了。这种升值又使美国物品与外国物品相比变得更加昂贵了。由于国内外人们不再购买更昂贵的美国物品,美国的出口减少了,并且其进口增加了。由于这两个原因,美国净出口减少了。因此,在一个开放经济中,政府预算赤字提高了真实利率,挤出了国内投资,引起美元升值,并使贸易余额向赤字方向变动。

这一结论的一个重要例子发生在美国的 20 世纪 80 年代。在 1980 年罗纳德·里根当选总统后不久,美国联邦政府的财政政策发生了急剧变化。总统和国会都实行了大幅度减税,但是它们并没有近乎等量地削减政府支出,结果就是巨额预算赤字。我们的开放经济模型预言,这种政策将引起贸易赤字,实际上的确如此,正如我们在前一章的一个案例研究中所看到的。这个时期的预算赤字和贸易赤字在理论和实践上如此密切相关,以至于它们得到了一个"孪生赤字"的绰号。但是,我们不应该把这两种赤字等同起来,因为有许多财政政策之外的因素会影响贸易赤字。

32.3.2 贸易政策

贸易政策:
直接影响一国进口或出口的物品与劳务数量的政府政策。

贸易政策(trade policy)是直接影响一国进口或出口的物品与劳务数量的政府政策。贸易政策采取了多种形式,通常其目的是支持国内某个特定行业。其中一种常见的贸易政策是关税,即对进口物品征收的税;另一种是进口配额,即对在国外生产而在国内销售的物品数量的限制。贸易政策在全世界是普遍存在的,尽管有时是隐蔽的。例如,美国政府有时迫使日本汽车制造商减少它们在美国出售的汽车数量。这些所谓的"自愿出口配额"实际上并不是自愿的,它在本质上是进口配额的一种形式。

现在我们考虑贸易政策的宏观经济影响。假设美国汽车行业关注来自日本汽车制造商的竞争,它们说服了美国政府对从日本进口的汽车数量实行配额。在促成这种情况时,汽车行业的游说者断言,贸易限制会缩小美国贸易赤字的规模。他们的说法正确吗?如图 32-6 所示,我们的模型提供了一个答案。

图 32-6 进口配额的影响

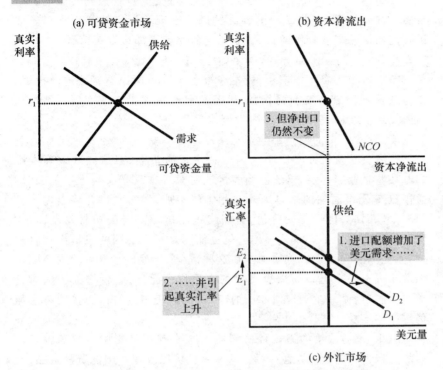

当美国政府对日本汽车实行进口配额时，(a)幅中的可贷资金市场和(b)幅中的资本净流出并没有发生什么变动。唯一的影响是，在真实汇率既定时，净出口（出口减进口）增加了。因此，外汇市场上的美元需求增加了，在(c)幅中表现为美元需求曲线从 D_1 移动到 D_2。美元需求增加引起美元价值从 E_1 上升为 E_2。美元的这种升值往往减少净出口，这就抵消了进口配额对贸易余额的直接影响。

分析该项贸易政策的第一步，确定哪一条曲线移动。显然，进口配额最初影响进口。由于净出口等于出口减进口，所以这项政策也影响净出口。而且，由于净出口是外汇市场上美元需求的来源，所以这项政策也会影响外汇市场上的需求曲线。

第二步，确定这条需求曲线如何移动。由于进口配额限制了在美国销售的日本汽车的数量，所以它减少了真实汇率既定时的进口。由于净出口等于出口减进口，所以净出口在真实汇率既定时增加了。由于外国人需要美元来购买美国的净出口，所以在外汇市场上美元的需求增加了。这种美元需求的增加在图 32-6(c) 幅中表示为美元需求曲线从 D_1 移动到 D_2。

第三步，比较新旧均衡。正如我们在(c)幅中所看到的，美元需求增加引起真实汇率从 E_1 上升为 E_2。由于(a)幅中可贷资金市场没有发生任何变动，所以真实利率也没有变动。由于真实利率没有发生变动，如(b)幅所示，资本净流出也没有变动。由于资本净流出没有变动，所以尽管进口配额减少了出口，但净出口没有变动。

净出口仍然相同，而进口减少了，这看来是个谜。解开这个谜要注意真实汇率的变动：当外汇市场上美元升值时，相对于外国物品而言国内物品变得更昂贵了。这种升值鼓励进口而抑制出口，并且这两种变动的作用抵消了由于进口配额直接增加的净出口。结果是：进口配额既减少了进口，也减少了出口，但净出口（出口减进口）并没有改变。

因此，我们可以得出一个令人惊讶的结论：贸易政策并不影响贸易余额。这就是说，直接影响出口或进口的政策并没有改变净出口。如果我们回忆一下会计恒等式，这个结论看来就不那么令人惊讶了：

$$NX = NCO = S - I$$

净出口等于资本净流出，资本净流出又等于国民储蓄减国内投资。贸易政策并没有改变贸易余额，因为这些政策并没有改变国民储蓄和国内投资。在国民储蓄和国内投资水平既定时，无论政府实行什么贸易政策，真实汇率的调整都使贸易余额保持不变。

虽然贸易政策并不影响一国的总体贸易余额，但这些政策确实影响着某些企业、行业和国家。当美国政府对日本汽车实行进口配额时，通用汽车公司面临的来自国外的竞争就不那么激烈了，并将卖出更多的汽车。同时，由于美元升值，美国飞机制造商波音公司将发现，与欧洲飞机制造商空中客车公司相竞争更加困难了。美国的飞机出口将减少，而美国的飞机进口将增加。在这种情况下，对日本汽车的进口配额将增加汽车的净出口而减少飞机的净出口。此外，它将增加美国对日本的净出口，而减少美国对欧洲的净出口，但美国经济的总体贸易余额仍然保持不变。

因此，贸易政策的微观经济影响大于宏观经济影响。虽然贸易政策的支持者有时（错误地）声称，这些政策可以改变一国的贸易余额，但他们通常更多的是受对某些企业或行业的关注所驱动的。例如，当你听说通用汽车公司的总裁支持对日本汽车实行进口配额时，你并不会觉得奇怪。经济学家通常反对这种贸易政策。因为自由贸易使各个经济能专门从事自己最擅长的事，从而使各国居民状况更好。贸易限制妨碍了从贸易中获得的好处，从而减少了整体经济福利。

32.3.3 政治不稳定与资本外逃

资本外逃：
一国资产需求大量且突然地减少。

1994年，墨西哥的政治不稳定（包括主要政治领导人遇刺）导致世界金融市场动荡。人们开始认为墨西哥远远不像他们以前认为的那样是一个稳定的国家。因此，他们决定从墨西哥撤出一些资产，以便把这些资金转移到美国和其他"安全的地方"。一个国家这种大量且突然的资金流出称为**资本外逃**（capital flight）。为了说明资本外逃对墨西哥经济的影响，我们仍然遵循分析均衡变动的三个步骤，但这一次我们从墨西哥的角度而不是从美国的角度来运用开放经济模型。

首先考虑资本外逃影响模型中的哪一条曲线。当全世界投资者看到墨西哥的政治问题时，他们决定出售一些墨西哥资产，并用这些收入来购买美国资产。这种行动增加了墨西哥的资本净流出，从而影响了模型中的两个市场。最明显的是,这种行动影响了资本净流出曲线,而资本净流出曲线又影响外汇市场上比索的供给。此外,由于可贷资金需求既来自国内投资又来自资本净流出,所以资本外逃影响可贷资金市场的需求曲线。

现在考虑这些曲线如何移动。当资本净流出增加时,为了给购买国外资本资产筹资,可贷资金的需求更大了。因此,正如图32-7(a)幅所示,可贷资金需求曲线从 D_1 向右移动到 D_2。此外,由于在利率既定时资本净流出更多了,资本净流出曲线也如(b)幅所示,从 NCO_1 向右移动到 NCO_2。

为了说明资本外逃对墨西哥经济的影响,我们比较新旧均衡。图32-7(a)幅显示了可贷资金需求增加使墨西哥的真实利率从 r_1 上升到 r_2。(b)幅表示墨西哥的资本净流出增加了(虽然真实利率上升使墨西哥资产更有吸引力,但这只部分抵消了资本外逃对资本净流出的影响)。(c)幅表示资本净流出的增加使外汇市场上比索的供给从 S_1 增加到 S_2。这就是说,由于人们试图抛出墨西哥资产,要兑换为美元的比索的供给是大量的。这种供给增加使比索从 E_1 贬值为 E_2。因此,墨西哥的资本外逃提高了墨西哥的真实利率,并降低了外汇市场上墨西哥比索的价值,这正是我们在1994年所看到的情况。从1994年11月到1995年3月,墨西哥政府短期债券的利率从14%上升到70%,而比索的价值从1比索兑29美分下降到15美分。

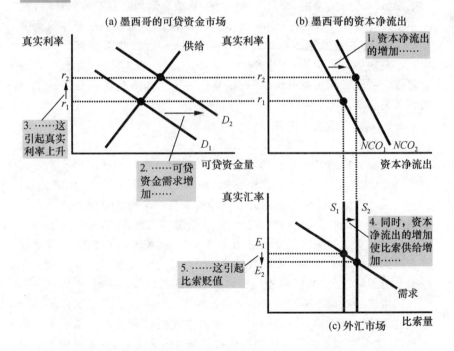

图32-7　资本外逃的影响

如果人们认定,持有在墨西哥的储蓄是有风险的,他们就会把自己的资本转移到美国这样安全的地方,这就引起墨西哥的资本净流出增加。因此,如(a)幅所示,墨西哥的可贷资金需求从 D_1 增加到 D_2,而且,这使墨西哥的真实利率从 r_1 上升为 r_2。由于在任何一种利率时资本净流出更多了,所以(b)幅中资本净流出曲线从 NCO_1 向右移动到 NCO_2。同时,在外汇市场上,比索的供给如(c)幅所示从 S_1 增加到 S_2。比索供给的这种增加使比索从 E_1 贬值为 E_2,因此,与其他通货相比,比索变得更不值钱了。

这些资本外逃引起的价格变动影响了一些关键宏观经济数量。通货贬值使出口更廉价而进口更昂贵,这使贸易余额向盈余方向变动。同时,利率上升减少了国内投资,这放慢了资本积累和经济增长的速度。

尽管资本外逃对资本流出国的影响最大,但它也影响其他国家。例如,当资本从墨西哥流入美国时,它对美国经济的影响与对墨西哥经济的影响相反。特别是,墨西哥资本净流出的增加与美国资本净流出的减少是一致的。随着比索价值下降和墨西哥利率上升,美元价值上升而美国利率下降。但是,这对美国经济的影响并不大,因为与墨西哥经济相比,美国经济的规模如此之大。

我们所描述的墨西哥的事件可以发生在世界上任何一个经济中,事实上这种情况也不时地在发生。全世界都知道,1997年一些亚洲经济包括泰国、韩国和印度尼西亚的银行体系曾处于或接近破产,这个消息使资本纷纷逃离这些国家。1998年,俄罗斯政府拖欠其债务,致使国际投资者撤走了他们所有的资金。类似(但更为复杂)的事件2002年出现在阿根廷。在每一种资本外逃的情况下,结果都与模型所预期的差不多:利率上升,而通货贬值。

案例研究
中国的资本流动

根据我们对资本外逃的分析,一国出现资本外流是其通货在外汇市场上疲软时,而这种通货贬值反过来又增加了该国的净出口。资本流入的国家看来是通货坚挺,而且它的升值使其贸易余额向赤字方向变动。

记住这些结论,考虑一个问题:假设一个国家的政策鼓励资本流到另一个国家,也许是通过政府本身进行国外投资,这种政策会有什么影响呢?答案是极为相同的:其他条件不变,对于鼓励资本流出的国家,这会引起疲软的通货和贸易盈余,而对接受这些资本流入的国家是坚挺的通货和贸易赤字。

这种分析可以说明中美之间一直持续的一个政策争论。在近年来,中国政府努力压低其通货——人民币——在外汇市场上的价值,以鼓励其出口行业。它通过积累包括大量美国政府债券在内的外国资产来这样做。到2009年年底,中国的总外国资产储备已达到2.4万亿美元左右。

美国政府经常反对中国对外汇市场的干预。这种政策通过压低人民币的价值使中国物品更便宜,这就增加了美国的贸易赤字,并伤害了与中国进口产品竞争的美国生产者。由于这些影响,美国政府鼓励中国用政府发起的资本流动来停止影响其通货的外汇价值。一些国会议员甚至主张除非中国停止其"通货操控",否则就对中国进口征收关税。

但中国的政策对美国经济的影响也并不全是坏的。美国的中国进口品的消费者从低价格中获益。此外,来自中国的资本流入也降低了美国的利率,这又增加了美国经济的投资。在某种意义上说,中国政府为美国经济的增长筹集了资本。中国在美国的投资政策在美国人中既有赢家也有输家。通盘来考察,对美国经济的净影响也许并不大。

比较困难的问题涉及政策背后的动机:为什么中国领导人关注生产出口品并投资于国外,而不是生产国内的消费品并投资于国内?没有显而易见的答案。一种可能是,中国想积累紧急情况时可以拿出的外国资产储备———一种国家的"未雨绸缪";另一种可能是,政策具有误导性。

即问即答 假设美国人决定减少他们收入中支出的份额,这对储蓄、投资、利率、真实汇率和贸易余额会有什么影响呢?

新闻摘录
其他可供选择的汇率制度

不同的国家对本国货币在外汇市场上的价值采取了不同的政策。这篇文章解释了原因。

有三面的钱币
Gregory Mankiw

随着世界经济努力从各自的困境中走向复苏,国际金融秩序日益受到关注,特别是通货和汇率受到严格审视。

各种权威人士和政治家,包括奥巴马总统本人,都抱怨中国人民币价值被低估,且其阻碍了全球复苏。希腊问题也引起许多人怀疑,欧元是不是一个失败的试验,而且如果欧洲各国保有自己的通货,是不是会更好一些?

在考虑所有这些问题时,出发点都是经济学家所说的国际金融的基本三角困境。三角困境实际上只是一个名词。它是从17世纪以来用于逻辑艺术的一个词,根据牛津英文辞典的解释,它描述的是这样一种情形:一个人面临三种选择,选择哪一种都会遇到不可避免的问题。

国际金融中的三角困境是什么呢?它产生于这样一个事实:在大多数国家,经济决策者都想达到这三个目标:

- 使一国经济向国际资本流动开放。资本流动可以使一国公民通过在国外投资而持有多元化的股份。它也鼓励外国投资者把资源和技能带到一国。
- 把货币政策作为有助于稳定经济的工具。当经济低迷时,中央银行可以增加货币供给并降低利率;当经济过热时,它可以减少货币增长并提高利率。
- 保持汇率稳定。汇率波动有时来自投机,这会成为更大的经济波动的来源。而稳定的汇率使家庭和企业易于参与世界经济并作出未来的计划。

但是,难处是:你无法达到所有这三个目标。如何挑选了这三个目标中的两个,经济学无情的逻辑就会迫使你放弃第三个。

在美国,我们选择前两个。任何一个美国人都可以简单地通过把钱送到一家国际共同基金而在国外投资,而且外国人也可以自由地在国内交易所购买股票和债券。同时,美联储也制定货币政策来维持充分就业和物价稳定。但这种决策的结果就是美元价值在外汇市场上波动。

与此相反,中国对三角困境作出了不同选择。其中央银行运用货币政策并保持对其通货汇率的严格控制。然而,为了实现这两个目标,它不得不限制国际资本流动,包括中国公民把财富转移到国外的能力。没有这种限制,货币就会在国内外流动,这就会迫使国内利率要与外国中央银行确定的利率相称。

大多数欧洲国家选择了第三种方式。通过用欧元代替法国法郎、德国马克、意大利里拉、希腊的德拉克马和其他通货,这些国家就在这一地区内消除了所有汇率变动。此外,资本可以自由在各国间流动。但是作出这些选择的代价就是放弃国内货币政策的可能性。

欧洲中央银行确定整个欧洲的利率。但是,如果一个国家——比如希腊——的情况不同于欧洲其他国家,该国就不能有自己的货币政策来解决国内问题。

存在解决三角困境最好的方法吗?也许许多美国经济学家主张美国由外汇市场决定的浮动汇率体系并不令人奇怪。这种选择构成许多批评中国金融政策的基础。同样,也是这样的主张在20世纪90年代初期,当欧洲走向共同货币之路上时,曾引起了怀疑。今天,对欧元的怀疑由希腊问题得到了证明。

经济学家在推荐汇率政策时应该谨慎,因为什么是最好的汇率政策并不是显而易见的。实际上,美国采用浮动汇率也是最近的事。从二战到20世纪70年代初,美国参加了布雷顿森林体系,该体系固定了主要通货之间的汇率。而且在1998年,当亚洲许多国家陷入金融危机时,当时的财政部长Robert E. Robin曾赞扬中国的汇率政策是在动乱世界中的"稳定的岛屿"。

甚至欧洲的做法也是部分基于美国模式。任何一个在美国旅行的人都不必在每一次过州界时兑换货币。在50个州的共同通货可以很好地为美国人服务。欧洲人也渴望类似的好处。

的确,欧洲不同于美国,美国有可以根据需要在各地区再配置资源的强大中央政府。更重要的是,美国的共同语言和传统使劳动力可以自由在各地之间流动,这方面欧洲总是要困难一些。"欧罗巴合众国"太难指望了。

毫无疑问,世界金融体系令决策者难以权衡。当其他国家面临三角困境时,美国人不应该过分苛刻地批评他们所得出的结论不同于美国的。在经济政策这个领域内,与其他许多方面一样,各国自有自己的道理。

资料来源:The Coins That Have Three Sides By N. Gregory Mankiw from *The New York Times*, July 11, 2010. Copyright ⓒ 2010 The New York Times Co. Reprinted by permission. http://www.nytimes.com/2010/07/11/business/economy/11view.html.

32.4 结论

国际经济学是一个日益重要的主题。美国人购买的在国外生产的物品和为在国外销售而生产的物品越来越多。人们通过共同基金和其他金融机构在世界金融市场上进行借贷。因此,对美国经济的全面分析要求了解美国经济如何与世界其他经济相互交易。本章为思考开放经济的宏观经济学提供了一个基本模型。

虽然对国际经济学的研究是有价值的,但我们应该注意不要夸大它的重要性。决策者和评论家往往把美国经济所面临的问题归咎于外国人。与此相反,经济学家通常认为这些问题是内生的。例如,政治家在讨论时往往把外国竞争视为对美国生活水平的威胁,而经济学家则更可能将其归因于国民储蓄的低水平。无论经济是开放的还是封闭的,低储蓄都抑制了资本、生产率和生活水平的提高。外国人成为很容易被政治家们利用的一个靶子,因为归咎于外国人可以逃避责任,而又不会激怒任何国内选民。因此,每当你听到有关国际贸易与国际金融的公众讨论时,特别重要的是要把神话与现实分开。你在前两章中所学过的工具应该对此有所帮助。

内容提要

◎ 两个市场是开放经济的宏观经济学的中心:可贷资金市场和外汇市场。在可贷资金市场上,真实利率的调整使可贷资金的供给(来自国民储蓄)和可贷资金的需求(来自国内投资和资本净流出)平衡。在外汇市场上,真实汇率的调整使美元的供给(来自资本净流出)和美元的需求(用于净出口)平衡。因为资本净流出是可贷资金需求的一部分,并且它为外汇市场提供了美元,所以它是联系这两个市场的变量。

◎ 减少国民储蓄的政策,例如政府预算赤字,减少了可贷资金的供给,并使利率上升。较高的利率减少了资本净流出,这又减少了外汇市场上的美元供给,导致美元升值及净出口减少。

◎ 虽然限制性贸易政策,例如进口关税或进口配额,有时因被视为一种改变贸易余额的方法而得到支持,但这些政策并不一定有这种效果。贸易限制增加了汇率既定时的净出口,从而也提高了外汇市场上的美元需求。因此,美元的价值上升,这就使国内物品相对于国外物品更昂贵。这种升值抵消了贸易限制对净出口的最初影响。

◎ 当投资者改变他们对持有一国资产的态度时,这对该国经济的后果可能是严重的。特别是,政治上的不稳定会引起资本外逃,资本外逃往往又会提高利率,并引起通货贬值。

关键概念

贸易政策　　　　　　资本外逃

复习题

1. 说明可贷资金市场与外汇市场的供给与需求。这两个市场如何联系？
2. 为什么预算赤字和贸易赤字有时被称为孪生赤字？
3. 假设纺织工人工会鼓励人们只购买美国制造的衣服。这种政策对贸易余额和真实汇率有什么影响？对纺织行业有什么影响？对汽车行业有什么影响？
4. 什么是资本外逃？当一个国家发生了资本外逃时，对利率和汇率有什么影响？

问题与应用

1. 日本一般总有大量贸易盈余。你认为与此最相关的是外国对日本物品的高需求，日本对外国物品的低需求，日本的储蓄率相对于日本的投资较高，还是日本的结构性进口壁垒？解释你的答案。
2. 假设国会正在考虑一项投资税收优惠，该法稳定了国内投资。
   a. 这一政策如何影响国民储蓄、国内投资、资本净流出、利率、汇率以及贸易余额？
   b. 服务于大出口商的议员反对这项政策。为什么会是这种情况？
3. 本章提到了 20 世纪 80 年代美国贸易赤字增加主要是由于美国预算赤字的增加。同时，大众媒体有时宣称，贸易赤字增加是由于相对于外国产品而言，美国产品的质量下降了。
   a. 假设 20 世纪 80 年代美国产品相对质量确实下降了。在汇率既定时，这对净出口有什么影响呢？
   b. 用一组三幅图来说明净出口的这种移动对美国真实汇率和贸易余额的影响。
   c. 大众媒体所宣称的与本章的模型一致吗？美国产品质量下降对美国的生活水平有什么影响？（提示：当美国人把产品卖给外国人时，作为回报美国人得到了什么？）
4. 一位经济学家在《新共和》上讨论贸易政策时写道："美国取消其贸易限制的好处之一是，给美国生产出口物品的行业带来利益。出口行业会发现，把它们的物品卖到国外更容易了——尽管其他国家并没有向我们学习并减少它们的贸易壁垒。"用文字解释为什么美国的出口行业可以从减少对美国的进口限制中得到好处。
5. 假设法国人突然对加利福尼亚的红酒极为偏好。用文字回答下列问题，并作图：
   a. 外汇市场上美元的需求会发生什么变动？
   b. 外汇市场上美元的价值会发生什么变化？
   c. 净出口量会发生什么变化？
6. 美国的一位参议员宣布她改变了过去对保护主义的支持："美国的贸易赤字必

须要减少，但进口配额只会激怒我们的贸易伙伴。如果我们补贴美国的出口，我们就可以通过增强我们的竞争力而减少赤字。"用一组三幅图说明出口补贴对净出口和真实汇率的影响。你同意这个参议员的观点吗？

7. 假设美国决定补贴美国农产品的出口，但它并没有增加税收或减少任何其他政府支出来抵消这种支出。用一组三幅图说明国民储蓄、国内投资、资本净流出、利率、汇率和贸易余额会发生什么变动。再用文字解释，美国的政策如何影响进口量、出口量和净出口量。

8. 假设欧洲各国真实利率上升。解释这将如何影响美国的资本净流出，然后用本章的一个公式并画一个图解释这种变化将如何影响美国的净出口。美国的真实利率和真实汇率将发生什么变动？

9. 假设美国人决定增加储蓄。
   a. 如果美国资本净流出对真实利率的弹性极高，这种私人储蓄的增加对美国国内投资的影响是大还是小？
   b. 如果美国的出口对真实汇率的弹性极低，这种私人储蓄的增加对美国真实汇率的影响是大还是小？

10. 过去十年来，一些中国储蓄用于为美国的投资筹资。这就是说，中国人一直在购买美国的资本资产。
    a. 如果中国人决定不再购买美国资产，那么美国可贷资金市场会发生什么变动？特别是，美国的利率、储蓄和投资会发生什么变动？
    b. 外汇市场会发生什么变动？特别是，美元价值和美国的贸易余额会发生什么变动？

11. 假设美国共同基金突然决定更多地在加拿大投资。
    a. 加拿大的资本净流出、储蓄和国内投资会发生什么变动？
    b. 这对加拿大资本存量的长期影响是什么？
    c. 资本存量的这种变化将如何影响加拿大的劳动市场？这种美国在加拿大的投资使加拿大工人的状况变好还是变坏？
    d. 你认为这将使美国工人的状况变好还是变坏？你能想到有什么原因一般会使这对美国公民的影响与对美国工人的影响不同？

第 12 篇　短期经济波动

第 33 章
总需求与总供给

经济活动每年都有波动。在大多数年份,物品与劳务的生产是增长的。由于劳动力增加、资本存量增加以及技术知识进步,经济能生产的东西就会一直越来越多。这种增长使每一个人都享有更高的生活水平。平均而言,在过去半个世纪,美国经济按真实 GDP 衡量的生产每年增长 3% 左右。

但是,在一些年份,经济经历了紧缩而不是增长。企业无法把它们提供的所有物品与劳务都卖出去,因此它们削减生产,结果工人被解雇,失业增加,而且工厂被闲置。随着经济生产的物品与劳务的减少,真实 GDP 和收入的其他衡量指标下降了。如果这种收入减少和失业增加较为缓和,这一时期就被称为**衰退**(recession);如果较为严重,就被称为**萧条**(depression)。

一个衰退的例子出现在 2008 年和 2009 年。从 2007 年第四季度到 2009 年第二季度,美国经济的真实 GDP 下降了 4%。失业率从 2007 年 5 月的 4.4% 上升到 2009 年 10 月的 10.1%——是四分之一多世纪以来的最高水平。这一时期毕业的学生发现合意的工作很难找到,这一点也不奇怪。

什么因素引起了经济活动的短期波动呢?如果可能的话,能够用什么公共政策来防止收入减少和失业增加的时期出现呢?当衰退和萧条发生时,决策者如何缩短其持续时间以及减轻其严重性呢?这些正是我们现在要论述的问题。

我们所研究的变量主要是在前几章已经说明的变量。这些变量包括 GDP、失业、利率以及物价水平。政策工具也是我们所熟悉的政府支出、税收和货币供给。与我们以前分析的不同之处在于分析的时间框架。到目前为止,我们的目标一直是解释这些变量在长期中的行为。现在我们的目标是解释它们围绕其长期趋势的短期波动。换言之,我们现在不是集中于解释从这一代到下一代经济增长的因素,而是关注于解释从这一年到下一年经济波动的因素。

虽然经济学家对于如何分析短期波动仍然存在一些争论,但大多数经济学家都使用总需求与总供给模型。学会如何运用这个模型来分析各种事件和政策的短期效应是首要任务。本章介绍这个模型的两个部

衰退:
真实收入下降和失业增加的时期。

萧条:
严重的衰退。

分——总需求曲线与总供给曲线。在研究这个模型之前,我们先来看一些描述经济盛衰的关键事实。

33.1 关于经济波动的三个关键事实

各国在其整个历史时期的经济活动中都存在短期波动。作为了解这些逐年波动的出发点,我们现在讨论这种波动的一些最重要的特征。

33.1.1 事实1:经济波动是无规律的且不可预测的

经济中的波动通常称为经济周期。正如这个术语所表明的,经济波动与经济状况的变动是相对应的。当真实GDP增长迅速时,经济状况就比较好。在这种经济扩张时期,大多数企业会发现,顾客很多且利润在增长。当在衰退时期真实GDP减少时,经济就出现了问题。在这种经济紧缩时期,大多数企业经历了销售和利润的减少。

经济周期这个术语有时也会引起误解,因为它表明经济波动遵循一种有规律的、可预测的形式。实际上,经济波动根本没有规律,而且几乎不可能较为准确地预测。图33-1(a)幅显示了1965年以来美国经济中的真实GDP。阴影面积表示衰退的时期。正如该图所表明的,衰退并不是有规律地间隔发生。有时衰退相隔非常近,例如1980年和1982年的衰退;有时经济许多年都没有经历衰退。美国历史上最长的没有经历衰退的时期是从1991年到2001年的经济扩张时期。

"你被解雇了,把这个决定传达下去。"

图片来源:© ROBERT MANKOFF. THE NEW YORKER COLLECTION/WWW.CARTOONBANK.COM.

33.1.2 事实2:大多数宏观经济变量同时波动

真实GDP是最普遍地用于监测经济中短期变动的一个变量,因为它是经济活动的一个最全面的衡量指标。真实GDP既衡量了某一既定时期内生产的所有最终物品与劳务的价值,也衡量了经济中所有人的总收入(根据通货膨胀调整过的)。

然而,事实证明,对于监测短期波动而言,人们观察经济活动的哪个指标实际上无关紧要。大多数衡量某种收入、支出或生产波动的宏观经济变量几乎是同时变动的。当真实GDP在经济衰退中减少时,个人收入、公司利润、消费者支出、投资支出、工业生产、零售额、住房销售额、汽车销售额等也都减少。由于衰退是经济的总体现象,所以它们反映在宏观经济数据的许多来源上。

图 33-1 观察短期经济波动

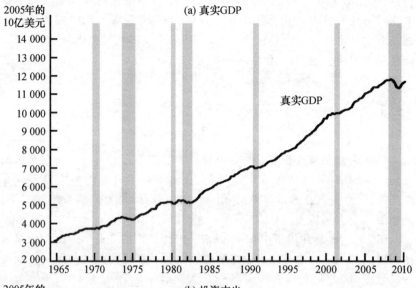

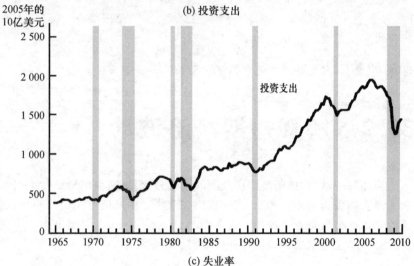

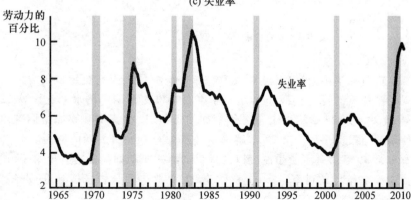

资料来源：U. S. Department of Commerce；U. S. Department of Labor.

该图(a)幅、(b)幅和(c)幅分别显示了1965年以来用季度数据表示的美国经济的真实GDP、投资支出以及失业率。用阴影面积表示衰退。要注意的是，在衰退时期真实GDP和投资支出是减少的，而失业是上升的。

虽然许多宏观经济变量同时变动,但它们波动的幅度并不相同。特别是,正如图33-1(b)幅所示,在经济周期中投资支出的变动最大。尽管平均而言投资只占GDP的七分之一左右,但在衰退期间GDP减少的三分之二左右是由投资减少导致的。换句话说,当经济状况恶化时,大部分下降应归因于用于新工厂、住房和存货支出的减少。

33.1.3 事实3:随着产量减少,失业增加

经济中物品与劳务产量的变动与经济中劳动力利用的变动是密切相关的。换句话说,当真实GDP减少时,失业率上升。这个事实没有什么奇怪的:当企业选择缩减其产品和劳务生产数量时,它们就会解雇工人,从而使失业大军扩大。

图33-1(c)幅显示了1965年以来美国经济中的失业率。图中仍然是用阴影面积表示衰退时期。该图清楚地表明了衰退对失业的影响。在每一次衰退时,失业率都大幅度上升。当衰退结束且真实GDP开始增加时,失业率才逐渐减少。失业率从未达到零,反而是围绕5%或6%左右的自然失业率波动。

即问即答 列出并讨论关于经济波动的三个关键事实。

33.2 解释短期经济波动

当经济波动时,描述经济所经历的模式是容易的,但解释是什么引起这些波动则较为困难。实际上,与我们在前些章中所研究的题目相比,经济波动理论仍然是有争议的。在本章和后面两章中,我们提出了一个大多数经济学家用来解释经济活动中短期波动的模型。

33.2.1 古典经济学的假设

在前几章中,我们提出了用于解释长期中什么因素决定最重要的宏观经济变量的理论。第25章解释了生产率和真实GDP的水平及其增长。第26章和第27章解释了金融体系如何运行,以及真实利率如何调整以使储蓄与投资平衡。第28章解释了经济中总有一些失业的原因。第29章和第30章解释了货币制度以及货币供给的变动如何影响物价水平、通货膨胀率和名义利率。第31章和第32章把这种分析扩展到开放经济中,以便解释贸易余额和汇率。

所有这些以前的分析都是基于两种相关的思想——古典二分法和货

币中性。我们还记得,古典二分法是把变量分为真实变量(衡量数量或相对价格的变量)和名义变量(按货币衡量的变量)。根据古典宏观经济理论,货币供给的变动影响名义变量,而不影响真实变量。由于这种货币中性,第 25 章到第 28 章可以不引入名义变量(货币供给和物价水平)而直接考察真实变量(真实 GDP、真实利率和失业)的决定因素。

在某种意义上说,在古典世界中货币无关紧要。如果经济中的货币量翻了一番,每一种东西的成本就会翻一番,而且每个人的收入也会翻一番。这是怎么回事呢?原因就是变动是名义的(标准的含义是"近乎无意义")。人们真正关心的事情——他们是否有工作,他们能买多少物品与劳务,等等——完全没有改变。

这种古典观点有时也可以用"货币是一层面纱"这句俗语来描述。这就是说,当我们观察经济时,名义变量可能是我们看到的第一样东西,因为经济变量通常用货币单位来表示。但是,重要的是真实变量和决定它们的经济力量。根据古典理论,为了理解这些真实变量,我们需要透过面纱去观察。

33.2.2 短期波动的现实性

古典宏观经济理论的这些假设适用于我们生活的现实世界吗?这个问题的答案对于了解经济如何运行是至关重要的。大多数经济学家认为,古典理论描述了长期世界,但并没有描述短期世界。

我们再来考虑货币对经济的影响。大多数经济学家认为,在超过几年的一个时期,货币供给的变动影响物价和其他名义变量,但并不影响真实 GDP、失业以及其他真实变量——正如古典理论所说的。然而,在研究逐年的经济变动时,货币中性的假设就不再适用了。在短期中,真实变量与名义变量是高度相关的,而且货币供给的变动可以暂时地使真实 GDP 背离其长期趋势。

甚至古典经济学家(例如大卫·休谟)也认识到,古典经济理论在短期中并不成立。18 世纪在英国,大卫·休谟观察到,当黄金发现后货币供给增加时,价格上升需要一段时间,而且在这一时期,经济中存在更高的就业和更多的生产。

为了了解短期中经济如何运行,我们需要一个新模型。我们可以用在以前各章中提出的许多工具来建立这个新模型,但必须放弃古典二分法和货币中性。我们可以不再把我们的分析分为产量与就业这类真实变量和货币与物价水平这类名义变量。我们的新模型将注意力集中在真实变量与名义变量如何相互影响上。

新闻摘录
经济衰退的社会影响

在 2008 年和 2009 年，美国经济经历了严重的衰退，在本书付印时，经济刚刚从衰退中复苏。这引起一些评论家问，这些事件对社会如何产生更广泛的影响。

衰退能改变生活方式
Tyler Cowen

随着失业者增加以及摆脱困境已花费的数万亿美元，经济衰退的社会成本也日益明显。主要的问题肯定是怎样才能缩短并缓解这艰难时期。但在严肃的经济学外，还有衰退如何改变我们生活的一系列更广泛问题。

所有衰退都有文化与社会影响，而在严重的衰退期间改变就是深远的。例如，大危机既被作为一个经济时代也被作为一个社会和文化时代。而这一次的经济危机也将引起从娱乐习惯到健康的许多方面的变化。

首先，来看娱乐。许多研究表明，当工作难找或赚钱难的时候，人们把时间更多地用在自我提升和较为廉价的娱乐上。在 20 世纪 30 年代大萧条期间，这意味着去听收音机，玩室内游戏，以此代替在城里过一个迷人的夜晚。这种"宅"在家里的趋势一直持续到 20 世纪 50 年代末期。

在今天的衰退期间，我们也可以预料转向不太昂贵的活动——而且也许会在几年内保持这种习惯。人们也许会对网上免费项目和简单的日常散步更有兴趣，而不是去度昂贵的假和买 NBA 的包厢票。

在任何一次衰退中，穷人受的痛苦最大。但在文化上，那些在当前危机中失去大部分财富的富人也是如此。这种衰退所引起的富人的消费的减少非比寻常。

西北大学金融学教授 Jonathan A. Parker 和 Annette Vissing-Jorgenson 在他们最近的文章中记录了这种转变，文章题目是"谁承受总波动和如何承受呢？消费不平等的估算和含义"。当然，那些以不动产或股票持有许多财富的人承担了沉重的损失。但是这篇文章说，最重要的是，正如在金融部门看到的，那些高收入者的劳动收入下降得比以前的衰退时期多。

在这次衰退中，广受富人喜欢的聚餐会也减少了。我们可以预言，聚会场所从明星交际的高档餐馆转向公共图书馆。在衰退时期都会出现这种变化，但这次不能更笃定。

当然，衰退和萧条对人的精神健康决非好事。但并不广为人知的是，衰退期间在美国和其他富裕国家，平均而言，身体健康的状况看来是改善了。的确，工资减少有压力，但工作压力的消除也有些有利的影响。也许更重要的是，人们开车外出少了，从而车祸的风险也降低了，而且用于酒和烟的钱也少了。他们有更多时间锻炼和睡觉，而且往往选择在家做饭而不是吃快餐。

北卡罗来纳大学 Greensboro 分校的经济学家 Christopher J. Ruhm 2003

年在"艰难时期的健康生活"一文中说明,随着失业率上升,死亡率下降了。他发现,在美国,平均而言,失业率每上升 1%,死亡率下降 0.5%。

David Potts 在其 2006 年的著作《大萧条之谜》中研究了 20 世纪 30 年代澳大利亚的社会史。澳大利亚的自杀率在 1930 年达到顶点,但整体健康状况改善了,而且死亡率下降了;在 1930 年以后,自杀率也下降了。

他在访谈中发现,许多人还很甜蜜地缅怀这些衰退的年份,不过我们并不能因此匆忙地得出结论,衰退是幸福时光。

正如哈佛大学的心理学家 Daniel Gilbert 在其畅销书《幸福之困惑》中证明的,他们的许多报道看来都是错觉。根据 Gilbert 教授的说法,人们往往对极为艰辛的时期有乐观的回忆,这种时期包括极端贫穷和战争。

就今天而言,我们对遥远未来的有趣记忆颇为怀疑的慰藉也有点担心与焦虑。

但这种衰退很可能意味着,更为审慎的一代人即将到来。加州大学伯克利分校的教授 Ulrike Malmendier 和斯坦福大学商学院教授 Stefan Nagel 在 2007 年合著的一篇文章"衰退时的孩子:宏观经济经历影响风险承担吗?"就含有此意。

文章指出,成长于股票低收益时期的一代人往往对投资有不寻常的谨慎,即使在几十年后也这样。同样,在高通胀时成长的一代在几十年后仍然对购买债券较为谨慎。

换言之,现在十几岁的青年人今天在股市上会更少作出愚蠢的决策。他们可能会错过一些好的商业机会,但也会少犯错误。

说一千,道一万,美国经济还是发生了大问题,没人愿意看到这样的事情发生。不过如果深入了解这种衰退及其带来的社会变化,就会呈现出更复杂的情形。

除了努力走出衰退之外——美国人的首要任务——许多人会少花钱,多办事,而且更多依靠自己及其家庭。这些社会变化可能是这次衰退的下一个大故事。

资料来源:Recession Can Change a Way of Life by Tyler Cowen from *The New York Times*, February 1, 2009. Copyright © 2009 The New York Times Co. Reprinted by permission.

33.2.3　总需求与总供给模型

我们的短期经济波动模型将注意力集中在两个变量的行为上。第一个变量是,用真实 GDP 衡量的经济中物品与劳务的产出。第二个变量是,用 CPI 或 GDP 平减指数衡量的物价总水平。要注意的是,产量是真实变量,而物价水平是名义变量。通过关注这两个变量之间的关系,我们背离了可以分别研究真实变量与名义变量的古典假设。

总需求与总供给模型:
大多数经济学家用来解释经济活动围绕其长期趋势的短期波动的模型。

总需求曲线：
表示在每一种物价水平时，家庭、企业、政府和外国客户想要购买的物品与劳务数量的曲线。

总供给曲线：
表示在每一种物价水平时，企业选择生产并销售的物品与劳务数量的曲线。

经济学家用总需求与总供给模型来分析经济波动。纵轴表示物价总水平，横轴表示经济中物品与劳务的总产量。产量和物价水平调整到使总需求曲线与总供给曲线相交的那一点。

我们用图 33-2 所示的**总需求与总供给模型**（model of aggregate demand and aggregate supply）来分析整个经济的波动，图中纵轴表示经济中的物价总水平，横轴表示经济中物品与劳务的总产量。**总需求曲线**（aggregate-demand curve）表示在每一种物价水平时，家庭、企业、政府和外国客户想要购买的物品与劳务的数量。**总供给曲线**（aggregate-supply curve）表示在每一种物价水平时，企业生产并销售的物品与劳务的数量。根据这个模型，物价水平与产量的调整使总需求与总供给达到平衡。

图 33-2 总需求与总供给

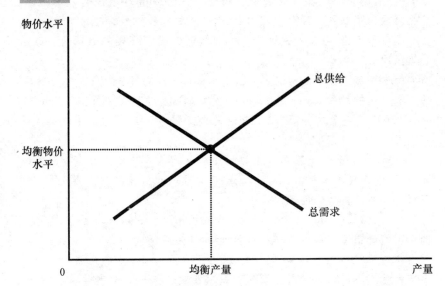

也许有人会认为，总需求与总供给模型不过是第 4 章中介绍的市场需求与市场供给的模型的放大形式而已。实际上这两个模型是完全不同的。当我们考虑某个特定市场——比如冰淇淋市场——的需求与供给时，买者与卖者的行为取决于其把资源从一个市场转移到另一个市场的能力。当冰淇淋价格上升时，其需求量减少是因为买者将用他们的收入去购买其他产品而不买冰淇淋。同样，较高的冰淇淋价格使供给量增加是因为通过雇用从其他经济部门来的工人，生产冰淇淋的企业可以增加冰淇淋的产量。这种从一个市场转向另一个市场的微观经济替代对整个经济来说是不可能的。毕竟我们的模型所要解释的量——真实 GDP——衡量了所有市场上所有企业生产的物品与劳务的总量。为了理解为什么总需求曲线向右下方倾斜，而总供给曲线向右上方倾斜，我们需要一种解释物品与劳务总需求量和物品与劳务总供给量的宏观经济理论。提出这种理论是我们的下一个任务。

即问即答 ● 短期中经济的行为与长期中经济的行为有什么不同？
● 画出总需求与总供给模型。这两个轴上标示的分别是什么变量？

33.3 总需求曲线

总需求曲线告诉我们在任何一种既定的物价水平时经济中所有物品与劳务的需求量。如图33-3所示，总需求曲线向右下方倾斜。这意味着，在其他条件相同的情况下，经济中物价总水平的下降（比如说，从 P_1 下降为 P_2）会增加物品与劳务的需求量（从 Y_1 增加为 Y_2）；相反，物价水平的上升会减少物品与劳务的需求量。

图 33-3 总需求曲线

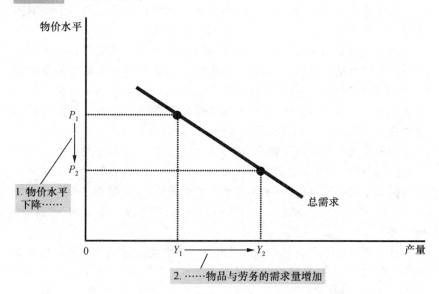

物价水平从 P_1 下降到 P_2，这使物品与劳务的需求量从 Y_1 增加到 Y_2。这种负相关关系有三个原因。当物价水平下降时，真实财富增加，利率下降，而且汇率下降。这些效应刺激了用于消费、投资和净出口的支出。这些 GDP 组成部分中任意一个或所有部分支出的增加意味着物品与劳务的需求量更大了。

33.3.1 为什么总需求曲线向右下方倾斜

为什么物价水平变动引起物品与劳务的需求量反方向变动？为了回答这个问题，回忆一下一个经济中的 GDP（我们用 Y 表示）是其消费（C）、投资（I）、政府购买（G）和净出口（NX）之和是有用的：

$$Y = C + I + G + NX$$

这四个组成部分的每一部分都对物品与劳务的总需求作出了贡献。现在我们假设政府支出是由政策固定的。支出的其他三个组成部分——消费、投资和净出口——取决于经济状况，特别是取决于物价水平。因此，为了了解总需求曲线为什么向右下方倾斜，我们必须考察物价水平如何影响用于消费、投资和净出口的物品与劳务需求量。

物价水平与消费：财富效应 考虑你在钱包中和银行账户上所持有的货币。这种货币的名义价值是固定的：一美元总是值一美元。但一美元的真实价值并不固定。如果一个棒棒糖的价格是一美元，那么一美元就值一个棒棒糖。如果一个棒棒糖的价格下降到 50 美分，那么一美元就值两个棒棒糖。因此，当物价水平下降时，你所拥有的美元的价值上升了，这就增加了你的真实财富以及你购买物品与劳务的能力。

这个逻辑给了我们总需求曲线向右下方倾斜的第一个原因。物价水平下降提高了货币的真实价值，并使消费者更富有，这又鼓励他们更多地支出。消费者支出增加意味着物品与劳务需求量更大。相反，物价水平上升降低了货币的真实价值，并使消费者变穷，这又减少了消费者支出以及物品与劳务的需求量。

物价水平与投资：利率效应 物价水平是货币需求量的一个决定因素。物价水平越低，家庭为了购买它们想要的物品与劳务需要持有的货币就越少。因此，当物价水平下降时，家庭会通过把一些钱借出去来试图减少货币持有量。例如，家庭可能会用它的超额货币去购买有利息的债券，或者把超额货币存入有利息的储蓄账户，而银行将用这些资金进行更多的贷款。在这两种情况下，由于家庭试图把自己的一些货币换为有利息的资产，所以利率会下降（下一章会对此进行更详细的分析）。

利率反过来又影响对物品与劳务的支出。由于低利率使借款变得便宜，这就鼓励企业更多地借款并投资于新工厂和设备，也鼓励家庭借更多的钱投资于新住房。（低利率也可能会刺激消费支出，特别是像汽车这类通常靠信贷购买的大件耐用品的购买。）因此，低利率增加了物品与劳务的需求量。

这个逻辑给了我们总需求曲线向右下方倾斜的第二个原因。物价水平下降降低了利率，鼓励更多的用于投资品的支出，从而增加了物品与劳务的需求量。相反，物价水平上升提高了利率，抑制了投资支出，并降低了物品与劳务的需求量。

物价水平与净出口：汇率效应 正如我们刚刚讨论过的，美国的物价水平越低，美国的利率就越低。作为对低利率的反应，一些美国投资者通过在国外投资而寻求更高的收益。例如，当美国政府债券的利率下降时，共同基金就会出售美国政府债券，以购买德国政府债券。当共同基金为了购买德国债券试图把它的美元兑换为欧元时，它就增加了外汇市场上美元的供给。

要兑换为欧元的美元供给增加引起美元相对于欧元贬值。这就引起了真实汇率——国内物品与国外物品的相对价格——的变动。由于每一美元购买的外国通货单位少了，外国物品相对于本国物品变得昂贵了。

相对价格变动反过来又影响物品与劳务的支出，既影响国内的，也影响国外的。由于外国物品现在变得昂贵了，美国人从其他国家购买的东西就少了,这引起美国物品与劳务的进口减少。同时,由于美国物品现在变得便宜了,外国人从美国购买的东西就多了,因此,美国的出口增加。净出口等于出口减进口,因此,这两种变动都引起美国的净出口增加。这样,美元的真实汇率值下降引起了物品与劳务的需求量增加。

这个逻辑提供了总需求曲线向右下方倾斜的第三个原因。当美国物价水平下降引起美国利率下降时,美元在外汇市场上的真实价值下降了。这种贬值刺激了美国的净出口,从而增加了物品与劳务的需求量。相反,当美国物价水平上升并引起美国利率上升时,美元的真实价值就会上升,而且这种升值减少了美国的净出口以及物品与劳务的需求量。

总结 有三个不同但相关的原因说明了为什么物价水平下降增加了物品与劳务的需求量:

1. 消费者更富有了,这刺激了消费品需求;
2. 利率下降,这刺激了投资品需求;
3. 通货贬值,这刺激了净出口需求。

同样这三种效应也在相反的方向起作用:当物价水平上升时,财富减少抑制了消费支出,高利率抑制了投资支出,而且通货升值抑制了净出口。

有一个思想试验可以加深你对这些效应的理解。设想有一天你醒来时注意到,由于某种神奇的原因,所有物品与劳务的价格都下降了一半,因此,你拥有的美元价值翻了一番。按真实价值计算,你现在拥有的钱是你昨天晚上睡觉时的两倍。你会用这些额外的钱做什么呢?你可以在你喜欢的餐馆里花这些钱,增加消费支出;你也可以把这些钱贷出去(通过购买债券或者把这些钱存入银行),这就降低了利率,并增加了投资支出;你还可以把这些钱投资于海外(通过购买国际共同基金的股份),这就降低了美元的真实汇率值,并增加了净出口。无论你选择这三种反应中的哪一种,物价水平的下降都引起了物品与劳务需求量的增加。这就是总需求曲线向右下方倾斜所代表的。

重要的是要记住,总需求曲线(和所有需求曲线一样)是在假设"其他条件相同"的情况下画出来的。特别是,我们对向右下方倾斜的总需求曲线的三个解释都假定货币供给是固定的。这就是说,我们是在假设经济中货币供给不变的情况下来考虑物价水平的变动如何影响物品与劳务的需求的。正如我们将要说明的,货币量的变动会使总需求曲线移动。现在只要记住,总需求曲线是根据一个既定的货币供给量作出的。

33.3.2 为什么总需求曲线会移动

总需求曲线向右下方倾斜表明物价水平下降增加了物品与劳务的总需求量。但是,许多其他因素也影响物价水平既定时的物品与劳务的需求量。当这些因素中的一种变动时,在每一种物价水平时物品与劳务的需求量改变了,总需求曲线就会移动。

现在我们考虑一些使总需求曲线移动的事件的例子。我们可以依据这些事件最直接影响总支出的哪一个组成部分将它们进行分类。

消费变动引起的移动 假设美国人突然变得更为关注其退休后的生活,从而减少了他们的现期消费。由于在物价水平既定时,物品与劳务的需求量减少了,所以总需求曲线向左移动。相反,设想股市高涨使人们更富有了,并且不太关心储蓄了。这种情况所引起的消费支出增加意味着在物价水平既定时物品与劳务的需求量增加,因此总需求曲线向右移动。

因此,任何一个改变人们在物价水平既定时想消费多少的事件都会使总需求曲线移动。具有这种效应的政策变量之一是税收水平。当政府减税时,它鼓励人们更多地支出,因此总需求曲线向右移动。当政府增税时,人们就会削减支出,因此总需求曲线向左移动。

投资变动引起的移动 任何一个改变企业在物价水平既定时想投资多少的事件也都会使总需求曲线移动。例如,设想电脑行业引进了运算速度更快的电脑,而且许多企业决定投资于新电脑体系。由于在物价水平既定时物品与劳务的需求量增加了,所以总需求曲线向右移动。相反,如果企业对未来经济状况持悲观态度,它们就会削减投资支出,这将使总需求曲线向左移动。

税收政策也可以通过投资影响总需求。例如,投资税收优惠(税收减免与企业的投资支出相关)增加了企业在利率既定时需求的投资品数量,从而使总需求曲线向右移动。相反,投资税收优惠的取消减少了投资,使总需求曲线向左移动。

影响投资和总需求的另一个政策变量是货币供给。正如我们在下一章将要更充分地讨论的,短期中货币供给增加降低了利率,这种利率的下降就使借款成本减少。借款成本减少又刺激了投资支出,从而使总需求曲线向右移动。相反,货币供给减少提高了利率,抑制了投资支出,从而使总需求曲线向左移动。许多经济学家认为,整个美国历史上货币政策的变动一直是总需求移动的一个重要原因。

政府购买变动引起的移动 决策者使总需求曲线移动的最直接的方式是通过政府购买。例如,假设国会决定减少新武器系统的购买,由于在物价水平既定时物品与劳务的需求量减少了,所以总需求曲线向左移动。相反,如果州政府开始建设更多的高速公路,结果是在物价水平既定时物品与劳务需求量的增多,因此总需求曲线向右移动。

净出口变动引起的移动 在物价水平既定时任何一个改变净出口的事件也会使总需求曲线移动。例如,当欧洲经历衰退时,它从美国购买的物品变少了,这就减少了美国在每一物价水平上的净出口,使美国经济的总需求曲线向左移动。当欧洲从衰退中复苏时,它又开始购买美国物品,这又会使总需求曲线向右移动。

净出口的变动也可能是因为国际投机者的活动引起了汇率变动。例如,假设这些投机者对外国经济失去信心,想要将其一些财富转移到美国经济中,这样做的结果是他们使外汇市场上的美元价值上升。这种美元升值使美国物品相对于外国物品更为昂贵,这就抑制了美国的净出口,使总需求曲线向左移动。相反,引起美元贬值的投机活动刺激了净出口,使总需求曲线向右移动。

总　结　在下一章中我们要更详细地分析总需求曲线,并且将更精确地考察货币政策和财政政策工具如何使总需求移动,以及决策者是否应该把这些工具运用于这种目的。但现在我们应该对为什么总需求曲线向右下方倾斜以及哪几种事件和政策会使这条曲线移动有所了解。表 33-1 总结了我们迄今为止所学到的内容。

表 33-1　总需求曲线:总结

为什么总需求曲线向右下方倾斜?

1. *财富效应*:物价水平下降增加了真实财富,这鼓励了消费支出。

2. *利率效应*:物价水平下降降低了利率,这鼓励了投资支出。

3. *汇率效应*:物价水平下降引起了真实汇率下降,这鼓励了净出口支出。

为什么总需求曲线会移动?

1. *消费变动引起的移动*:在物价水平既定时,使消费者支出增加的事件(减税、股市高涨)使总需求曲线向右移动。在物价水平既定时,使消费者支出减少的事件(增税、股市低迷)使总需求曲线向左移动。

2. *投资变动引起的移动*:在物价水平既定时,使企业投资增加的事件(对未来的乐观,由于货币供给增加引起的利率下降)使总需求曲线向右移动。在物价水平既定时,使企业投资减少的事件(对未来的悲观,由于货币供给减少引起的利率上升)使总需求曲线向左移动。

3. *政府购买变动引起的移动*:政府对物品与劳务购买的增加(增加对国防或高速公路建设的支出)使总需求曲线向右移动。政府对物品与劳务购买的减少(削减国防或高速公路建设支出)使总需求曲线向左移动。

4. *净出口变动引起的移动*:在物价水平既定时,增加净出口支出的事件(国外经济繁荣、引起汇率下降的投机)使总需求曲线向右移动。在物价水平既定时,减少净出口支出的事件(国外经济衰退,引起汇率上升的投机)使总需求曲线向左移动。

即问即答 • 解释总需求曲线向右下方倾斜的三个原因。• 举出一个会使总需求曲线移动的事件的例子。这个事件使该曲线向哪个方向移动？

33.4 总供给曲线

总供给曲线告诉我们在任何一种既定的物价水平时企业生产并销售的物品与劳务总量。与总是向右下方倾斜的总需求曲线不同，总供给曲线的走势取决于所考察的时间长短。在长期中，总供给曲线是垂直的；而在短期中，总供给曲线向右上方倾斜。为了了解短期经济波动，以及经济的短期行为如何与其长期行为不一致，我们既要考察长期总供给曲线，又要考察短期总供给曲线。

33.4.1 为什么长期中总供给曲线是垂直的

什么因素决定长期中物品与劳务的供给量呢？在本书前面，当我们分析经济增长的过程时已经隐含地回答了这个问题。在长期中，一个经济的物品与劳务生产（它的真实 GDP）取决于它的劳动、资本和自然资源的供给，以及可得到的用于把这些生产要素变为物品与劳务的技术。

当我们分析决定长期经济增长的这些因素时，我们根本不需要提到物价总水平。我们在另一章考察了物价水平，在那一章中我们说明了物价水平由货币量决定。我们知道，如果两个经济除了一个经济流通中的货币是另一个经济的两倍之外，其他完全相同，那么货币多的经济中的物价水平也是另一个经济的两倍。但是由于货币量并不影响技术以及劳动、资本与自然资源的供给，所以在这两个经济中物品与劳务的产量也是相同的。

因为物价水平并不影响这些真实 GDP 的长期决定因素，所以长期总供给曲线是垂直的，如图 33-4 所示。换句话说，在长期中，经济的劳动、资本、自然资源和技术决定了物品与劳务的总供给量，而且无论物价水平如何变动，供给量都是相同的。

垂直的长期总供给曲线是古典二分法与货币中性的图形表示。正如我们已经讨论过的，古典宏观经济理论是以真实变量不取决于名义变量的假设为基础的。长期总供给曲线与这个思想是一致的，因为它意味着产量（真实变量）不取决于物价水平（名义变量）。正如以前所提到的，大多数经济学家认为，在研究包含许多年的一个时期的经济时，这个原理很适用，但当研究逐年的变动时就不适用了。因此，只有在长期中总供给曲线才是垂直的。

图 33-4 长期总供给曲线

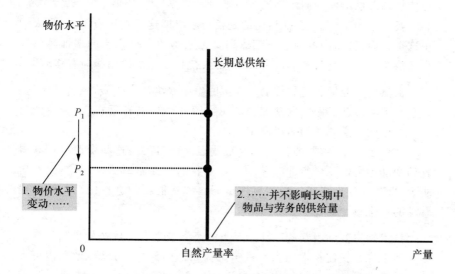

在长期中,供给量取决于经济的劳动、资本和自然资源量,以及把这些投入变为产出的技术。因为供给量并不取决于物价总水平,所以长期总供给曲线是在自然产量率上的一条垂线。

33.4.2 为什么长期总供给曲线会移动

因为古典宏观经济理论预测了一个经济在长期中所生产的物品与劳务量,所以它也说明了长期总供给曲线的位置。长期生产水平有时称为潜在产量或充分就业产量。为了更准确一些,我们称它为**自然产量率**（natural rate of output）,因为它表明失业为其自然率或正常率时经济中所生产的东西。自然产量率是经济在长期中所趋向的生产水平。

经济中任何改变自然产量率的变动都会使长期总供给曲线移动。因为古典模型中的产量取决于劳动、资本、自然资源和技术知识,所以我们可以把长期总供给曲线的移动划分为这四个原因引起的移动。

劳动变动引起的移动 设想一个经济中移民的增加使工人的数量增多了,因而物品与劳务的供给量也增加了。结果,长期总供给曲线将向右移动。相反,如果许多工人离开这个经济去了国外,那么长期总供给曲线将向左移动。

因为长期总供给曲线的位置还取决于自然失业率,所以自然失业率的任何一种变动都会使长期总供给曲线移动。例如,如果国会大幅度提高最低工资,自然失业率就会上升,从而经济生产的物品与劳务量就会减少。结果,长期总供给曲线将向左移动。相反,如果失业保险制度改革鼓励失业工人更努力地寻找新工作,自然失业率就会下降,长期总供给曲线将向右移动。

资本变动引起的移动 经济中资本存量的增加提高了生产率,从而增加了物品与劳务的供给量。结果,长期总供给曲线将向右移动。相反,

自然产量率：一个经济在长期中当失业处于其正常率时达到的物品与劳务的生产。

经济中资本存量的减少降低了生产率,从而减少了物品与劳务的供给量,会使长期总供给曲线向左移动。

要注意的是,无论我们讨论的是机器和工厂这类物质资本,还是大学生这类人力资本,同样的逻辑都适用。无论哪种类型资本的增加都将提高经济生产物品与劳务的能力,因此都会使长期总供给曲线向右移动。

自然资源变动引起的移动 经济的生产取决于自然资源,包括土地、矿藏和天气。新矿藏的发现使长期总供给曲线向右移动;使农业减产的天气变化使长期总供给曲线向左移动。

在许多国家,重要的自然资源是从国外进口的。这些资源的可获得性的变动也会使总供给曲线移动。正如我们将在本章后面讨论的,在历史上,世界石油市场所发生的事件是美国和其他石油进口国总供给曲线移动的一个重要原因。

技术知识变动引起的移动 今天的经济较之上一代产量更高的最重要原因也许是我们技术知识的进步。例如,电脑的发明已经使我们可以用任何既定量的劳动、资本和自然资源生产出更多的物品与劳务。随着电脑应用在经济中的普及,它已经使长期总供给曲线向右移动了。

许多其他事件尽管表面上看不是技术的变动,但也像技术变动一样起作用。例如,开放国际贸易与发明新的生产过程有类似的作用,因为它使一个国家专门从事生产率更高的行业,所以它也会使长期总供给曲线向右移动。相反,如果政府出于对工人安全与环境的考虑,通过了阻止企业利用某种生产方法的新规定,结果就将使长期总供给曲线向左移动。

总结 因为长期总供给曲线反映了我们在前几章中提出的古典经济模型,所以它提供了描述我们以前分析的一种新方法。在前几章中任何一种增加真实 GDP 的政策或事件都可以增加物品与劳务的供给量,并使总供给曲线向右移动。在前几章中任何一种减少真实 GDP 的政策或事件也都可以减少物品与劳务的供给量,并使总供给曲线向左移动。

33.4.3 用总需求和总供给来描述长期增长与通货膨胀

在介绍了经济的总需求曲线和长期总供给曲线之后,现在我们有了一种描述经济长期趋势的新方法。图 33-5 说明了经济中每十年间发生的变动。要注意的是,这两条曲线都在移动。尽管在长期中有许多因素决定经济,而且在理论上这些因素都可以引起这种移动,但是现实世界中最重要的两个因素是技术和货币政策。技术进步提高了一个经济生产物品与劳务的能力,而且这种产量的增加反映在长期总供给曲线持续地向右移动上。同时,由于美联储一直在增加货币供给,所以总需求曲线也向右移动。正如该图所说明的,结果是产量的持续增长(用 Y 的增加表示)和

图 33-5 总需求与总供给模型中的长期增长与通货膨胀

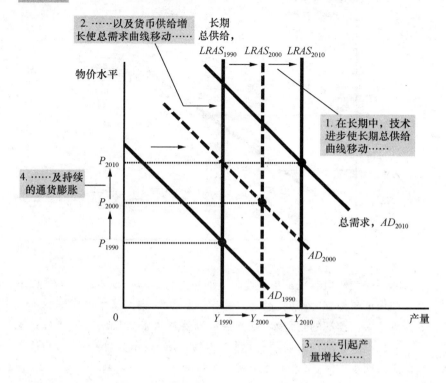

主要由于技术进步,随着时间的推移,经济中生产物品与劳务的能力提高了,长期总供给曲线向右移动。同时,随着美联储增加货币供给,总需求曲线也向右移动。在该图中,产量从 Y_{1990} 增长到 Y_{2000},然后又增长到 Y_{2010},而且物价水平也从 P_{1990} 上升到 P_{2000},然后又上升到 P_{2010}。因此,总需求与总供给模型提供了描述增长与通货膨胀的古典分析的一种新方法。

持续的通货膨胀(用 P 的上升表示)。这仅仅是提供了我们在前几章中讨论的增长与通货膨胀的古典分析的另一种方法。

但是,提出总需求与总供给模型的目的并不是要给我们以前得出的长期结论穿上一件新外衣,而是要为我们即将说明的短期分析提供一个框架。当我们提出短期模型时,我们通过省略图33-5中的移动所描述的持续增长和通货膨胀而使分析变得简单。但要时刻记住,长期趋势是短期波动叠加的结果。应该把产量与物价水平的短期波动视为对持续的产量增长和通货膨胀长期趋势的背离。

33.4.4 为什么短期中总供给曲线向右上方倾斜

短期中的经济与长期中的经济之间的关键差别是总供给的状况不同。长期总供给曲线是垂直的,因为在长期中物价总水平并不影响经济生产物品与劳务的能力。与此相反,在短期中物价水平确实影响经济的产量。这就是说,在一年或两年的时期内,经济中物价总水平上升往往会增加物品与劳务的供给量,而物价水平下降往往会减少物品与劳务的供给量。结果,短期总供给曲线如图33-6所示向右上方倾斜。

为什么物价水平的变动在短期中影响产量呢?宏观经济学家提出了三种说明短期总供给曲线向右上方倾斜的理论。在每一种理论中,某个

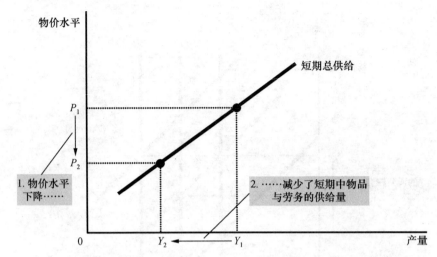

图 33-6　短期总供给曲线

在短期中，物价水平从 P_1 下降到 P_2，使供给量从 Y_1 减少为 Y_2。两者之间的这种正相关关系可能是由于黏性工资、黏性价格或错觉的存在。随着时间的推移，工资、物价和感觉得到调整，因此这种正相关关系只是暂时的。

1. 物价水平下降……

2. ……减少了短期中物品与劳务的供给量

市场的不完全性引起经济中供给一方的短期行为与长期不同。虽然以下每一种理论在细节上不同，但它们具有一个共性：当经济中的实际物价水平背离了人们预期的物价水平时，供给量就背离了其长期水平或自然水平。当物价水平高于人们预期的水平时，产量就高于其自然率；当物价水平低于预期水平时，产量就低于其自然率。

黏性工资理论　对短期总供给曲线向右上方倾斜的第一种解释是黏性工资理论。这种理论是研究总供给的三种方法中最简单的，并且一些经济学家认为它是短期中经济不同于长期中经济的重要原因，因此它也是我们在本书中重点强调的理论。

根据这种理论，短期总供给曲线向右上方倾斜是因为名义工资对经济状况变动的调整缓慢。换句话说，工资在短期中是"黏性的"。在某种程度上，名义工资调整缓慢是由于工人和企业之间签订了固定名义工资的长期合同，有时这种合同的期限是三年。此外，名义工资调整缓慢也可能是由于影响工资确定的社会规范和公正的观念变动缓慢。

一个例子有助于解释黏性名义工资如何能引起短期总供给曲线向右上方倾斜。设想一年前，一个企业预期现在的物价水平是 100，并且根据这种预期它与其工人签订了合同，同意支付给他们比如说每小时 20 美元的工资。实际上，物价水平 P 结果只是 95。由于物价水平降到预期水平以下，企业从其每单位产品销售中得到的收入比预期少了 5%。但是，用于生产这些产品的劳动的成本仍然是每小时 20 美元。现在生产不太有利了，因此企业就会少雇用工人，并减少产品供给量。随着时间的推移，劳动合同会到期，企业会与其工人就工资下调再次进行谈判（工人可能会接受较低的工资，因为物价也下降了），但同时就业与生产将仍然低于其长期水平。

同样的逻辑也在相反的方向起作用。假设物价水平结果是105,并且工资仍然是每小时20美元。企业看到,它出售每单位产品得到的收入增加了5%,而其劳动成本并没变。企业的反应就是雇用更多的工人,并增加供给量。最终工人会要求更高的名义工资来补偿更高的物价水平,但在一段时间内,企业可以通过使就业和产品供给量高于其长期水平来利用这个可以赚取更多利润的机会。

简言之,根据黏性工资理论,短期总供给曲线向右上方倾斜是因为名义工资是基于预期的物价确定的,并且当实际物价水平结果不同于预期水平时,名义工资并不会立即对此作出反应。工资的这种黏性激励了企业在实际物价水平低于预期水平时生产较少的产量,而在实际物价水平高于预期水平时生产较多的产量。

黏性价格理论　一些经济学家提出了用于解释短期总供给曲线向右上方倾斜的另一种方法,称为黏性价格理论。正如我们刚才所讨论的,黏性工资理论强调名义工资随着时间推移调整缓慢。黏性价格理论则强调一些物品与劳务的价格对经济状况变动的调整也是缓慢的。这种缓慢的价格调整,部分是因为调整价格要付出成本,即所谓的菜单成本。这些菜单成本包括印刷和分发目录的成本,以及改变价格标签所需要的时间。由于这些成本,短期中价格和工资可能都是黏性的。

为了说明黏性价格如何解释总供给曲线向右上方倾斜,我们首先假设经济中每个企业都根据它所预期的未来一年的经济状况提前宣布了该企业生产的物品或劳务的价格。再假设,在价格宣布之后,经济中出现了未预料到的货币供给紧缩,(正如我们所知道的)这将降低长期中的物价总水平。虽然一些企业对未预料到的经济状况变动的反应是迅速降低自己所生产的物品或劳务的价格,但还有一些企业不想引起额外的菜单成本,结果它们在降低自己所生产的物品或劳务的价格上暂时滞后了。由于这些滞后企业的价格如此之高,所以它们的销售减少了。销售减少又引起企业削减生产和就业。换句话说,由于并不是所有价格都根据变动的经济状况而迅速调整,未预料到的物价水平下降使一些企业的价格高于合意水平,而这些高于合意水平的价格抑制了销售,并引起企业减少它们生产的物品与劳务量。

当货币供给和物价水平结果高于最初确定价格时企业的预期时,同样的推理也适用。一些企业对新经济环境的反应是立即提高其价格,而另一些企业的反应滞后,使自己的价格低于合意水平。这种低价格吸引了顾客,从而引起这些企业增加就业和生产。因此,在价格调整滞后的企业以较低的价格经营的期间内,物价总水平和产量之间就存在正相关关系。这种正相关关系用总供给曲线向右上方倾斜来表示。

错觉理论　解释短期总供给曲线向右上方倾斜的第三种方法是错觉理论。根据这种理论,物价总水平的变动会暂时误导供给者对自己出售产品的个别市场发生的事情的看法。由于这些短期的错觉,供给者对物价水平的变动作出了反应,并且这种反应引起了总供给曲线向右上方倾斜。

为了说明这种理论如何起作用,假设物价总水平降到供给者预期的水平之下。当供给者看到他们产品的价格下降时,他们可能会错误地认为,他们的相对价格下降了。这就是说,他们会认为与经济中其他价格相比,他们的产品价格下降了。例如,种小麦的农民在注意到他们作为消费者购买的许多物品的价格都下降之前先注意到了小麦价格的下降,他们可能从这种观察中推知生产小麦的报酬暂时降低了,并且他们的反应可能是减少他们所供给的小麦。同样,工人在注意到他们所购买的物品价格下降之前先注意到他们的名义工资下降了,他们就会由此推知他们的工作报酬暂时降低了,并作出减少他们供给的劳动量的反应。在这两种情况下,较低的物价水平引起对相对价格的错觉,而且这些错觉又引起供给者对较低物价水平作出减少物品与劳务供给量的反应。

当实际物价水平高于预期的水平时,类似的错觉也会产生。物品与劳务的供给者可能只注意到自己产品的价格上升了,并错误地推断他们产品的相对价格上升了。他们就会得出结论,这是生产的好时机。在他们的错觉得到纠正之前,他们对高物价水平的反应是增加物品与劳务的供给量。这种行为就引起短期总供给曲线向右上方倾斜。

总结 对短期总供给曲线向右上方倾斜有三种不同的解释:(1)黏性工资;(2)黏性价格;(3)对相对价格的错觉。经济学家们在争论哪一种理论是正确的,而极有可能的是每一种理论都包含真理的成分。就本书的目的而言,这些理论的相似之处比它们之间的差别更重要。所有这三个理论都表明,当实际物价水平背离人们预期的物价水平时,短期产量就背离其长期水平(自然产量率)。我们可以用数学公式表述如下:

产量的供给量 = 自然产量率 + a(实际物价水平 − 预期的物价水平)

其中,a 是决定产量对未预期到的物价水平变动作出多大反应的数字。

要注意的是,这三种短期总供给理论中的每一种都强调了一个可能只是暂时存在的问题。无论短期总供给曲线向右上方倾斜是由于黏性工资、黏性价格还是由于错觉,这些情况都不会持久存在下去。随着时间的推移,名义工资将变得没有黏性,价格将变得没有黏性,并且对相对价格的错觉也将得到纠正。在长期中,合理的假设是工资和价格具有伸缩性,而不是黏性,而且人们不会为相对价格所迷惑。因此,尽管我们有几种好理论来解释为什么短期总供给曲线向右上方倾斜,但是它们与垂直的长期总供给曲线都是完全一致的。

33.4.5　为什么短期总供给曲线会移动

　　短期总供给曲线告诉我们短期内在任何既定物价水平时物品与劳务的供给量。这条曲线与长期总供给曲线相似,但由于黏性工资、黏性价格以及错觉的存在,它不是垂直的,而是向右上方倾斜。因此,当考虑什么引起短期总供给曲线移动时,我们必须考虑使长期总供给曲线移动的所有变量以及一个新变量——预期的物价水平,它影响黏性工资、黏性价格和对相对价格的错觉。

　　我们从对长期总供给曲线的了解开始。正如以前我们所讨论的,长期总供给曲线的移动通常是由于劳动、资本、自然资源和技术知识的变动引起的。这些相同的变量也会使短期总供给曲线移动。例如,当经济中的资本存量增加而提高了生产率时,这个经济就能够生产更多的产品,因此无论长期还是短期总供给曲线都向右移动。当最低工资增加从而提高了自然失业率时,经济中就业的工人就少了,因而生产的产品也少了,因此无论长期还是短期总供给曲线都向左移动。

　　影响短期总供给曲线位置的重要新变量是人们预期的物价水平。正如我们所讨论的,在短期中,物品与劳务的供给量取决于黏性工资、黏性价格和错觉。但工资、价格和错觉都是根据预期的物价水平确定的,因此当人们改变他们对物价水平的预期时,短期总供给曲线也将移动。

　　为了使这种思想更具体,我们考虑一种明确的总供给理论——黏性工资理论。根据这种理论,当工人和企业预期物价水平要上升时,他们就倾向于达成一个高水平名义工资的合同。高工资增加了企业的成本,而且在任何既定的实际物价水平下减少了企业供给的物品与劳务量。因此,当预期的物价水平上升时,工资就会提高,成本增加,并且企业在实际物价水平既定时生产的物品和劳务减少。这样,短期总供给曲线向左移动。相反,当预期的物价水平下降时,工资下降,成本下降,企业在实际物价水平既定时增加产量,短期总供给曲线向右移动。

　　同样的逻辑也适用于每一种总供给理论。一般性结论如下:预期物价水平上升减少了物品与劳务的供给量,并使短期总供给曲线向左移动。预期物价水平下降增加了物品与劳务的供给量,并使短期总供给曲线向右移动。正如我们将在下一节中说明的,预期对短期总供给曲线位置的这种影响在解释经济如何从短期转向长期时起了关键作用。在短期中,预期是固定的,经济处于总需求曲线与短期总供给曲线的交点。在长期中,如果人们观察到物价水平不同于他们的预期,他们的预期就会得到调整,短期总供给曲线将移动。这种移动保证了经济最终会处于总需求曲线与长期总供给曲线的交点。

　　你现在应该对为什么短期总供给曲线向右上方倾斜以及什么事件与

政策会引起这条曲线移动有所了解了。表 33-2 总结了我们的讨论。

表 33-2　短期总供给曲线:总结

为什么短期总供给曲线向右上方倾斜?
1. 黏性工资理论:未预期到的低物价水平增加了真实工资,这引起企业减少雇用工人并减少生产的物品与劳务量。
2. 黏性价格理论:未预期到的低物价水平使一些企业的价格高于合意的水平,这就抑制了它们的销售,并引起它们削减生产。
3. 错觉理论:未预期到的低物价水平使一些供给者认为自己的相对价格下降了,这引起生产减少。

为什么短期总供给曲线会移动?
1. 劳动变动引起的移动:可得到的劳动量增加(也许是由于自然失业率的下降)使总供给曲线向右移动;可得到的劳动量减少(也许是由于自然失业率的上升)使总供给曲线向左移动。
2. 资本变动引起的移动:物质资本或人力资本增加使总供给曲线向右移动;物质资本或人力资本减少使总供给曲线向左移动。
3. 自然资源变动引起的移动:自然资源可获得性的增加使总供给曲线向右移动;自然资源可获得性的减少使总供给曲线向左移动。
4. 技术变动引起的移动:技术知识进步使总供给曲线向右移动;可得到的技术减少(也许由于政府管制)使总供给曲线向左移动。
5. 预期物价水平变动引起的移动:预期物价水平下降使短期总供给曲线向右移动;预期物价水平上升使短期总供给曲线向左移动。

即问即答　• 解释为什么长期总供给曲线是垂直的。• 解释为什么短期总供给曲线向右上方倾斜的三种理论。• 什么变量既使长期总供给曲线移动又使短期总供给曲线移动?• 什么变量使短期总供给曲线移动而不使长期总供给曲线移动?

33.5　经济波动的两个原因

既然我们已经介绍了总需求与总供给模型,我们就有了分析经济活动波动所需的基本工具。特别是,我们可以用所学的关于总需求与总供给的内容来考察短期波动的两个基本原因:总需求移动与总供给移动。

为了使事情简化,我们假设经济开始时处于长期均衡,如图 33-7 所示。均衡产量和物价水平在长期中是由总需求曲线和长期总供给曲线的交点决定的,如图中 A 点所示。在这一点时,产量为其自然率。由于经济总是处于短期均衡,因此短期总供给曲线也通过这一点,这表示预期物价水平已经调整到了这种长期均衡。也就是说,当一个经济处于长期均衡时,预期物价水平必定等于实际物价水平,从而总需求曲线与短期总供给曲线的交点和总需求曲线与长期总供给曲线的交点重合。

图 33-7 长期均衡

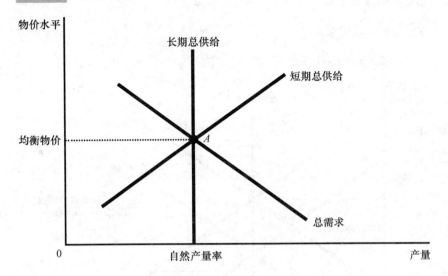

经济的长期均衡是在总需求曲线与长期总供给曲线相交的地方（A点）。当经济达到这种长期均衡时,预期物价水平将调整为等于实际物价水平。因此,短期总供给曲线也相交于这一点。

33.5.1 总需求移动的影响

假设悲观的情绪突然笼罩了经济。原因可能是白宫丑闻、股票市场崩溃,或者海外战争爆发。由于这些事件,许多人对未来失去信心并改变了他们的计划。家庭削减了支出并且延迟了重大购买,企业则放弃了购买新设备。

这种悲观情绪对宏观经济有什么影响呢？在回答这个问题时,我们可以遵循在第4章中分析某个特定市场的供给与需求时所采用的三个步骤:第一步,确定这个事件是影响总需求还是影响总供给;第二步,确定曲线向哪一个方向移动;第三步,用总需求和总供给图来比较最初的均衡和新的均衡。此外,我们需要增加第四步,必须跟踪新的短期均衡、新的长期均衡以及它们之间的转变。表33-3 总结了分析经济波动的四个步骤。

表 33-3 分析宏观经济波动的四个步骤

> 1. 确定某个事件是使总需求曲线移动,还是使总供给曲线移动（或者两条曲线都移动）。
> 2. 确定曲线移动的方向。
> 3. 用总需求和总供给图说明这种移动如何影响短期的产量和物价水平。
> 4. 用总需求和总供给图分析经济如何从其新的短期均衡变动到其长期均衡。

前两步很容易。第一，由于悲观情绪影响支出计划，所以它影响总需求曲线。第二，由于家庭和企业现在在任何一种既定的物价水平时想购买的物品与劳务量减少了，所以这个事件减少了总需求，如图33-8所示，总需求曲线从 AD_1 向左移动到 AD_2。

总需求曲线从 AD_1 向左移动到 AD_2 代表了总需求减少。在短期中，经济从 A 点移动到 B 点，产量从 Y_1 减少为 Y_2，物价水平从 P_1 下降到 P_2。随着时间的推移，当预期物价水平调整时，短期总供给曲线从 AS_1 向右移动到 AS_2，经济达到 C 点，在这一点新的总需求曲线与长期总供给曲线相交。在长期中，物价水平下降到 P_3，产量恢复到其自然率 Y_1。

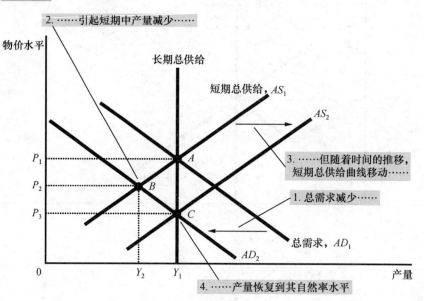

图33-8　总需求紧缩

利用该图，我们可以完成第三个步骤：通过比较最初均衡和新的均衡，我们可以说明总需求减少的影响。在短期中，经济沿着最初的短期总供给曲线 AS_1 从 A 点变动到 B 点。随着经济从 A 点移动到 B 点，产量从 Y_1 下降到 Y_2，而物价水平从 P_1 下降到 P_2。产量水平下降表明经济处于衰退中。虽然在该图中没有反映出来，但企业对低销售和低生产的反应是减少就业。因此，在某种程度上，引起总需求移动的悲观主义是自我实现的：对未来的悲观引起收入下降和失业增加。

现在进行第四步——从短期均衡向长期均衡的转变。由于总需求减少，物价水平最初从 P_1 下降到 P_2。因此，物价水平低于在总需求突然减少之前人们的预期水平（P_1）。尽管人们在短期中会感到吃惊，但他们不会一直这样。随着时间的推移，预期赶上了这种新的现实，预期物价水平也下降了。预期物价水平的下降改变了工资、价格和感觉，这又影响了短期总供给曲线的位置。例如，根据黏性工资理论，一旦工人和企业逐渐预期到物价水平下降，他们就开始接受较低名义工资的议价；劳动成本减少鼓励企业雇用更多的工人，并在任何既定的物价水平时扩大生产。因此，预期物价水平下降使短期总供给曲线从图33-8中的 AS_1 向右移动到 AS_2。这种移动使经济接近于 C 点，新的总需求曲线（AD_2）与长期总供给曲线在这一点相交。

参考资料
再度审视货币中性

根据古典经济学理论,货币是中性的。这就是说,货币量的变动影响物价水平这类名义变量,但不影响产量这类真实变量。在本章的前面,我们说道,大多数经济学家把这个结论作为在长期而不是短期中经济如何运行的描述。运用总需求与总供给模型我们可以说明这个结论,并更充分地解释它。

假设联邦储备减少了经济中的货币量。这种变动有什么影响呢?正如我们讨论过的,货币供给是总需求的一个决定因素,货币供给减少将使总需求曲线向左移动。

这一分析很像图33-8所示,尽管总需求曲线移动的原因不同,但我们会看到其对产量和物价水平产生了同样的影响。在短期中,产量和物价水平都下降了,经济经历了一次衰退。但随着时间的推移,预期的物价水平也下降了。例如,企业和工人对这种新预期的反应是同意降低名义工资。当他们这样做时,短期总供给曲线就将向右移动。最终,经济发现自己又回到长期总供给曲线上。

图33-8表明了货币何时对真实变量有影响,何时对真实变量没有影响。在长期中,货币是中性的,正如经济从 A 点移动到 C 点所表示的。但在短期中,货币供给的变动有真实影响,正如经济从 A 点移动到 B 点所表示的。一句老话可以概括这个分析:"货币是一层面纱,但是当面纱被掀开时,真相就露出来了。"

在新的长期均衡 C 点时,产量回到了其自然率。经济纠正了自己:即使决策者不采取任何行动,长期中产量的减少也会逆转。尽管悲观情绪已经减少了总需求,但物价水平大大下降(到 P_3)抵消了总需求曲线移动的影响,而且人们也会预期到这种新的低物价水平。因此,在长期中,总需求曲线的移动完全反映在物价水平上,而根本没有反映在产量水平上。换句话说,总需求移动的长期效应是一种名义变动(物价水平下降),而不是真实变动(产量相同)。

当面对总需求的突然减少时,决策者应该做点什么呢?在前面的分析中,我们假定他们什么也不做。另一种可能是,只要经济进入衰退(从 A 点变动到 B 点),决策者就可以采取行动增加总需求。正如我们以前讲到的,政府支出增加或者货币供给增加都会增加任何一种物价水平时的物品与劳务需求量,从而使总需求曲线向右移动。如果决策者以足够快的速度采取足够准确的行动,他们就可以抵消总需求最初的移动,使总需求曲线回到 AD_1,并使经济回到 A 点。如果政策是成功的,低产量和低就业的痛苦时期的长度就会缩短,其严重性也会减轻。下一章我们会更详细地讨论货币政策和财政政策影响总需求的方法,以及在运用这些政策工具中存在的一些实际困难。

总而言之,关于总需求移动的情形有三个重要结论:
- 在短期中,总需求移动引起经济中物品与劳务产量的波动。
- 在长期中,总需求移动影响物价总水平,但不影响产量。
- 影响总需求的决策者可以潜在地减缓经济波动的严重性。

案例研究
总需求两次重大的移动:大萧条与第二次世界大战

在本章的开头,我们通过观察 1965 年以来的数据确定了有关经济波动的三个关键事实。现在我们考察美国经济史上更长的时期。图 33-9 显示了 1900 年以来每三个年份的真实 GDP 变动百分比的数据。在平均三年的一个时期中,真实 GDP 增长 10% 左右——每年略高于 3%。但是,经济周期引起了围绕这个平均数的波动。有两个事件由于特别重要而凸显出来——20 世纪 30 年代初真实 GDP 的大幅度下降与 40 年代初真实 GDP 的大幅度上升。这两个事件都可以归因于总需求的移动。

图 33-9 1900 年以来美国的真实 GDP 增长

在美国经济史上,两次波动特别剧烈。在 20 世纪 30 年代初,经济经历了大萧条,当时物品与劳务的生产严重萎缩。在 20 世纪 40 年代初,美国加入第二次世界大战,这使经济中的生产迅速增加。通常用总需求的大幅度移动来解释这两个事件。

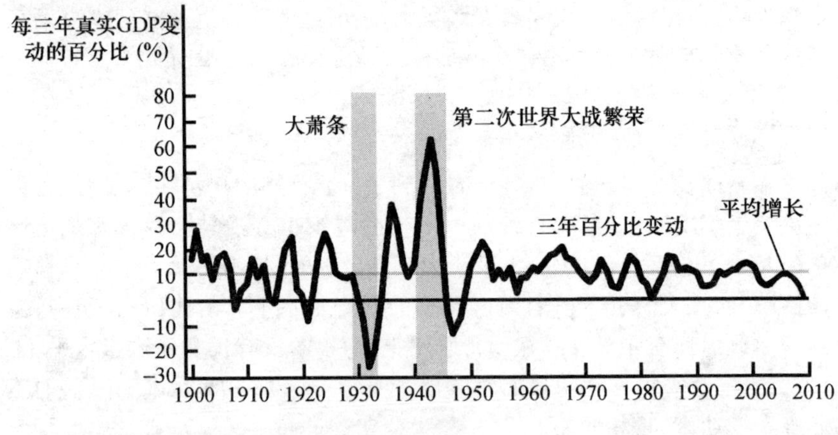

资料来源:U.S. Department of Commerce.

20 世纪 30 年代初的经济灾难称为大萧条,而且它是美国历史上最大的经济下降。从 1929 年到 1933 年,真实 GDP 减少了 27%,失业从 3% 增加到 25%。同时,在这四年中物价水平下降了 22%。在这一时期,许多其他国家也经历了类似的产量与物价下降。

经济史学家一直在争论大萧条的起因,但大多数解释集中在总需求的大幅度减少上。是什么引起了总需求的紧缩呢?分歧就出现在这里。

许多经济学家主要抱怨货币供给的减少:从 1929 年到 1933 年,货币供给减少了 28%。回想一下我们关于货币制度的讨论,这种货币供给减少是由于银行体系中的问题。随着家庭从财务不稳定的银行提取它们的货币,以及银行家变得更为谨慎并开始持有更多的准备金,部分准备金银行制度之下的货币创造过程反方向发生作用。同时,美联储并没有用扩张性公开市场操作来抵消货币乘数的这种下降。结果,货币供给减少了。许多经济学家责怪美联储没有对大萧条的严重性采取什么行动。

另一些经济学家提出了总需求崩溃的其他理由。例如,在这一时期股票价格下降了90%左右,这减少了家庭财富,从而也减少了消费者支出。此外,银行的问题也使一些有投资项目的企业无法进行筹资,这就抑制了投资支出。可能的情况是,在大萧条时期,所有这些因素共同发生作用紧缩了总需求。

图33-9中的第二个重大时期——20世纪40年代初的经济繁荣——是容易解释的。这次事件显而易见的原因是第二次世界大战。随着美国在海外进行战争,联邦政府不得不把更多资源用于军事。从1939年到1944年,政府对物品与劳务的购买几乎增加了5倍。总需求的巨大扩张几乎使经济中物品与劳务的产量翻了一番,并使物价水平上升了20%(尽管普遍的政府物价管制限制了价格上升)。失业从1939年的17%下降到1944年的1%——美国历史上最低的失业水平。

案例研究
2008—2009年的衰退

在2008年和2009年,美国经济经历了金融危机和经济活动的严重下降。在许多方面,这是半个多世纪中最坏的宏观经济事件。

这次衰退开始于几年前住房市场的繁荣。这种繁荣部分是由低利率引起的。在2001年的衰退后,美联储把利率降到历史上的最低水平。虽然低利率有助于经济复苏,但通过使抵押贷款和买房便宜了,却也引起住房价格上升。

除了低利率之外,抵押贷款市场上的各种发展也使次级借款者——根据其收入和信贷历史这些借款者有高度拖欠风险——更容易得到买房的贷款。一种发展是证券化——金融机构(特别是抵押贷款的创办人)进行贷款,然后(通过投资银行帮助)将贷款捆绑为称为住房抵押贷款证券的金融工具的过程。这些抵押贷款证券然后被卖给了其他金融机构(诸如银行和保险公司),这些机构并没有充分评估这些证券的风险。一些经济学家指责对这些高风险贷款监管不充分。另一些经济学家指责政府政策的误导:一些政策鼓励这种高风险贷款,以实现低收入家庭可以更多拥有住房的目的。总之,这些力量共同推高住房需求及住房价格。1995年到2006年间,美国的住房价格翻了一番。

但是,住房高价格并不能持续。从2006年到2009年,全国的住房价格下降了30%左右。这种价格波动不一定是市场经济的问题。毕竟,价格变动会使市场供求均衡。但是,在这种情况下,价格下降有两个引起总需求规模减小的相关后果。

第一个后果是抵押贷款的拖欠大幅度上升以及住房被收回。在住房高涨时期,许多房东用可能借到的所有的钱并把支出降到最低来买房。当住房价格下降时,这些房东就成为水平线以下者(他们的抵押贷款高于其住房的价值)。许多房东不再偿还他们的贷款。为抵押贷款服务的银行通过收回抵押品程序收回住房并出售这些住房来对付这些拖欠。银行的目标是,用尽一切办法收回坏贷款。正如你根据所学的供给与需求可以预测到的,要销售的住房量的增加使住房价格螺旋式加速下降。随着住房价格下降,住房建设的支出也崩溃了。

第二个后果是,各个拥有住房抵押贷款证券的金融机构蒙受了巨大亏损。实质上,这些公司通过大量借款来购买高风险的抵押贷款是赌价格将会上升;结果赌错了时,它们发现自己处于或接近破产的边缘。由于这些大量的亏损,许多金融机构没有资金用于贷款,而且金融体系把资源给予能最好使用资源的人的渠道能力也受到损害,甚至信誉好的客户也发现自己无法借款来为投资支出筹资。

由于这些事件,经济就经历了总需求的大幅度收缩。真实 GDP 和就业都大幅度下跌。在 2007 年第四季度到 2009 年第二季度间,真实 GDP 下降了近 4%。失业率从 2007 年 5 月的 4.4% 上升到 2009 年 10 月的 10.1%。

随着危机的延伸,美国政府以各种方式作出反应。三项政策行为——目的在于部分把总需求恢复到以前的水平——是最值得注意的。第一,美联储将联邦基金利率的目标从 2007 年 9 月的 5.25% 降到 2008 年 12 月的接近于零。美联储还开始用公开市场操作购买住房抵押贷款证券和其他私人贷款。通过从银行体系购买这些金融工具,美联储向银行提供了额外的资金,希望银行能更容易发放贷款。

第二,一个更为不寻常的变动是 2008 年 10 月,议会批准给财政部 7 000 亿美元,用于拯救金融体系。目的是阻止华尔街的金融危机并容易得到贷款。这些资金许多用于注入银行的股本。这就是说,财政部把资金投入银行体系,这就使银行可以用于发放贷款,通过交换这些资金,美国政府至少暂时成为这些银行的部分所有者。

最后,当巴拉克·奥巴马在 2009 年 1 月成为总统后,他的第一个重大倡议就是大幅度增加政府支出。在议会对立法形式的简单争论之后,新总统在 2009 年 2 月 17 日签署了 7870 亿美元的刺激法案。在下一章研究财政政策对总需求的影响时还要更充分地讨论这种政策变动。

在本书付印时,经济已经开始从衰退中复苏。真实 GDP 又增长了,而且 2010 年 6 月,失业已下降到 9.5%。如果有的话,这许多政策变动中是哪一种对促进这次经济复苏起到了最重要的作用呢?这肯定是宏观经济史学家在以后若干年会争论的问题。

新闻摘录
与大萧条平行的现代大衰退

随着经济在 2008 年陷入衰退,一些评论家很想知道,我们是不是又看到了与大萧条相似的衰退。2010 年,当本书付印时,情况看来并不像。但是,2008 年和 2009 年的事件与 20 世纪 30 年代事件的相似性令人烦恼而不容忽视。这篇文章描述了在最近的经济衰退中如何看待这些事情。

然而我们得到的教训够多吗
N. Gregory Mankiw

与大多数经济学家一样,国际货币基金组织的经济学家也降低了他们的增长预期。牢牢缠着华尔街的金融动荡也许会扩散到美国的每一条街道。最可能的是,现在的失业仅仅是可怕的冰山一角。

但是,当国际货币基金组织首席经济学家 Oliver Blanchard 被问及世界陷入另一次大萧条的可能性时,他蛮有把握地回答,可能性"几乎是零"。他补充说,"80 年来我们学习到了不少东西。"

的确,我们有经验教训。但是,我们知道引起 20 世纪 30 年代大萧条的原因是什么吗?更重要的是,我们得到足够的教训避免再犯类似的事情吗?

在很大程度上,大萧条开始时和普通的衰退一样。20 世纪 20 年代是繁荣的十年,而当美联储想控制被称为非理性的繁荣时代时,这种繁荣就接近尾声了。

在 1928 年,美联储开始提高利率。这样,像建筑业这样的利率敏感的部门变得萧条了。

但事情看来是在 1929 年 10 月股市崩溃后变坏的。股票价格低迷使家庭变穷并抵制了消费支出,这种情况占经济中的四分之三。(今天这种情况约为三分之二。)

根据经济史学家、伯克利加州大学教授 Christina D. Romer 的看法,当时股价的巨大波动也增加了消费者不确定的感觉,这引起他们在不确定消除之前推迟购买。1930 年对汽车这类耐用消费品的支出急剧下降。

紧接着是一系列银行恐慌。从 1930 年到 1933 年,有 9 000 多家银行停业,这导致储户和股东损失了约 250 亿美元。按经济份额计,这相当于今天的 3 400 亿美元。

银行恐慌以两种方式给经济活动带来向下的压力。第一,它们使储户担心。许多人认为,把现金放在自己被褥下比放在当地银行的账户上明智。

当他们提取自己的资金时,银行体系正常的借贷与货币创造反方向发生作用。货币供给崩溃,结果从 1929 年到 1933 年,消费物价指数下降了 24%。这种通货紧缩切实加重了居民债务的负担。

第二,这么多的银行倒闭引起信贷困难。小企业需要贷款来渡过难关或者扩大经营时,通常依靠与当地银行已建立的关系。由于如此多的关系同时被破坏了,经济把金融资源进行最佳配置的能力受到严重损害。

这些因素一起引起了灾难。失业在 1929 年为 3%,1933 年上升到 25%。以后即使在最严重衰退的 1982 年,美国经济也没有经历那时失业水平的一半。

20 世纪 30 年代随着形势恶化,决策者作出了强烈反应。正如面对新疾病和奇特病症患者的医生一样,他们往往采用多种方法,以利于阻止病情,但看来起了相反的作用。

1933 年以后复苏最重要的来源也许是罗斯福总统决定放弃金本位并使美元贬值而引起的货币扩张。从 1933 年到 1937 年,货币供给增加,制止了通货紧缩。经济中生产一年增长了 10%,是正常增长率的三倍。

不太成功的是各种市场干预。根据洛杉矶加州大学和明尼苏达联邦储备银行的经济学家 Harold L. Cole 和 Lee E. Ohanian 的研究,当罗斯福总统通过 1933 年的《全国工业复兴法案》鼓励卡特尔这一形式时,他更恶化了情形。他们认为,1935 年的《全国劳动关系法案》同样加强了有组织的劳工但通过阻碍市场力量而弱化了复苏。

回顾这些事情,很难不看出与当前情况的相似之处。今天与那时一样,不确定性已经吓坏了消费者。根据一些衡量指标,近些日子来的股市波动达到 30 年代以来还没见过的水平。随着波动的加剧,密歇根大学的调查报告了消费者的情绪一直在急剧下降。

(尽管)整个经济中的通货紧缩还不是问题,但住房市场的通货紧缩是我们现在许多困难的来源。随着如此多的房屋所有者欠下了越来越多的大于其房屋价值的债务,拖欠是不幸的,但这往往是理性选择。广泛地取消赎取权,仅仅是保持了住房价格向下、进一步拖欠以及金融机构的额外损失。

美联储和财政部为了避免引起大萧条扩散的早期政策不利,一直在努力保持信贷的流动性。但是,金融机构所面对的困难已被证明比 30 年代还要严重。那时,问题是大规模的信心危机和流动性短缺。今天,问题可能是缺少偿还能力,这更难解决。

下一步是什么?也许对 30 年代经济最引起争议的研究是 1988 年由经济学家 Kathryn Dominguez、Ray Fair 和 Matthew Shapiro 所写的著作,这本书名为《预测衰退:哈佛对耶鲁》。(Fair 先生是耶鲁大学经济学教授,Dominguez 和 Shapiro 先生是密歇根大学教授。)

这三位研究者证明,当时主流经济学家,只能从哈佛和耶鲁所提供的预测服务中选一,他们完全被大萧条的深度和长度所震惊。更糟糕的是,尽管经济分析工具有了许多进步,拥有许多数据的现代经济学家的预测并没有好多少。换言之,即使另一次大萧条就在眼前,从经济学专业的角度你也不能提前预警。

让我们说得更清楚一点:正如国际货币基金组织的 Blanchard 所说的,我不是在预测另一次大萧条。过去 80 多年里我们的确学习到了很多。但你对经济预测仍然与对待其他所有预测一样,应该有所保留。

资料来源:But Have We Learned Enough by N. Gregory Mankiw from *The New York Times*, October 26, 2008. Copyright © 2008 The New York Times Co. Reprinted by permission.

33.5.2 总供给移动的影响

再设想一个经济处于长期均衡。现在假设一些企业的生产成本突然增加了。例如,农业州的坏天气可能摧毁了一些农作物,这将使生产食品产品的成本上升;或者,中东的一场战争可能会中断原油运输,这将使生产石油产品的成本上升。

为了分析这种生产成本增加的宏观经济影响,我们遵循同样的四个步骤。第一步,哪一条曲线受影响?由于生产成本影响供给物品与劳务的企业,所以生产成本的变动改变总供给曲线的位置。第二步,曲线向哪个方向变动?由于高生产成本使销售物品与劳务变得不太有利可图,所以企业现在在任何一种既定的物价水平时都要减少供给量。因此,如图 33-10 所示,短期总供给曲线从 AS_1 向左移动到 AS_2。(根据这个事件,长期总供给曲线可能也会移动。但为了使事情简单,我们假设长期总供给曲线不会移动。)

利用该图我们可以进行第三步——比较最初的均衡与新的均衡。在短期中,经济沿着现在的总需求曲线从 A 点移动到 B 点。经济中的产量从 Y_1 减少为 Y_2,而物价水平从 P_1 上升为 P_2。由于经济既经历了停滞(产量下降)又经历了通货膨胀(物价上升),所以这种情况有时被称为**滞胀**(stagflation)。

现在考虑第四步——从短期均衡转向长期均衡。根据黏性工资理论,关键问题在于滞胀如何影响名义工资。企业和工人最初对高物价水平的反应是提高它们对物价水平的预期,并确定更高的名义工资。在这种情况下,企业的成本还会再上升,而且短期总供给曲线将进一步向左移动,这将使滞胀问题加剧。高物价引起高工资,高工资又引起更高的物价,这一现象有时被称为工资—物价螺旋式上升。

滞胀:
产量减少而物价上升的时期。

图 33-10 总供给的不利移动

当某个事件增加了企业的成本时,短期总供给曲线从 AS_1 向左移动到 AS_2。经济从 A 点移动到 B 点。结果出现了滞胀:产量从 Y_1 减少为 Y_2,而物价水平从 P_1 上升为 P_2。

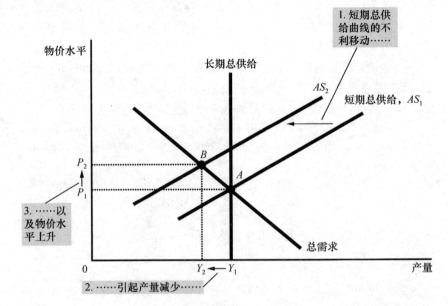

在某一点时,这种工资和物价的螺旋式上升会放慢。低产量与低就业水平将压低工人的工资,因为当失业率较高时工人的议价能力就小了。当名义工资下降时,生产物品与劳务变得更有利可图了,短期总供给曲线将向右移动。当短期总供给曲线移动回 AS_1 时,物价水平下降了,而且产量也接近于其自然率。在长期中,经济又回到了 A 点,总需求曲线与长期总供给曲线在这一点相交。

然而,这种回到最初均衡的转变假设,在整个过程中总需求不变。在现实世界中,不可能是这种情况。那些控制货币政策与财政政策的决策者会力图通过移动总需求曲线来抵消短期总供给曲线移动的一些影响。图 33-11 说明了这种可能性。在这种情况下,政策变动使总需求曲线从 AD_1 向右移动到 AD_2——正好足以阻止总供给移动对产量的影响。经济直接从 A 点移动到 C 点,产量仍然为其自然率,而物价水平则从 P_1 上升为 P_3。在这种情况下,可以说决策者抵消了总供给的移动。抵消性政策为维持较高的产量和就业水平而接受了持久的高物价水平。

总之,关于总供给移动的情形有两个重要结论:

- 总供给移动会引起滞胀——衰退(产量减少)与通货膨胀(物价上升)的结合。
- 那些能影响总需求的决策者可以潜在地减缓对产量的不利影响,但是只能是以加剧通货膨胀问题为代价。

图 33-11 抵消总供给的不利移动

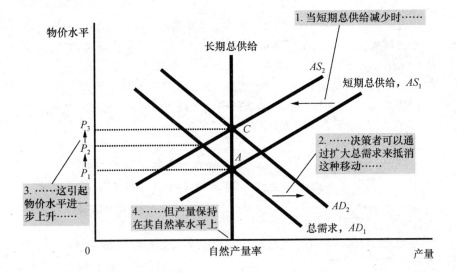

面对总供给从 AS_1 到 AS_2 的不利移动,可以影响总需求的决策者会努力使总需求曲线从 AD_1 向右移动到 AD_2。经济会从 A 点移动到 C 点。这种政策在短期内会阻止供给移动使产量减少,但物价水平将永久地从 P_1 上升到 P_3。

案例研究
石油与经济

1970 年以来,美国经济中一些最大的经济波动起源于中东的产油地区。原油是生产许多物品与劳务的关键要素,而且世界大部分石油来自沙特阿拉伯、科威特和其他中东国家。当某个事件(通常起源于政治)减少了来自这个地区的原油供给时,世界石油价格就会上升。美国生产汽油、轮胎和许多其他产品的企业的成本就会增加,而且这些企业发现在任何一种既定的价格水平时供给它们的物品与劳务是无利可图的。结果总供给曲线向左移动,这又会引起滞胀。

第一起这种事件发生在 20 世纪 70 年代中期。石油储藏丰富的国家作为石油输出国组织成员(the Organization of Petroleum Exporting Countries,OPEC)走到了一起,OPEC 是一个卡特尔——一个企图阻止竞争并减少生产以提高价格的卖者集团。而且,石油价格的确大幅度上升了。从 1973 年到 1975 年,石油价格几乎翻了一番。世界石油进口国都同时经历了通货膨胀和衰退。在美国,按 CPI 衡量的通货膨胀率几十年来第一次超过了 10%,失业率也从 1973 年的 4.9% 上升到 1975 年的 8.5%。

几乎完全相同的事件在几年后又发生了。在 20 世纪 70 年代末期,OPEC 国家再一次限制石油的供给以提高价格。从 1978 年到 1981 年,石油价格翻了一番还多,结果又是滞胀。第一次 OPEC 事件引起的通货膨胀本已渐渐平息,但现在每年的通货膨胀率又上升到 10% 以上。由于美联储不愿意抵消这种通货膨胀的大幅度上升,所以经济很快又进入了衰退。失业从 1978 年和 1979 年的 6% 左右上升到几年后的 10% 左右。

世界石油市场也是总供给有利移动的来源。1986 年 OPEC 成员之间爆发了争执,成员国违背了限制石油生产的协议。在世界原油市场上,价格几乎下降了一半。石油价格的下降减少了美国企业的成本,企业现在发现在任何一种既定的物价水平时供给物品和劳务都是更加有利可图的。结果,总供给曲线向右移动。美国经济经历了滞胀的反面:产量迅速增长,失业减少,而且通货膨胀率达到了多年来的最低水平。

近年来,世界石油市场并没有成为经济波动的重要来源。部分原因是,节油的努力和技术变革降低了经济对石油的依赖程度。生产一单位真实 GDP 所需的石油量自从 20 世纪 70 年代的 OPEC 冲击以来已下降了 40% 左右。结果,今天石油价格的任何变动对经济的影响都比过去小。

参考资料
总需求和总供给的来源

既然我们已经初步了解了总需求与总供给模型,现在回顾一下这个模型的历史。这个短期波动模型是如何形成的呢?答案是,这个模型在很大程度上是 20 世纪 30 年代大萧条的副产品。当时的经济学家和决策者对是什么引起这场灾难感到困惑,而且对如何对付这场灾难感到没把握。

1936 年,经济学家约翰·梅纳德·凯恩斯出版了一本名为《就业、利息与货币通论》(简称《通论》)的书,这本书试图解释一般意义上的短期经济波动和特殊意义上的大萧条。凯恩斯的主要观点是,衰退和萧条之所以会发生,是因为对物品与劳务的总需求不足。

凯恩斯长期以来一直是古典经济理论——我们在本书前面所考察的理论——的一个批评者,因为古典经济理论只能解释政策的长期效应。在出版《通论》前几年,凯恩斯针对古典经济学写了下面一段话:

"长期是对当前事情的一个误导。在长期中,我们都会死。如果在暴风雨季节,经济学家只能告诉我们,暴风雨在长期中会过去,海洋必将平静,那么他们给自己的任务就太容易且无用了。"

凯恩斯的这段话是针对决策者和经济学家的。当世界经济饱受高失业之苦时,凯恩斯提出了增加总需求的政策,包括增加政府的公共支出。

在下一章中,我们要详细考察决策者如何运用货币政策与财政政策工具来影响总需求。下一章和这一章的分析有许多是约翰·梅纳德·凯恩斯留下来的遗产。

即问即答 假设受欢迎的总统候选人当选突然增加了人们对未来的信心,用总需求与总供给模型分析其对经济的影响。

33.6 结论

本章实现了两个目标:第一,讨论了经济活动中短期波动的一些重要事实;第二,介绍了用于解释这些波动的基本模型,即所谓的总需求与总供给模型。在下一章中,要继续研究这个模型,以便更深入地理解是什么引起经济中的波动以及决策者如何对这些波动作出反应。

内容提要

◎ 所有社会都经历过围绕长期趋势的短期经济波动。这些波动是无规律的,而且大体上是不可预测的。当衰退真的发生时,真实 GDP 以及有关收入、支出与生产的其他衡量指标都下降,而失业增加。

◎ 古典经济理论建立在货币供给和物价水平这类名义变量并不影响产量和就业这类真实变量这一假设的基础之上。许多经济学家认为,这个假设在长期中是正确的,但在短期中并不正确。经济学家用总需求与总供给模型分析短期经济波动。根据这个模型,物品与劳务的产量和物价总水平的调整使总需求与总供给平衡。

◎ 总需求曲线由于三个原因向右下方倾斜。第一是财富效应:较低的物价水平增加了家庭持有的货币的真实价值,这刺激了消费支出;第二是利率效应:较低的价格减少了家庭需要的货币量,随着家庭试图把货币转变为有利息的资产,利率下降了,这刺激了投资支出;第三是汇率效应:当较低的物价水平降低了利率时,外汇市场上美元贬值,这刺激了净出口。

◎ 在物价水平既定时任何一种增加消费、投资、政府购买或净出口的事件或政策都会增加总需求。在物价水平既定时任何一种减少消费、投资、政府购买或净出口的事件或政策都会减少总需求。

◎ 长期总供给曲线是垂直的。在长期中,物品与劳务的供给量取决于经济中的劳动、资本、自然资源和技术,但不取决于物价总水平。

◎ 本章提出了三种理论用以解释短期总供给曲线向右上方倾斜。根据黏性工资理论,未预期的物价水平下降暂时增加了真实工资,这使企业减少就业和生产。根据黏性价格理论,未预期的物价水平下降使一些企业的价格暂时升高,这就降低了它们的销售,并使它们削减生产。根据错觉理论,未预期的物价水平下降使供给者错误地相信,它们的相对价格下降了,这就使它们减少生产。所有这三种理论都意味着,当实际物价水平与人们预期的物价水平背离时,产量就会与自然产量率背离。

◎ 改变经济生产能力的事件,例如劳动、资本、自然资源或技术的变动,都会使短期总供给曲线移动(而且也会使长期总供给曲线移动)。此外,短期总供给曲线的位置还取决于预期的物价水平。

◎ 经济波动的一个可能原因是总需求的移动。例如,当总需求曲线向左移动时,短期中产量和物价就会下降。随着时间的推移,当预期物价水平的变动引起工资、物价和感觉进行了调整时,短期总供给曲线就会向右移动,并使经济在一个新的、较低的物价水平时回到其自然产量率。

◎ 经济波动的第二个可能原因是总供给的移动。当短期总供给曲线向左移动时,效应是产量减少和物价上升——这种结合称为滞胀。随着时间的推移,当工资、物价和感觉进行了调整时,短期总供给曲线向右移动,使物价水平和产量回到其原来的水平。

关键概念

衰退 总需求曲线 自然产量率
萧条 总供给曲线 滞胀
总需求与总供给模型

复习题

1. 写出当经济进入衰退时下降的两个宏观经济变量。写出当经济进入衰退时上升的一个宏观经济变量。
2. 画出一个有总需求、短期总供给和长期总供给的图,仔细并正确地标出坐标轴。
3. 列出并解释总需求曲线向右下方倾斜的三个原因。
4. 解释为什么长期总供给曲线是垂直的。
5. 列出并解释为什么短期总供给曲线向右上方倾斜的三种理论。
6. 什么因素可能引起总需求曲线向左移动?用总需求与总供给模型来探讨这种移动对产量和物价水平的短期影响和长期影响。
7. 什么因素引起总供给曲线向左移动?用总需求与总供给模型来探讨这种移动对产量和物价水平的短期影响和长期影响。

问题与应用

1. 假设经济处于长期均衡。
   a. 用图形说明经济的状态。务必标出总需求、短期总供给和长期总供给。
   b. 现在假设股市崩溃导致总需求减少。用你的图形说明短期中产量和物价水平发生了什么变动。失业率会发生什么变动?
   c. 用总供给的黏性工资理论解释长期中产量和物价水平将发生什么变动(假设政策不变)。在这种调整中,预期物价水平起了什么作用?用图形确切地说明你的分析。

2. 解释下面每一个事件将使长期总供给增加、减少,还是没有影响?
   a. 美国经历了移民潮。
   b. 国会把最低工资提高到每小时 10 美元。
   c. 英特尔公司投资于新的、更强劲的电脑芯片。
   d. 严重的暴风雨危及东海岸的工厂。
3. 假设经济处于长期均衡。
   a. 用总需求与总供给模型说明最初的均衡(称为 A 点)。务必包括短期总供给与长期总供给。
   b. 中央银行增加了 5% 的货币供给。用你的图形说明随着经济从最初的均衡转向新的短期均衡(称为 B 点),产量和物价水平会发生什么变动。
   c. 现在说明新的长期均衡(称为 C 点)。是什么引起经济从 B 点移动到 C 点?
   d. 根据总供给的黏性工资理论,如何比较 A 点的名义工资与 B 点的名义工资?如何比较 A 点的名义工资与 C 点的名义工资?
   e. 根据总供给的黏性工资理论,如何比较 A 点的真实工资与 B 点的真实工资?如何比较 A 点的真实工资与 C 点的真实工资?
   f. 根据货币供给对名义工资与真实工资的影响判断,这种分析与货币在短期中有真实影响而在长期中是中性的观点一致吗?
4. 在 1939 年,因为美国经济没有完全从大萧条中复苏,所以罗斯福总统宣布感恩节将比通常提前一周来临,以便使圣诞节前的购物期得以延长。解释罗斯福总统可能试图得到什么,并用总需求与总供给模型解释这个决策。
5. 解释为什么以下说法是错误的:
   a. "总需求曲线向右下方倾斜是因为它是单个物品需求曲线的水平相加。"
   b. "长期总供给曲线是垂直的,因为经济力量并不影响长期总供给。"
   c. "如果企业每天调整自己的价格,那么短期总供给曲线就是水平的。"
   d. "只要经济进入衰退,它的长期总供给曲线就向左移动。"
6. 用解释短期总供给曲线向右上方倾斜的三种理论中的一种,认真解释以下的情况:
   a. 在没有任何政策干预时,经济如何从衰退中复苏,并回到其长期均衡。
   b. 什么因素决定复苏的速度。
7. 假设美联储扩大了货币供给,但由于公众预期到了美联储的这一行动,并同时提高了对物价水平的预期。短期中产量和物价水平将发生什么变动?把这种结果与美联储扩大货币供给,但公众没有改变其对物价水平的预期时的结果进行比较。
8. 经济开始时处于长期均衡。然后某一天,总统任命了一位新的美联储主席。这个新主席以其"通货膨胀不是经济的主要问题"的观点而闻名。
   a. 这条新闻会如何影响人们预期的物价水平?
   b. 预期物价水平的这种变动如何影响工人和企业协商他们新劳动合同中的名义工资?
   c. 名义工资的这种变动如何影响在任何一种既定的物价水平时生产物品与劳务的赢利性?
   d. 赢利性的这种变动如何影响短期总供给曲线?
   e. 如果总需求曲线不变,总供给曲线的这种移动如何影响物价水平和产量?
   f. 你认为对这个美联储主席的任命英明吗?
9. 解释下列每个事件是使短期总供给曲线移动、总需求曲线移动、两者都移动,还是两者都不移动。对于使曲线移动的每一个事件，用图形说明其对经济的影响。
   a. 家庭决定把大部分收入储蓄起来。
   b. 佛罗里达的橘园长期受零度以下气温的打击。
   c. 国外工作机会增加使许多人离开本国。

10. 根据下列每一个事件，假设决策者不采取行动，解释其对产量和物价水平的短期与长期影响。
    a. 股市急剧下跌，减少了消费者的财富。
    b. 联邦政府增加国防支出。
    c. 技术进步提高了生产率。
    d. 国外经济衰退引起外国人购买的美国物品少了。

11. 假设企业对未来的经济状况极为乐观，并大量投资于新资本设备。
    a. 画出总需求与总供给图并说明这种乐观主义对经济的短期影响。标出新的物价水平与真实产量。用文字解释为什么总供给量会发生变动。
    b. 现在用 a 中的图说明经济新的长期均衡。（现在假设长期总供给曲线没有发生变动。）用文字解释为什么总需求量在短期与长期之间会发生变动。
    c. 投资高涨会如何影响长期总供给曲线？解释之。

12. 在 A 经济中，所有工人都就雇主将支付给他们的名义工资提前与雇主达成了协议。在 B 经济中，有一半工人签订了名义工资合同，而另一半工人签订了指数化的就业合同，因此他们的工资自动地随物价水平上升或下降。根据总供给的黏性工资理论，哪一个经济的短期总供给曲线更为陡峭？在哪一个经济中，货币供给增加 5% 对产量有更大的影响？在哪一个经济中，货币供给增加对物价水平有更大的影响？解释之。

第 34 章
货币政策和财政政策对总需求的影响

设想你是联邦储备中确定货币政策的联邦公开市场委员会的一名成员。你注意到总统和国会都同意增加税收。美联储对财政政策的这种变动应该做出什么反应呢？它是应该扩大货币供给、紧缩货币供给，还是使货币供给保持不变呢？

为了回答这个问题，你需要考虑货币政策和财政政策对经济的影响。在上一章中，我们用总需求与总供给模型来解释短期经济波动。我们看到，总需求曲线或总供给曲线的移动会引起经济中物品与劳务的总产量及物价总水平的波动。正如我们在上一章中所提到的，货币政策与财政政策都可以影响总需求。因此，这些政策中有一种发生变动就会引起产量和物价的短期波动。决策者想预期这种影响，或许还想相应地调整其他政策。

在本章中，我们将更详细地考察政府的政策工具如何影响总需求曲线的位置。这些政策工具包括货币政策（中央银行确定的货币供给）和财政政策（总统和国会确定的政府支出与税收水平）。我们以前讨论了这些政策的长期效应。在第 25 章和第 26 章中，我们说明了财政政策如何影响储蓄、投资和长期经济增长。在第 29 章和第 30 章中，我们说明了货币政策如何影响长期中的物价水平。现在我们要说明的是，这些政策工具如何使总需求曲线移动，以及如何影响短期中的宏观经济变量。

正如我们已经学过的，除了货币政策和财政政策以外，还有许多因素影响总需求。特别是，家庭和企业的合意支出决定了对物品与劳务的总需求。当合意支出变动时，总需求就变动了。如果决策者不对此作出反应，总需求的这种变动就会引起产量与就业的短期波动。因此，货币政策与财政政策决策者有时用他们控制的政策工具来试图抵消总需求的这些变动，从而稳定经济。在这里，我们将讨论这些政策行为背后的理论，以及在现实中运用这种理论时出现的一些困难。

34.1 货币政策如何影响总需求

总需求曲线表示在任何一种物价水平时物品与劳务的总需求量。前一章讨论了总需求曲线向右下方倾斜的三个原因：

- **财富效应**：较低的物价水平提高了家庭持有的货币的真实价值，货币是他们财富的一部分。更多的真实财富刺激了消费支出，从而增加了物品与劳务的需求量。
- **利率效应**：较低的物价水平减少了人们想要持有的货币量。由于人们试图把他们持有的超额货币贷出去，所以利率下降了。低利率刺激了投资支出，从而增加了物品与劳务的需求量。
- **汇率效应**：当较低的物价水平降低了利率时，投资者就把他们的部分资金转移到国外，以寻求更高的回报。资金的这种流动引起外汇市场上国内通货的真实价值下降。相对于外国物品，国内物品变得便宜了。真实汇率的这种变动刺激了对净出口的支出，从而增加了物品与劳务的需求量。

这三种效应同时发生作用，在物价水平下降时增加了物品与劳务的需求量，在物价水平上升时减少了物品与劳务的需求量。

虽然在解释总需求曲线向右下方倾斜时这三种效应同时发生作用，但它们的重要性并不相同。由于货币持有量只是家庭财富的一小部分，所以在这三种效应中财富效应是最不重要的。此外，由于出口和进口在美国 GDP 中只占一个很小的比例，所以对美国经济而言汇率效应也不大。（这种效应对一些小国更重要，因为在正常情况下，小国的出口与进口在其 GDP 中占的比例较高。）对美国经济来说，总需求曲线向右下方倾斜的最重要原因是利率效应。

为了更好地理解总需求，我们现在更详细地研究短期利率的决定。在这里，我们提出**流动性偏好理论**（theory of liquidity preference）。这种利率决定理论将有助于解释为什么总需求曲线向右下方倾斜，以及货币政策和财政政策如何使这条曲线移动。通过对总需求曲线的新解释，流动性偏好理论扩展了我们对是什么引起短期经济波动以及决策者对此可能做些什么的理解。

流动性偏好理论：凯恩斯的理论，认为利率的调整使货币供给与货币需求平衡。

34.1.1 流动性偏好理论

凯恩斯在其经典著作《就业、利息与货币通论》中提出了流动性偏好理论，用来解释决定经济中利率的因素。这种理论在本质上只是供给与需求的应用。根据凯恩斯的观点，利率的调整使货币供给与货币需求平衡。

你会记得,经济学家区分了两种利率:名义利率是通常所报告的利率;而真实利率是根据通货膨胀影响校正过的利率。在没有通货膨胀时,这两种利率是相同的。但当债务人和债权人预期在贷款期间物价会上升时,他们会一致同意名义利率应大于真实利率,且两者差额应为预期的通货膨胀率。更高的名义利率补偿了他们预期在偿还贷款时美元价值下降这一事实。

我们现在要用流动性偏好理论解释哪一种利率呢?答案是两种都解释。在以后的分析中,我们假设预期的通货膨胀率不变。这个假设对于研究短期经济来说是合理的,因为预期的通货膨胀在短期内一般是稳定的。在这种情况下,名义利率与真实利率的差距是不变的。当名义利率上升或下降时,人们预期赚到的真实利率也上升或下降。在本章的以下部分,当我们提到利率变动时,你应该设想真实利率与名义利率同方向变动。

现在我们通过考虑货币的供求及其各自如何取决于利率来提出流动性偏好理论。

货币供给 流动性偏好理论的第一部分是货币供给。正如我们在第29章中所讨论的,美国经济中的货币供给由联邦储备控制。美联储主要通过在公开市场操作中买卖政府债券的方式改变银行体系的准备金数量,从而改变货币供给。当美联储购买政府债券时,它为债券而支付的美元通常被存入银行,并且这些美元增加了银行的准备金。当美联储出售政府债券时,它从这些债券中所得到的美元是从银行体系中提取出来的,从而减少了银行的准备金。银行准备金的这些变动又引起银行发放贷款和创造货币的能力的变化。因此,美联储通过在公开市场操作中买卖债券来改变经济中的货币量。

除了公开市场操作以外,美联储还可以运用其他各种工具来影响货币供给。美联储的一种选择是改变它贷给银行多少钱。例如,降低贴现率(银行从美联储借准备金的利率)鼓励银行更多地借款,这就增加了银行准备金,从而增加了货币供给。相反,贴现率提高就限制了银行借款,从而减少了银行准备金和货币供给。美联储还可以通过改变法定准备金(银行根据其存款必须持有的准备金量)和改变它支付给银行持有的准备金的利率来改变货币供给。

这些货币控制的细节对美联储政策的实施尽管很重要,但在本章中却并不是至关重要的。我们这里的目的是考察货币供给的变动如何影响物品与劳务的总需求。出于这一目的,我们可以忽略美联储如何实施政策的细节,而只是假设美联储直接控制了货币供给。换句话说,经济中的货币供给量固定在美联储所设定的水平上。

由于货币供给量由美联储的政策所固定,所以它不取决于其他经济变量,特别是它不取决于利率。一旦美联储作出了决策,无论现行的利率是多少,货币供给量都是相同的。我们用一条垂直的供给曲线表示固定的货币供给，如图 34-1 所示。

图 34-1　货币市场的均衡

根据流动性偏好理论，利率的调整使货币供给量与货币需求量平衡。如果利率高于均衡水平（例如在 r_1），人们想持有的货币量（M_1^d）就小于美联储创造的货币量，而且这种超额货币供给会给利率一种下降的压力。相反，如果利率低于均衡水平（例如在 r_2），人们想要持有的货币量（M_2^d）就大于美联储创造的货币量，而且这种超额货币需求会给利率一种上升的压力。因此，货币市场上供求的力量使利率趋向于均衡利率。在均衡利率时，人们乐于持有美联储所创造的货币量。

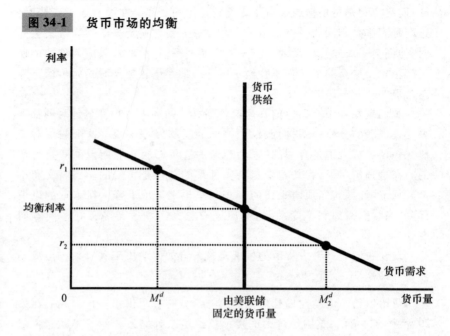

货币需求　流动性偏好理论的第二部分是货币需求。作为理解货币需求的出发点，我们回忆一下，任何一种资产的流动性是指该资产可以转换为经济中的交换媒介的难易程度。由于货币是经济中的交换媒介，因此根据定义货币是可以得到的最具流动性的资产。货币的流动性解释了货币需求：人们选择持有货币而不持有其他可以提供较高收益率的资产，是因为货币可以用于购买物品与劳务。

虽然许多因素决定货币需求量，但流动性偏好理论强调的一个因素是利率，理由是利率是持有货币的机会成本。这就是说，当你用钱包中的现金，而不是用有利息的债券来持有财富时，你就失去了你本来可以赚到的利息。利率上升增加了持有货币的成本，因此货币需求量就减少了。利率下降减少了持有货币的成本，并增加了货币需求量。这样，如图 34-1 所示，货币需求曲线向右下方倾斜。

货币市场的均衡　根据流动性偏好理论，利率的调整使货币的供求平衡。存在一种利率，即所谓的均衡利率，在这一利率时，货币的需求量正好与货币的供给量平衡。如果利率处于其他水平上，人们就要调整自己的资产组合，从而使利率趋向于均衡利率。

例如，假设利率高于均衡水平，如图 34-1 中的 r_1 时。在这种情况下，人们想持有的货币量 M_1^d 小于美联储供给的货币量。那些超额货币的持有者将试图通过购买有利息的债券或将货币存入有利息的银行账户来抛出这些货币。由于债券发行者和银行更愿意支付低利率，所以它们对这种超额货币供给的反应就是降低它们所支付的利率。随着利率的下降，人们变得更愿意持有货币,直至利率降至均衡利率。此时,人们乐于持有的货币量正好等于美联储供给的货币量。

相反,在利率低于均衡水平,例如在图34-1中的r_2时,人们想要持有的货币量M_2^d大于美联储所供给的货币量。因此,人们试图通过减少他们持有的债券和其他有利息的资产来增加货币持有量。随着人们减少自己持有的债券量,债券发行者发现,为了吸引购买者他们不得不提供较高的利率。这样,利率就会上升并趋向于均衡水平。

参考资料
长期利率与短期利率

在以前的一个章节中,我们说明了,利率调整使可贷资金的供给(国民储蓄)和可贷资金的需求(合意的投资)达到均衡。在这里我们则说明了,利率调整使货币的供求平衡。我们能使这两种理论一致吗?

为了回答这个问题,我们需要关注三个宏观经济变量:经济中的物品与劳务产量、利率和物价水平。根据我们在本书前面提出的古典宏观经济理论,这些变量是这样决定的:

(1) 产量由资本和劳动的供给以及把资本和劳动转变为产出的可得到的生产技术决定(我们称之为自然产量率)。

(2) 在产量水平既定时,利率的调整使可贷资金的供求平衡。

(3) 当产量与利率既定时,物价水平的调整使货币的供求平衡。货币供给的变动引起物价水平同比例变动。

这是古典经济理论的三个基本观点。大多数经济学家认为,这些观点对经济在长期中是如何运行的是一个很好的描述。

但这些观点在短期中并不成立。正如我们在前一章中所讨论的,许多价格对货币供给变动的调整是缓慢的,这一事实反映在短期总供给曲线是向右上方倾斜而不是垂直上。结果,在短期中,物价总水平本身并不能使货币供求平衡。物价水平的这种黏性要求利率变动,以使货币市场均衡。利率的这些变动又影响物品与劳务的总需求。当总需求波动时,经济中物品与劳务的产量就背离了要素供给和技术所决定的产量水平。

为了考虑短期中(逐日、逐周、逐月、逐季)的经济状况,最好记住以下逻辑:

(1) 物价水平固定在某个水平上(基于以前形成的预期),在短期中它对经济状况的变动反应较小。

(2) 对于任何一个既定的物价水平,利率的调整使货币的供求平衡。

(3) 使货币市场均衡的利率影响物品与劳务的需求量,从而影响产量水平。

要注意的是,这正好是把用于研究长期中的经济的分析顺序颠倒了过来。

因此,这两个不同的利率理论是用于不同的目的。当考虑利率的长期决定因素时,最好记住可贷资金理论,该理论强调了经济中储蓄倾向和投资机会的重要性。与此相反,当考虑利率的短期决定因素时,最好记住流动性偏好理论,该理论强调了货币政策的重要性。

34.1.2 总需求曲线向右下方倾斜

在说明了流动性偏好理论如何解释经济中的均衡利率之后,现在我们可以考虑这一理论对物品与劳务总需求的含义了。作为一种准备性练习,我们从用这种理论重新解释我们已经了解的主题——利率效应和总需求曲线向右下方倾斜——开始。特别是,假设经济中物价总水平上升,这会使货币供求平衡的利率发生什么变动呢?这种变动又如何影响物品与劳务的需求量呢?

正如我们在第 30 章中所讨论的,物价水平是货币需求量的一个决定因素。在物价较高时,每次要用较多的货币交换一种物品或劳务,结果人们将选择持有较多的货币。这就是说,较高的物价水平增加了利率既定时的货币需求量。因此,如图 34-2(a)幅所示,物价水平从 P_1 上升到 P_2,使货币需求曲线从 MD_1 向右移动到 MD_2。

如(a)幅所示,物价水平从 P_1 上升为 P_2,使货币需求曲线向右移动。这种货币需求的增加使利率从 r_1 上升为 r_2。由于利率是借款的成本,利率上升使物品与劳务的需求量从 Y_1 减少为 Y_2。如(b)幅所示,向右下方倾斜的总需求曲线表示了物价水平和需求量之间的这种负相关关系。

图 34-2 货币市场与总需求曲线的斜率

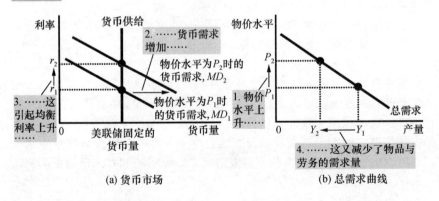

(a) 货币市场   (b) 总需求曲线

要注意的是,货币需求的这种变动如何影响货币市场的均衡。对于一个固定的货币供给来说,为了使货币供给与货币需求平衡,利率必然上升。较高的物价水平增加了人们想要持有的货币量,并使货币需求曲线向右移动。但货币供给量并没有改变,因此利率必然从 r_1 上升为 r_2,以抑制额外的货币需求。

如图 34-2(b)幅所示,利率的这种上升不仅对货币市场有影响,而且对物品与劳务的需求量也有影响。在利率较高时,借款的成本与储蓄的收益都增加了。选择借款买新房子的家庭少了,而且买房子的家庭购买的也是较小的房子,因此住房投资需求就减少了。选择借款建立新工厂和购买新设备的企业少了,因此企业投资减少了。这样,当物价水平从 P_1 上升到 P_2 时,货币需求从 MD_1 增加到 MD_2,而利率从 r_1 上升到 r_2,物品与劳务的需求量则从 Y_1 减少为 Y_2。

可以把对利率效应的这种分析概括为三个步骤:(1)较高的物价水平增加了货币需求;(2)较高的货币需求引起了较高的利率;(3)较高的利率减少了物品与劳务的需求量。当然,同样的逻辑也在反方向发生作用:较低的物价水平减少了货币需求,这引起利率下降,而利率下降又增加了物品与劳务的需求量。这种分析的结论是,正如向右下方倾斜的总需求曲线所说明的那样,物价水平和物品与劳务的需求量之间存在负相关关系。

34.1.3 货币供给的变动

到目前为止,我们已经用流动性偏好理论更为充分地解释了经济中物品与劳务的总需求量如何随着物价水平的变动而变动。这就是说,我们已经考察了沿着向右下方倾斜的总需求曲线的运动。但是,这个理论还说明了改变物品与劳务需求量的一些其他事件。只要在一个既定的物价水平时物品与劳务的需求量变动,总需求曲线就移动。

使总需求曲线移动的一个重要变量是货币政策。为了说明货币政策在短期中如何影响经济,我们假设美联储通过在公开市场操作中购买政府债券来增加货币供给。(在我们了解了这种变动的影响之后,美联储为什么会这样做就显而易见了。)现在我们考虑这种货币注入如何影响既定物价水平时的均衡利率,这将告诉我们货币注入对总需求曲线位置的影响。

如图 34-3(a)幅所示,货币供给的增加使货币供给曲线从 MS_1 向右移动到 MS_2。由于货币需求曲线没有变,为了使货币供给与货币需求平衡,利率从 r_1 下降为 r_2。这就是说,为了使人们持有美联储创造的额外货币,利率必然要下降,以恢复货币市场上的均衡。

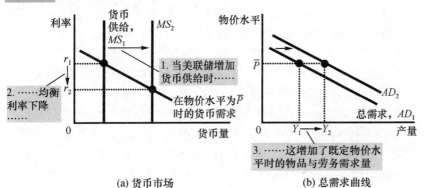

图 34-3 货币注入

(a) 货币市场 (b) 总需求曲线

在(a)幅中,货币供给从 MS_1 增加到 MS_2,使均衡利率从 r_1 下降为 r_2。由于利率是借款的成本,利率下降使物价水平既定时的物品与劳务需求量从 Y_1 增加到 Y_2。因此,在(b)幅中,总需求曲线从 AD_1 向右移动到 AD_2。

如图34-3(b)幅所示,利率又影响了物品与劳务的需求量。较低的利率减少了借款的成本和储蓄的收益。家庭购买更多、更大的房子,这刺激了住房投资需求。企业对新工厂和新设备的支出增加,这刺激了企业投资。结果,在既定的物价水平$\overline{P}$时,物品与劳务的需求量从Y_1增加到Y_2。当然,$\overline{P}$也没有什么特别的:货币注入增加了每一种物价水平时的物品与劳务需求量。因此,整个总需求曲线向右移动。

总之,当美联储增加货币供给时,它降低了利率,增加了既定物价水平时的物品与劳务需求量,使总需求曲线向右移动。相反,当美联储紧缩货币供给时,它提高了利率,减少了既定物价水平时的物品与劳务需求量,使总需求曲线向左移动。

34.1.4 美联储政策中利率目标的作用

联邦储备如何影响经济呢?我们这里以及本书前面的讨论一直把货币政策作为美联储的政策工具。当美联储在公开市场操作中购买政府债券时,它增加了货币供给并扩大了总需求。当美联储在公开市场操作中出售政府债券时,它减少了货币供给并减少了总需求。

有关美联储政策的讨论往往把利率而不是货币供给作为美联储的政策工具。实际上,近年来联邦储备一直通过为联邦基金利率——银行相互之间对短期贷款收取的利率——设定一个目标来运用政策。在联邦公开市场委员会的会议上,这个目标每6周被重新评价一次。联邦公开市场委员会选择为联邦基金利率设定目标,而不是像过去那样不时地为货币供给设定目标。

美联储把联邦基金利率作为目标的决策有几个相关的理由:一是难以非常准确地衡量货币供给;二是货币需求一直在波动。在任何一种既定的货币供给时,货币需求的波动会引起利率、总需求和产量波动。与此相反,当美联储宣布把联邦基金利率作为目标时,它基本就通过调整相应的货币供给调整了每天的货币需求变动。

美联储将利率作为目标的决策并没有从根本上改变我们对货币政策的分析。流动性偏好理论说明了一个重要的原理:既可以根据货币供给,也可以根据利率来描述货币政策。当联邦公开市场委员会为联邦基金利率设定一个目标,比如说6%时,就是在告诉美联储的债券交易者:"进行必要的公开市场操作,以确保均衡利率等于6%。"换句话说,当美联储把利率作为目标时,它就让自己调整货币供给,以便在货币市场均衡时达到那个目标。

因此,既可以根据利率目标的变动,也可以根据货币供给的变动来说明货币政策的变动。当你在报纸上看到"美联储已经把联邦基金利率从6%降为5%"时,你就应该知道,这种情况的发生只是由于美联储的债券交易商正在做使这种情况发生的事情。为了降低联邦基金利率,美联储的债券交易商购买政府债券,而这种购买增加了货币供给并降低了均衡利率(正如图34-3所示)。同样,当联邦公开市场委员会提高联邦基金利率目标时,债券交易商就出售政府债券,这种出售减少了货币供给并提高了均衡利率。

从这种分析中得出的结论是极为简单的:旨在扩大总需求的货币政策变动既可以被描述为货币供给增加,也可以被描述为利率降低;旨在紧缩总需求的货币政策变动既可以被描述为货币供给减少,又可以被描述为利率提高。

参考资料
利率降至零

正如我们刚刚说明的,货币政策通过利率发生作用。这个结论提出了一个问题:如果美联储的目标利率已经降得很低了,它还能做什么?在2008年和2009年的衰退中,联邦基金利率降到接近于零。如果有什么办法的话,为了刺激经济,货币政策还可以做什么呢?

一些经济学家把这种情况称为流动性陷阱。根据流动性偏好理论,扩张性货币政策通过降低利率和刺激投资支出发生作用。但是,如果利率已经下降到接近于零,那么货币政策也许就不再有效。名义利率不会降到零以下:人们宁可持有现金也不会以负利率发放贷款。在这种情况下,扩张性货币政策增加了货币供给,并使公众的资产组合更有流动性,但由于利率不能再下降,额外的流动性不会再有任何效果。总需求、生产和就业会"陷于"低水平。

另一些经济学家怀疑流动性陷阱的适用性,而且相信,即使中央银行的利率目标已使利率降至零底线它也会有扩张经济的工具。一种可能性是,中央银行通过承诺未来的货币扩张来提高通货膨胀预期。即使名义利率不能再下降,较高的预期通货膨胀也可以使真实利率降为负数,这就能刺激投资支出。

第二种可能性是,中央银行可以运用多于正常使用的多种金融工具来进行扩张性公开市场操作。例如,它可以购买抵押贷款和公司债券,从而降低这些类型贷款的利率。在2008年和2009年的衰退期间,美联储积极地推进后一种选择。

一些经济学家提出,使利率为零底线的可能性已被证明就是确定目标通货膨胀率高于零。在零通货膨胀之下,真实利率与名义利率一样绝不会降到零以下。但是,如果名义通货膨胀率比如说4%,那么中央银行就可以通过将名义利率降为近似于零从而轻而易举地把真实利率下降为-4%。因此,适度的通货膨胀就给了货币决策者在需要刺激经济时更大的空间,这就降低了把利率降为零和经济陷入流动性陷阱的风险。

案例研究
为什么美联储注视着股市（而且股市也注视着美联储）

"股市预测了过去五次衰退中的九次。"著名经济学家（以及教科书作者）保罗·萨缪尔森（Paul Samuelson）曾这样嘲讽。萨缪尔森是正确的，股市的波动极高，而且对经济可能会给出错误的信号。但是，股票价格的波动往往是更广泛的经济发展状况的信号。例如，20世纪90年代的经济繁荣看来不仅表现在GDP的高速增长和失业减少，而且也表现为股票价格上升，股价在这十年内上升了近4倍。同样，2008年和2009年的严重衰退也反映在股票价格的下降上：从2007年11月到2009年3月，股市损失了一半左右的价值。

美联储应该如何对股市波动作出反应？美联储本身没有理由关心股票价格，但它的工作是监测整个经济的发展并对此作出反应，而且股市又是一个令人困惑的地方。当股市高涨时，家庭变得富有，增加的财富又刺激了消费支出。此外，股票价格上涨使企业发售新股份更有吸引力，这又刺激了投资支出。由于这两个原因，高涨的股市扩大了物品与劳务的总需求。

正如我们在本章后面要更充分地讨论的，美联储的目标之一是稳定总需求，因为总需求越稳定意味着产量和物价水平越稳定。为了促进稳定，美联储对股市高涨的反应是使货币供给低于而利率高于股市不高涨时的水平。高利率的紧缩效应抵消了高股票价格的扩张效应。实际上，这种分析确实描述了美联储的行为：在20世纪90年代末的股市高涨时期，按历史标准看，真实利率是较高的。

当股市下跌时会出现相反的情况。用于消费和投资的支出会减少，这抑制了总需求，使经济趋向衰退。为了稳定总需求，美联储将会增加货币供给和降低利率。实际上，这也是美联储的通常做法。例如，1987年10月19日，股市下降了22.6%——历史上跌幅最大的一天。美联储对股市崩溃的反应是增加货币供给和降低利率。联邦基金利率从10月初的7.7%下降到10月底的6.6%。部分由于美联储的迅速行动，经济才避免了一次衰退。同样，正如我们在上一章案例研究中讨论的，在2008年和2009年经济衰退和股市下跌期间，美联储也降低了利率，但是这次货币政策没有足以扭转严重的衰退。

当美联储在注视着股市时，股市参与者也在注视着美联储。由于美联储可以影响利率和经济活动，所以它也可以改变股票的价值。例如，当美联储通过减少货币供给来提高利率时，它就由于两个原因而使拥有股票的吸引力减弱：第一，较高的利率意味着股票的替代品——债券——赚到的收益高了；第二，美联储的紧缩货币政策降低了对物品与劳务的需求，这减少了利润。因此，当美联储提高利率时，股票价格通常下降。

即问即答 用流动性偏好理论解释货币供给减少如何影响均衡利率。这种货币政策变动如何影响总需求曲线?

34.2 财政政策如何影响总需求

政府不仅可以用货币政策影响经济行为,还可以用财政政策影响经济行为。**财政政策**(fisical policy)指政府对政府购买和税收总水平的选择。在本书的前面,我们考察了财政政策如何影响长期中的储蓄、投资和经济增长。但是,在短期中财政政策主要影响物品与劳务的总需求。

财政政策:
政府决策者对政府支出和税收水平的确定。

34.2.1 政府购买的变动

当决策者改变货币供给或税收水平时,它就通过影响企业或家庭的支出决策间接地使总需求曲线移动。与此相比,当政府改变其物品与劳务的购买时,它就直接使总需求曲线移动。

例如,假设美国国防部向主要飞机制造商波音公司订购了价值200亿美元的新战斗机。这笔订单就增加了对波音公司生产的产品的需求,这种需求的增加又使该公司雇用更多工人并增加生产。由于波音公司是经济的一部分,所以对波音公司飞机需求的增加就意味着,在每一种物价水平时物品与劳务的总需求增加了,结果总需求曲线向右移动。

政府200亿美元的订货会使总需求曲线移动多少呢?乍一看,人们会猜想,总需求曲线向右的移动正好为200亿美元。但是,情况并不是这样。有两种宏观经济效应使得总需求移动的幅度不同于政府购买的变动:第一种为乘数效应,表明总需求的移动会·大·于200亿美元;第二种为挤出效应,表明总需求的移动会小于200亿美元。现在我们分别讨论每一种效应。

34.2.2 乘数效应

当政府向波音公司购买200亿美元的物品时,这种购买会产生一系列影响。政府需求增加的直接影响是增加了波音公司的就业和利润。当工人收入增加、企业所有者利润增加时,他们对这种收入增加的反应是增加对消费品的支出。结果,政府向波音公司的购买还增加了经济中许多其他企业产品的需求。由于政府支出的每一美元可以增加的物品与劳务的总需求大于一美元,所以说政府购买对总需求有一种**乘数效应**(multiplier effect)。

在第一轮之后,这种乘数效应仍然在继续。当消费支出增加时,生产

乘数效应:
当扩张性财政政策增加了收入,从而增加了消费支出时引起的总需求的额外变动。

这些消费品的企业会雇用更多工人,并获得更高的利润。更高的收入和利润又刺激了消费支出,如此循环往复。因此,当较高需求引起较高收入时,存在一种正的反馈,这种正的反馈又引起了更高的需求。一旦把所有这些效应加在一起,对物品与劳务需求量的总影响就远远大于最初来自更多政府支出的刺激。

图 34-4 说明了乘数效应。政府购买增加 200 亿美元最初使总需求曲线从 AD_1 向右移动到 AD_2,正好为 200 亿美元。但当消费者的反应是增加自己的支出时,总需求曲线就进一步向右移动到 AD_3。

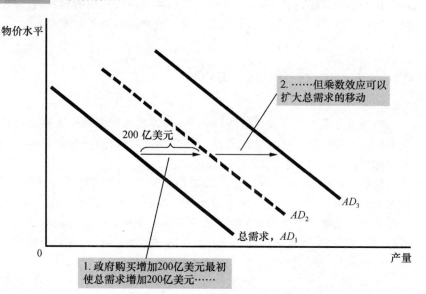

图 34-4　乘数效应

政府购买增加 200 亿美元可以使总需求曲线向右的移动大于 200 亿美元。这种乘数效应的产生是因为总收入的增加刺激了消费者的额外支出。

这种产生于消费支出反应的乘数效应由于投资对更高水平的需求的反应而得到了加强。例如,波音公司对飞机需求量增多的反应可能是决定购买更多设备或再建立一个工厂。在这种情况下,较高的政府需求刺激了较高的投资品需求。这种来自于投资需求的正的反馈有时被称为投资加速数。

34.2.3　支出乘数的公式

我们可以用一个简单的代数推导出计算乘数效应(当政府支出增加引起的消费支出增加时产生的)大小的公式。在这个公式中,一个重要的数字是边际消费倾向(MPC)——家庭额外收入中用于消费而不用于储蓄的比例。例如,假设边际消费倾向是 3/4。这就意味着,家庭每赚到 1 美元额外收入,则支出 75 美分(1 美元的 3/4),储蓄 25 美分。在 MPC 为 3/4 的情况下,当波音公司的工人和所有者从与政府签订的合同中赚到 200

亿美元时,他们增加的消费支出为 3/4×200 亿美元,即 150 亿美元。

为了确定政府购买变动对总需求的影响,我们逐步地观察这种效应。当政府支出200亿美元时这个过程开始,这意味着国民收入(工资和利润)也增加了这么多。这种收入增加又增加了消费支出 $MPC \times 200$ 亿美元,这又增加了生产消费品的企业的工人和所有者的收入。这第二轮收入的增加又增加了消费支出,这一次的增加量为 $MPC \times (MPC \times 200$ 亿美元)。这种反馈效应会持续下去。

为了得出对物品与劳务需求的总影响,我们把所有这些效应相加:

政府购买变动	=	200 亿美元
第一轮消费变动	=	$MPC \times 200$ 亿美元
第二轮消费变动	=	$MPC^2 \times 200$ 亿美元
第三轮消费变动	=	$MPC^3 \times 200$ 亿美元
		⋮
需求总变动	=	$(1 + MPC + MPC^2 + MPC^3 +$ $\cdots) \times 200$ 亿美元

在这里,"⋯"代表一个类似项的无穷数量。因此,我们可以把乘数写为:

$$乘数 = 1 + MPC + MPC^2 + MPC^3 + \cdots$$

这个乘数告诉我们,每 1 美元政府购买所产生的对物品与劳务的需求。

为了简化这个乘数方程式,我们记得数学课上这个式子是一个无穷几何级数。令 x 在 -1 与 $+1$ 之间,

$$1 + x + x^2 + x^3 + \cdots = 1/(1-x)$$

在我们的例子中,$x = MPC$。因此,

$$乘数 = 1/(1 - MPC)$$

例如,如果 MPC 是 3/4,乘数就是 $1/(1-3/4)$,即 4。在这个例子中,政府支出 200 亿美元将产生 800 亿美元的对物品与劳务的需求。

这个乘数公式说明了一个重要结论:乘数的大小取决于边际消费倾向。当 MPC 为 3/4 时,乘数为 4;当 MPC 为 1/2 时,乘数仅为 2。因此,MPC 越大,意味着乘数越大。为了说明这种情况为什么正确,回想一下乘数的产生是因为更高的收入引起更大的消费支出。MPC 越大,消费对收入变动的反应越大,因此乘数也越大。

34.2.4 乘数效应的其他应用

由于乘数效应,政府购买的 1 美元产生的总需求大于 1 美元。但是,乘数效应的逻辑并不限于政府购买的变动,它适用于改变 GDP 任何一个组成部分——消费、投资、政府购买或净出口——支出的任何一个事件。

例如,假设国外的经济衰退使其对美国净出口的需求减少了 100 亿美元。这种对美国物品与劳务支出的减少降低了美国的国民收入,这又

减少了美国消费者的支出。如果边际消费倾向是3/4,乘数是4,那么净出口减少100亿美元就意味着总需求减少了400亿美元。

再举一个例子,假设股市高涨增加了家庭的财富,并刺激了他们支出200亿美元用于物品与劳务的购买。这种额外的消费支出增加了国民收入,国民收入增加又引起了更多的消费支出。如果边际消费倾向是3/4,乘数是4,那么最初200亿美元消费支出的刺激就会转变为总需求800亿美元的增加。

在宏观经济学中,乘数是一个重要的概念,因为它说明了经济可以把支出变动的影响扩大多少。消费、投资、政府购买或净出口最初一个较小的变动最终会对总需求产生较大的影响,从而对经济中物品与劳务的生产产生较大的影响。

34.2.5 挤出效应

乘数效应似乎表明,当政府从波音公司购买价值200亿美元的飞机时,所引起的总需求扩大必定大于200亿美元。然而还有一种效应在相反的方向发生作用。当政府购买增加刺激了物品与劳务的总需求时,它也会使利率上升,这往往会减少投资支出,阻止总需求增加。当财政扩张使利率上升时其所引起的总需求减少被称为**挤出效应**(crowding-out effect)。

为了说明为什么会发生挤出效应,我们来考虑当政府向波音公司购买飞机时货币市场上出现的情况。正如我们所讨论的,这种需求增加会引起这家企业的工人和所有者收入的增加(由于乘数效应,其他企业的工人和所有者收入也增加)。随着收入增加,家庭计划购买更多的物品与劳务,因此,就选择以流动性形式持有更多的财富。这就是说,财政扩张引起的收入增加提高了货币需求。

货币需求增加的效应如图34-5(a)幅所示。由于美联储并没有改变货币供给,所以垂直的供给曲线保持不变。当收入水平提高使货币需求曲线从 MD_1 向右移动到 MD_2 时,为了保持货币供求平衡利率必然从 r_1 上升为 r_2。

挤出效应:
当扩张性财政政策引起利率上升,从而减少了投资支出时所引起的总需求减少。

(a) 幅表示货币市场。当政府增加物品与劳务的购买时,所引起的收入增加使货币需求从 MD_1 增加到 MD_2,而且这又会引起均衡利率从 r_1 上升为 r_2。(b) 幅表示对总需求的影响。政府购买增加的最初影响是使总需求曲线从 AD_1 移动到 AD_2。然而,由于利率是借款的成本,利率上升往往减少物品与劳务的需求量,特别是对投资品的需求量。这种投资的挤出部分抵消了财政扩张对总需求的影响。最后,总需求曲线只移动到 AD_3。

图 34-5 挤出效应

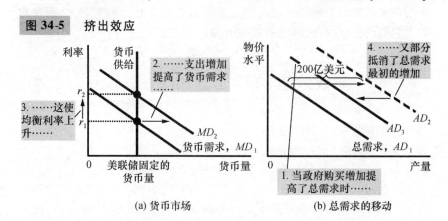

(a) 货币市场　　(b) 总需求的移动

利率上升又减少了物品与劳务的需求量。特别是,由于借款更昂贵了,所以对住房和企业投资品的需求减少了。这就是说,当政府购买增加提高了对物品与劳务的需求时,它也会挤出投资。这种挤出效应部分抵消了政府购买对总需求的影响,如图34-5(b)幅所示。政府购买增加最初的影响是使总需求曲线从 AD_1 移动到 AD_2,但一旦挤出效应发生作用,总需求曲线又回到 AD_3。

总之,当政府增加200亿美元的购买时,物品与劳务总需求的增加可以大于或小于200亿美元,这取决于乘数效应与挤出效应的大小。乘数效应本身引起的总需求移动会大于200亿美元。挤出效应使总需求曲线向相反的方向移动,而且如果足够大,可以导致总需求的移动小于200亿美元。

34.2.6 税收变动

除了政府购买水平之外,财政政策的另一种重要工具是税收水平。例如,当政府削减个人所得税时,就增加了家庭可以拿回家的工资。家庭将会把一部分额外的收入储蓄起来,但也会把一部分用于消费支出。由于减税增加了消费支出,就会使总需求曲线向右移动。同样,增税抑制了消费支出,使总需求曲线向左移动。

税收变动引起的总需求变动的幅度也要受乘数效应和挤出效应的影响。当政府减税并刺激消费支出时,收入和利润增加,这又进一步刺激了消费支出。这就是乘数效应。同时,较高的收入引起较高的货币需求,这又倾向于提高利率。而较高的利率使借款成本更高,这就减少了投资支出。这是挤出效应。根据乘数效应与挤出效应的大小,总需求曲线的移动可以大于或小于引起它的税收变动。

除了乘数效应与挤出效应之外,还有一个重要因素决定税收变动所引起的总需求变动的幅度:家庭对税收变动是持久变动还是暂时变动的感觉。例如,假设政府宣布每个家庭减税1 000美元。在决定从这1 000美元中支出多少时,家庭必须自问,这种额外的收入会持续多长时间。如果家庭预期减税是持久的,他们就会认为减税会大大增强他们的经济实力,从而大量增加他们的支出。在这种情况下,减税将对总需求产生重大影响。与此相反,如果家庭预期税收变动是暂时的,他们就会认为这不会增加他们多少收入,因而只增加少量支出。在这种情况下,减税对总需求只有很小的影响。

暂时减税的一个极端例子是1992年宣布的减税。在这一年,乔治·布什总统面临着仍在持续的衰退和即将来临的连任竞选。他对这种状况的反应是宣布减少联邦政府从工人工资支票中扣除的所得税数量。但是,由于法定的所得税税率并没有改变,所以1992年每少扣除1美元就意味着到1993年4月15日要多交1美元税,这时必须补足1992年的所得税收入。因此,布什的"减税"实际上仅仅是一种来自政府的短期贷款。毫不奇怪,这种政策对消费支出和总需求的影响是较小的。

参考资料
财政政策会如何影响总供给

到目前为止,我们关于财政政策的讨论强调了政府购买和税收的变动如何影响物品与劳务的需求量。大多数经济学家认为,财政政策的短期宏观经济效应主要是通过总需求发生作用的,然而财政政策也会潜在地影响物品与劳务的供给量。

例如,考虑税收变动对总供给的影响。第1章中的经济学十大原理之一是,人们会对激励作出反应。当政府决策者削减税率时,工人从他们赚到的每一美元中得到的更多了,因此,他们就有工作和生产物品与劳务的更大激励。如果他们对这种激励作出反应,在每一物价水平时物品与劳务的供给量就会增多,而且总供给曲线将向右移动。

被称为供给学派的一些经济学家认为,减税对总供给的影响是很大的。根据一些供给学派经济学家的观点,减税的影响如此之大,以至于降低税率将刺激更多的产量和收入的增加,从而实际上将增加税收收入。这在理论上确实是可能的,但大多数经济学家并不认为这是正常情况。尽管税收的供给效应是重要的,但是当税率下降时它通常并不会大到足以引起税收收入增加。

与税收的变动一样,政府购买的变动也会潜在地影响总供给。例如,假设政府以提供公路这类资本形式增加了支出。私人企业就可以用公路来向顾客运送货物。公路量的增加提高了企业的生产率。因此,当政府对公路的支出更多时,它就增加了在物价水平既定时物品与劳务的供给量,从而使总供给曲线向右移动。但是,这种对总供给的影响也许在长期中比在短期中更重要,因为政府修建新公路并使之投入使用需要一段时间。

即问即答 假设政府减少高速公路建设支出100亿美元。总需求曲线会如何移动?解释为什么这种移动会大于或小于100亿美元。

34.3 运用政策来稳定经济

我们已经说明了货币政策与财政政策会如何影响经济中物品与劳务的总需求。这些理论观点提出了一些重要的政策问题:决策者是否应该用这些政策工具来控制总需求并稳定经济？如果应该的话，应该在什么时候运用这些政策工具？如果不应该的话，为什么？

34.3.1　支持积极稳定政策论

现在我们回到本章开始时的问题：当总统和国会提高税收时，美联储应该如何作出反应？如前所述，税收水平是总需求曲线位置的一个决定因素。当政府提高税收时，总需求将减少，这就会在短期内抑制生产和就业。如果联邦储备想防止财政政策的这种不利影响，它可以通过增加货币供给来扩大总需求。货币扩张会降低利率，刺激投资支出，从而扩大总需求。如果货币政策反应适当，货币政策与财政政策的共同变动可以使对物品与劳务的总需求不受影响。

联邦公开市场委员会成员遵循的正是这种分析。他们知道货币政策是总需求的重要决定因素；也知道还有一些其他重要的决定因素，包括由总统和国会确定的财政政策。因此，联邦公开市场委员会以敏锐的目光关注着有关财政政策的争论。

货币政策对财政政策变动的这种反应是更为一般的现象的例子：用政策工具稳定总需求，因此稳定生产和就业。自从1946年的《就业法案》颁行以来，经济稳定一直是美国政策的一个明确目标。该法案宣称，"促进充分就业和生产……是联邦政府一贯的政策和责任"。实际上，政府已经确定其对短期宏观经济表现负有责任。

《就业法案》有两种含义。第一种较为温和的含义是，政府应该避免成为经济波动的原因。因此，大多数经济学家反对货币政策和财政政策有大且突然的变动，因为这种变动很可能会引起总需求的波动。而且，重要的是，当发生大的变动时，货币政策与财政政策的决策者要意识到这种变动，并以其他行动作出反应。

第二种较有雄心的含义是，政府应该对私人经济中的变动作出反应以便稳定总需求。这个法案是在凯恩斯的《就业、利息与货币通论》出版后不久通过的，这本书一直是一本最有影响的经济学著作。在这本书中，凯恩斯强调了总需求在解释短期经济波动中的关键作用。凯恩斯宣称，当总需求看来不足以维持充分就业水平的生产时，政府应该积极地刺激总需求。

凯恩斯（及其许多追随者）认为，总需求的波动主要是因为非理性的悲观主义与乐观主义情绪。他用动物本能这个词来指代这些态度的任意变动。当悲观主义盛行时，家庭减少消费支出，企业减少投资支出。结果是总需求减少，生产减少，失业增加。相反，当乐观主义盛行时，家庭和企业都增加支出。结果是总需求增加，生产增加，并有通货膨胀的压力。要注意的是,这些态度的变化在某种程度上是自我实现的。

从原则上说,政府可以调整货币政策与财政政策以对这些乐观主义和悲观主义情绪作出反应,从而稳定经济。例如,当人们过分悲观时,美联储可以扩大货币供给,降低利率并扩大总需求。当人们过分乐观时,美联储可以紧缩货币供给,提高利率并抑制总需求。曾任美联储主席的威廉·麦克切斯尼·马丁(William McChesney Martin)非常简单地描述了这种货币政策观点:"美联储的工作就是在宴会开始时把酒杯拿走。"

案例研究
白宫的凯恩斯主义者

1961年,当一个记者问约翰·F.肯尼迪总统为什么主张减税时,肯尼迪答道:"为了刺激经济。难道你不记得你上的101号经济学①了吗?"肯尼迪的政策实际上依据的是我们在这一章中提出的财政政策分析。他的目标是实行减税,从而增加消费支出,扩大总需求,增加经济中的生产和就业。

在选择这种政策时,肯尼迪依靠了他的经济顾问小组。这个小组包括极为著名的经济学家詹姆斯·托宾和罗伯特·索洛,他们后来都由于对经济学的贡献而获得了诺贝尔奖。在20世纪40年代作为学生时,这些经济学家都深入地研究过当时刚出版几年的凯恩斯的《通论》。当肯尼迪的顾问提出减税时,他们就是在把凯恩斯的思想付诸实践。

虽然税收变动对总需求有潜在的影响,但也有其他影响。特别是,通过改变人们面临的激励,税收还会改变物品与劳务的供给。肯尼迪建议的一部分是投资税收减免,它给投资于新资本的企业减税。高投资不仅直接刺激了总需求,而且也增加了经济中长期的生产能力。因此,通过较高的总需求增加生产的短期目标与通过较高的总供给增加生产的长期目标是连在一起的。实际上,当肯尼迪提出的减税最终在1964年实施时,它促成了一个经济高速增长的时期。

自从1964年减税以来,决策者不时地主张把财政政策作为控制总需求的工具。例如,巴拉克·奥巴马(Barack Obama)总统在2009年进入椭圆形办公室时,他正面临着进入衰退的美国经济。他的第一个政策建议就是一个包括大幅度增加政府支出的刺激提案。随后的"新闻摘录"讨论了对这个政策建议的一些争论。

---

① 一般美国大学把一年级的经济学基础称为101号经济学。——译者注

34.3.2 反对积极稳定政策论

一些经济学家认为,政府应该避免积极地利用货币政策和财政政策来努力稳定经济。他们声称,这些政策工具应该被用以实现长期目标,例如快速的经济增长和低通货膨胀,并且应该让经济靠自己的力量去克服短期波动。虽然这些经济学家也承认,货币政策与财政政策在理论上可以稳定经济,但他们怀疑其在实践中是否具有可行性。

反对积极的货币政策与财政政策的主要论点是,这些政策对经济的影响有相当长的时滞。正如我们所说明的,货币政策通过改变利率,利率又通过影响投资支出而发挥作用。但是,许多企业提前作出投资计划。因此,大多数经济学家认为,货币政策变动对产量和就业产生相当大影响至少需要6个月。而且,一旦这些影响发生,就会持续几年。稳定政策的批评者认为,由于存在这种时滞,美联储不应该试图对经济进行微调。他们声称,美联储通常对变动的经济状况反应太迟,结果是引起了经济波动,而不是抑制了经济波动。这些批评者支持消极的货币政策,例如低且稳定的货币供给增长。

图片来源:TOLES © 2001 THE WASHINGTON POST. REPRINTED WITH PERMISSION OF UNIVERSAL PRESS SYNDICATE. ALL RIGHTS RESERVED.

财政政策发生作用也有时滞,但与货币政策的时滞不同,财政政策的时滞主要是由于政治过程。在美国,大多数政府支出与税收的变动必须经过参众两院的国会委员会这两个立法机构通过并由总统签字。完成这个过程可能需要几个月,在有些情况下则需要几年。到财政政策的变动得到通过并准备实施时,经济状况可能已经改变了。

货币政策与财政政策中的这些时滞之所以成为一个问题,部分是因为经济预测极不准确。如果预测者可以提前一年准确地预测经济状况,那么货币政策和财政政策决策者在作出决策时就可以带有前瞻性。在这种情况下,决策者尽管面临着时滞,也可以稳定经济。但是,衰退和萧条实际上是在没有任何预兆的情况下来临的。任何时候最好的决策者也只能在衰退和萧条发生时对经济变动作出反应。

34.3.3 自动稳定器

所有经济学家——无论是稳定政策的支持者还是批评者——都一致认为,政策实施的时滞使政策作为短期稳定工具的作用不大。因此,如果决策者可以找到一种避免某些时滞的方法,经济就会较为稳定。事实上他们找到了这种方法。**自动稳定器**(automatic stabilizers)是在经济进入衰退时,决策者不必采取任何有意的行动就可以刺激总需求的财政政策变动。

最重要的自动稳定器是税制。当经济进入衰退时,政府所征收的税收量就会自动地减少,这是因为几乎所有税收都与经济活动密切相关。个人所得税取决于家庭收入,工薪税取决于工人的工资,而公司所得税取决于企业利润。由于收入、工资和利润在衰退时都会减少,所以政府的税收收入也会随之降低。这种自动的减税刺激了总需求,从而降低了经济波动的程度。

政府支出也作为自动稳定器发挥作用。特别是,当经济进入衰退且工人被解雇时,更多的人申请失业保险补助、福利补助和其他形式的收入补助。这种政府支出的自动增加正好在总需求不足以维持充分就业时刺激总需求。实际上,当20世纪30年代最早建立失业保险制度时,经济学家支持这种政策的部分原因就是它作为一种自动稳定器的力量。

美国经济中的自动稳定器还没有强大到足以完全防止衰退。但是,没有这些自动稳定器,产量和就业的波动也许比现在要大。由于这个原因,许多经济学家反对一些政治家提议的要求联邦政府总是实现平衡预算的宪法修正案。当经济进入衰退时,税收减少,政府支出增加,政府预算向赤字发展。如果政府面临严格的平衡预算规则,政府就会被迫在衰退中寻求增加税收或削减支出的方法。换句话说,严格的平衡预算规则会消除在我们现在的税收与政府支出制度中固有的自动稳定器。

自动稳定器:
当经济进入衰退时,决策者不必采取任何有意的行动就可以刺激总需求的财政政策变动。

即问即答 假设不利的"动物本能"弥漫在经济中,而且人们对未来变得悲观。总需求会发生什么变动?如果美联储想稳定总需求,它应该如何改变货币供给?如果它这样做,利率会发生什么变动?为什么美联储不会选择以这种方法作出反应?

34.4 结论

在决策者作出任何政策变动之前,他们需要考虑他们决策的所有影响。在本书前面,我们考察了经济的古典模型,它描述了货币政策与财政政策的长期效应。我们说明了财政政策如何影响储蓄、投资和长期经济增长,以及货币政策如何影响物价水平和通货膨胀率。

在本章中,我们考察了货币政策与财政政策的短期效应。我们说明了这些政策工具可以如何改变物品与劳务的总需求,以及短期中经济的生产和就业。当国会减少政府支出以平衡预算时,它既要考虑对储蓄和经济增长的长期效应,又要考虑对总需求和就业的短期效应。当美联储降低货币供给增长率时,它必须既考虑到对通货膨胀的长期效应,又考虑到对生产的短期效应。在政府的各个部门,决策者都要记住长期目标和短期目标。

内容提要

◎ 在建立短期经济波动理论时,凯恩斯提出了流动性偏好理论来解释利率的决定因素。根据这种理论,利率的调整使货币的供求平衡。

◎ 物价水平上升增加了货币需求,提高了使货币市场均衡的利率。由于利率代表借款的成本,所以较高的利率减少了投资,从而减少了物品与劳务的需求量。向右下方倾斜的总需求曲线表明了物价水平与需求量之间的这种负相关关系。

◎ 决策者可以用货币政策影响总需求。货币供给的增加降低了物价水平既定时的均衡利率。因为较低的利率刺激了投资支出,所以总需求曲线向右移动。相反,货币供给减少提高了物价水平既定时的均衡利率,使总需求曲线向左移动。

◎ 决策者还可以用财政政策影响总需求。政府购买增加或减税可以使总需求曲线向右移动。政府购买减少或增税可以使总需求曲线向左移动。

◎ 当政府改变支出或税收时,所引起的总需求变动可能大于或小于财政变动。乘数效应往往扩大财政政策对总需求的影响。挤出效应往往减少财政政策对总需求的影响。

◎ 由于货币政策和财政政策可以影响总需求,所以政府有时用这些政策工具来试图稳定经济。经济学家对政府应该如何积极地进行这种努力的看法并不一致。根据积极稳定政策支持者的看法,家庭和企业态度的改变使总需求变动,如果政府不对此作出反应,结果就是产量与就业的不合意及其不必要的波动。根据积极稳定政策批评者的看法，货币政策与财政政策发生作用都有相当长的时滞，以至于稳定经济的努力往往以不稳定告终。

关键概念

流动性偏好理论　　　　乘数效应　　　　自动稳定器
财政政策　　　　　　　挤出效应

复习题

1. 什么是流动性偏好理论？这种理论如何有助于解释总需求曲线向右下方倾斜？
2. 用流动性偏好理论解释货币供给减少如何影响总需求曲线。
3. 政府支出30亿美元用于购买警车。解释为什么总需求的增加会大于或小于30亿美元。
4. 假设对消费者信心衡量指标的调查表明，悲观主义情绪蔓延全国。如果决策者无所作为，总需求会发生什么变动？如果美联储想稳定总需求，它应该怎么做？如果美联储无所作为，国会为了稳定总需求应该做什么？
5. 举出一个起到自动稳定器作用的政府政策的例子。解释为什么这一政策有这种效应。

问题与应用

1. 解释下面每一种发展会如何影响货币供给、货币需求和利率。用图形说明你的答案。
    a. 美联储的债券交易商在公开市场操作中购买债券。
    b. 信用卡可获得性的提高减少了人们持有的现金。
    c. 联邦储备降低了银行的法定准备金。
    d. 家庭决定把更多钱用于节日购物。
    e. 乐观主义情绪刺激了企业投资，扩大了总需求。
2. 联邦储备扩大了5%的货币供给。
    a. 用流动性偏好理论以图形说明这种政策对利率的影响。
    b. 用总需求与总供给模型说明利率的这种变动对短期中产量和物价水平的影响。
    c. 当经济从其短期均衡转向长期均衡时，物价水平会发生什么变动？
    d. 物品水平的这种变动如何影响货币需求和均衡利率？
    e. 这种分析与货币在短期中有真实影响，但在长期中是中性的这种观点一致吗？
3. 假设计算机病毒使全国的自动提款机系统瘫痪，使从银行账户提款更不方便。结果人们想持有的货币更多，增加了货币需求。
    a. 假设美联储并没有改变货币供给。根据流动性偏好理论，利率会发生什么变化？总需求会发生什么变动？

b. 如果美联储想稳定总需求，它应该如何改变货币供给？

c. 如果美联储想运用公开市场操作来完成货币供给的这种改变，它应该如何做？

4. 考虑两种政策——仅持续一年的减税和预期为持久的减税。哪一种政策将刺激消费者更多的支出？哪一种政策对总需求的影响更大？解释之。

5. 经济处于高失业和低产量的衰退中。

a. 用总需求与总供给图形说明当前经济状况。图中一定要包括总需求曲线、短期总供给曲线和长期总供给曲线。

b. 确定能使经济恢复到自然失业率水平的公开市场操作。

c. 用货币市场图形说明这种公开市场操作的影响，并说明其引起的利率变动。

d. 用类似于 a 中的图形说明公开市场操作对产量和物价水平的影响。用文字解释为什么政策具有你在图中说明的影响。

6. 在 20 世纪 80 年代初，新立法允许银行对支票存款支付利息，而以前不允许这样做。

a. 如果我们把货币定义为包括支票存款，这一立法对货币需求有什么影响？解释之。

b. 如果联邦储备面临这种变动时仍保持货币供给不变，利率会发生什么变动？总需求和总产量会发生什么变动？

c. 如果联邦储备面临这种变动时要保持市场利率（非货币资产的利率）不变，货币供给必然会发生什么变动？总需求和总产量会发生什么变动？

7. 假设经济学家观察到，政府支出增加100 亿美元使物品与劳务的总需求增加

了 300 亿美元。

a. 如果这些经济学家不考虑挤出效应的可能性，他们估算的边际消费倾向（MPC）是多少？

b. 现在假设经济学家考虑挤出效应。对 MPC 的新的估算是大于还是小于原来的估算？

8. 假设政府减税 200 亿美元，没有挤出效应，边际消费倾向是 3/4。

a. 减税对总需求的最初影响是多少？

b. 这种最初影响之后额外的影响是多少？减税对总需求的总影响是多少？

c. 与政府支出增加 200 亿美元的总影响相比，减税 200 亿美元的总影响有什么不同？为什么？

d. 根据你对 c 的回答，你能想出一种政府可以增加总需求而又不改变政府预算赤字的方法吗？

9. 一个经济在低于其自然失业率的 4 000 亿美元产出水平上运行，而且财政政策决策者想弥补这种衰退的差额。中央银行同意调整货币供给以保持利率不变，因此不存在挤出效应。边际消费倾向是 4/5，物价水平在短期中完全是不变的。为了弥补衰退差额，政府支出需要向哪个方向改变？改变多少？解释你的想法。

10. 假设政府支出增加。这种支出对总需求的影响是在美联储保持货币供给不变，还是美联储承诺保持固定利率时大？解释之。

11. 在下列哪一种情况下扩张性财政政策更可能引起投资的短期增加？解释之。

a. 当投资加速数大时，还是小时？

b. 当投资的利率敏感性大时，还是小时？

12. 由于各种原因，当产量和就业波动时，财政政策自动变动。

a. 解释为什么当经济进入衰退时税收收入变动。

b. 解释为什么当经济进入衰退时政府支出变动。

c. 如果政府在严格的平衡预算规则之下运行,在衰退中政府不得不怎么做?这会加剧还是缓和衰退?

13. 一些国会议员提出了一项法律,把物价稳定作为货币政策的唯一目标。假设这项法律通过了。

a. 美联储如何对紧缩总需求的事件作出反应?

b. 美联储如何对引起短期总供给曲线不利移动的事件作出反应?

在每种情况下,有可以使产量更稳定的另一种货币政策吗?

第35章
通货膨胀与失业之间的短期权衡取舍

受到密切关注的两个经济状况指标是通货膨胀和失业。当劳工统计局每月公布这两个变量的数据时,决策者总是急切地想听到这条信息。一些评论家把通货膨胀率和失业率加在一起得出了一个痛苦指数,用于衡量经济状况是否正常。

经济状况的这两个衡量指标如何相关呢?在本书前面,我们讨论了失业的长期决定因素以及通货膨胀的长期决定因素。我们说明了自然失业率取决于劳动市场的各种特点,例如最低工资法、工会的市场势力、效率工资的作用以及寻找工作的有效性。与此相反,通货膨胀率主要取决于由中央银行控制的货币供给的增长。因此,在长期中,通货膨胀和失业基本是互不相关的问题。

在短期中,情况正好相反。第1章讨论的经济学十大原理之一是,社会面临通货膨胀和失业之间的短期权衡取舍。如果货币政策和财政政策决策者扩大总需求并使经济沿着短期总供给曲线向上移动,则可以在短期中扩大产量并减少失业,但这仅仅是以更迅速的物价水平上升为代价。如果决策者紧缩总需求并使经济沿着短期总供给曲线向下移动,则可以降低通货膨胀,但这仅仅是以暂时的低产量和高失业为代价。

在本章中,我们要更深入地考察这种权衡取舍。通货膨胀和失业之间的关系吸引了近半个世纪以来最重要的一些经济学家的关注。理解这种关系最好的方法就是考虑它随着时间推移的演变。正如我们将要说明的,20世纪50年代以来的有关通货膨胀和失业的思想史与美国经济史是密不可分的。这两种历史将说明,为什么通货膨胀与失业之间的权衡取舍在短期中成立而在长期中不成立,以及它向经济决策者提出了什么问题。

35.1 菲利普斯曲线

"也许菲利普斯曲线描述了一种最重要的宏观经济关系。"这是经济

菲利普斯曲线：
一条表示通货膨胀与失业之间短期权衡取舍的曲线。

学家乔治·阿克洛夫（George Akerlof）在 2001 年获得诺贝尔奖时所做的演讲中的一句话。**菲利普斯曲线**（Phillips curve）描述了通货膨胀与失业之间的短期关系。我们从菲利普斯曲线的发现及其传入美国开始讲起。

35.1.1 菲利普斯曲线的由来

1958 年，经济学家菲利普斯（A. W. Phillips）在英国杂志《经济学》上发表了一篇使他成名的文章。这篇文章的题目是"1861—1957 年英国失业和货币工资变动率之间的关系"。在这篇文章中，菲利普斯说明了失业率与通货膨胀率之间的负相关关系。也就是说，菲利普斯说明了低失业的年份往往有高通货膨胀，而高失业的年份往往有低通货膨胀。（菲利普斯考察通货膨胀是根据名义工资而不是物价，但就我们的目的而言，两者之间的区别并不重要。这两种通货膨胀的衡量指标通常是同时变动的。）菲利普斯得出的结论是，这两个重要的宏观经济变量——通货膨胀和失业——以一种经济学家以前没有注意到的方式相关联。

虽然菲利普斯的发现是基于英国的数据，但研究者很快就把这个发现扩展到其他国家。在菲利普斯的文章发表后两年，经济学家保罗·萨缪尔森（Paul Samuelson）和罗伯特·索洛（Robert Solow）在《美国经济评论》上发表了一篇题为"反通货膨胀政策的分析"的文章。在这篇文章中，他们用美国的数据表明了通货膨胀和失业之间类似的负相关关系。他们的推理是，这种相关性的产生是因为低失业与高总需求相关，而很高的总需求会给整个经济带来工资与物价上升的压力。萨缪尔森和索洛把失业与通货膨胀之间的负相关关系称为菲利普斯曲线。图 35-1 说明了一个与萨缪尔森和索洛所发现的菲利普斯曲线类似的例子。

图 35-1　菲利普斯曲线

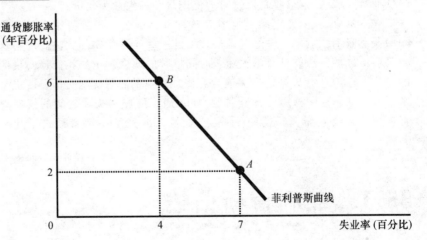

菲利普斯曲线说明了通货膨胀率和失业率之间的负相关关系。在 A 点，通货膨胀率低而失业率高。在 B 点，通货膨胀率高而失业率低。

正如萨缪尔森和索洛的文章题目所表明的,他们关心菲利普斯曲线是因为他们相信这对决策者来说是一个重要的结论。特别是,他们说明了菲利普斯曲线给决策者提供了一个有各种可能的经济结果的菜单。通过改变货币政策与财政政策来影响总需求,决策者可以选择这条曲线上的任意一点。A 点提供了高失业和低通货膨胀。B 点提供了低失业和高通货膨胀。决策者可能会偏好低通货膨胀和低失业,但正如菲利普斯曲线概括的历史数据所表明的,这种组合是不可能的。根据萨缪尔森和索洛的看法,决策者面临着通货膨胀和失业之间的权衡取舍,并且菲利普斯曲线说明了这种权衡取舍。

35.1.2 总需求、总供给和菲利普斯曲线

总需求与总供给模型为菲利普斯曲线所描述的有各种可能结果的菜单提供了一个简单的解释。菲利普斯曲线说明了,短期中出现的通货膨胀与失业的组合是由于总需求曲线的移动使经济沿着短期总供给曲线变动。正如我们在前两章中所看到的,在短期中物品与劳务总需求的增加引起产量增加、物价总水平上升。产量越多,意味着就业越多,从而失业率越低。此外,高物价水平转变为高通货膨胀率。因此,总需求变动在短期中使通货膨胀和失业反方向变动,这正是菲利普斯曲线所说明的一种关系。

为了更充分地说明这是如何发生作用的,我们来看一个例子。为了使数字简化,设想物价水平(例如,用消费物价指数衡量)在 2020 年等于 100。图 35-2 表示由于总需求的力量在 2021 年可能出现的两种结果,一种结果是在总需求高时出现的,另一种结果是在总需求低时出现的。其中,(a) 幅用总需求与总供给模型表示这两种结果;(b) 幅用菲利普斯曲线表示同样的两种结果。

图 35-2 菲利普斯曲线如何与总需求和总供给模型相关

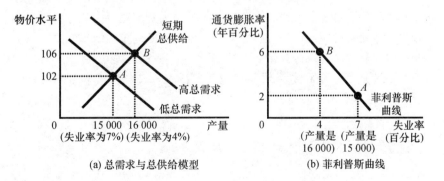

(a) 总需求与总供给模型   (b) 菲利普斯曲线

该图假设 2020 年物价水平为 100,并画出了 2021 年的可能结果。(a) 幅表示总需求与总供给模型。如果总需求低,经济在 A 点,产量低(15 000)且物价水平也低(102)。如果总需求高,经济在 B 点,产量高(16 000)且物价水平也高(106)。(b) 幅显示了菲利普斯曲线的含义。当总需求低时得出了 A 点,失业率高(7%),而通货膨胀率低(2%)。当总需求高时得出了 B 点,失业率低(4%),而通货膨胀率高(6%)。

图 35-2(a) 幅显示了 2021 年产量和物价水平发生的变动。如果物品

与劳务的总需求较低，那么经济就有结果 A：经济生产的产量是 15 000，而物价水平是 102。相比之下，如果总需求较高，经济就有结果 B：产量是 16 000，而物价水平是 106。这正是我们熟悉的一个结论——较高的总需求使经济在较高产量和较高物价水平时达到均衡——的例子。

图 35-2(b)幅显示了这两种可能的结果对失业和通货膨胀意味着什么。因为当企业生产更多物品与劳务时，它们需要更多工人，所以在结果 B 时的失业低于结果 A。在这个例子中，当产量从 15 000 增加到 16 000 时，失业率从 7% 下降到 4%。而且，因为结果 B 时的物价水平高于结果 A，所以通货膨胀率（在前一年物价水平基础上变动的百分比）也高。特别是，由于 2020 年的物价水平是 100，所以结果 A 的通货膨胀率是 2%，而结果 B 的通货膨胀率为 6%。因此，我们既可以根据产量和物价水平（用总需求与总供给模型），也可以根据失业和通货膨胀（用菲利普斯曲线）来比较经济的这两种结果。

因为货币政策和财政政策可以使总需求曲线移动，所以货币政策和财政政策可以使经济沿着菲利普斯曲线移动。货币供给增加、政府支出增加或减税都扩大了总需求，并使经济移动到菲利普斯曲线上低失业和高通货膨胀的一点上。货币供给减少、政府支出减少或增税都紧缩了总需求，并使经济移动到菲利普斯曲线上低通货膨胀和高失业的一点上。从这种意义上说，菲利普斯曲线向决策者提供了一个通货膨胀与失业的组合的菜单。

即问即答　　画出菲利普斯曲线。用总需求与总供给模型说明政策如何使经济从这条曲线上高通货膨胀的一点移动到低通货膨胀的一点。

35.2　菲利普斯曲线的移动：预期的作用

菲利普斯曲线看来为决策者提供了一个通货膨胀—失业可能结果的菜单。但随着时间的推移，这个选择的菜单一直是同样的吗？向右下方倾斜的菲利普斯曲线是决策者可以依赖的一种稳定关系吗？在 20 世纪 60 年代末萨缪尔森和索洛把菲利普斯曲线引入宏观经济政策争论后不久，经济学家提出了这些问题。

35.2.1　长期菲利普斯曲线

1968 年，经济学家米尔顿·弗里德曼在《美国经济评论》上发表了一篇文章，这篇文章是根据他作为美国经济学会会长时所做的一篇演讲撰写的。这篇题为"货币政策的作用"的文章包含"货币政策能做什么"和"货币政策不能做什么"两部分。弗里德曼认为,在长期中货币政策不能做的一件事是靠提高通货膨胀来降低失业,这仅在短时间内可以实现。几乎在同时,另一位经济学家爱德蒙·费尔普斯(Edmund Phelps)也发表了一篇文章,否定通货膨胀和失业之间存在长期权衡取舍。

弗里德曼和费尔普斯的结论是以古典宏观经济学原理为依据的。古典理论指出货币供给增长是通货膨胀的主要决定因素。但是,古典理论还说明了,货币增长并不影响产量和就业这类真实变量,它只是同比例地改变所有物价与名义收入。特别是,货币增长并不影响决定经济中失业率的那些因素,如工会的市场势力、效率工资的作用或者寻找工作的过程。弗里德曼和费尔普斯得出的结论是:没有理由认为在长期中通货膨胀率与失业率是相关的。

用弗里德曼的话来说,他对联邦储备在长期中能有望为经济做些什么的看法是:

> 货币当局控制名义变量——直接控制自己的负债变量(通货加银行准备金)。从原则上说,它可以用这种控制来钉住名义变量,如汇率、物价水平、名义国民收入水平、按某种方法定义的货币量,或者钉住名义变量的变动,如通货膨胀率或通货紧缩率、名义国民收入的增长率或下降率、货币量增长率。它不能用它对名义变量的控制去钉住真实变量,如真实利率、失业率、真实国民收入水平、真实货币量、真实国民收入增长率或者真实货币量增长率。

790

这些观点对菲利普斯曲线具有重要的含义。特别是,这些观点意味着货币政策决策者面临着像图35-3中那样垂直的长期菲利普斯曲线。如果美联储缓慢地增加货币供给,通货膨胀率是低的,经济处于A点。如果美联储迅速地增加货币供给,通货膨胀率是高的,经济处于B点。在这两种情况下,失业率都趋向于其正常水平,称为自然失业率。垂直的长期菲利普斯曲线说明了这样一个结论:在长期中,失业并不取决于货币增长和通货膨胀。

图 35-3　长期菲利普斯曲线

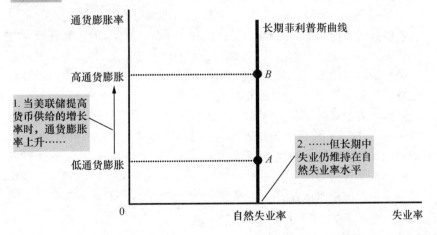

根据弗里德曼和费尔普斯的看法,在长期中通货膨胀和失业之间不存在权衡取舍。货币供给的增长决定通货膨胀率。无论通货膨胀率如何,失业率都趋向于自然失业率。因此,长期菲利普斯曲线是垂直的。

垂直的长期菲利普斯曲线在本质上是古典货币中性思想的一种表述。以前我们用垂直的长期总供给曲线表述过这种思想。图35-4说明了垂直的长期菲利普斯曲线和垂直的长期总供给曲线是同一枚硬币的两面。在该图(a)幅中，货币供给增加使总需求曲线从 AD_1 向右移动到 AD_2，结果长期均衡从 A 点移动到 B 点，物价水平从 P_1 上升为 P_2，但由于总供给曲线是垂直的，所以产量仍然不变。在(b)幅中，更快的货币供给增长通过使经济从 A 点移动到 B 点而提高了通货膨胀率。但是，由于菲利普斯曲线是垂直的，这两点的失业率是相同的。因此，垂直的长期总供给曲线和垂直的长期菲利普斯曲线都意味着货币政策只影响名义变量（物价水平和通货膨胀率），但并不影响真实变量（产量与失业）。无论美联储采取什么样的货币政策，在长期中产量和失业均处于各自的自然率水平。

(a)幅表示有垂直总供给曲线的总需求与总供给模型。当扩张性货币政策使总需求曲线从 AD_1 向右移动到 AD_2 时，均衡从 A 点移动到 B 点。物价水平从 P_1 上升为 P_2，而产量不变。(b)幅表示长期菲利普斯曲线，该曲线是经过自然失业率的一条垂线。在长期中，扩张性货币政策使经济从低通货膨胀(A点)移动到高通货膨胀(B点)，而失业率没有变动。

图 35-4 长期菲利普斯曲线如何与总需求和总供给模型相关

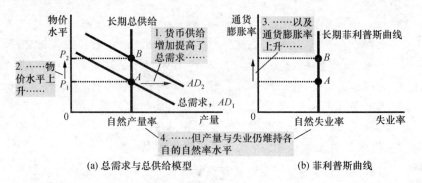

(a) 总需求与总供给模型　　(b) 菲利普斯曲线

35.2.2 "自然的"的含义

自然失业率中的"自然"是什么意思呢？弗里德曼和费尔普斯用这个词来描述经济在长期中趋近的失业率。然而，自然失业率并不一定是社会合意的失业率，它也不是一成不变的。

例如，假设一个新成立的工会利用它的市场势力使一些工人的真实工资提高到均衡水平之上，结果就会出现超额劳动供给，因此就有较高的自然失业率。这种失业是"自然的"，并不是因为它是适当的，而是因为它不受货币政策的影响。更为迅速的货币增长并没有削弱工会的市场势力或降低失业水平，它只会引起更高的通货膨胀。

虽然货币政策不能影响自然失业率，但其他政策可以。为了降低自然失业率，决策者应该依赖改善劳动市场功能的政策。在本书的前面，我们讨论了各种劳动市场政策，例如最低工资法、集体谈判法、失业保险以及在职培训计划如何影响自然失业率。降低自然失业率的政策变动会使长期菲利普斯曲线向左移动。此外，由于较低的失业意味着更多的工人在生产物品与劳务,所以在物价水平既定时物品与劳务的供给量也增多了,长期总供给曲线将向右移动。这样,经济就可以在任何一种既定的货币增长率和通货膨胀率时享有较低的失业和较高的产量。

35.2.3 使理论与证据一致

乍一看,弗里德曼和费尔普斯关于失业与通货膨胀之间不存在长期权衡取舍的结论似乎难以让人信服。他们的论点基于理论的呼吁,特别是古典理论关于货币中性的预言。与此相反,菲利普斯、萨缪尔森和索洛所证明的通货膨胀和失业之间的负相关关系则基于现实世界的实际证据。为什么当全世界看来都是向右下方倾斜的菲利普斯曲线时,还会有人相信决策者面临一条垂直的菲利普斯曲线呢?菲利普斯、萨缪尔森和索洛的发现难道还不足以使我们否定货币中性吗?

弗里德曼和费尔普斯深深意识到这些问题,并且提出了一种使古典宏观经济理论与根据英国和美国数据而发现的向右下方倾斜的菲利普斯曲线相一致的方法。他们提出,通货膨胀与失业之间的负相关关系在短期中是存在的,但决策者不能把它作为长期中结果的菜单。决策者可以在某一时期内实行扩张性货币政策以实现较低的失业,但失业最终要回到自然失业率;并且扩张性的货币政策只引起了较高的通货膨胀。

弗里德曼和费尔普斯的研究是我们讨论第33章中短期总供给曲线与长期总供给曲线之间的区别的基础。正如你所记得的长期总供给曲线是垂直的,这表明物价水平并不影响企业长期中的供给量。但短期总供给曲线是向右上方倾斜的,这表明物价水平上升增加了企业供给的物品与劳务量。例如,根据总供给黏性工资理论,名义工资是根据工人和企业预期的现行物价水平提前确定的。当物价高于预期时,企业就有增加生产和就业的激励;当物价低于预期时,企业就减少生产和就业。但由于预期物价水平和名义工资最终要调整,实际物价水平和供给量之间的正相关关系只适用于短期。

弗里德曼和费尔普斯把这个逻辑运用于菲利普斯曲线。正如总供给曲线只在短期中向右上方倾斜一样,通货膨胀和失业之间的权衡取舍也只在短期中成立。而且,正如长期总供给曲线是垂直的一样,长期菲利普斯曲线也是垂直的。预期再次成为理解短期与长期如何相关的关键。

弗里德曼和费尔普斯把一个新变量引入到通货膨胀和失业的权衡取舍分析中:预期的通货膨胀。预期的通货膨胀衡量人们预期物价总水平的变动幅度。由于预期的物价水平影响名义工资,所以预期的通货膨胀是决定短期总供给曲线位置的一个因素。在短期中,美联储可以把预期的通货膨胀(以及短期总供给曲线)作为确定的。当货币供给改变时,总需求曲线移动,而且经济沿着既定的短期总供给曲线变动。因此,在短期中,货币变动引起产量、物价、失业和通货膨胀发生未预期到的波动。弗里德曼和费尔普斯正是用这种方法解释了菲利普斯、萨缪尔森和索洛所证明的向右下方倾斜的菲利普斯曲线。

美联储通过增加货币供给引起未预期到的通货膨胀的能力只在短期中存在。在长期中，人们可以预期到美联储决定引起多高的通货膨胀率，名义工资将根据通货膨胀率进行同步调整，所以长期总供给曲线是垂直的。这种由于货币供给变动而引起的总需求变动并不影响经济中的物品与劳务量，也不影响企业生产这些物品与劳务需要雇用的工人量。弗里德曼和费尔普斯得出了长期中失业将回到自然失业率的结论。

35.2.4 短期菲利普斯曲线

弗里德曼和费尔普斯的分析可以概括为下式：

失业率 = 自然失业率 − a(实际通货膨胀 − 预期通货膨胀)

这个方程式（实际上是我们以前说明的总供给方程式的另一种表述）把失业率与自然失业率、实际通货膨胀及预期通货膨胀联系了起来。在短期中，预期通货膨胀是既定的，因此较高的实际通货膨胀与较低的失业相关。（变量 a 是衡量失业对未预期到的通货膨胀反应有多大的一个参数。）在长期中，人们可以预期到美联储会引起多大的通货膨胀，因此实际通货膨胀等于预期通货膨胀，而且失业处于自然失业率水平。

这个方程式意味着，并不存在稳定的短期菲利普斯曲线。每条短期菲利普斯曲线都反映了某个特定的预期通货膨胀率。（更确切地说，如果你把这个方程式画成图，你将发现向右下方倾斜的短期菲利普斯曲线与垂直的长期菲利普斯曲线相交于预期通货膨胀率那一点。）当预期通货膨胀率变动时，短期菲利普斯曲线就移动。

根据弗里德曼和费尔普斯的观点，把菲利普斯曲线作为可供决策者选择菜单是危险的。为了说明原因，设想一个经济开始时通货膨胀低，并且有同样低的预期通货膨胀率，失业处于自然失业率水平，如图 35-5 中的 A 点所示。现在假设，决策者试图通过用货币政策或财政政策扩大总需求，来利用通货膨胀与失业之间的权衡取舍。在短期中，当预期通货膨胀既定时，经济从 A 点变动到 B 点，结果失业低于自然失业率水平，而实际通货膨胀高于预期通货膨胀。随着经济从 A 点移动到 B 点，决策者会认为，他们以较高通货膨胀的代价实现了持久的低失业——如果可能的话，这是值得的。

但是，这种情况并不会持续下去。随着时间的推移，人们会习惯于这种较高的通货膨胀率，而且他们也提高了其通货膨胀预期。当预期通货膨胀上升时，企业和工人在确定工资和价格时就考虑到更高的通货膨胀。短期菲利普斯曲线将向右移动，如图 35-5 所示。经济最终到达 C 点，这时通货膨胀高于 A 点，但失业水平与 A 点相同。因此，弗里德曼和费尔普斯得出结论：决策者只面临着通货膨胀和失业之间的短期权衡取舍。在长期中，更快地扩大总需求将引起更高的通货膨胀，而失业没有任何减少。

图 35-5 预期通货膨胀如何使短期菲利普斯曲线移动

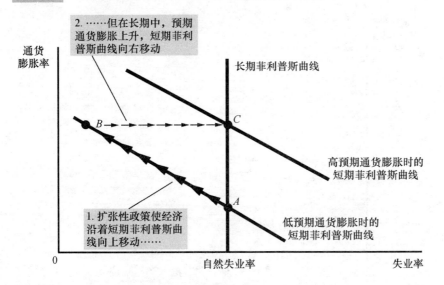

预期的通货膨胀率越高,通货膨胀和失业之间的短期权衡取舍也就越高。在 A 点,预期通货膨胀和实际通货膨胀都很低,而且失业处于自然失业率水平。如果美联储实行扩张性货币政策,经济在短期中就从 A 点移动到 B 点。在 B 点,预期通货膨胀仍然低,但实际通货膨胀高,而失业低于自然失业率。在长期中,预期通货膨胀上升,经济移动到 C 点。在 C 点,预期通货膨胀和实际通货膨胀都高,而失业回到自然失业率。

35.2.5 自然率假说的自然试验

弗里德曼和费尔普斯在 1968 年作出了一个大胆的预言:如果决策者试图通过选择较高的通货膨胀以减少失业来利用菲利普斯曲线,他们成功减少失业将只是暂时的。这种观点——无论通货膨胀率如何,失业最终要回到自然失业率——称为**自然率假说**(natural-rate hypothesis)。在弗里德曼和费尔普斯提出这个假说几年之后,货币政策和财政政策决策者无意中为检验这个假说创造了一次自然试验。他们的实验室是美国经济。

在说明这个试验结果之前,我们先来看看弗里德曼和费尔普斯在 1968 年作出预言时所依据的数据。图 35-6 显示了 1961—1968 年这一时期的失业率和通货膨胀率。这些数据几乎描绘出一条完美的菲利普斯曲线。在这八年中,随着通货膨胀上升,失业下降了。这一时期的经济数据似乎证明了决策者面临着通货膨胀与失业之间的权衡取舍。

20 世纪 60 年代菲利普斯曲线的明显成功使人们认为弗里德曼和费尔普斯的预言简直是太过大胆了。1958 年,菲利普斯就提出了通货膨胀与失业之间的负相关关系。1960 年,萨缪尔森和索洛用美国的数据证明了这种关系。另一个为期 10 年的数据也证明了这种关系。对当时一些经济学家来说,声称一旦决策者想利用这种关系,被历史经验证明为可靠的菲利普斯曲线就将开始移动似乎有点荒唐。

自然率假说: 认为无论通货膨胀率如何,失业最终要回到其正常率或自然率的观点。

图35-6 20世纪60年代的菲利普斯曲线

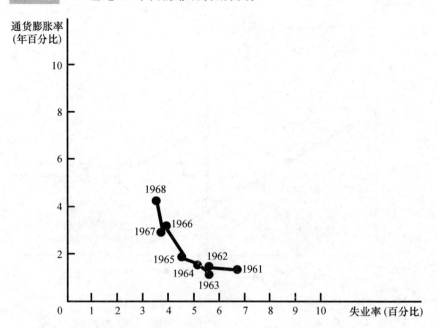

该图用1961—1968年的失业率和通货膨胀率（用GDP平减指数衡量）的年度数据显示了通货膨胀与失业之间的负相关关系。

资料来源：U.S. Department of Labor; U.S. Department of Commerce.

事实上，这种情况确实出现了。从20世纪60年代末开始，政府实行扩大物品与劳务总需求的政策。这种扩张部分是由于财政政策：随着越南战争升级，政府支出增加；部分是由于货币政策：由于美联储在面临扩张性财政政策时试图压低利率，货币供给（用 M_2 衡量）在1970—1972年这一时期中每年增加约13%，而在20世纪60年代初是每年增加7%。结果，通货膨胀一直很高（20世纪60年代末和70年代初是每年5%—6%，相比之下，60年代初是1%—2%）。但是，正如弗里德曼和费尔普斯所预言的，失业并未维持在低水平。

图35-7显示了1961—1973年的通货膨胀与失业的历史。它说明这两个变量之间的简单负相关关系在1970年左右被打破了。特别是，当20世纪70年代初通货膨胀仍然很高时，人们对通货膨胀的预期赶上了现实，而失业率又回到了60年代初的5%—6%。要注意的是，图35-7所表明的历史与图35-5所表示的移动的短期菲利普斯曲线的理论十分相似。到1973年，决策者认识到，弗里德曼和费尔普斯是正确的：在长期中，通货膨胀与失业之间不存在权衡取舍。

图 35-7 菲利普斯曲线的破灭

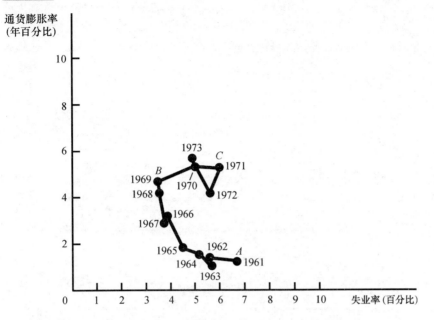

该图显示了 1961—1973 年的失业率和通货膨胀率（用 GDP 平减指数衡量）的年度数据。正如弗里德曼和费尔普斯所预言的，20 世纪 60 年代的菲利普斯曲线在 20 世纪 70 年代初被打破了。要注意的是，该图中标出的 A、B 和 C 点大致对应于图 35-5 中的各点。

资料来源：U.S. Department of Labor; U.S. Department of Commerce.

即问即答 画出短期菲利普斯曲线和长期菲利普斯曲线。解释它们为什么不同。

35.3 菲利普斯曲线的移动：供给冲击的作用

弗里德曼和费尔普斯在 1968 年提出，预期通货膨胀的变动会使短期菲利普斯曲线移动；而 20 世纪 70 年代初的经验使大多数经济学家相信，弗里德曼和费尔普斯是正确的。但是，在几年之间，经济学专家又把注意力转向短期菲利普斯曲线移动的另一个原因——总供给冲击。

这一次注意力的转移不是来自于这两位美国经济学教授，而是来自于一群阿拉伯酋长。1974 年，石油输出国组织（OPEC）作为世界石油市场的卡特尔开始运用其市场势力来增加其成员国的利润。OPEC 国家，如沙特阿拉伯、科威特和伊拉克，限制它们开采和在世界市场上销售的原油量。在几年之内，这种供给减少使石油价格几乎翻了一番。

世界石油价格的大幅度上升是供给冲击的一个例子。**供给冲击**（supply shock）是直接影响企业的生产成本，从而影响它们收取的价格的事件；它使经济的总供给曲线移动，因此也使菲利普斯曲线移动。例如，当石油价格的上升增加了生产汽油、取暖油、轮胎和许多其他产品的成本

供给冲击：
直接改变企业的成本和价格，使经济中的总供给曲线移动，进而使菲利普斯曲线移动的事件。

第 35 章 通货膨胀与失业之间的短期权衡取舍 ▶ 307

时,它就减少了在物价水平既定时物品与劳务的供给量。如图35-8(a)幅所示,这种供给减少用总供给曲线从 AS_1 向左移动到 AS_2 来表示。产量从 Y_1 减少为 Y_2,物价水平从 P_1 上升到 P_2。产量下降(停滞)和物价上升(通货膨胀)的组合,有时称为滞胀。

图 35-8　总供给的不利冲击

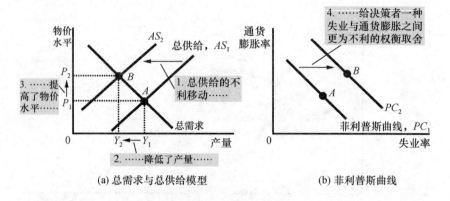

(a)幅表示总需求与总供给模型。当总供给曲线从 AS_1 向左移动到 AS_2 时,均衡从 A 点移动到 B 点,产量从 Y_1 减少为 Y_2,而物价水平从 P_1 上升为 P_2。(b)幅表示通货膨胀和失业之间的短期权衡取舍。总供给的不利移动使经济从低失业和低通货膨胀的一点(A 点)移动到高失业和高通货膨胀的一点(B 点)。短期菲利普斯曲线从 PC_1 向右移动到 PC_2。决策者现在面临着通货膨胀与失业之间权衡取舍的恶化。

(a) 总需求与总供给模型　　(b) 菲利普斯曲线

总供给的这种变动与图35-8(b)幅所示的短期菲利普斯曲线的类似移动是相关的。由于企业需要较少的工人来生产较少的产量,致使就业减少,失业增加。由于物价水平较高,通货膨胀率——从前一年以来的物价水平变动百分比——也较高。因此,总供给变动引起较高的失业和较高的通货膨胀。通货膨胀与失业之间的短期权衡取舍从 PC_1 向右移动到 PC_2。

在遇到不利的总供给变动时,决策者面临着在反通货膨胀和反失业之间的艰难选择。如果他们紧缩总需求以对付通货膨胀,他们就将进一步增加失业。如果他们扩大总需求以对付失业,他们就将进一步提高通货膨胀。换句话说,决策者所面临的通货膨胀与失业之间的权衡取舍比总供给变动之前更为不利:在失业率既定时,他们不得不忍受一个更高的通货膨胀率;在通货膨胀率既定时,他们不得不忍受一个更高的失业率;或者,更高失业与更高通货膨胀的某种组合。

当面对这种不利的菲利普斯曲线移动时,决策者会问这种移动是暂时的还是持久的。答案取决于人们如何调整他们的通货膨胀预期。如果人们认为由供给冲击引起的通货膨胀上升只是暂时的背离,那么预期的通货膨胀将不会变动,菲利普斯曲线也将很快恢复到原来的位置。但是,如果人们认为这种冲击会引起一个高通货膨胀的新时代,那么预期的通货膨胀将上升,菲利普斯曲线也将处于其新的、不太合意的位置上。

在20世纪70年代的美国,预期通货膨胀上升幅度相当大。预期通货膨胀的这种上升部分是因为美联储用更高货币增长抵消供给冲击的决策。(我们回想一下,当决策者对不利的供给冲击的反应是努力阻止产量下降以增加总需求时,可以说他们是在抵消不利冲击。)由于这种政策决策,供给冲击引起的衰退比没有这种政策时要小一些,但美国经济在许多年中一直面临着通货膨胀和失业之间的不利权衡取舍。当 1979 年 OPEC 又一次开始运用其市场势力时,问题比石油价格翻一番更复杂了。图 35-9 显示了这一时期美国经济中的通货膨胀率和失业率。

图 35-9　20 世纪 70 年代的供给冲击

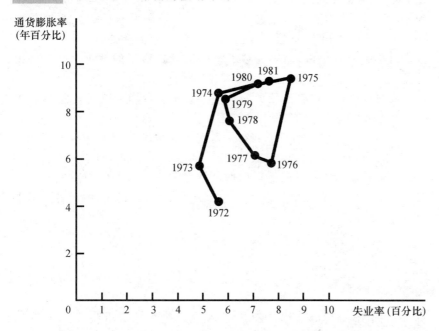

该图显示了 1972—1981 年失业率和通货膨胀率(用 GDP 平减指数衡量)的年度数据。在 1973—1975 年和 1978—1981 年这两个时期中,世界石油价格的上升引起了更高的通货膨胀和更高的失业。

资料来源:U. S. Department of Labor; U. S. Department of Commerce.

1980 年,在 OPEC 的两次供给冲击之后,美国经济的通货膨胀率超过了 9%,而失业率达到 7% 左右。这种通货膨胀和失业的组合与 20 世纪 60 年代看来可能的权衡取舍相距甚远。(在 60 年代,菲利普斯曲线表明 7% 的失业率与 1% 的通货膨胀率相关。超过 9% 的通货膨胀是不可思议的。)1980 年的痛苦指数接近于历史最高水平,公众普遍对经济状况不满。主要是由于这种不满,吉米·卡特总统在 1980 年 11 月的连任竞选中败北,被罗纳德·里根取代。必须得采取行动了,而且要很快就做了。

即问即答　举出一个有利的总供给冲击的例子。用总需求与总供给模型解释这种冲击的影响。它如何影响菲利普斯曲线?

35.4 降低通货膨胀的代价

1979年10月,当OPEC在十年内第二次给世界经济带来不利的供给冲击时,美联储主席保罗·沃尔克(Paul Volcker)决定,采取行动的时候到了。沃尔克是在两个月之前才被卡特总统任命为美联储主席的,他接手这一工作时才知道,通货膨胀已达到了令人无法接受的水平。作为国家货币体系的捍卫者,他感到除了实行反通货膨胀的政策之外他别无选择。

反通货膨胀是降低通货膨胀率,不应该把它混同于通货紧缩,即物价水平的下降。与汽车的行驶作一个类比,反通货膨胀是让汽车慢下来,而通货紧缩是让汽车向相反方向行驶。沃尔克主席和其他许多美国人一样,想让正在上升的物价水平慢下来。

沃尔克毫不怀疑美联储可以通过其控制货币量的能力降低通货膨胀。但是,反通货膨胀的短期代价是什么呢?对这个问题的回答并不十分肯定。

35.4.1 牺牲率

为了降低通货膨胀率,美联储必须实行紧缩性货币政策。图35-10表明了这种政策的一些影响。当美联储降低货币供给增长率时,它就紧缩了总需求。总需求减少又使企业生产的物品与劳务量减少,而这种生产减少又引起了就业减少。经济开始时在图中的 A 点,并沿着短期菲利普斯曲线移动到 B 点,这一点有较低的通货膨胀和较高的失业。随着时间的推移,当人们知道物价上升会较缓慢时,预期通货膨胀就下降了,而且短期菲利普斯曲线也向下移动。最终经济从 B 点移动到 C 点。此时的通货膨胀低于最初 A 点的通货膨胀,而失业又回到自然失业率。

因此,如果一个国家想要降低通货膨胀,它就必然要忍受一个高失业和低产量的时期。在图35-10中,当经济从 A 点移动到 C 点时通过 B 点就表示了这种代价。这种代价的大小取决于菲利普斯曲线的斜率,以及通货膨胀预期基于新货币政策作出调整的速度。

许多研究考察了有关通货膨胀与失业的数据,以便估算降低通货膨胀的代价。这些研究的结果在统计学上通常被概括为**牺牲率**(sacrifice ratio)。牺牲率是在通货膨胀减少一个百分点的过程中每年产量损失的百分点数。牺牲率一般估算为5。也就是说,通货膨胀率每减少一个百分点,在这种转变中每年必须牺牲的产量是5%。

牺牲率:
在通货膨胀减少一个百分点的过程中每年产量损失的百分点数。

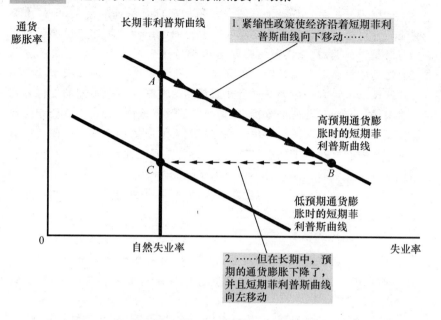

图 35-10 短期与长期中反通货膨胀的货币政策

当美联储实行紧缩性货币政策以降低通货膨胀时,经济沿着短期菲利普斯曲线从 A 点移动到 B 点。随着时间的推移,预期通货膨胀下降,并且短期菲利普斯曲线向左移动。当经济达到 C 点时,失业又回到自然失业率。

当保罗·沃尔克面临降低通货膨胀的任务时,这种估算肯定会使他忧心忡忡。当时的年通货膨胀率几乎是 10%。为了达到温和的通货膨胀,比如说每年 4%,这就意味着要使通货膨胀率降低 6 个百分点。如果每一个百分点的代价是经济每年产量的 5%,那么通货膨胀率降低 6 个百分点就要求牺牲 30% 的年产量。

根据对菲利普斯曲线和反通货膨胀代价的研究,这种牺牲可以以几种方式付出。要立即降低通货膨胀会使一年的产量减少 30%,但即使像保罗·沃尔克这样反通货膨胀的强硬派,也觉得这个结果确实太残酷了。许多人认为,更好的做法是把这种代价分摊到几年中。例如,如果降低通货膨胀在 5 年内进行,那么产量在这一时期内平均比正常趋势低 6%,牺牲总计达到 30%。更为渐进的方式是在 10 年内缓慢地降低通货膨胀,因此产量只比正常趋势低 3%。但是,无论选择哪一种方式,降低通货膨胀似乎都不是轻而易举的。

35.4.2 理性预期与无代价地反通货膨胀的可能性

正当保罗·沃尔克在考虑降低通货膨胀的代价可能有多大时,一群经济学教授领导了一场向有关牺牲率的传统智慧挑战的知识革命。这个群体包括罗伯特·卢卡斯(Robert Lucas)、托马斯·萨金特(Thomas Sargent)和罗伯特·巴罗(Robert Barro)这样一些著名经济学家。他们的革命基于一种称为**理性预期**(rational expectations)的研究经济理论和政策的新方法。根据理性预期理论,当人们在预测未来时,他们可以充分运用他

理性预期:
当人们在预测未来时,可以充分运用他们所拥有的全部信息,包括有关政府政策的信息的理论。

们所拥有的全部信息,包括有关政府政策的信息。

这种新方法对宏观经济学的许多领域都具有深远的意义,但最重要的还是它对通货膨胀与失业之间权衡取舍的适用性。正如弗里德曼和费尔普斯最早强调的,预期通货膨胀是解释为什么短期中存在通货膨胀与失业之间的权衡取舍而长期中不存在的一个重要变量。短期权衡取舍消失的速度取决于人们调整其通货膨胀预期的速度。理性预期的支持者基于弗里德曼—费尔普斯的分析提出,当经济政策改变时,人们就会相应地调整他们的通货膨胀预期。试图估算牺牲率的通货膨胀与失业研究没有考虑到政策制度对预期的直接影响。因此,根据理性预期理论者的观点,牺牲率的估算对政策是一种不可靠的指导。

在1981年一篇题为"四次重大通货膨胀的结束"的文章中,托马斯·萨金特把这种新观点表述如下:

> "理性预期"观点否认了在现时通货膨胀过程中存在任何固有的动力。这种观点认为,企业和工人现在都预期到了未来的高通货膨胀率,而且他们根据这些预期坚持膨胀性的劳资协议。但是,据认为,人们预期未来的高通货膨胀率正是因为政府现在与未来的货币政策和财政政策都成为这些预期的依据……这种观点的含义是,遏制通货膨胀可以比"推动"论支持者所说的要快得多,而且他们根据所放弃的产量来估算遏制通货膨胀的时间长短和代价也是错误的……这并不是说根除通货膨胀是轻而易举的。相反,遏制通货膨胀所要求的绝不只是少数暂时限制性的财政行为与货币行为,它要求政策体系的变动……根据放弃的产量,这种做法要付出多大代价以及需要多长时间才能见效,将部分取决于政府承诺的决心有多大、多明显。

根据萨金特的看法,牺牲率可能比以前所估算的要小得多。实际上,在最极端的情况下,牺牲率可以是零:如果政府作出了低通货膨胀政策的可信承诺,人们的理性就足以使他们立即降低其通货膨胀预期。短期菲利普斯曲线将向下移动,而且经济将很快达到低通货膨胀,而无须付出暂时高失业和低产量的代价。

35.4.3 沃尔克的反通货膨胀

正如我们已经知道的,当保罗·沃尔克面临着把通货膨胀从10%左右的顶峰降下来的情景时,经济学家提出了两种矛盾的预测。一个经济学学派提出了牺牲率估算,并得出结论:根据损失的产量和高失业来看,降低通货膨胀代价高昂。另一个学派提出了理性预期理论,并得出结论:降低通货膨胀的代价要小得多,或许甚至根本没有代价。谁是正确的呢?

图35-11显示了1979—1987年的通货膨胀与失业。正如我们可以看到的,沃尔克在降低通货膨胀方面成功了。通货膨胀率从1981年和1982

年的将近10%降到1983年和1984年的4%左右。这种通货膨胀率的降低要完全归功于货币政策。在这一时期，财政政策在相反的方向发生作用：在里根政府期间，预算赤字的增加扩大了总需求，这倾向于提高通货膨胀。1981—1984年通货膨胀率的下降要归功于美联储主席保罗·沃尔克坚决的反通货膨胀政策。

图35-11 沃尔克的反通货膨胀

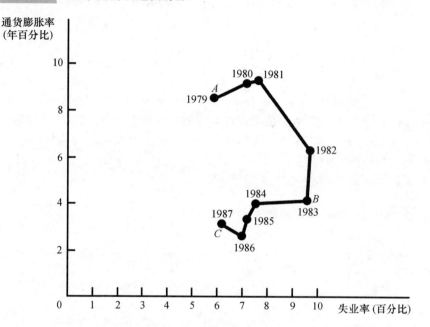

资料来源：U.S. Department of Labor; U.S. Department of Commerce.

该图显示了1979—1987年失业率与通货膨胀率（按GDP平减指数衡量）的年度数据。这一时期通货膨胀的下降以1982年和1983年极高的失业为代价。要注意的是，该图中标出的A、B和C点大致对应于图35-10中的各点。

该图显示了沃尔克的反通货膨胀确实是以高失业为代价的。在1982年和1983年，失业率约为10%——比保罗·沃尔克被任命为美联储主席时的失业率水平高出4个百分点。同时，按真实GDP衡量的物品与劳务的生产大大低于正常趋势水平。沃尔克的反通货膨胀引起了美国自20世纪30年代大萧条以来最严重的衰退。

这种经历是否否定了理性预期理论者所提出的无代价反通货膨胀的可能性呢？一些经济学家认为，这是确定无疑的。实际上，图35-11中所示的反通货膨胀形式非常类似于图35-10中所预测的形式。为了从高通货膨胀（两个图中的A点）转向低通货膨胀（C点），经济不得不经历一个痛苦的高失业时期（B点）。

然而有两个理由使我们不能这么快地否定理性预期理论者的结论。第一，尽管沃尔克的反通货膨胀确实带来了暂时高失业的代价，但这种代价并没有许多经济学家所预测的那么大。基于沃尔克反通货膨胀的牺牲率的许多估算小于根据以前的数据所作出的估算。也许正如理性预期理论者所说的，沃尔克坚定的反通货膨胀立场对预期有某种直接影响。

第二，更为重要的是，尽管沃尔克宣布他的货币政策目标是降低通货膨胀,但许多公众并不相信他。由于只有很少的人认为沃尔克会像他说的那样尽快降低通货膨胀,所以预期通货膨胀并没有下降,而且短期菲利普斯曲线也没有尽快地向下移动。这种假说的一些证据来自商业预测企业所作出的预测:他们对20世纪80年代通货膨胀下降的预期慢于实际通货膨胀的下降。因此,沃尔克的反通货膨胀并不一定能否定理性预期关于可信赖的反通货膨胀可以无代价的观点。然而,这表明当决策者宣布一项反通货膨胀政策时,他们不能指望人们会马上相信他们。

35.4.4 格林斯潘时代

自从20世纪70年代的OPEC通货膨胀和80年代的沃尔克反通货膨胀以来,美国经济一直经历着相对温和的通货膨胀和失业波动。图35-12显示了1984—2005年的通货膨胀和失业。这一时期被称为格林斯潘时代,系以1987年继保罗·沃尔克之后担任美联储主席的艾伦·格林斯潘的名字命名。

图35-12　格林斯潘时代

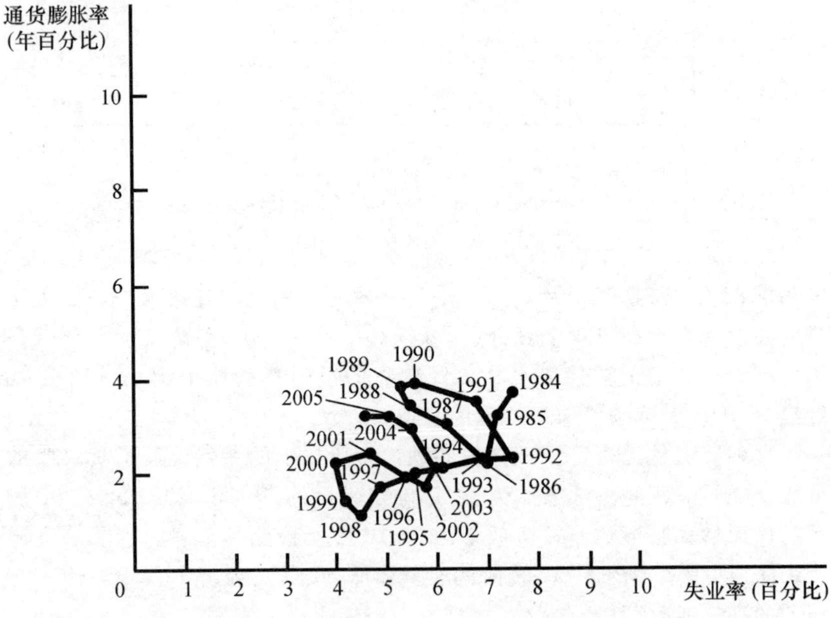

该图显示了1984—2005年失业率和通货膨胀率(用GDP平减指数衡量)的年度数据。在这一时期的大部分时间里,艾伦·格林斯潘担任着美联储主席。通货膨胀和失业的波动是相对小的。

资料来源:U.S. Department of Labor; U.S. Department of Commerce.

这一时期从有利的供给冲击开始。1986年,OPEC成员开始为生产水平争执不下,而且它们长期坚持的限制供给的协议被打破了,因此石油价格下跌了一半。如图35-12所示,这种有利的供给冲击引起了1984—1986年的通货膨胀下降与失业减少。

自从那时以来,美联储谨慎地避免再度犯下20世纪60年代的政策错误,当时过大的总需求使失业降到低于自然失业率而通货膨胀率上升。在1989年和1990年,当失业率下降、通货膨胀上升时,美联储提高利率并紧缩总需求,从而引起1991年和1992年的微小衰退。当时失业率上升到大多数人估算的自然失业率之上,而通货膨胀率再次下降了。

20世纪90年代的其余年份是一个经济繁荣时期。通货膨胀率逐渐下降,到90年代末接近于零。失业也下降了,这使许多观察家相信自然失业率下降了。这种良好的经济状况要部分归功于艾伦·格林斯潘及其联邦储备的同事们,因为只有用谨慎的货币政策才能实现低通货膨胀。但是正如前面案例研究所讨论的,这也部分地仰仗了有利供给冲击带来的好运气。

然而,经济在2001年又出现了问题。网络股市泡沫的结束、"9·11"恐怖主义袭击以及公司财务丑闻都抑制了总需求。当经济经历了十年中的第一次衰退时,失业又上升了。但扩张性货币政策与扩张性财政政策共同帮助结束了这次下降,到2005年初失业又接近于大多数人估算的自然失业率。

在2005年,布什总统任命本·伯南克接替艾伦·格林斯潘成为美联储的主席。伯南克于2006年2月1日宣誓就职。在2009年,伯南克又被奥巴马总统任命为美联储主席。在任命的同时,伯南克说道:"我首先会继续维持格林斯潘时期实行的政策和政策策略。"

35.4.5 金融危机期间的菲利普斯曲线

本·伯南克可能希望继续格林斯潘时代的政策,并享受那些年份的平静时光,但他的愿望并没有实现。在他就任的前几年中,这位美联储主席面临了一些重大且使人沮丧的经济挑战。

正如我们在前几章中看到的,主要挑战来自住房市场和金融体系。从1995年到2006年,美国住房市场高涨,而且美国的住房价格平均上涨了两倍多。但这些住房高涨被证明是不可持续的,从2006年到2009年,住房价格下降了约三分之一。这种大幅度下跌就导致家庭财富的减少,并使许多把赌注(通过购买住房抵押贷款证券)押在住房价格继续上升的银行陷入困境。所引发的金融危机又引起总需求大幅度下降和失业急剧增加。

在前几章中,我们已经考察了这次危机的情况和政策反应,但图35-13说明了这些事件对通货膨胀和失业的含义。随着总需求减少增加了失业,它也降低了通货膨胀。在本质上,经济处于菲利普斯曲线向下阶段。

决策者运用扩张性货币政策和财政政策来力图改变这种变动。目标是努力增加总需求,从而使经济回到菲利普斯曲线上低失业率和略高一些通货膨胀的一点。问题之一是,决策者面临着为了达到目标要增加多少通货膨胀,随后的"新闻摘录"讨论了这个争论。当本书写完时,经济能多快从经济衰退中复苏,是通货膨胀上升,通货膨胀下降,还是通货紧缩,都还不清楚。

图 35-13 2008—2009 年衰退期间的菲利普斯曲线

这个图表明,2006 年到 2009 年失业率和通货膨胀率(用 GDP 平减指数衡量)的逐年数据。金融危机引起总需求暴跌,这引起失业率大大提高,并使通货膨胀降到极低水平。

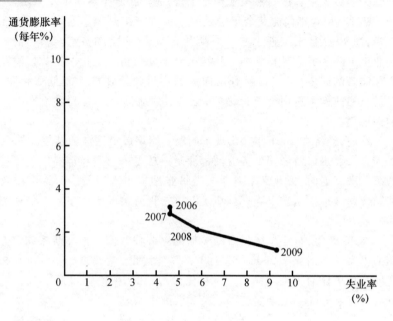

资料来源:U. S. Department of Labor;U. S. Department of Commerce.

即问即答 什么是牺牲率? 美联储降低通货膨胀承诺的可信度如何影响牺牲率?

新闻摘录
我们需要更高的通货膨胀吗

在 2010 年,正当经济努力从严重的衰退走向复苏时,一些人突发奇想,高一点的通货膨胀是否会使经济好一些。

通货膨胀迷人歌声的诱惑
David Reilly

通货膨胀暂时很有吸引力,特别是在经济被债务和失业重压之际。

这个想法是为什么不能通过在一两年内通货膨胀超目标而把刺激缺口开得比确保经济强劲复苏更长一点呢? 可以把通货膨胀作为有利于更快降低失业和减少财政赤字的激素。

问题是,一旦把通货膨胀释放出来,就不容易控制了,而且有时这样做所需要的手段还会抑制增长。

到现在为止,美联储相信经济严重衰退已使通货膨胀成为遥远的事。即使物价上升,它们也强烈相信,它可以控制通货膨胀。

但是，有日益增长的声音支持高通货膨胀。国际货币基金组织的首席经济学家 Oliver Blanchard 最近向中央银行建议考虑提高通货膨胀目标，以便它们在危机来临时有更大的降息空间。另一些人认为，雇主和政治家不愿意解决经济中的结构问题，这就使通货膨胀成为另一种更为现实的选择。

巴克莱资本（Barclays Capital）的国际研究负责人 Christian Broda 在周一的研究报告中写道："通货膨胀可以做到国会做不到的事，迅速减少财政赤字。"

Broda 先生估计，与美联储的核心通货膨胀目标 1.5%—2% 相比，让通货膨胀两年内保持在 5%，就可以减少失业率三个百分点。

当然，这是诱骗正在努力的消费者和整个国家。正如美联储在周二所说的，由于近年来巨大经济刺激带来的温和通货膨胀，物价上升看来是一种遥远的威胁。

但是，中央银行软化通货膨胀的风险仍然隐藏在既要达到物价稳定又要达到充分就业的二元管理中。即使通货膨胀目标仍保持不变，对付失业的愿望也会要求放任通货膨胀上升。尤其是，如果经济实际处于复苏之中，零利率会很快变为一种扭曲。

大家还记得，美联储主席本·伯南克一生都在研究大萧条，以及如何避免它再出现。有趣的是，他与欧洲中央银行一直不一致，欧洲中央银行的观点受德国魏玛共和国超速通货膨胀的影响太大了。

一直攻击美联储独立性的国会也有问题。它会提出把通货膨胀作为减少支出或增税的一种替代。

即使通货膨胀在短期内是有吸引力的，但它会迅速反映在债务的成本上，打击固定收入证券的价值，并提高借债的成本。它也会打击美元，并使商品的价格更高。20 世纪 70 年代的经验表明，一旦释放出通货膨胀，它会带来多大的痛苦。

因此，投资者应该警惕地关注是否有信号说明美联储对物价稳定不够重视，或者愿意让通货膨胀在目标之上运行。负债重的人也需要通过解决自己的问题，创造出可持续的重振。

通货膨胀将是一个错误的办法。

资料来源：The Lure of Inflation's Siren Song By David Reilly from *The Wall Street Journal*, March 17, 2010. Reprinted by permission of Dow Jones & Company.

35.5 结论

本章考察了经济学家如何思考通货膨胀与失业随着时间推移的演变。我们讨论了 20 世纪许多最优秀的经济学家的思想：从菲利普斯、萨缪尔森和索洛的菲利普斯曲线,到弗里德曼和费尔普斯的自然率假说,再到卢卡斯、萨金特和巴罗的理性预期理论。这些人中有五位已经因其在经济学方面的工作而获得了诺贝尔奖,而且可能还有更多的人会在以后的年份中获得这项荣誉。

虽然在过去的半个世纪中通货膨胀与失业之间的权衡取舍引起了学术界的混乱,但所形成的某些原理在今天已达成共识。下面是米尔顿·弗里德曼在1968年对通货膨胀与失业之间关系的表述:

> 通货膨胀与失业之间总存在着暂时的权衡取舍,但并不存在持久的权衡取舍。暂时的权衡取舍并不是来自通货膨胀本身,而是来自未预期到的通货膨胀,通常这也意味着来自上升的通货膨胀率。广泛存在的持久权衡取舍的信念是我们以较简单形式承认的"高"与"上升"之间界限不清的诡辩的说法。通货膨胀率上升可以减少失业,而高通货膨胀率却不能。
>
> 但是,你会问多长时间是"暂时"呢?……充其量我只能作出个人的判断,根据某些对历史证据的考察,较高且未预期到的通货膨胀率的最初影响大概可以持续2—5年。

在40多年之后的今天,这段话仍然概括了大多数宏观经济学家的观点。

内容提要

◎ 菲利普斯曲线描述了通货膨胀和失业之间的负相关关系。通过扩大总需求,决策者可以在菲利普斯曲线上选择较高通货膨胀和较低失业的一点。通过紧缩总需求,决策者可以在菲利普斯曲线上选择较低通货膨胀和较高失业的一点。

◎ 菲利普斯曲线所描述的通货膨胀与失业之间的权衡取舍只在短期中成立。在长期中,预期通货膨胀根据实际通货膨胀的变动进行调整,而短期菲利普斯曲线也会移动。因此,长期菲利普斯曲线是通过自然失业率的一条垂线。

◎ 短期菲利普斯曲线也会由于总供给冲击而移动。不利的供给冲击,例如世界石油价格的上升,给了决策者一个较为不利的通货膨胀和失业之间的权衡取舍。也就是说,在不利的供给冲击之后,决策者不得不在失业率既定时接受较高的通货膨胀率,或者在通货膨胀率既定时接受较高的失业率。

◎ 当美联储紧缩货币供给增长以降低通货膨胀时,它使经济沿着短期菲利普斯曲线移动,这就引起暂时的高失业。反通货膨胀的代价取决于通货膨胀预期下降的速度。一些经济学家认为,可信任的低通货膨胀承诺可以通过引起预期的迅速调整而降低反通货膨胀的代价。

关键概念

菲利普斯曲线　　　　　　　供给冲击　　　　　　　理性预期
自然率假说　　　　　　　　牺牲率

复习题

1. 画出通货膨胀与失业之间的短期权衡取舍。美联储如何使经济从这条曲线上的一点移动到另一点？
2. 画出通货膨胀与失业之间的长期权衡取舍。解释短期权衡取舍与长期权衡取舍如何相关。
3. 自然失业率中的"自然"是什么意思？为什么各国的自然失业率不同？
4. 假设干旱摧毁了农作物并使食物价格上升。这对通货膨胀与失业之间的短期权衡取舍有什么影响？
5. 美联储决定降低通货膨胀。用菲利普斯曲线说明这种政策的短期影响与长期影响。可以如何减少短期的代价呢？

问题与应用

1. 假设自然失业率是6%。在一幅图上画出可以用来描述下列四种情况的两条菲利普斯曲线。标出表明每种情况下经济所处位置的点。
   a. 实际通货膨胀率是5%，而预期通货膨胀率是3%。
   b. 实际通货膨胀率是3%，而预期通货膨胀率是5%。
   c. 实际通货膨胀率是5%，预期通货膨胀率也是5%。
   d. 实际通货膨胀率是3%，预期通货膨胀率也是3%。
2. 说明下列情况对短期菲利普斯曲线和长期菲利普斯曲线的影响。给出你的答案所依据的经济推理。
   a. 自然失业率上升。
   b. 进口石油价格下降。
   c. 政府支出增加。
   d. 预期通货膨胀下降。
3. 假设消费支出减少引起了一次衰退。
   a. 用总供给—总需求图和菲利普斯曲线图说明经济的即时变动。在这两幅图上标出最初的长期均衡A点，以及所引起的短期均衡B点。短期中通货膨胀与失业发生了什么变动？
   b. 现在假设，随着时间推移，预期通货膨胀与实际通货膨胀同方向变动。短期菲利普斯曲线的位置会发生什么变动？在衰退过去以后，经济面临的通货膨胀—失业的组合是变好了还是变坏了？
4. 假设经济处于长期均衡。
   a. 画出该经济的短期菲利普斯曲线与长期菲利普斯曲线。
   b. 假设企业界的悲观主义情绪使总需求减少了。说明这种冲击对你a中图形的影响。如果美联储采用扩张性货币政策，它可以使经济回到原来的通货膨胀率和失业率吗？

c. 现在假设经济回到了长期均衡,然后进口石油的价格上升了。用像 a 中那样的新图形说明这种冲击的影响。如果美联储采取扩张性货币政策,它能使经济回到原来的通货膨胀率和失业率吗?如果美联储采取紧缩性货币政策,它能使经济回到原来的通货膨胀率和失业率吗?解释为什么这种情况不同于 b 中的情况。

5. 通货膨胀率是 10%,并且中央银行正在考虑放慢货币增长率,以使通货膨胀率降到 5%。经济学家 Milton 相信通货膨胀预期会迅速对新政策作出变动,而经济学家 James 认为预期变动非常缓慢。哪一个经济学家更有可能支持所提议的货币政策的改变?为什么?

6. 假设联邦储备的政策是通过使失业处于自然失业率水平来维持低且稳定的通货膨胀。但是,美联储认为当实际自然率为 5% 时,自然失业率是 4%。如果美联储把这个信念作为政策决策的基础,经济会发生什么变动?美联储会认识到,它对于自然率的信念是错误的吗?

7. 假设美联储宣布,它将实施紧缩性货币政策以降低通货膨胀率。下列情况会使接下来的衰退更加严重还是有所缓和?解释之。
    a. 工资合同期限变短。
    b. 很少有人相信美联储降低通货膨胀的决心。
    c. 通货膨胀预期迅速对实际通货膨胀作出调整。

8. 假设通货膨胀不受欢迎,为什么民选的领导人并不总是支持降低通货膨胀的努力呢?许多经济学家认为,各国可以通过让中央银行不受政治家的干预独立作出货币政策决策来减少反通货膨胀的代价。为什么是这样?

9. 正如本章所描述的,2008 年美联储面临着由住房与金融危机引起的总需求减少以及由商品价格上升引起的短期总供给减少。
    a. 从长期均衡出发,用总供给—总需求图和菲利普斯曲线图说明这两种变化的影响。在这两个图上,标出长期均衡 A 点和所引起的短期均衡 B 点。说明以下每一个变量是上升了还是下降了,或者影响是不是明确的:产量、失业、物价水平、通货膨胀率。
    b. 假设美联储迅速对这些冲击作出反应并调整货币政策,以把失业和产量保持在各自的自然率水平上。它会采取什么行动?在 a 中的同一组图形上,表明结果。把新均衡标为 C 点。
    c. 为什么美联储的选择不遵循 b 中描述的行动过程?

10. 假设联邦储备决策者接受了短期菲利普斯曲线理论和自然率假说,并想使失业接近自然失业率。遗憾的是,由于自然失业率一直在变动,所以他们并不能确定自然失业率的值。你认为在实施货币政策时他们应该观察哪些宏观经济变量?

第 13 篇　最后的思考

第 36 章
宏观经济政策的六个争论问题

当你翻开报纸时要想不看到一些政治家或社论作家建议改变经济政策的文章是很难的。总统应该提高税收以减少预算赤字,或者不用担心预算赤字。联邦储备应该降低利率以刺激徘徊不前的经济,或者应该避免这些变动以降低面临更高通货膨胀的风险。国会应该改革税制以加速经济增长,或者应该改革税制以实现更为平等的收入分配。这些经济问题始终是美国和世界其他国家政治争论的中心。

前些章提出了经济学家用来分析整体经济的行为和政策对经济的影响的工具。这最后一章讨论六个宏观经济政策的经典问题。经济学家一直争论这些问题,而且他们很可能要继续争论很多年。你在这门课程中所积累的知识为我们讨论这些重要且尚待解决的问题提供了背景知识。它可以帮助你在这些争论中选择支持一方,或者至少可以让你知道,为什么选择支持一方如此困难。

36.1 货币政策与财政政策决策者应该试图稳定经济吗

在前三章中,我们说明了总需求与总供给的变动会如何引起生产和就业的短期波动。我们还说明了,货币政策与财政政策可以如何使总需求发生变动,从而影响这些波动。但是,即使决策者可以影响短期经济波动,这是否就意味着他们应该这样做呢?我们的第一个争论问题涉及货币政策与财政政策决策者是否应该用他们所控制的工具来试图平缓经济周期的上升与下降。

36.1.1 正方:决策者应该试图稳定经济

如果放任不管,经济就倾向于发生波动。例如,当家庭和企业变得悲观时,它们就削减支出,这就减少了物品与劳务的总需求。总需求减少进而又使物品与劳务的生产减少。企业解雇工人,失业率上升。因而,真实GDP和其他收入衡量指标下降。失业上升和收入下降又加强了最初引起经济下降的悲观主义。

这种衰退对社会无益——它代表资源的绝对浪费。工人成为失业者是因为总需求减少而失去工作。这些工厂的老板在衰退期间让设备闲置就不能生产有价值的物品与劳务,并销售这些物品与劳务以得到利润。

社会没有理由要受到经济周期高涨与低落的折磨。宏观经济理论的发展表明了决策者可以如何减轻经济波动的严重程度。通过"逆经济变动的风向行事",货币政策与财政政策可以稳定总需求,从而稳定生产和就业。当总需求不足以确保充分就业时,决策者应该刺激政府支出、减税并扩大货币供给。当总需求过大,有引起更高通货膨胀的风险时,决策者应该削减政府支出、增税并减少货币供给。这些政策行为通过引起一个更稳定的经济,并使每一个人从中受益而使宏观经济理论得到最好的运用。

36.1.2　反方:决策者不应该试图稳定经济

虽然货币政策与财政政策在理论上可以用来稳定经济,但在实践中运用这种政策有重大障碍。

一个问题是,货币政策和财政政策并不能立即影响经济,其发生作用要有一个相当长的时滞。货币政策主要通过改变利率进而影响支出,特别是住房投资和企业投资来影响总需求。但许多家庭和企业提前确定他们的支出计划。因此,通过利率变动来改变物品与劳务的总需求需要时间。许多研究表明,在作出货币政策变动的6个月之内,这种变动对总需求的影响很小。

左边书名为《即将来临的繁荣》,右边书名为《即将来临的崩溃》。——译者注

图片来源:ⓒ FRANK MODELL/THE NEW YORKER COLLECTION/WWW.CARTOONBANK.COM.

财政政策的作用存在时滞源于政府改变支出与税收的漫长政治程序。为了作出任何一种财政政策变动,提案必须通过国会各委员会,由众议院与参议院通过,并由总统签署。一项重要的财政政策变动从提出、通过到实施需要好几年的时间。

由于这么长时间的时滞,那些想稳定经济的决策者就要预见在他们的行动发生作用时可能存在的经济状况。不幸的是,经济预测是极不准确的,部分是因为宏观经济学是极为原始的科学,部分是因为引起经济波动的冲击在本质上是无法预测的。因此,当决策者改变货币政策或财政政策时,他们不得不依靠对未来经济状况所做的学理式的猜测。

这一切往往使试图稳定经济的决策者正好起了反作用。在一种政策开始实施到它发生作用的这段时间内,经济状况很容易发生变动。由于这个原因,决策者可能无形中加剧了而不是减轻了经济波动的程度。一些经济学家声称,历史上许多重大的经济波动,包括20世纪30年代的大萧条,都可以归因于不稳定的政策行为。

教给医生的第一条规则是"不要伤害病人"。人体有自我恢复能力。当遇到一位并不能确定病因的患者时,医生通常应该什么也不做,让患者自行恢复。缺乏可靠了解的干涉只会增大使事情更糟糕的风险。

治疗一个"患病"的经济也是如此。如果决策者可以消除所有经济波动,这样做会是合意的,但是由于宏观经济知识有限和世界事件固有的不可预测性,消除所有经济波动是一个不现实的目标。经济决策者应该避免经常用货币政策和财政政策进行干预,只要他们不伤害经济就足够了。

即问即答 解释为什么货币政策与财政政策的作用存在时滞。为什么在积极与消极的政策选择中这些时滞至关重要?

36.2 政府反衰退应该增加支出还是减税

当乔治·W.布什在2001年当选总统时,经济陷入衰退。他的反应是降低税率。当巴拉克·奥巴马在2009年当选总统时,经济又一次陷入衰退,而且是几十年来最严重的。他的反应是一揽子刺激计划,不仅提供某种减税,而且还包括政府支出的大幅度增加。对比这两种政策,说明了宏观经济学的第二个经典问题:哪一种财政政策——政府支出还是税收——对减轻经济衰退的严重性更好?

36.2.1 正方:政府应该增加支出来反衰退

凯恩斯在20世纪30年代大萧条,这也是美国历史上最严重的经济衰退时,写出了《就业、利息和货币通论》,他改变了经济学。从那时起,经济学家们知道了,衰退期间的基本问题是总需求不足。当企业不能售出足够的物品与劳务时,它们就减少生产与就业。终结衰退的关键是,把总需求恢复到与经济中劳动力充分就业一致的水平。

的确,货币政策是应对经济衰退的第一道防线。通过增加货币供给,中央银行降低了利率。低利率反过来又减少了为新工厂和新住房这类投资项目筹资而借款的成本。较多的投资支出增加了总需求,并有助于生产和就业恢复到正常水平。

但是,财政政策还可以提供对付衰退的另一种工具。当政府减税时,它增加了家庭的可支配收入,这就鼓励他们增加消费支出。当政府购买物品与劳务时,它直接增加了总需求。而且,这些财政行为具有乘数效应:更高的总需求引起更高的收入,这又引起额外的消费支出,并进一步增加总需求。

当货币政策工具失去其效用时,财政政策特别有用。例如,在2008年和2009年的经济衰退期间,美联储把其目标利率降至几乎为零。美联储不能把利率降至零以下,因为在负利率时,人们宁愿持有现金而不把它借出去。因此,一旦利率为零,美联储就失去了它刺激经济最有力的工具。在这种情况下,政府为了增加总需求而转向财政政策——税收和政府支出,就是自然而然的。

传统的凯恩斯主义分析表明,政府购买增加是一种比减税更有潜力的工具。当政府为家庭减税一美元时,其中一部分美元可能用于储蓄,而不是支出。(如果家庭认为减税是暂时的,而不是持久的时,这种情况特别真实。)用于储蓄的那部分美元对物品与劳务的总需求并没有什么贡献。与此相反,当政府支出一美元购买物品或劳务时,这一美元直接且完全地增加了总需求。

2009年,奥巴马政府的经济学家用了一个传统的宏观经济模型来计算这些效应的大小。根据他们的电脑模拟,每减税1美元,GDP增加0.99美元,而政府购买每增加1美元,GDP增加1.59美元。因此,政府支出增加比减税提供了更大的"作用力"。由于这个原因,对2009年衰退的政策反应的特点是联邦税收减少得少,而联邦支出增加得多。

决策者集中在三类支出上:第一,用于"现建现用"项目的支出。这些项目是修复高速公路和桥梁这类公共工程项目,这类工程可以马上开工,让失业者回来工作。第二,联邦政府对州和地方政府的援助。由于宪法上要求这些政府实现预算平衡,在衰退期间税收收入减少不得不为此而解雇教师、警察和其他公务员;联邦政府的援助阻止了这种结果,或者至少也可以降低其严重性。第三,通过失业保障制度增加对失业者的支付。由于失业者往往经济上困难,所以据认为他们通常都会把额外的收入用于支出而不是储蓄。因此,认为这种转移支出对总需求——从而对生产和就业——的贡献大于减税。根据奥巴马政府所用的宏观经济模型,到总统任职的第二年末,8 000亿美元的一揽子刺激计划会创造或省出300

多万个工作岗位。

要知道这些刺激的效用到底有多大是不可能的。由于在历史上我们只有这一次，我们无法观察到相反的事实——没有一揽子刺激计划的相同经济。一件事是显而易见的:2008—2009年的经济衰退是严重的,它可能会更坏。根据GDP的减少或失业的增加来判断,它还没有达到20世纪30年代大萧条的规模。

36.2.2 反方:政府应该减税来反衰退

用税收政策来刺激衰退的经济有长期传统。肯尼迪总统就把减税作为他主要的经济创新之一:这个方案最终在1964年约翰逊总统执政时通过。当里根在1981年当选总统时,他也签署了大幅减税的法律。这两次减税后很快就有了有活力的经济增长。

减税对总需求和总供给都有重要的影响。正如传统的凯恩斯主义分析所强调的,减税通过增加家庭的可支配收入而增加了总需求。但是,减税也可能通过改变激励而增加总需求。例如,如果减税采取了扩大投资税优惠的形式,减税就可以引起对投资品支出的增加。由于在经济周期期间,投资支出是GDP中最易变化的组成部分,所以刺激投资是结束衰退的关键。决策者可以用设计良好的税收政策把它作为目标。

在减税增加总需求的同时,它也可以增加总供给。当政府降低边际税率时,工人可以把他们赚到的任何收入中的更大部分留下来。结果,失业者就有更大激励去找工作,而且就业者也有了更大激励去工作更长时间。增加的总供给与增加的总需求意味着在没有通货膨胀率上升的压力时,物品与劳务的生产扩大了。

在衰退期间增加政府支出存在各种问题。首先,消费者明白,高政府支出与政府为这种支出筹资而必需的政府借债一起,很可能引起未来的高税收。这些未来税收的预期会引起消费者削减今天的支出。而且,与大多数税收一样,这些未来的税收也会引起各种无谓损失。当企业家预见到未来的经济会有更大的扭曲时,他们就会降低他们对未来利润的预期,并减少今天的投资支出。由于多种效应,政府支出乘数很可能小于传统上所认为的。

政府能否明智且迅速地花钱也非常不清楚。大量政府支出项目往往需要数年的计划,因为决策者和选民要评估许多可选择行为的成本和收益。与此相反,当衰退期间失业急剧上升时,增加总需求的必要性是迫切的。如果政府迅速增加支出,它就会以购买没什么公共价值的东西而结束。但是,如果它努力谨慎而细致地计划支出,它就会不能适时地增加总需求。

减税的优点是分散了支出决策,而不是依靠集中的、极不完善的政治过程。家庭把他们的可支配收入用于他们认为有价值的东西上。企业可以把他们投资的钱用于他们预期有利可图的项目。与此相反,当政府要迅速花大量的钱时,由于受制于各种政治压力,其可能结果就是建造"无地可去的桥梁"。无法想象的公共项目也可以雇用一些工人,但他们创造不出什么延续的价值。而且,它们也会把大量额外债务留给子孙后代纳税人。结果,来自增加政府支出的额外总需求的短期利益不足以补偿长期成本。

即问即答 根据传统的凯恩斯主义分析,哪一种方法——减税一美元或者增加政府支出一美元——对 GDP 影响更大?为什么?

36.3 货币政策应该按规则制定还是相机抉择

正如我们在货币制度那一章中知道的,联邦公开市场委员会制定美国的货币政策。该委员会大约每六个星期召开一次会议评价经济状况。基于这种评价和对未来经济状况的预测,该委员会确定短期利率水平是上升、下降,还是保持不变。然后,美联储调整货币供给以实现这个利率目标,正常情况下在下次会议召开之前这个利率目标会一直保持不变。

联邦公开市场委员会对如何实行货币政策采用了几乎完全的相机抉择方式。创建美联储的法律仅仅给美联储提供了一些关于应该实现什么目标的含糊建议。《1913 年美联储法案》1977 年的修正案写道,美联储"将保持货币总量和信贷总量的长期增长与经济长期增加生产的潜力一致,以便有效促进最大就业、物价稳定和适度长期利率的目标"。但是,法案并没有具体规定如何评价这些不同的目标,也没有告诉美联储如何实现这些目标。

一些经济学家批评这种制度设计。因此,我们关于宏观经济政策的第三个争论问题就集中于是否应该减少联邦储备相机抉择的权力,或者是否应该让它遵循如何采取货币政策的规则。

36.3.1 正方:货币政策应该按规则制定

货币政策运用中的相机抉择存在两个问题。第一个问题是没有限制缺乏能力及滥用权力。当政府派警察到一个社区去维护当地秩序时,它对警察如何完成工作给予严格的指示。因为警察有很大的权力,让他们随心所欲地行使权力是危险的。然而,当政府赋予中央银行领导人维护经济秩序的权力时,它并没有给他们任何指导。允许货币政策决策者不受约束地相机抉择。

中央银行领导人滥用权力的一个例子是,有时他们被诱惑用货币政策来影响大选的结果。假设现任总统的选票取决于他或她再次参加竞选时的经济状况。一个对现任总统有好感的中央银行领导人就会选择在大选之前实行扩张性政策,以刺激生产和就业,因为他或她知道这样做所引起的通货膨胀在大选之后才会表现出来。因此,在某种程度上,中央银行领导人与政治家结盟,相机抉择政策就会引起反映大选日程的经济波动。经济学家称这种波动为政治性经济周期。

第二个,也更为微妙的问题是,它所引起的通货膨胀会高于合意的水平。由于知道通货膨胀和失业之间不存在长期的权衡取舍,中央银行领导人通常宣布他们的目标是零通货膨胀。然而,他们很少实现物价稳定。为什么呢?也许是因为一旦公众形成了通货膨胀预期,决策者就面临通货膨胀与失业之间的短期权衡取舍。他们只好放弃他们关于物价稳定的声明,以实现较低的失业。这种声明(决策者说他们要做什么)和行动(决策者后来实际上做了什么)之间的不一致性称为政策的前后不一致性。由于决策者经常是前后不一致的,所以当中央银行领导人宣布他们打算降低通货膨胀率时人们往往表示怀疑。结果,人们预期的通货膨胀总要高于货币政策决策者宣布的他们要实现的通货膨胀。更高的通货膨胀预期又使短期菲利普斯曲线向上移动,这就使通货膨胀与失业之间的短期权衡取舍比不存在这种情况时更为不利。

避免与相机抉择有关的这两个问题的一种方法是要中央银行服从于政策规则。例如,假设国会通过一项法律,要求美联储每年正好增加3%的货币供给。(为什么是3%?因为真实GDP平均每年增长3%;又因为货币需求随真实GDP增加时,3%的货币供给增长大体上是使长期物价稳定所必需的比率。)这种法律将消除美联储本身的缺乏能力与滥用权力,而且这也将杜绝政治性经济周期现象。此外,政府也不再有前后不一致性。人们现在会信任美联储的低通货膨胀声明,因为法律要求美联储实行低通货膨胀的货币政策。在预期通货膨胀低时,经济将面临较为有利的通货膨胀与失业之间的短期权衡取舍。

货币政策的另一些规则也是可能的。一种较为积极的规则允许美联储根据经济状况的反馈来改变货币政策。例如,较为积极的规则可以规定失业率每高于自然失业率一个百分点,美联储就可以将货币增长提高一个百分点。无论规则的准确形式是什么,让美联储服从于某种规则可以通过限制缺乏能力、滥用权力和货币政策实施过程中的前后不一致性而得到好处。

> **参考资料**
> **通货膨胀目标化**
>
> 过去几十年间,世界各国的许多中央银行采取了一种称为通货膨胀目标化的政策。有时采取的是中央银行宣布它对未来几年内通货膨胀率的意图的形式,有时采取的是国家立法规定中央银行的通货膨胀目标的形式。
>
> 通货膨胀目标化并不是承诺一个不变的规则。在所有采用通货膨胀目标化的国家中,中央银行仍有一定的相机抉择。通货膨胀目标通常是确定一个范围——例如,通货膨胀率为1%—3%——而不是一个特定的数。因此,中央银行可以在这个范围内选择自己所想要的。而且,如果某些事件(例如世界石油价格冲击)推动通货膨胀超过了目标范围,有时还允许中央银行至少暂时调整通货膨胀目标。
>
> 虽然通货膨胀目标化给了中央银行某种相机抉择,但政策限制了使用相机抉择的范围。当一个中央银行被简单告知要"做正确的事"时,它就难以控制中央银行的责任,因为人们可以永远认为所做的事都是正确的。与此相反,当一个中央银行有一个通货膨胀目标时,公众就可以很容易判断中央银行是否符合其目标。通货膨胀目标化并没有束缚中央银行的手脚,但它提高了货币政策的透明度和负责性。在某种意义上,通货膨胀目标化是规则与相机抉择之争的一种妥协。
>
> 美联储没有明确采用通货膨胀目标化(尽管一些评论家认为隐含的通货膨胀率为2%左右)的政策。通货膨胀目标化的一位明显支持者是本·伯南克,他以前是经济学教授,2006年成为美联储主席。因此,美联储未来向通货膨胀目标化前进是可能的。

36.3.2　反方:货币政策不应该按规则制定

虽然相机抉择的货币政策可能有一些缺点,但它也有一个重要的优点:灵活性。美联储不得不面对许多情况,而且并不是所有情况都是可以预见的。在20世纪30年代,银行破产是创纪录的。在20世纪70年代,全世界的石油价格上涨也是破天荒的。1987年10月,股市在一天之内下跌了22%。从2007年至2009年,住房价格下跌了,而且丧失赎取权的住房大大增加了,金融体系经历了重大的问题。美联储必须决定如何对这些经济冲击作出反应。政策规则的设计者不可能考虑到所有意外情况,并提前详细说明正确的政策反应。更好的做法是任命优秀人才实施货币政策,并给他们自由以使其尽可能做得最好。

此外,所谓的相机抉择问题很大程度上是假想的。例如,政治性经济周期的重要性在实践中并不明显。在某些情况下,情况看来正好相反。

例如,1979 年吉米·卡特总统任命保罗·沃尔克为联邦储备的领导人。然而,在那一年 10 月,沃尔克转向紧缩性货币政策,以便应对他从前任那里接手的高通货膨胀率。沃尔克决策的可预期结果是衰退,而且这种预期的衰退结果使卡特的支持率下降。沃尔克并没有用货币政策去帮助任命他的美国总统,而是出于国家利益采取了一些行动,即使这些行动使卡特在 1980 年 11 月的大选中被罗纳德·里根击败。

前后不一致性的重要性在实践中也很不明显。虽然大多数人怀疑中央银行的声明,但中央银行领导人可以通过实现自己的诺言而在长期中赢得信任。在 20 世纪 90 年代,尽管有利用通货膨胀与失业之间短期权衡取舍的诱惑,但美联储实现并维持了低通货膨胀率。这个经验表明,低通货膨胀率并不要求美联储服从于一个政策规则。

任何一种以规则替代相机抉择的努力都必然面临详细说明准确规则的艰难任务。尽管有许多研究考察了可供选择的不同规则的成本与收益,但经济学家们对于什么是好规则并没有达成共识。在没有达成这种共识之前,社会除了让中央银行领导人相机抉择地实施他们认为合适的货币政策之外别无选择。

即问即答 举出一个货币政策规则的例子。你的规则为什么可能会比相机抉择的政策更好?为什么可能更糟?

36.4 中央银行应该把零通货膨胀作为目标吗

在第 1 章中讨论过并在货币增长与通货膨胀这一章中更充分地揭示的经济学十大原理之一是,当政府发行了过多货币时,物价上升。在第 1 章中讨论过并在上一章更充分地揭示的经济学十大原理中的另一个是,社会面临通货膨胀与失业之间的短期权衡取舍。把这两个原理放在一起就向决策者提出了一个问题:中央银行愿意忍受的通货膨胀应该是多少?我们的第四个争论问题就是,通货膨胀率的适当目标是否为零。

36.4.1 正方:中央银行应该把零通货膨胀作为目标

通货膨胀并没有给社会带来什么好处,却引起了一些实际成本。正如我们所讨论过的,经济学家确定了六种通货膨胀成本:

- 与减少货币持有量相关的皮鞋成本;
- 与频繁地调整价格相关的菜单成本;

- 相对价格变动性提高；
- 由于税法非指数化引起的意想不到的税收义务变动；
- 改变计价单位引起的混乱与不方便；
- 与用美元表示的债务相关的财富任意再分配。

一些经济学家认为，至少在温和的通货膨胀率时，例如20世纪90年代和21世纪初期美国所经历的3%的通货膨胀时，这些成本并不大。但是，另一些经济学家认为，即使是温和的通货膨胀，这些成本也会相当大。此外，毫无疑问公众不喜欢通货膨胀。当通货膨胀加快时，民意调查表明通货膨胀是国家的主要问题之一。

当然，必须根据达到零通货膨胀的成本来评价零通货膨胀的好处。正如短期菲利普斯曲线所表明的，降低通货膨胀通常要有一个高失业和低产量的时期。但这种反通货膨胀所引起的衰退仅仅是暂时的。一旦人们明白了决策者的目标是零通货膨胀，通货膨胀预期就会下降，这会改善菲利普斯曲线的短期权衡取舍。由于人们对通货膨胀预期的调整，在长期中通货膨胀与失业之间不存在权衡取舍。

因此，降低通货膨胀是一项暂时有成本但长期有好处的政策。一旦反通货膨胀引起的衰退结束，零通货膨胀的好处就会持续到未来。如果决策者有远见卓识，他们就应该愿意为持久利益而付出暂时的成本。这正是保罗·沃尔克在20世纪80年代初所做的考虑，当时他实行紧缩的货币政策，使通货膨胀从1980年的10%左右降到了1983年的4%左右。尽管1982年失业达到了大萧条以来的最高水平，但是经济最终走出了衰退，并使低通货膨胀一直持续下去。今天，沃尔克仍被认为是中央银行领导人中的一个杰出代表。

此外，降低通货膨胀的成本也并不一定像一些经济学家所认为的那样大。如果美联储宣布对零通货膨胀的可信承诺，它就可以直接影响通货膨胀预期。这种预期的变动会改善通货膨胀与失业之间的短期权衡取舍，使经济以较低的成本实现较低的通货膨胀。这种战略的关键是信任：人们必须相信美联储实际上正在实现它宣布的政策。国会在这方面可以通过使物价稳定成为美联储主要目标的立法来帮助它。这种法律会使实现零通货膨胀的成本更低，而且并不减少所带来的任何好处。

零通货膨胀目标的一个优点是，零给决策者提供了一个比任何其他数字都更自然的聚焦点。例如，假设美联储宣布它要把通货膨胀率保持在3%的水平上——之前20年的许多年份中所经历的通货膨胀率。美联储真的会坚持把3%作为目标吗？如果一些事件无意中使通货膨胀上升到4%或5%，为什么不能提高这个目标呢？毕竟3这个数字没有什么特殊含义。与此相反，零是唯一的美联储可以宣布已实现物价稳定并完全消除了通货膨胀成本的通货膨胀率值。

36.4.2　反方：中央银行不应该把零通货膨胀作为目标

虽然物价稳定是合意的,但与温和通货膨胀相比,零通货膨胀的好处并不大,然而实现零通货膨胀的成本是很大的。牺牲率的估算表明,减少1%的通货膨胀要求放弃一年产量的5%左右。比如说,把通货膨胀从4%降低到零,就要求减少当年产量的20%。虽然人们不喜欢4%的通货膨胀,但他们是否会(或应该)愿意为摆脱通货膨胀而付出一年收入的20%却不得而知。

反通货膨胀的社会成本甚至比20%这一数字所表示的还要大,因为损失的收入并不是平均分摊到每个人身上。当经济进入衰退时,所有的收入并不是同比例地减少。相反,总收入的减少集中在那些失去工作的人身上。那些易受伤害的工人往往是技术和经验最少的工人。因此,减少通货膨胀的大部分成本要由那些承受能力最差的人来承担。

虽然经济学家列出了通货膨胀的一些成本,但对这些成本是不是很大,专业人士并没有一致看法。皮鞋成本、菜单成本和经济学家确认的其他成本看来并不大,至少对温和的通货膨胀率是如此。公众确实不喜欢通货膨胀,但公众也会被误导相信通货膨胀错觉———一种认为通货膨胀会降低生活水平的观点。经济学家知道,生活水平取决于生产率,而不取决于货币政策。由于名义收入膨胀与物价膨胀总是同时发生的,所以降低通货膨胀并不会使真实收入增加更快。

此外,决策者可以实际上并不降低通货膨胀而减少许多通货膨胀的成本。他们可以通过重新制定税法以考虑到通货膨胀的影响来消除与非指数化税制相关的问题。他们还可以像克林顿政府在1997年所做的那样,通过发行指数化政府债券来减少由未预期到的通货膨胀所引起的债权人与债务人之间的财富任意再分配。这种做法会使政府债务持有人避开通货膨胀。此外,通过制定一个范例,政府可以鼓励私人债务人和债权人签订根据通货膨胀指数化的合同。

如果可以像一些经济学家认为的那样不付出代价而降低通货膨胀,这当然是合意的。但这在实践中看来很难实现。当各个经济降低其通货膨胀率时,它们几乎总要经历一个高失业和低产量的时期。相信中央银行可以很快获得信任从而使反通货膨胀无痛苦的想法也是危险的。

实际上,反通货膨胀所引起的衰退在经济中会潜在地留下持久性的印记。在衰退期间,所有行业的企业都大幅度减少它们对新工厂和新设备的支出,这使投资成为GDP中最易变动的一个部分。即使在衰退过去以后,资本存量的减少也使生产率、收入和生活水平下降到其原本能够达到的水平之下。此外,当工人在衰退中成为失业者时,他们失去了有价值的工作技能,这永久地降低了他们作为工人的价值。

有一点通货膨胀甚至可能是一件好事。一些经济学家认为,通货膨胀能"润滑"劳动市场的"车轮"。由于工人抵制名义工资的减少,通过物价水平上升来降低真实工资较为容易实现。因此,通货膨胀使得根据劳动市场的变动来调整真实工资更为容易。

新闻摘录
最优通货膨胀率是多少

在金融危机和2008—2009年衰退之后,经济学家开始思考高通货膨胀是不是合意的。

低通货膨胀说引起反思,但改变是不可能的
Jon Hilsenrath

过去25年来,通货膨胀被作为吞没财富并引起不稳定的怪物。但近来一些聪明人——包括国际货币基金组织的首席经济学家和一位美联储的高级研究员——大声呼吁,如果让通货膨胀高一点,实际上是否会是一件好事。

但是,由于几个原因,这个思想在近来任何时候都不可能引起反响。

支持通货膨胀的新观点是:低通货膨胀和相随的低利率在冲击来临时没有为中央银行的操作留下什么余地。例如,在2008年雷曼兄弟公司破产后,美国联邦储备迅速把利率降为接近于零,因此尽管经济需要更多刺激,美联储却不能再降低利率了。

经济学家称这种情况为"零约束"问题。这种观点认为,如果开始时通货膨胀略高一点,从而利率也略高一点,美联储降低利率就可以有更大余地,而且可以对经济提供更大的激励。

现在,美联储和其他主要中央银行把通货膨胀率定在2%左右。经济学家是用"三重承受"法得出的这个数字——在长期中,这个数字看来不是过热,也不是过冷。但是,低而稳定的通货膨胀在理论上也可能意味着有些事情在轻微的通货膨胀率时才稳定。

国际货币基金组织首席经济学家Olivier Blanchard在最近的一篇文章中说,也许美国中央银行未来的通货膨胀率目标应该是4%。旧金山美联储的研究部主任John Williams去年就认为,需要高一点的通货膨胀目标为未来危机提供一个缓冲垫。

还有其他原因使一些人欢迎现在的通货膨胀略高一点。美国和其他国家政府以及许多美国家庭都有沉重的债务。略高一点的通货膨胀在理论上可以减少支付利息和偿还本金的负担,因为债务的支付通常是固定的,但家庭和政府为支付债务所产生的收益或收入随通货膨胀而上升。

但欢迎略高的通货膨胀也有一些问题。

第一,Blanchard先生担心的利率"零限制"是不是经济的最大问题还不清楚。因此,为解决这个问题付出与高通货膨胀相关的代价可能就不值得。

在2008年12月美联储把利率降至接近于零以后,伯南克主席找到再降息的替代方法:购买住房抵押贷款证券和财政部债券,并向汽车贷款、学生贷款和信用卡市场提供信贷。这些办法也不是灵丹妙药,但它们有助于结束衰退,尽管它们并不会引起经济足够快的增长以迅速降低失业……

还有一个较为棘手的问题。暂时假设Blanchard先生是正确的,而且世界各国中央银行也准备好用略高一点的通货膨胀来应付未来的危机。将通胀目标从2%调到4%可能是一个极为棘手的过程。投资者、企业家和家庭会得出结论,一次性移动到高通货膨胀目标实际上意味着,不太承诺稳定的通货膨胀。高通货膨胀预期可能会成为自我实现的预言。中央银行最终可能达到的通货膨胀率是5%、6%或者7%,而不是4%。

J.P.摩根大通银行的首席经济学家Bruce Kasma说,高通货膨胀目标"对市场会有相当直接的破坏性效应"。

伯南克先生知道高通货膨胀目标的诱惑力。在12月写给立法者的回信中他说,高通货膨胀目标在理论上可以使美联储把根据通货膨胀调整的利率降得更低,从而刺激借款和经济增长。

但是,相反的情形也可能发生。高通货膨胀的前景可能引起利率急剧上升,使未来借款的负担更重。这对美国这类发行了大量短期债券的国家和持有可调整利率的抵押贷款的人更是个问题。

伯南克先生的结论是,他不想搞乱人们脆弱的预期。他说,转向高通货膨胀目标会引起风险,这会引起公众对中央银行抑制未来通货膨胀的愿望失去信心,并破坏未来货币政策的作用。

世界各国中央银行都认可的2%的通货膨胀目标回头看来不像是理想的目标。但是,无论好坏,在可预见的未来,看来每一个人都想坚持这个目标。

资料来源:Low-Inflation Doctrine Gets a Rethink, but Shift Is Unlikely By Jon Hilsenrath from *The Wall Street Journal*, February 22, 2010. Reprinted by permission of Dow Jones & Company.

此外,通货膨胀还使负真实利率成为可能。名义利率绝不会低于零,因为债权人可以总持有自己的货币而不会以负收益把它贷出去。如果通货膨胀为零,真实利率就永远不可能是负的。但是,如果通货膨胀是正的,那么名义利率低于通货膨胀率就产生了负的真实利率。有时经济需要负的真实利率来提供对总需求的足够刺激——零通货膨胀就排除了这种选择。

根据所有这些观点,为什么决策者要以让经济通过一个高代价、不平等的反通货膨胀引起的衰退来实现零通货膨胀呢?曾经担任美联储副主席的艾伦·布林德(Alan Blinder)在其著作《冷静的头脑,仁慈的心》中指出,决策者不应该作出这种选择:

> 达到美国和其他工业化国家所经历的低且温和的通货膨胀的代

价看来是非常适当的——像社会得了重感冒,而不是患了癌症……作为理性个体,我们并不会为了治愈感冒而自愿做大手术。但是,作为一个集体,我们却用经济上的大手术(高失业)来治疗类似感冒的通货膨胀。

布林德的结论是,学会在温和通货膨胀之下生活会更好一些。

即问即答 说明把通货膨胀降为零的成本与好处。其中,哪些是暂时的?哪些是持久的?

36.5 政府应该平衡其预算吗

旷日持久的宏观经济争论围绕着联邦政府财政展开。只要政府的支出大于以税收形式得到的收入,它就要通过发行政府债券来弥补这种赤字。在我们对金融市场的研究中,我们说明了预算赤字如何影响储蓄、投资和利率。但是,预算赤字是多大的问题呢?我们的第五个争论问题涉及财政政策决策者是否应该高度重视平衡政府预算。

36.5.1 正方:政府应该平衡其预算

"什么?我分担的政府债务是25 000美元?"

图片来源:© HEMERA/THINKSTOCK.

美国联邦政府今天的负债远远大于20年前的。在1980年,联邦政府的债务是7 100亿美元,在2009年是76 000亿美元。如果我们用人口总数除以现在的债务,那么我们就知道,每个人分摊的政府债务约为25 000美元。

政府债务最直接的影响是把负担加在了子孙后代纳税人身上。当这些债务和累积的利息到期时,未来的纳税人就将面临一个困难的选择。为了把资源用于偿还债务和累积的利息,他们可以选择某种较高税收和较少政府支出的组合。或者,他们也可以通过再借新债来偿还旧债和利息以延迟偿还的日期,使政府陷入更深的债务中。实际上,当政府有预算赤字并发行债券时,它就允许这一代纳税人把某些政府支出的账单转移给下一代纳税人。继承这样的巨额债务,只能是降低子孙后代的生活水平。

除了这种直接影响以外,预算赤字还有各种宏观经济影响。由于预算赤字代表负的公共储蓄,因而它降低了国民储蓄(私人储蓄与公共储蓄之和)。国民储蓄减少引起真实利率上升和投资减少。投资减少引起一定时期内的资本存量减少。资本存量减少又降低了劳动生产率、真实工资和经济中物品与劳务的生产。因此,当政府增加其债务时,子孙后代就会出生在一个低收入和高税收的经济中。

当然,在一些情况下有预算赤字也是合理的。在整个历史上,政府债务增加最常见的原因是战争。当军事冲突暂时增加了政府支出时,通过借债为这种额外的支出筹资是合理的。否则,战争期间的税收就不得不迅速增加。这种高税率会极大地扭曲纳税人所面临的激励,从而导致严重的无谓损失。此外,这种高税率对现在这一代纳税人也是不公正的,因为他们已经不得不为进行战争而作出了牺牲。

同样,在经济活动暂时下降时期允许预算赤字存在也是合理的。当经济进入衰退时,税收收入自动减少,因为所得税和工薪税都是根据收入的衡量指标征收的。如果政府在衰退时期要竭力平衡预算,它就不得不在高失业时增加税收或减少支出。这种政策会在正需要刺激总需求的时候抑制总需求,从而倾向于使经济波动加剧。

然而,并不是所有预算赤字可以用战争或衰退来解释。美国政府债务占 GDP 的百分比从 1980 年的 26% 上升到 1995 年的 50%。在这个时期中,美国没有经历重大的军事冲突和严重的经济衰退。然而,政府一直有巨额的预算赤字,这主要是因为总统和国会发现增加政府支出比增加税收容易得多。

也许 21 世纪前十年的预算赤字可以用伊拉克和阿富汗战争以及 2001 年和 2008—2009 年衰退的影响来解释。但是,不可避免的是,这种赤字不是回到前一个时期无法维持的财政政策的信号。随着经济从最近的衰退中复苏且失业回到其自然率水平,政府应该使支出与税收收入持平。与一直存在的预算赤字的其他可能选择相比,平衡预算意味着更大的国民储蓄、投资和经济增长,也意味着未来的大学毕业生将进入一个更为繁荣的经济。

36.5.2　反方:政府不应该平衡其预算

政府债务问题往往被夸大了。虽然政府债务确实代表对年青一代的税收负担,但与平均每个人一生的收入相比它并不算多。美国联邦政府的债务是人均 25 000 美元左右。那些工作 40 年且每年收入 5 万美元的人一生赚取的收入为 200 万美元。他的政府债务份额约占他一生收入的 1% 左右。

此外,孤立地看待预算赤字的影响是会令人误解的。预算赤字只是政府如何选择筹集并支出资金的整体情况的一部分。在作出这些有关财政政策的决策时,决策者要以许多方式来影响各代纳税人。人们应该把政府的预算赤字或盈余与这些其他政策放在一起来考虑。

例如,假设政府通过削减公共投资,例如教育的支出来减少预算赤字。这种政策会使年青一代的状况变好吗?当这一代年轻人成为劳动力时,政府债务将变小,这意味着他们的税收负担少了。然而,如果他们受到的教育比他们原本能受到的少,他们的生产率和收入就将降低。许多对正规教育收益(在学校多受一年教育所引起的工人工资的增加)的估算发现,这种收益是巨大的。从整体来考虑,减少政府预算赤字而不是进行更多教育支出会使子孙后代的状况变坏。

仅仅关注预算赤字也是危险的,因为它转移了人们对其他各种在各代人中进行收入再分配的政策的注意力。例如,在20世纪60年代和70年代,美国联邦政府增加了对老年人的社会保障补助。它通过增加对工作年龄人口的工薪税来为这种更高的支出筹资。这种政策尽管并没有影响政府债务,但也是把年青一代的收入再分配给年老一代。因此,预算赤字只是政府政策如何影响各代人福利这个大问题的一小部分。

在某种程度上,有远见卓识的父母可以扭转政府债务的不利影响,他们通过储蓄并留下较多遗产就可以抵消这种影响。因为这些遗产可以提高其子女承受未来税收负担的能力。一些经济学家认为,人们实际上正是这样做的。如果政府债务真的对子女有影响,父母较高的私人储蓄就可以抵消预算赤字的公共负储蓄,并且赤字不会影响经济。大多数经济学家不相信父母如此有远见,但有些人也许确实会为他们的子女留下较多储蓄,而且任何一个人也都可以这样做。赤字使一些人有机会以子女的损失为代价来消费,但赤字并没有要求他们这样做。如果政府债务实际上的确是子孙后代面临的一个大问题,那么一些父母就会帮助解决这个问题。

预算赤字的批评者有时断言,政府债务不能永远持续下去,但实际上它可以永远持续下去。正如银行评价一个贷款申请人时可以比较这个人的债务与收入一样,我们也应该评价相对于国民收入规模的政府债务负担。人口增长和技术进步使美国经济的总收入一直在增长。因此,美国支付政府债务利息的能力也一直在增长。只要政府债务的增长慢于国民收入,就没有什么能阻止政府债务一直增长。

一些数据可以让我们全面地看待赤字问题。美国经济的真实产量平均每年增长3%左右。如果通货膨胀率是每年2%,那么名义收入每年增长5%。因此,政府债务可以每年增长5%,而不会提高债务与收入的比率。2009年,联邦政府债务是76 000亿美元,这个数字的5%是3 800亿美元。只要联邦预算赤字小于3 800亿美元,这种政策就可以维持下去。

我们确信,巨大的预算赤字不可能永远持续。在2010年,联邦政府预算赤字大约是15 000亿美元,但这一令人吃惊的数字是由严重的金融危机、巨大的经济衰退以及政府对这些事件的反应这一系列不寻常的情况使然。没有人建议这巨大预算赤字应该持续,但对财政政策来说,零也是一个错误的目标。只要预算赤字是适度的,就永远不会有预算赤字结束或经济崩溃的那一天。

即问即答 解释减少政府预算赤字会如何使子孙后代状况变好。哪一种财政政策能比减少政府预算赤字更好地改善子孙后代的生活?

新闻摘录
应对债务和赤字

2010年,加州政府面对财政危机。这件事对美国联邦政府是不是预示着什么?

华盛顿的加州化

David Wessel

加州的经济是巨大、富裕而有活力的。美国生产的每7美元物品与劳务中加州就超过了1美元,而且世界上只有七个国家比它多。根据标准普尔评级机构,加州以税收为支持的人均州债务小于马萨诸塞州,而其占经济的百分比低于纽约。

按这些衡量标准来看,加州尽管受到衰退的沉重打击而且住房暴跌,但看来它不能成为偿还不了债务的州政府。但是,由于无效的政治学说,这样的事情竟然发生了。这个无效的政治学说由经费充足的公民投票、立法的绝对压倒多数和不能抓住关键问题的政治家汇合而来。

未来,人们常说,加州只是第一个。华盛顿会是下一个吗?……

今天巨大的预算赤字并不是一个问题。赤字的膨胀是由于在严重衰退时遵循了教科书的处方,即美联储把利率降为零。政府借款急剧增加正好与私人借款的减少相匹配。

但这并不能持续下去。最近再次证明,如此愚蠢。在过去40年间,美国政府通过削减国防支出和大量轻易的借款扩大了福利并避免了大规模增加税收。这再也行不通了。当赤字增加到极大时,议会和白宫的决策者改变了方针。市场和公众得出结论,它们总是胡乱应付过去。

今天,计划的赤字比以往更大,生育高峰时期出生的人开始退休,医疗成本一直在上升,而且我们的确接近于亚洲各国政府回答拒绝以低利率借给美国财政部更多钱的日子。

国会预算办公室证明当前的政策需要使赤字由GDP的10%增加到2020年的20%以上,2080年的40%以上。但现在的政治似乎更有害,有技能又有意愿去达成妥协而不是高谈阔论的议会领袖们越来越稀罕了。

这样会发生什么事?一种可能是,政治奇迹:突然攻击领导人或两党制,也许会出现另一个Ross Perot激起公众对赤字的愤怒。另一种可能是,使美元陷入困境或打击债券市场利率,这刺激政府紧缩,也许会在经济强劲到足以挽救它们之前被迫减少支出和增加税收。

也可能会更糟。Syracuse大学的Leonard Burman和来自城市研究所的经济学家最近在南加州大学的一次会议上说:"当金融市场或国外借款人确定美国没有良好的信贷风险时,更糟的情况就是利率保持低水平,而我们累积的空前债务量只会极为突然地作出反应。这就会引起灾难性的金融毁灭,类似住房市场繁荣破灭所引发的灾难,但有一个重要的差别……[美国]政府将无法借到钱来应对这些影响。"

设想这种貌似可信的情景:公众对政府的信心持续降低。失业仍然居高不下。美国人需要更多的政府服务、更多的福利和更低的税收。追求连选连任的政治家,要顺从这些意愿……

在这种情况下,即使担心赤字的政治家也要回避长期赤字。Burman设想一位白宫政治顾问说:"总统先生,如果你要提高税收或削减公众计划,你和你的政党就会在选举中被打败,你的对手将获胜。他们不会分享你的优先等级,他们并不关心赤字。因此,你不能有效地应对赤字。"

这种挑战没什么选择。CBO 有一本书全是这种选择,从提高退休年龄到对碳征税。通过削减支出来消除赤字的可能性在数字上是不可能的。威斯康星的共和党议员 Paul Ryan 的蓝图已证明。但这类建议并没有得到政治上的多数人的支持。通过增税来消除赤字在数字上是可能的,但如此带来的税率在政治上和经济上是毁灭性的。挑战在于既能解决问题又在政治上是可行的妥协如何达成。

1982 年 8 月,罗纳德·里根总统通过电视为他放弃早期的减税从而去削减支出并且增税的一揽子计划进行辩护:"我们让……美国人放弃了希望,他们的国家陷于死亡之海,因为他们所依赖的掌舵人在争论不休扬帆到何处? 我们能看到经济复苏的安全之港。我们是直接入港还是在浅水湾里徘徊,而这浅水湾里充满的只是自私、党派之争或者仅仅是些彻头彻尾的顽固?"

真是个好问题。

说明:假设当前的政策和广泛预期的一些政策变化会发生,包括布什减税的扩大和适当的支出与经济同步增长。

美国政府债务,按占 GDP 的百分比来衡量

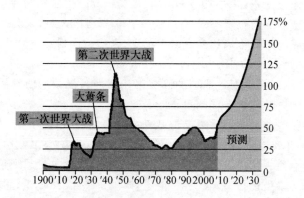

图片来源:Congressional Budget Office.

资料来源:The Californization of Washington By David Wessel from *The Wall Street Journal*, March 4, 2010.

36.6 应该为了鼓励储蓄而修改税法吗

一国的生活水平取决于它生产物品与劳务的能力,这是第 1 章的经济学十大原理之一。正如我们在生产与增长那一章中所说明的,一国的生产能力又主要由它为未来储蓄和投资了多少来决定。我们的第六个争论问题是,决策者是否应该修改税法,以便鼓励更多的储蓄和投资。

36.6.1 正方:应该为了鼓励储蓄而修改税法

一国的储蓄率是其长期经济繁荣的关键决定因素。当储蓄率较高时,更多的资源用于新工厂和设备的投资。工厂和设备的较大存量又提高了劳动生产率、工资和收入。因此,毫不奇怪,国际数据表明国民储蓄率和经济福利衡量指标之间有密切的相关性。

第 1 章提出的经济学十大原理中的另一个是,人们会对激励作出反应。这个结论适用于人们关于储蓄多少的决策。如果一国的法律使储蓄有吸引力,人们就会把收入中更多的部分用于储蓄,而这种较高的储蓄将使未来的经济更加繁荣。

遗憾的是,美国的税制通过对储蓄的收益征收重税而抑制了储蓄。例如,考虑一个 25 岁的工人,她为了使自己在 70 岁时能享有更舒适的退休生活而把收入中的 1 000 美元储蓄起来。如果她购买支付 10% 利率的债券,在不对利息征税的情况下,到第 45 年末时这 1 000 美元将累积达到 72 900 美元。现在假设她面对利息收入 40% 的边际税率,如果把联邦所得税和州所得税加在一起,40% 的边际税率是许多工人面临的正常情况。在这种情况下,她的税后利率仅为 6%,这 1 000 美元在第 45 年末时累积仅达到 13 800 美元。也就是说,在这么长时期的累积中,利息收入税率使 1 000 美元储蓄的收益从 72 900 美元减少为 13 800 美元,即减少了 80% 左右。

税法又通过对某些形式的资本收入的双重征税进一步抑制了储蓄。假设一个人用他的一些储蓄购买了一家公司的股票。当这家公司从其资本投资中赚得利润时,它首先要以公司所得税的形式支付这部分利润的税收。如果这家公司以红利的形式把剩下的利润支付给股东,股东还要以个人所得税的形式第二次为这一收入纳税。这种双重税收大大减少了股东的收益,从而减少了对储蓄的激励。

如果一个人想把其积累的财富留给子女(或其他任何一个人)而不是在他一生中消费掉,税法又一次抑制了储蓄。没有税收时,父母可能想把一些钱留给子女;但如果遗产数额较大,遗产税率会高达55%。在很大程度上,对国民储蓄的关注是由于想保证子孙后代的经济繁荣。因此,税法不鼓励一代人帮助下一代人的最直接方法,这是很奇怪的。

除了税法之外,我们社会中的许多其他政策和制度也减少了对家庭储蓄的激励。一些政府补助,例如福利和医疗救助,都是根据经济情况发放的。也就是说,那些在过去节俭地把自己的一些收入储蓄起来的人得到的补助减少了。学院与大学提供的助学金也根据学生及其父母所拥有的财富而定。这种政策与对财富征税一样,同样抑制了学生及其父母储蓄。

税法可以用各种方法为储蓄提供激励,或者至少减少家庭现在面临的障碍。税法已经对某些类型的退休储蓄给予了优惠待遇。例如,当一个纳税人把收入存入个人退休金账户时,对这种收入及其所赚到的利息在纳税人退休后提取资金之前不征税。税法也对以其他名义开立的退休金账户给予类似的税收优惠,例如401(k)、403(b)、基奥方案①以及利润分成方案。但是,对谁有资格享有这些税收优惠是有限制的,并且即便那些有资格的人,对其可以存入这些账户的资金数量也是有限制的。此外,由于对于在退休年龄前提取账户资金有惩罚,这些退休方案对其他类型的储蓄,例如用于购买住房或支付上大学学费的储蓄,就没有提供什么激励。鼓励更多储蓄的一项措施是扩大家庭利用这种税收优惠储蓄账户的能力。

更全面的方法应该是重新考虑政府征税的整个基础。美国税制的中心内容是所得税。无论所赚到的每一美元是支出还是储蓄都同样征税。许多经济学家提出的另一种可选择方案是消费税。在消费税下,家庭只对它所支出的部分纳税。用于储蓄的收入在以后提取储蓄并用于消费品支出之前免税。实际上,消费税使所有储蓄都自动成为和个人退休金账户一样的税收优惠储蓄账户。从所得税转向消费税会极大地提高对储蓄的激励。

36.6.2 反方:不应该为了鼓励储蓄而修改税法

增加储蓄可能是合意的,但这并不是税收政策的唯一目标。决策者还必须保证税收负担公平地分配。提高对储蓄的激励的建议存在的问题是,它们增加了那些承受能力最弱的人的税收负担。

高收入家庭的储蓄占其收入的比例高于低收入家庭是不可否认的。因此,任何有利于进行储蓄的人的税收变动也往往有利于高收入的人。像税收优惠退休金账户这样的政策看起来可能是很好的,但它们会使社会更不平等。通过减少那些可以利用这些账户的富人的税收负担,这些

---

① 由众议员基奥提出的类似于个人退休金账户的退休方案。——译者注

做法迫使政府增加了穷人的税收负担。

而且,所设计的鼓励储蓄的税收政策并没有有效地达到这个目标。经济理论对高收益率能否增加储蓄并没有给出明确的预测。结果取决于两种相互冲突的效应的相对大小,即替代效应和收入效应。一方面,较高的收益率提高了储蓄的利益:现在储蓄的每一美元能带来未来更多的消费。这种替代效应倾向于增加储蓄。另一方面,较高的收益率降低了储蓄的必要:家庭储蓄少一些也能达到未来任何一种目标消费水平。这种收入效应倾向于减少储蓄。如果正如一些研究所表明的,替代效应和收入效率接近于相互抵消,那么当较低的资本收入税提高了收益率时,储蓄将不会改变。

除了给富人以税收优惠之外,还有其他增加国民储蓄的方法。国民储蓄是私人储蓄与公共储蓄之和。不用改变税法来鼓励更多私人储蓄,决策者也可以简单地通过减少预算赤字或提高对富人的税收来增加公共储蓄。这提供了一种增加国民储蓄并增进子孙后代繁荣的直接方法。

实际上,一旦考虑到公共储蓄,鼓励储蓄的税法就会造成相反的结果。减少资本收入税的税收变动减少了政府收入,从而引起了较大的预算赤字。为了增加国民储蓄,这种税法的变动所刺激的私人储蓄增加必须大于公共储蓄的减少。如果情况不是这样,所谓的储蓄激励有可能使问题恶化。

即问即答 举出我们的社会不鼓励储蓄的三个例子。取消这些抑制有什么弊端?

36.7 结论

本章考虑了有关宏观经济政策的六个经典的争论问题。对每一个问题,都从有争论的主张开始,然后提出正方与反方的观点。如果你发现要选择站在这些争论的哪一方很困难,当你知道这样为难的不只是你一个人这一事实时你就会得到一些安慰。经济学的学习并不能总是使你在不同政策中轻而易举地作出选择。实际上,弄清楚决策者面临的一些不可避免的权衡取舍,会使选择更困难。

但是,不能把困难的选择看得太容易了。当你听到政治家或评论家提出某些好得令人难以置信的主张时,这一主张也许就是不可信的。如果他们说的好像是要给你提供免费午餐,那么你一定要找一找隐藏着的价格标签。很少有什么政策只有好处而没有代价。通过帮助你看穿政治演讲中十分常见的文字游戏,经济学的学习将使你更好地参与我们国家的争论。

内容提要

◎ 积极货币政策与财政政策的支持者认为,经济本质上是不稳定的,并相信政府可以管理总需求,以便抵消内在的不稳定性。积极货币政策与财政政策的批评者强调,政策对经济的影响存在时滞,而且我们预期未来经济状况的能力是很差的。因此,稳定经济的努力可能以使经济不稳定而告终。

◎ 增加政府支出以应对衰退的支持者认为,由减税可以用于储蓄而不是支出,直接的政府支出能更多地增加总需求,这是促进生产和就业的关键。增加支出的批评者认为,减税既可以扩大总需求又可以扩大总供给,而且政府支出迅速增加会引起浪费性的公共项目的产生。

◎ 货币政策规则的支持者认为,相机抉择的政策会饱受缺乏能力、滥用权力和政策前后不一致性之苦。货币政策规则的批评者认为,相机抉择的政策在对变化着的经济环境作出反应时较为灵活。

◎ 零通货膨胀目标的支持者强调,通货膨胀有许多成本,而且即使有好处也很少。此外,消除通货膨胀的代价——压低产量和就业——只是暂时的。如果中央银行宣布一项可信的降低通货膨胀的计划,从而直接降低通货膨胀预期,那么甚至连这种代价也可以减少。零通货膨胀目标的批评者认为,温和的通货膨胀给社会只带来很小的成本,而降低通货膨胀所必需的衰退则代价高昂。批评者也指出了几种可以有助于经济的缓和通货膨胀的方法。

◎ 平衡政府预算的支持者认为,预算赤字通过增加子孙后代的税收并减少他们的收入而把不公正的负担加在他们身上。平衡政府预算的批评者认为,赤字只是财政政策的一小部分。只关心预算赤字会忽略诸多方面,包括各种支出计划在内的财政政策能够影响几代人的利益。

◎ 税收激励储蓄观点的支持者指出,我们的社会用许多方法抑制储蓄,例如对资本收入征收重税和减少那些积累了财富的人享有的补助。他们支持修改税法以鼓励储蓄,比如把所得税改为消费税。税收激励储蓄观点的批评者认为,许多刺激储蓄的变动主要是使富人受益,而这些富人并不需要减税。他们还认为,这种变化对私人储蓄只有微小的影响。通过降低政府预算赤字来增加公共储蓄可以提供更直接、更平等地增加国民储蓄的方法。

复习题

1. 什么因素引起了货币政策与财政政策对总需求影响的时滞?这些时滞对积极与消极政策争论的含义是什么?
2. 根据传统的凯恩斯主义分析,为什么减税对 GDP 的影响要小于相似规模的政府支出增加对 GDP 的影响?为什么不是相反的情况?
3. 什么会促使中央银行领导人引起政治性经济周期?政治性经济周期对政策规则争论的含义是什么?
4. 解释信任如何影响降低通货膨胀的代价。
5. 为什么一些经济学家反对零通货膨胀目标?

6. 解释政府预算赤字伤害下一代工人的两种方式。
7. 大多数经济学家认为预算赤字在哪两种情况下有其合理性？
8. 举出一个例子说明，即使减少了年青一代所继承的政府债务，政府也仍然会伤害他们。
9. 一些经济学家说，政府可以永远有预算赤字。怎么有这种可能性呢？
10. 政府对一些资本收入双重征税。解释之。
11. 举出一个例子说明，除了税收政策，我们的社会还会如何抑制储蓄？
12. 增加储蓄的税收激励可能造成什么不利影响？

问题与应用

1. 本章提出，经济像人体一样有"自我恢复能力"。
   a. 用总需求与总供给图说明总需求减少的短期效应。总产量、收入和就业会发生什么变动？
   b. 如果政府不采取稳定政策，随着时间的推移，经济会发生什么变动？用你的图加以说明。进行这种调整一般需要几个月还是几年？
   c. 你认为经济的"自我恢复能力"意味着决策者应该对经济周期作出消极反应吗？
2. 想稳定经济的决策者必须确定货币供给、政府支出或税收的变动是多少。为什么对决策者来说，选择他们行动的适当力度是困难的？
3. 政策时间不一致问题既适用于财政政策，也适用于货币政策。假设政府宣布降低新工厂这类资本投资收入的税收。
   a. 如果投资者相信资本税会保持低水平，那么政府行为对投资水平有什么影响？
   b. 在投资者对所宣布的税收减少作出反应之后，政府有取消这项政策的激励吗？解释之。
   c. 在你对 b 的答案既定时，投资者会相信政府的声明吗？什么因素可以使政府提高其所宣布的政策变动的可信度？
   d. 解释为什么这种情况类似于货币政策决策者面临的政策前后不一致问题。
4. 第 2 章解释了实证分析与规范分析之间的差别。在关于中央银行是否应该把零通货膨胀作为目标的争论中，哪部分有争论的内容涉及实证表述，哪部分涉及规范判断？
5. 为什么降低通货膨胀的利益是持久的而成本是暂时的？为什么增加通货膨胀的成本是持久的而利益是暂时的？运用菲利普斯曲线回答。
6. 假设联邦政府削减税收并增加支出，这使预算赤字提高到 GDP 的 12%。如果名义 GDP 每年增加 5%，那么这种预算赤字会永远持续下去吗？解释之。如果这种预算赤字规模保持 20 年，那么未来你的税收和你孩子的税收会发生什么变动？今天你个人能做些什么来抵消这种未来的影响？
7. 解释下列每一种政策如何在各代人中进行收入再分配，是从年青人再分配给老年人，还是从老年人再分配给年青人？
   a. 预算赤字增加。
   b. 更多的教育贷款补贴。
   c. 更多地投资于高速公路与桥梁。
   d. 社会保障补助增加。
8. 本章认为，预算赤字减少了子孙后代的收入，但在衰退时期可以刺激产量和收入。解释这两种说法的正确性。

9. 如果社会选择多储蓄,它面临的基本权衡取舍是什么?政府如何增加国民储蓄?

10. 假设政府降低储蓄收入的税率,同时为避免预算赤字增加提高了劳动收入税。
    a. 谁最直接地从这种税收变动中获益?
    b. 随着时间推移,资本存量会发生什么变动?每个工人可得到的资本会发生什么变动?生产率会发生什么变动?工资会发生什么变动?
    c. 根据你对 b 的答案,长期收入分配效应与你在 a 中作出的答案有什么不同?

术 语 表

总需求曲线（aggregate-demand curve） 表示在每一种物价水平时，家庭、企业、政府和外国客户想要购买的物品与劳务数量的曲线。

总供给曲线（aggregate-supply curve） 表示在每一种物价水平时，企业选择生产并销售的物品与劳务数量的曲线。

升值（appreciation） 按所能购买到的外国通货量衡量的一国通货的价值增加。

自动稳定器（automatic stabilizers） 当经济进入衰退时，决策者不必采取任何有意的行动就可以刺激总需求的财政政策变动。

贸易平衡（balanced trade） 出口等于进口的状况。

银行资本（bank capital） 银行所有者投入机构的资源。

债券（bond） 一种债务证明书。

预算赤字（budget deficit） 政府支出引起的税收收入短缺。

预算盈余（budget surplus） 税收收入大于政府支出的余额。

资本外逃（capital flight） 一国资产需求大量且突然地减少。

资本需要量（capital requirement） 政府规定的最低银行资本量。

追赶效应（catch-up effect） 开始时贫穷的国家倾向于比开始时富裕的国家增长更快的特征。

中央银行（central bank） 为了监管银行体系和调节经济中的货币量而设计的机构。

古典二分法（classical dichotomy） 名义变量和真实变量的理论区分。

封闭经济（closed economy） 不与世界上其他经济相互交易的经济。

集体谈判（collective bargaining） 工会和企业就就业条件达成一致的过程。

商品货币（commodity money） 以有内在价值的商品为形式的货币。

复利（compounding） 货币量的累积，比如说银行账户上货币量的累积，即赚得的利息仍留在账户上以赚取未来更多的利息。

消费物价指数（consumer price index, CPI） 普通消费者所购买的物品与劳务的总费用的衡量指标。

消费（consumption） 家庭除购买新住房之外用于物品与劳务的支出。

挤出（crowding out） 政府借款所引起的投资减少。

挤出效应（crowding-out effect） 当扩张性财政政策引起利率上升，从而减少了投资支出时所引起的总需求减少。

通货（currency） 公众手中持有的纸币钞票和铸币。

周期性失业（cyclical unemployment） 失业率对自然失业率的背离。

活期存款（demand deposits） 储户可以通过开支票而随时支取的银行账户余额。

贬值（depreciation） 按所能购买到的外国通货量衡量的一国通货的价值减少。

萧条（depression） 严重的衰退。

收益递减（diminishing returns） 随着投入量的增加，每一单位额外投入得到的收益减少的特性。

贴现率（discount rate） 美联储向银行发放贷款的利率。

丧失信心的工人（discouraged workers） 想工作但已放弃寻找工作的人。

多元化（diversification） 通过用大量不相关的小风险代替一种风险来降低风险。

效率工资（efficiency wages） 企业为了提高工人生产率而支付的高于均衡水平的工资。

有效市场假说（efficient markets hypothesis） 认为资产价格反映了关于一种资产价值的所有公开的、可获得的信息的理论。

出口（exports） 国内生产而在国外销售的

物品与劳务。

联邦基金利率(federal funds rate) 银行向另一家银行进行隔夜贷款时的利率。

联邦储备(Federal Reserve, Fed) 美国的中央银行。

法定货币(fiat money) 没有内在价值、由政府法令确定作为通货使用的货币。

金融学(finance) 研究人们如何在某一时期内做出关于配置资源和应对风险的学科。

金融中介机构(financial intermediaries) 储蓄者可以借以间接地向借款者提供资金的金融机构。

金融市场(financial markets) 储蓄者可以借以直接向借款者提供资金的金融机构。

金融体系(financial system) 经济中促使一个人的储蓄与另一个人的投资相匹配的一组机构。

企业特有风险(firm-specific risk) 只影响一个公司的风险。

财政政策(fisical policy) 政府决策者对政府支出和税收水平的确定。

费雪效应(Fisher effect) 名义利率对通货膨胀率所进行的一对一的调整。

部分准备金银行(fractional-reserve banking) 只把部分存款作为准备金的银行制度。

摩擦性失业(frictional unemployment) 由于工人寻找最适合自己嗜好和技能的工作需要时间而引起的失业。

基本面分析(fundamental analysis) 为决定一家公司的价值而对其会计报表和未来前景进行的研究。

未来值(future value) 在现行利率既定时,现在货币量将带来的未来货币量。

GDP 平减指数(GDP deflator) 用名义GDP 与真实 GDP 的比率乘以 100 计算的物价水平衡量指标。

政府购买(government purchase) 地方、州和联邦政府用于物品与劳务的支出。

国内生产总值(gross domestic product, GDP) 在某一既定时期一个国家内生产的所有最终物品与劳务的市场价值。

人力资本(human capital) 工人通过教育、培训和经验而获得的知识与技能。

进口(imports) 国外生产而在国内销售的物品与劳务。

指数化(indexation) 根据法律或合同对通货膨胀的影响进行货币数量的自动调整。

通货膨胀率(inflation rate) 前一个时期以来物价指数变动的百分比。

通货膨胀税(inflation tax) 政府通过创造货币而筹集的收入。

信息有效(informational efficiency) 以理性方式反映所有可获得的信息的有关资产价格的描述。

投资(investment) 用于资本设备、存货和建筑物的支出,包括家庭用于购买新住房的支出。

寻找工作(job search) 在工人的嗜好与技能既定时工人寻找适当工作的过程。

劳动力(labor force) 既包括就业者又包括失业者的工人总数。

劳动力参工率(labor-force participation rate) 劳动力占成年人口的百分比。

杠杆(leverage) 将借到的货币追加到用于投资的现有资金上。

杠杆率(leverage ratio) 资产与银行资本的比率。

流动性(liquidity) 一种资产兑换为经济中交换媒介的容易程度。

宏观经济学(macroeconomics) 研究整体经济现象,包括通货膨胀、失业和经济增长。

可贷资金市场(market for loanable funds) 想储蓄的人借以提供资金、想借钱投资的人借以借贷资金的市场。

市场风险(market risk) 影响股市上所有公司的风险。

交换媒介(medium of exchange) 买者在购买物品与劳务时给予卖者的东西。

菜单成本(menu costs) 改变价格的成本。

微观经济学(microeconomics) 研究家庭和企业如何做出决策,以及它们如何在市场上相互交易。

总需求与总供给模型(model of aggregate demand and aggregate supply) 大多数经济学家用来解释经济活动围绕其长期趋势的短期波动的模型。

货币中性(monetary neutrality) 认为货币

供给变动并不影响真实变量的观点。

货币政策（monetary policy） 中央银行的决策者对货币供给的安排。

货币（money） 经济中人们经常用于向其他人购买物品与劳务的一组资产。

货币乘数（money multiplier） 银行体系用1美元准备金所产生的货币量。

货币供给（money supply） 经济中可得到的货币量。

乘数效应（multiplier effect） 当扩张性财政政策增加了收入，从而增加了消费支出时引起的总需求的额外变动。

共同基金（mutual fund） 向公众出售股份，并用收入来购买股票与债券资产组合的机构。

国民储蓄（储蓄）[national saving（saving）] 在用于消费和政府购买后剩下的一个经济中的总收入。

自然产量率（natural rate of output） 一个经济在长期中当失业处于其正常率时达到的物品与劳务的生产。

自然失业率（natural rate of unemployment） 失业率围绕它而波动的正常失业率。

自然资源（natural resources） 由自然界提供的用于生产物品与劳务的投入，如土地、河流和矿藏。

自然率假说（natural-rate hypothesis） 认为无论通货膨胀率如何，失业最终要回到其正常率或自然率的观点。

资本净流出（net capital outflow） 本国居民购买的外国资产减外国人购买的国内资产。

净出口（net export） 外国人对国内生产的物品的支出（出口）减国内居民对外国物品的支出（进口）。

名义汇率（nominal exchange rate） 一个人可以用一国通货交换另一国通货的比率。

名义GDP（nominal GDP） 按现期价格评价的物品与劳务的生产。

名义利率（nominal interest rate） 通常公布的，未根据通货膨胀的影响校正的利率。

名义变量（nominal variables） 按货币单位衡量的变量。

开放经济（open economy） 与世界上其他经济自由交易的经济。

公开市场操作（open-market operations） 美联储买卖美国政府债券。

菲利普斯曲线（Phillips curve） 一条表示通货膨胀与失业之间短期权衡取舍的曲线。

物质资本（physical capital） 用于生产物品与劳务的设备和建筑物存量。

现值（present value） 用现行利率产生一定量未来货币所需要的现在货币量。

私人储蓄（private saving） 家庭在支付了税收和消费之后剩下来的收入。

生产物价指数（producer price index，PPI） 企业购买的一篮子物品与劳务的费用的衡量指标。

生产率（productivity） 每单位劳动投入所生产的物品与劳务数量。

公共储蓄（public saving） 政府在支付其支出后剩下的税收收入。

购买力平价（purchasing-power parity） 一种认为任何一单位既定通货应该能在所有国家买到等量物品的汇率理论。

数量方程式（quantity equation） 方程式 $M \times V = P \times Y$ 把货币量、货币流通速度和经济中物品与劳务产出的美元价值联系在一起。

货币数量论（quantity theory of money） 一种认为可得到的货币量决定物价水平，可得到的货币量的增长率决定通货膨胀率的理论。

随机行走（random walk） 一种变量变动的路径是不可预期的。

理性预期（rational expectations） 一种认为当人们预测未来时，可以充分运用他们所拥有的全部信息，包括有关政府政策的信息的理论。

真实汇率（real exchange rate） 一个人可以用一国物品与劳务交换另一国物品与劳务的比率。

真实GDP（real GDP） 按不变价格评价的物品与劳务的生产。

真实利率（real interest rate） 根据通货膨胀的影响校正过的利率。

真实变量（real variables） 按实物单位衡量的变量。

衰退（recession） 真实收入下降和失业增加的时期。

准备金率(reserve ratio) 银行作为准备金持有的存款比例。

法定准备金(reserve requirements) 关于银行必须根据其存款持有的最低准备金量的规定。

准备金(reserves) 银行得到但没有贷出去的存款。

风险厌恶(risk aversion) 不喜欢不确定性。

牺牲率(sacrifice ratio) 在通货膨胀减少一个百分点的过程中每年产量损失的百分点数。

皮鞋成本(shoeleather cost) 当通货膨胀鼓励人们减少货币持有量时所浪费的资源。

滞胀(stagflation) 产量减少而物价上升的时期。

股票(stock) 企业部分所有权的索取权。

价值储藏(store of value) 人们可以用来把现在的购买力转变为未来的购买力的东西。

罢工(strike) 工会有组织地从企业撤出劳动。

结构性失业(structural unemployment) 由于某些劳动市场上可提供的工作岗位数量不足以为每个想工作的人提供工作而引起的失业。

供给冲击(supply shock) 直接改变企业的成本和价格,使经济中的总供给曲线移动,进而使菲利普斯曲线移动的事件。

技术知识(technological knowledge) 社会对生产物品与劳务的最好方法的了解。

流动性偏好理论(theory of liquidity preference) 凯恩斯的理论,认为利率的调整使货币供给与货币需求平衡。

贸易余额(trade balance) 一国的出口值减进口值,又称净出口。

贸易赤字(trade deficit) 进口大于出口的部分。

贸易政策(trade policy) 直接影响一国进口或出口的物品与劳务数量的政府政策。

贸易盈余(trade surplus) 出口大于进口的部分。

失业保险(unemployment insurance) 当工人失业时为他们提供部分收入保障的政府计划。

失业率(unemployment rate) 劳动力中失业者所占的百分比。

工会(union) 与雇主谈判工资和工作条件的工人协会。

计价单位(unit of account) 人们用来表示价格和记录债务的标准。

货币流通速度(velocity of money) 货币易手的速度。

索　引

说明:索引中的页码为英文原书页码,在正文边际处。黑体的页码指给出关键术语定义的页码。

A

计价单位(Account, unit of), **621**
会计(Accounting), 561—562
Acemoglu, Daron, 550—551
Adams, Scott, 586—587
调整过程(Adjustment process), 648—649
逆向选择(Adverse selection), 582
总需求(Aggregate demand), 719—720。参看"总需求曲线"、"总需求与总供给模型"(See also Aggregate-demand curve; Model of aggregate demand and aggregate supply)
　自动稳定器(automatic stabilizers), 777—778
　政府购买的变动(changes in government purchases), 768
　货币供给的变动(changes in money supply), 764—765
　税收的变动(changes in taxes), 772—773
　挤出效应(crowding-out effect), 771—772
　经济波动(economic fluctuations of), 719—726
　移动的影响(effects of shift in), 740—745
　与财政政策(fiscal policy and), 767—773
　支出乘数公式(formula for spending multiplier), 769—770
　大萧条(Great Depression), 744—745
　和货币政策(monetary policy and), 758—767
　乘数效应(multiplier effect), 768, 770
　菲利普斯曲线(Phillips curve), 787—789
　2008—2009年的衰退(recession of 2008—2009), 745—748
　稳定政策(stabilization policy), 773—777
　流动性偏好理论(theory of liquidity preference), 759—761
　第二次世界大战(World War II), 744—745
总需求曲线(Aggregate-demand curve), **725**, 726—731。参看"总需求"、"总需求与总供给模型"(See also Aggregate demand; Model of aggregate demand and aggregate supply)
　向右下方倾斜(downward slope of), 726—729, 761—763
　汇率效应(exchange-rate effect), 728—729
　利率效应(interest-rate effect), 727—728
　总需求曲线移动(shifts in), 729—730
　财富效应(wealth effect), 727
总供给(Aggregate supply), 719—720。参看"总供给曲线"、"总需求与总供给模型"(See also Aggregate supply curve; Model of aggregate demand and aggregate supply)
　对总供给的不利冲击(adverse shock to), 797
　总供给的经济波动(economic fluctuation of), 719—726
　总供给移动的影响(effects of shift in), 748—750
　与财政政策(fiscal policy and), 773
　石油与经济(oil and economy), 750—752
　菲利普斯曲线(Phillips curve), 787—789
　滞胀(stagflation), 749
　工资—价格螺旋上升(wage-price spiral), 749
总供给曲线(Aggregate-supply curve), **725**, 731—740。参看"总供给"、"总需求与总供给模型"(See also Aggregate supply; Model of aggregate demand and aggregate supply)
　菜单成本(menu costs), 737
　错觉理论(misperception theory), 737—738
　自然产量率(natural rate of output), 733
　总供给曲线移动(shifts in), 733—734
　短期总供给曲线向右上方倾斜(slopes upward in short run), 734—738
　黏性价格理论(sticky-price theory), 737
　黏性工资理论(sticky-wage theory), 736—737
　长期中垂直的总供给曲线(vertical in long run), 731—732

Akerlof, George, 786
美国证券交易所(American Stock Exchange), 558
"反通货膨胀政策分析"(萨缪尔森与索洛)[Analytics of Anti-Inflation Policy (Samuelson & Solow)], 786—787
年金(Annuity), 581
升值(Appreciation), **683**
套利(Arbitrage), 686
阿根廷(Argentina)
 资本外逃(capital flight), 711
 阿根廷的经济增长(economic growth of), 533
 GDP(GDP), 547
 内向型贸易政策(inward-oriented policies of trade), 547
 地下经济(underground economy in), 504—505
澳大利亚,地下经济(Australia, underground economy in), 504—505
奥地利,超速通货膨胀(Austria, hyperinflation in), 652
自动稳定器(Automatic stabilizers), **777**, 777—778

B

Balaguer, Diane, 518—519
平衡预算争论(Balance budget debate), 823—825
资产负债表(balance sheet), 628
预算平衡(Balanced budget), 569
贸易平衡(Balanced trade), **673**
孟加拉国(Bangladesh)
 孟加拉国的经济增长(economic growth of), 533
 GDP 和生活质量(GDP and quality of life in), 508
银行资本(Bank capital), **631**, 631—632
银行(Banks)。参看中央银行、"欧洲中央银行"
 [See also Central bank; European Central Bank (ECB)]
 银行资本、杠杆和 2008—2009 年的金融危机(bank capital leverage, and financial crisis of 2008—2009), 631—632
 美联储对银行的贷款(Fed lending to), 633—634
 部分准备金银行的货币创造(money creation with fractional-reserve banking), 628—629
 货币乘数(money multiplier), 629—631
 货币供给(money supply and), 627—632
 百分之百准备金银行(100-percent-reserve banking), 627—628
 挤兑和货币供给(runs, money supply and), 636
罗伯特·巴罗(Barro, Robert), 800
物物交换(Barter), 620
基年(Base year), 501
一篮子物品(Basket of goods), 514—517
Baum, L. Frank, 663
本·伯南克(Bernanke, Ben), 626, 664—665, 803—804, 822
Blanchard, Olivier, 746—747, 822
艾伦·布林德(Blinder, Alan), 823
玻利维亚(Bolivia)
 超速通货膨胀(hyperinflation in), 657—658
 地下经济(underground economy in), 504—505
债券(Bonds), **556**, 557
债券市场(Bond market), 556—557
人才外流(Brain drain), 554
巴西(Brazil)
 经济增长(economic growth of), 533
 GDP 和生活质量(GDP and quality of life in), 508
 提升人力资本(promoting human capital), 545
英国,购买力平价(Britain, purchasing-power parity), 690
预算(Budget), 823—825
预算赤字(Budget deficit), **563**
 挤出(crowding out), 570
 开放经济中的预算赤字(in open economies), 704—706
 可贷资金市场(market for loanable funds and), 568—570
预算盈余(Budget surplus), **563**
 可贷资金市场(market for loanable funds and), 568—570
经济分析局(Bureau of Economic Analysis), 499
劳工统计局[Bureau of Labor Statistics (BLS)], 594, 602
 计算 CPI(computing CPI), 514
乔治·W. 布什(Bush, George W.), 803—804
 任命伯南克(appointing Bernanke), 626

这一时期的政府债务(government debt under), 572

这一时期的减税(tax cuts under), 814—816

经济周期(Business cycle), 720

C

华盛顿的加拿大化(Californization of Washington), 826—827

Campbell, Doug, 504—505

加拿大(Canada)

 经济增长(economic growth of), 533

资本(Capital)

 与总供给曲线移动(aggregate-supply curve shifts and), 733

 银行资本(bank), **631**, 631—632

 人力资本(human), 537, **538**, 544, 545

 国际资本流动(international flows of), 672—682

 物质资本(physical), **537**, 537—538

资本外逃(Capital flight), **709**, 709—711

来自中国的资本流动(Capital flow from China), 711

资本净流出(Capital outflow, net), **676**, 676—677

 与净出口相等(equality of net exports and), 677—678

 美国的资本净流出(in United States), 680—682

 两个市场之间的联系(link between two markets), 701

资本需要量(Capital requirement), **632**

资本存量,人口增长稀释了资本存量(Capital stock, population growth diluting of), 549—550

卡特尔(Carter), 751。参看石油输出国组织[See also Organization of Petroleum Exporting Countries(OPEC)]

 工会是卡特尔的一种类型(union as type of), 609, 610

吉米·卡特(Carter, Jimmy), 644

追赶效应(Catch-up effect), **541**, 541—542

中央银行(Central bank), **625**。参看"欧洲中央银行"、"联邦储备体系"[See also European Central Bank(ECB); Federal Reserve System(Fed)]

 零通货膨胀争论(zero inflation debate), 819—823

伊拉克的中央银行(Central Bank of Iraq), 645

乍得,经济增长率(Chad, economic growth rate of), 532

Chetty Raj, 605

中国(China)

 来自中国的资本流动(capital flows from), 711

 经济增长(economic growth of), 533

 经济增长率(economic growth rate of), 532

 GDP 和生活质量(GDP and quality of life in), 508

长期失业(Chronic joblessness), 601

古典二分法(Classical dichotomy), **649**, 649—650

古典经济学假设(Classical economics, assumptions of), 724

比尔·克林顿(Clinton, Bill)

 政府债务(government debt and), 572

封闭经济(Closed economy), 562, **672**

Cole, Harold L., 747

集体谈判(Collective bargaining), **609**, 608—610

商品货币(Commodity money), **621**

复利(Compounding), **578**

 复利的魔力(magic of), 580

 70 规则(rule of 70), 580

国会预算办公室(Congressional Budget Office), 597, 826

规模收益不变(Constant returns to scale), 539

消费物价指数[Consumer price index(CPI)], **514**, 514—521

消费(Consumption), **497**

 由于消费变动引起总需求曲线移动(aggregate-demand curve shifts due to changes in), 729

 作为 GDP 的组成部分(as component of GDP), 497, 499

生活费用(Cost of living)

 津贴[allowance(COLA)], 522

 消费物价指数[consumer price index(CPI)], 514

 衡量生活费用(measuring), 513—514, 517—520

降低通货膨胀的成本(Cost of reducing inflation), 798—805

成本[Cost(s)]

不便利、通货膨胀和成本(inconvenience, inflation and), 660—661
　　菜单成本(menu), **658**, 737
　　通货膨胀成本(of inflation), 656—663
　　皮鞋成本(shoeleather), **657**, 657—658
Cowen, Tyler, 722—723
CPI。参看"消费物价指数"[See Consumer price index (CPI)]
信用卡,货币(Credit cards, money and), 624
信用危机(Credit crunch), 632
信用风险,债券(Credit risk, bonds), 557
挤出(Crowding out), 570
挤出效应(Crowding-out effect), **771**, 771—772
通货(Currency), **623**, 624—625
当前人口调查(Current Population Survey), 594
周期性失业(Cyclical unemployment), 594, **597**

D

债券到期日(Date of maturity, of bond), 557
债务(Debt)
　　应对债务(dealing with), 826—827
　　政府债务(government), 569, 570—572
　　债务筹资(Debt finance), 557—558
拖欠,债券(Default, bonds), 557
赤字(Deficits)
　　预算赤字(budget)。参看"预算赤字"(See Budget deficit)
　　应对预算赤字(dealing with), 826—827
　　贸易赤字(trade), 673, 680—682
　　孪生赤字(twin), 706
通货紧缩(Deflation), 644, 662, 799
　　衡量一国的收入(measuring a nation's income), 491—492
Defoe, Daniel, 536
需求(Demand)。参看"总需求"、"总需求与总供给模型"(See Aggregate demand; Model of aggregate demand and aggregate supply)
　　分开供给与需求(disentangling supply and), 704
活期存款(Demand deposits), **623**
劳工统计局(Department of Labor), 514, 594, 608
贬值(Depreciation), 497, **683**
Diamond, Jared, 550

收益递减(Diminishing returns), **541**, 541—542
贴现率(Discount rate), **633**
贴现窗口(Discount window), 633
贴现(Discounting), 579
丧失信心的工人(Discouraged workers), **599**
反通货膨胀(Disinflation), 799
个人可支配收入(Disposable personal income), 497
多元化(Diversification), **582**, 582—583
红利(Dividends), 559
Dominquez, Kathryn, 747
欲望的双向一致性(Double coincidence of wants), 620
道·琼斯工业平均指数(Dow Jones Industrial Average), 558
Dugger, Celia W., 545

E

经济波动(Economic fluctuations)
　　随着产量下降失业增加(as output falls, unemployment rises), 723—724
　　经济波动的原因(causes of), 740—752
　　总需求移动的影响(effects of shift in aggregate demand), 740—745
　　总供给移动的影响(effects of shift in aggregate supply), 748—750
　　有关经济波动的事实(facts about), 720—724
　　无规律的且不可预测的经济波动(irregular and unpredictable), 720
　　短期经济波动(short-run), 724—726
经济增长(Economic growth)
　　全世界的经济增长(around world), 532—536
　　经历,多样性(experience, variety of), 533
　　总需求与总供给描述长期经济增长(aggregate demand and aggregate supply to depict long-run), 734
　　收益递减和追赶效应(diminishing returns and catch-up effect), 541—542
　　与教育(education and), 543—544
　　与自由贸易(free trade and), 547—548
　　健康与营养(health and nutrition), 544—546
　　长期经济增长的重要性(importance of long-run growth), 552
　　来自国外的投资(investment from abroad),

542—543

自然资源的限制(natural resources as limit to),539—540

与人口增长(population growth and),548—552

与生产率(productivity and),536—540

产权和政治稳定(property rights and political stability),546—547

与公共政策(public policy and),540—552

研究与开发(research and development),548

储蓄和投资(savings and investment),540—541

经济变量(Economic variables),521—525

经济学(Economics)

工会经济学(of unions),609

经济(Economy)

封闭经济(closed),562,572

日益开放的美国经济(increasing openness of U.S.),525

美国经济的利率(interest rates in U.S.),525

美国男性和女性的劳动力参工率(labor-force participation of men and women in U.S.),597—598

美国经济中的货币(money in U.S.),623—624,625

石油与总供给移动(oil and shifts in aggregate supply),750—752

开放经济(open),562,**672**

地下经济(underground),504—505

工会,对经济是好是坏(union,good or bad for),610

用政策稳定经济(using policy to stabilize),773—778,812—814

教育(Education)

正的外部性(as positive externality),544

与经济增长(economic growth and),543—544

公共政策与教育(public policy and),543—544

效率工资(Efficiency wages),**610**,610—613

有效市场假说(Efficient markets hypothesis),**585**,585—589

努力,和工资(Effort,wages and),612

就业(Employment)。参看"工作"(See Jobs)

"四次重大通货膨胀的结束"(萨金特)["End of the Four Big Inflations, The"(Sargent)],801

相等(Equality)

净出口与资本净流出相等(of net exports and net capital outflow),677—678

均衡(Equilibrium)

货币市场均衡(in money market),760,761

开放经济中的均衡(in open economies),701—703

长期均衡(long-run),741

货币均衡(monetary),645—646

均衡利率(Equilibrium interest rate),761

股权筹资(Equity finance),557—558

《人口论》(马尔萨斯)[Essay on the Principle of Population as It Affects the Future Improvement of Society(Malthus)],548

欧元(Euro),683

购买力平价(purchasing-power parity),690

欧洲中央银行[European Central Bank(ECB)],683

汇率(Exchange rate),682,683—690

汇率效应(Exchange-rate effect),728—729,758

预期(Expectations)

理性预期(rational),800

预期的作用(role of),789—795

与菲利普斯曲线移动(shifts in Phillips curve and),789—795

预期通货膨胀(Expected inflation),792

支出,和一国经济的总支出(Expenditures, nation's overall economy and),492—494

出口(Exports),**672**。参看"国际贸易"(See also International trade)

净出口(net),**498**,498—499,672

外部性(Externality),544

F

生产要素(Factors of production),537

Fair, Ray, 747

联邦存款保险公司[Federal Deposit Insurance Corporation(FDIC)],636

联邦基金利率(Federal funds rate),**636**,636—637,765

联邦公开市场委员会[Federal Open Market Committee(FOMC)],626,765,774,816—817

联邦储备[Federal Reserve(Fed)],**625**

降低通货膨胀的成本(cost of reducing infla-

tion),798—805
联邦基金利率(federal funds rate),636—637
联邦公开市场委员会(FOMC),626
格林斯潘时代(Greenspan era),802—804
向银行贷款(lending to banks),633—634
与货币政策(monetary policy and),816—819
美联储的结构(organization of),626
金融危机期间的菲利普斯曲线(Phillips curve during financial crisis),804—805
控制货币供给过程中存在的问题(problems in controlling money supply),635
准备金数量(quantity of reserves),633—634
理性预期与反通货膨胀(rational expectations and disinflation),800—801
准备金率(reserve ratio),634—635
利率目标的作用(role of interest-rate targets in),765—766
牺牲率(sacrifice ratio),799—800
与股票市场(stock market and),766—767
联邦储备体系(system),625—627
货币控制工具(tools of monetary control),632—639
沃尔克的反通货膨胀(Volcker disinflation),801—802
零通货膨胀争论(zero inflation debate),819—823
法定货币(Fiat money),**622**
最终物品,GDP包含的是最终物品的价值(Final goods,GDP includes value of),495
金融学(Finance),577—578,**578**
金融中介机构(Financial intermediaries),**558**,558—560
银行(banks),558—559
共同基金(mutual funds),559—560
金融市场(Financial markets),**556**,556—558
金融资源,流动(Financial resources,flow of),676—677
金融体系(Financial system),555—556,**556**
企业特有风险(Firm-specific risk),582—583,**583**
财政政策(Fiscal policy),**767**
与总需求(aggregate demand and),757—758,767—773

与总供给(aggregate supply and),773
自动稳定器(automatic stabilizers),777—778
政府购买变动(changes in government purchases),768
税收变动(changes in taxes),772—773
挤出效应(crowding-out effect),771—772
乘数效应(multiplier effect),768,769—770,774—775
稳定(stabilization),773—778,812—814
费雪效应(Fisher effect),**655**,655—656
费雪·阿尔文(Fisher Irving),655
每天5美元工资($5-a-day wage),612—613
罗伯特·福格尔(Fogel, Robert),544—546
FOMC(联邦公开市场委员会)[FOMC (Federal Open Market Committee)]
亨利·福特(Ford, Henry),612—613
取消赎回权(foreclosures),747—748
国外投资(Foreign investment)
国外直接投资(direct),543,676
与经济增长(economic growth and),542—543
国外有价证券投资(portfolio),543,676
外汇交易(Foreign-currency exchange),696—701
401(k),828
403(b),828
部分准备金银行(Fractional-reserve banking),**628**,628—629
自由贸易(Free trade),547—548
银币自由铸造争论(Free-silver debate),662—663
摩擦性失业(Frictional unemployment),**601**,603
米尔顿·弗里德曼(Friedman, Milton),662,789—796
充分就业产量(Full-employment output),733
基本面分析(Fundamental analysis),**585**
未来值(Future value),**578**

G

G20国集团经济(G20 group of economies),774
Gabon
经济增长率(economic growth rate of),532
GDP。参看"国内生产总值"(See Gross domestic product)
GDP平减指数(GDP deflator),**501**,501—502
用GDP平减指数计算通货膨胀率(computing

inflation rate with），502
　　与消费物价指数（vs. consumer price index），520—521
关税与贸易总协定［General Agreement on Tariffs and Trade（GATT）］，676
《就业、利息与货币通论》（凯恩斯）［General Theory of Employment, Interest, and Money, The（Keynes）］，751，759，775—776，814
德国（Germany）
　　平均收入（average income in），531
　　经济增长（economic growth of），533
　　GDP与生活质量（GDP and quality of life in），508
　　超速通货膨胀（hyperinflation in），652
　　20世纪20年代早期的超速通货膨胀（hyperinflation of early 1920s），688
　　购买力平价（purchasing-power parity and），685—690
Gilbert, Daniel，723
金本位（Gold standard），621
《乱世佳人》（Gone with the Wind），523
物品（Goods）
　　CPI的一篮子物品（CPI basket of），514—517，517—518
　　当期生产的物品，GDP包括的（currently produced, GDP includes），495
　　最终物品（final），495
　　中间物品（intermediate），495
　　物品的国际流动（international flow of），672—682
　　有形物品（tangible），495
政府（Government）。参看"联邦政府"（See also Federal government）
　　平衡预算争论（balanced budget debate），823—825
　　预算赤字（budget deficits），704—706，568—570
　　政府支出增加的争论（debate over spending hikes），814—816
政府债务（Government debt），569
　　挤出（crowding out），570
　　美国的政府债务史（history of U.S.），570—572

政府购买（Government purchases），**498**
　　由于政府购买变动引起总需求曲线移动（aggregate-demand curve shifts due to changes in），730
　　作为GDP的组成部分（as component of GDP），498，499
　　政府购买的变动（changes in），768
英国（Great Britain）
　　热量消耗与人的身高（caloric consumption and height of population），544
大萧条（Great Depression）
　　大萧条中银行挤兑（bank runs during），636
　　与大萧条平行的现代大衰退（modern parallels to），746—747
　　总需求曲线移动（shift in aggregate demand），744—745
大温和时代（Great Moderation），588—589
艾伦·格林斯潘（Greenspan, Alan），590，802—804
格林斯潘时代（Greenspan era），802—804
国内生产总值［Gross domestic product（GDP）］，491—492，**494**，543
　　组成部分（components of），499
　　作为经济的收入与支出（as economy's income and expenditures），492—494
　　作为经济健康状况的不完美衡量指标（as inadequate measure of economic health），506—507
　　作为经济福利的衡量指标（as measure of economic well-being），503—508
　　GDP之外（beyond），506—507
　　组成部分（components of），496—499
　　消费（consumption），497
　　GDP中的遗漏（exclusions from），503—508
　　GDP平减指数（GDP deflator），501—502
　　政府购买（government purchases），498
　　投资（investment），497—498
　　衡量（measurement of），494—496
　　净出口（net exports），498—499
　　名义GDP（nominal）。参看名义GDP（See Nominal GDP）
　　人均资本（per capital），499
　　生活质量（quality of life and），508
　　真实GDP（real）。参看真实GDP（See Real

GDP)
 自1900年以来美国的真实GDP增长(real growth in U.S. since 1900), 744
 与地下经济(underground economy and), 504—505
国民生产总值[Gross national product (GNP)], 497, 543
增长,生产(Growth, production and), 531—532

H

《冷静的头脑,仁慈的心》(布林德)[Hard Heads, Soft Hearts (Blinder)], 823
健康(Health)
 与经济增长(economic growth and), 544—546
 与效率工资(efficiency wages and), 611
医疗保险(Health insurance), 581—582
Hershey, Robert D. Jr., 518—519
Hilsenrath, Jon, 822
哈伯特·胡佛(Hoover, Herbert), 513
住房(Housing)
 CPI一篮子中的住房(in basket of goods of CPI), 516
 2008—2009年的衰退(recession of 2008—2009 and), 745—748
人力资本(Human capital), 537, **538**, 544
 与经济增长(economic growth and), 540—552
 作为教育的人力资本(education as), 543—544
 作为健康与营养投资的人力资本(health and nutrition as investment in), 544—546
 提升人力资本(promoting), 545
 人均人力资本(per worker), 538
大卫·休谟(Hume, David), 649—650
匈牙利,超速通货膨胀(Hungary, hyperinflation in), 652
超速通货膨胀(Hyperinflation), 644
 玻利维亚(in Bolivia), 657—658
 德国(in Germany), 688
 津巴布韦(in Zimbabwe), 654
 其间的货币与物价(money and prices during), 652
 其间的名义汇率(nominal exchange rate during), 688—689

I

进口配额(Import quota), 706
 进口配额的影响(effects of), 707
进口(Imports), **672**。参看"国际贸易"(See also International trade)
激励(Incentive)
 投资激励(investment), 588
 储蓄激励(savings), 566—567
 失业(unemployed and), 604—605
收入(Income)
 个人可支配收入(disposable personal), 497
 衡量一国的收入(measuring a nation's), 491—492
 国民收入(national), 497
 一国整体经济及收入(nation's overall economy and), 492—494
 收入的其他衡量指标(other measures of), 497
 个人收入(personal), 497
收入效应(Income effect), 829
指数基金(Index funds), 560, 587—589
指数化(Indexation), **522**, 522—523
印度(India)
 平均收入(average income in), 531
 经济增长(economic growth of), 533
 GDP和生活质量(GDP and quality of life in), 508
个人退休金账户[Individual Retirement Accounts (IRA)], 828
印度尼西亚(Indonesia)
 平均收入(average income in), 531
 资本外逃(capital flight), 711
 经济增长(economic growth of), 533
 GDP和生活质量(GDP and quality of life in), 508
 购买力平价(purchasing-power parity), 690
通货膨胀(Inflation), 502, 514, 749
 财富任意再分配(arbitrary redistribution of wealth), 661—662
 简要看一下调整过程(brief look at adjustment process), 648—649
 古典二分法与货币中性(classical dichotomy and monetary neutrality), 649—650
 混乱与不方便(confusion and inconvenience),

660—661
根据通货膨胀的影响修正经济变量(correcting economic variables for effect of), 521—525
降低通货膨胀的代价(cost of reducing), 798—805
通货膨胀的成本(costs of), 656—663
货币注入的影响(effects of monetary infection), 647—648
通货膨胀对票房收入的影响(effect of on box office receipts), 523
预期通货膨胀(expected), 792
购买力下降(fall in purchasing power), 656—657
费雪效应(Fisher effect), 655—656
通货膨胀税(inflation tax), 652—654
通货膨胀引起的税收扭曲(Inflation-induced tax distortions), 659—660
物价水平与货币价值(level of prices and value of money), 645
低通货膨胀信条(low-inflation doctrine), 822
通货膨胀的诱惑(lure of), 805
衡量指标(measures of), 521
衡量一国的收入(measuring a nation's income), 491—492
菜单成本(menu costs), 658
与货币增长(money growth and), 643—644
货币供给、货币需求和货币均衡(money supply, money demand and monetary equilibrium), 645—646
提高了储蓄的税收负担(raised tax burden on saving), 660
相对价格变动与资源配置不当(relative-price variability and misallocation of resources), 679—680
皮鞋成本(shoeleather costs), 657—658
通货膨胀与失业之间的短期权衡取舍(short-run-trade-off between unemployment and), 785—786
未预期到的通货膨胀的特殊成本(special cost of unexpected), 661—662
通货膨胀理论(theory of), 644—656

货币流通速度和数量方程式(velocity and quantity equation), 650—652
零通货膨胀(zero), 819—823
通货膨胀的谬误(Inflation fallacy), 656—657
通货膨胀率(Inflation rate), 502, 514, **516**
  通货膨胀率的计算(calculating of), 515
  名义利率与通货膨胀率(nominal interest rates and), 656
  最佳通货膨胀率(optimal), 822
通货膨胀目标(Inflation targeting), 819
通货膨胀税(Inflation tax), 652—654, **653**
通货膨胀威胁(Inflationary threats), 664—665
通货膨胀引起的税收扭曲(Inflation-induced tax distortions), 659—660
信息有效(Informational efficiency), **586**
保险(Insurance)
  逆向选择(reverse selection), 582
  医疗保险(health), 581—582
  保险市场(market for), 581—582
  道德风险(moral hazard), 582
  社会保险(social)。参看"社会保险税"(See Social insurance taxes)
  失业保险(unemployment), **604**, 604—606
无形服务,GDP包括的(Intangible services, GDP includes), 495
利率[Interest rate(s)]
  均衡利率(equilibrium), 761
  联邦基金利率(federal funds rate), **636**, 636—637, 765
  长期利率与短期利率(in long run and short run), 762
  美国经济中的利率(in U.S. economy), 525
  名义利率(nominal), 523—525, **524**, 655, 759
  真实利率(real), 523—525, **524**, 655, 759
  次级贷款者(subprime borrowers), 745—748
  可贷资金的供求(supply and demand for loanable funds), 564—566
  美联储政策中的利率目标,利率的作用(targets in Fed policy, role of), 765—766
  流动性偏好理论(theory of liquidity preference), 759
利率效应(Interest-rate effect), 758
  总需求曲线(aggregate-demand curve), 727—

索引 ▶ 359

728

中间物品(Intermediate good),495

国际货币基金组织(International Monetary Fund),746—747

国际交易,价格(International transaction, prices for),682—685

内在价值(intrinsic value),621

存货,与 GDP(Inventory, GDP and),498

投资(Investment),**497**,497—498,555—556,563—564

 投资加速数(accelerator),768

 由于投资变动引起总需求曲线移动(aggregate-demand curve shifts due to changes in),729—730

 作为 GDP 的一个组成部分(as component of GDP),497—498,499

 可贷资金需求与投资(demand for loanable funds and),564—566

 与经济增长(economic growth and),540—541,542—543

 国外投资(foreign),542—543,676

 激励(incentives),568

 物价水平与投资,总需求曲线向右下方倾斜(price level and, aggregate-demand curve downward slope),727—728

 储蓄,它们与国际流动的关系(saving, and their relationship to international flows),678—679

 税收减免(tax credit),568

 美国贸易赤字与投资(U.S. trade deficit and),680—682

看不见的手(Invisible hand),505

内向型政策(Inward-oriented policies),547

iPod,全球价值与生产链(iPod, global value and chain of production),674—675

意大利,购买力平价(Italy, purchasing-power parity and),685—690

J

日本(Japan)

 平均收入(average income in),531

 日本的经济增长(economic growth of),533

 GDP 和生活质量(GDP and quality of life in),508

 通货膨胀率(inflation rate),644

 购买力平价(purchasing-power parity and),686—687,690

 地下经济(underground economy in),504—505

寻找工作(Job search),**602**,602—606

 与公共政策(public policy and),603—604

 某种摩擦性失业是不可避免性(some frictional unemployment is inevitable),603

工作(Jobs)

 长期失业(chronic joblessness),601

 职位数(number),602

垃圾债券(Junk bonds),557

K

Kasman, Bruce,822

Kennedy,John F.,776—777

罗伯特·肯尼迪(Kennedy,Robert),503—507

Keogh 计划(Keogh plan),828

约翰·梅纳德·凯恩斯(Keynes, John Maynard),751,759,775—776,814

白宫的凯恩斯主义者(Keynesians in White House),776—777

迈克尔·克瑞默(Kremer, Michael),552

科威特(Kuwait),750—752

L

劳动(Labor)

 与总供给曲线移动(aggregate-supply curve shifts and),733

 劳动利用不足的可供选择衡量指标(alternative measurement of underutilization),599

劳动力(Labor force),**595**

一价定律(Law of one price),686

最后贷款人(Lender of last resort),626

杠杆,**631**,631—632

杠杆率,631

流动性(Liquidity),**621**

 流动性偏好理论(theory of liquidity preference),759—761

 流动性陷阱(trap),766

可贷资金(Loanable funds)

 可贷资金市场(market for),564—572,696—

698
可贷资金供给与需求(supply and demand for),
564—566,696—701
长期(Long run)
总供给曲线(aggregate-supply curve),731—734
长期中反通货膨胀的货币政策(disinflationary monetary policy in),799
利率(interest rates in),762
菲利普斯曲线(Phillips curve),789—791
罗伯特·卢卡斯(Lucas,Robert),800

M

鲭鱼经济学(Mackereleconomics),622—623
宏观经济学(Macroeconomics),**492**
分析波动(analyzing fluctuations of),741
宏观经济政策的六个争论问题(six debates over policy for),811—812
宏观经济变量同时波动(quantities fluctuate together in),722—723
开放经济理论(theory of open economy for),695—696
马里,贫穷国家(Mali,poor country),534—535
Malmendier,Ulrike,723
托马斯·罗伯特·马尔萨斯(Malthus,Thomas Robert),548—549
边际消费倾向[Marginal propensity to consume (MPC)],769
市场[Market(s)]
债券市场(bond),556—557
金融市场(financial),**556**,556—558
外汇市场(for foreign-currency exchange),698—701
保险市场(for insurance),581—582
股票市场(stock),557—558
可贷资金市场(Market for loanable funds),**564**,564—572,696—698
政府预算赤字和盈余(government budget deficits and surpluses),568—570
投资激励(investment incentives),568
储蓄激励(saving incentives),566—567
可贷资金的供给与需求(supply and demand for loanable funds),564—566
市场风险(Market risk),**583**

交换媒介(Medium of exchange),589,**621**
菜单成本(Menu costs),**658**,737
墨西哥(Mexico)
经济增长(economic growth of),533
资本外逃对经济的增长(effect of capital flight on economy),709
GDP和生活质量(GDP and quality of life in),508
中等收入国家(middle-income country),534—535
购买力平价(purchasing-power parity),690
地下经济(underground economy in),504—505
微观经济学(Microeconomics),**492**
中东,原油的产地(Middle East, source of crude oil),750—752
最低工资(Minimum wage)
谁赚取最低工资(who earns),608
最低工资法(Minimum-wage laws),606—608
痛苦指数(Misery index),785
错觉理论,总供给曲线(Misperceptions theory, aggregate-supply curve and),737—738
总需求与总供给模型(Model of aggregate demand and aggregate supply),**725**,725—726
总需求曲线(aggregate-demand curve),726—731
总供给曲线(aggregate-supply curve),731—740
经济波动的原因(causes of economic fluctuations),740—752
来源(original of),751
菲利普斯曲线(Phillips curve),787—789
货币均衡(Monetary equilibrium),645—646
货币中性(Monetary neutrality),**650**,649—650
费雪效应(Fisher effect),655
再度审视货币中性(revisited),743
货币政策(Monetary policy),**626**
与总需求(aggregate demand and),757—758,758—767
降低通货膨胀的成本(cost of reducing inflation),798—805
争论,按规则制定的政策与相机抉择(debate, policy made by rule or discretion),816—819
反通货膨胀(disinflation),799
货币注入的影响(effects of monetary injection),

647—648
　扩张性的货币政策(expansionary),766
　银币自由铸造争论(free-silver debate),662—663
　通货膨胀目标(inflation targeting),819
　与菲利普斯曲线(Phillips curve and),789—795
　美联储政策中利率目标的作用(role of interest-rate targets in Fed policy),765—766
　稳定政策论(stabilization policy arguments),773—777,812—814
　利率降至零(zero lower bound),766
货币制度(Monetary system),619—620
　银行与货币供给(banks and money supply),627—632
　联邦储备体系(Federal Reserve system),625—627,632—639
　货币的含义(meaning of money),620—625
货币(Money),**620**
　商品货币(commodity),621
　部分准备金银行创造货币(creation with fractional-reserve banking),628—629
　信用卡和货币(credit card and),624
　超速通货膨胀期间的货币(during hyperinflations),652
　法定货币(fiat),**622**
　货币的职能(functions of),621
　未来值(future value),578
　美国经济中的货币(in U.S. economy),623—624
　货币的种类(kinds of),621—622
　衡量货币的时间价值(measuring time value of),578—580
　现值(present value),578—580
　货币数量论(quantity theory of),644,**647**
　货币价值(value of),645
　货币流通速度(velocity of),650—652
货币需求(Money demand),645—646
　流动性偏好理论(theory of liquidity preference),761
　货币市场均衡(Money market, equilibrium in),760
货币乘数(Money multiplier),629—631,**630**

货币供给(Money supply),**626**,645—646
　银行资本、杠杆和2008—2009年金融危机(bank capital,leverage,and financial crisis of 2008—2009),631—632
　与银行挤兑(bank runs and),636
　与银行(banks and),627—632
　货币供给变动(changes in),764—765
　部分准备金银行创造货币(creation with fractional-reserve banking),628—629
　贴现率(discount rate),633
　美联储控制货币供给的工具(Fed's tools for monetary control),632—639
　大萧条(Great Depression),744—745
　货币中性(monetary neutrality),650
　货币乘数(money multiplier),629—631
　公开市场操作(open-market operations),633
　控制货币供给中的问题(problems in controlling),635
　法定准备金(reserve requirements),634—635
　流动性偏好理论(theory of liquidity preference),759—760
道德风险(Moral hazard)
　保险(insurance),582
抵押贷款拖欠(Mortgage default),747—748
住房抵押贷款证券(Mortgage-backed securities),745
乘数效应(Multiplier effect),**768**
　总需求(aggregate demand),768
　支出乘数效应公式(formula for spending),769—770
　其他应用(other application of),770
市政债券(Municipal bonds),557
Murray,Sara,601,604—605
共同基金(Mutual funds),**559**,559—560
　作为金融中介机构(as financial intermediary),559—560
　指数基金(index funds),560
　资产组合(portfolio),559
《大萧条之谜》(Potts)[Myth of the Great Depression,the(Potts)],723

N

NAFTA,参见北美自由贸易协定(See North American Free Trade Agreement)
Nagel,Stefan,723
纳斯达克(全国证券商协会自动报价系统)[NASDAQ (National Association of Securities Dealers Automated Quotation system)],558
国民收入(National income),497
国民收入账户(National income accounts),561—564
1933年的全国工业复兴法案(National Industrial Recovery Act of 1933),747
国家医疗研究所(National Institutes of Health),548
1935年的全国劳动关系法案(National Labor Relations Act of 1935),747
全国劳工关系委员会[National Labor Relations Board(NLRB)],609
国民储蓄(National saving),**562**
 美国贸易赤字与国民储蓄(U.S. trade deficit and),680—682
 美国的国民储蓄(in United States),700—702
国家科学基金会(National Science Foundation),548
自然产量率(Natural rate of output),**733**
自然失业率(Natural rate of unemployment),594,**596**,790
 自然率假说(natural-rate hypothesis),794—795
自然资源(Natural resources),537,**538**
 与总供给曲线移动(aggregate-supply curve shifts and),733
 对增长的限制(limit to growth),539—540
 人均自然资源(per worker),538
 人口增长紧张(population growth stretching of),548—549
自然率假说(Natural-rate hypothesis),794,794—795
资本净流出(Net capital outflow),676,676—677
 与净出口相等(equality of net exports and),677—678
 美国的资本净流出(in United States),680—682

 两个市场之间的联系(link between two markets),701
净出口(Net exports),**498**,498—499,**672**
 由于净出口变动引起总需求曲线移动(aggregate-demand curve shifts due to changes in),730
 与资本净流出,相等(and net capital outflows, equality of),677—678
 作为GDP的一个组成部分(as component of GDP),498—499
 汇率效应(exchange-rate effect),728—729
 物价水平,总需求曲线向右下方倾斜(price level and, aggregate-demand curve downward slope),728—729
 贸易政策(trade policies),706—709
国外净投资(Net foreign investment),676
国民生产净值[Net national product (NNP)],497
纽约证券交易所(New York Stock Exchange),558
尼日利亚(Nigeria)
 人均收入(average income in),531
 GDP和生活质量(GDP and quality of life in),508
名义汇率(Nominal exchange rate),**682**,682—684
 在超速通货膨胀期间(during hyperinflation),688—689
名义GDP(Nominal GDP),**500**,651
 名义GDP与真实GDP的数字举例(numerical example of real vs.),500—501
 与真实GDP(real GDP vs.),499—503
 货币流通速度与数量方程式(velocity and quantity equation),650
名义利率(Nominal interest rate),523—525,**524**,759
 费雪效应(Fisher effect),655
 美国经济的名义利率(in U.S. economy),525
 与通货膨胀率(inflation rate and),656
名义变量(Nominal variables),**649**
北美自由贸易协定[North American Free Trade Agreement(NAFTA)],676
营养,与健康(Nutrition, health and),544—546

O

巴拉克·奥巴马(Obama, Barack), 616, 748, 804, 814
Ohanian, Lee E., 747
石油行业(Oil industry)
　　经济与总供给移动(economy and shifts in aggregate supply), 750—752
OPEC。参看"石油输出国组织"[See Organization of Petroleum Exporting Countries (OPEC)]
开放经济(Open economies), 562, **672**
　　可选择的汇率制度(alternative exchange-rate regimes), 712—713
　　分解生产链(breaking up chain of production in), 674—675
　　净出口与资本净流出相等(equality of net exports and net capital outflow), 677—678
　　开放经济中的均衡(equilibrium in), 701—703
　　欧元(Euro), 683
　　金融资源流动(flow of financial resources), 676—677
　　物品流动(flow of goods), 672—682
　　政府预算赤字(government budget deficit), 704—706
　　政策和事件如何影响开放经济(how policies and events affect), 704—712
　　提高美国经济的开放度(increasing openness of U.S. economy), 673—676
　　物品与资本的国际流动(international flow of goods and capital), 672—682
　　外汇市场(market for foreign-currency exchange), 698—701
　　可贷资金市场(market for loanable funds), 696—698
　　名义汇率(nominal exchange rates), 682—684, 688—689
　　政治不稳定和资本外逃(political instability and capital flight), 709—711
　　国际交易价格(prices for international transactions), 682—685
　　购买力平价(purchasing-power parity), 685—690
　　真实汇率(real exchange rates), 684—685
　　贸易政策(trade policy), 706—709
公开市场操作(Open-market operation), 627, **633**, 766
石油输出国组织[Organization of Petroleum Exporting Countries (OPEC)]
　　石油与经济(oil and economy), 750—752
　　菲利普斯曲线移动(shifts in Phillips curve), 796—798
　　与供给冲击(supply shocks and), 796—798
产量(Output), 762
　　充分就业产量(full-employment), 733
　　自然产量率(natural rate of), **733**
　　潜在产量(potential), 733
　　产量下降引起的失业上升(unemployment rises as output falls), 723—724
外向型政策(Outward-oriented policies), 547

P

巴基斯坦(Pakistan)
　　经济增长(economic growth of), 533
　　GDP和生活质量(GDP and quality of life in), 508
Parker, Jonathan A., 722—723
永久债券(Perpetuity, bonds), 557
个人收入(Personal income), 497
秘鲁,地下经济(Peru, underground economy in), 504—505
爱德蒙·费尔普斯(Phelps, Edmund), 789—796
菲利普斯曲线(Phillips curve), **786**, 786—789
　　总需求和总供给(aggregate demand, aggregate supply and), 787—789
　　金融危机期间(during financial crisis), 804—805
　　长期菲利普斯曲线(long-run), 789—791
　　自然率假说(natural-rate hypothesis), 794—795
　　由来(origins of), 786—787
　　理性预期(rational expectations), 800
　　牺牲率(sacrifice ratio), 799—800
　　菲利普斯曲线的移动(shift in), 789—795, 796—798
　　短期菲利普斯曲线(short run), 793—794
　　与供给冲击(supply shocks and), 796—798
菲利普斯(Phillips, A. W.), 786

物质资本(Physical capital)，**537**
 人均物质资本(per worker)，537—538
波兰，超速通货膨胀(Poland, hyperinflation in)，652
政治性经济周期(Political business cycle)，817
政治不稳定与资本外逃(Political instability, capital flight and)，709—711
政治稳定与经济增长(Political stability, economic growth and)，546—547
人口增长与经济增长(Population growth, economic growth and)，548—552
共同基金中的有价证券组合(Portfolio, in mutual fund)，559
Potts, David，723
现值(Present value)，**578**，578—580
价格(Price)，559。参看"消费物价指数"[See also Consumer price index (CPI)]
 超速通货膨胀期间的价格(during hyperinflations)，652
 国际交易价格(for international transactions)，682—685
 一价定律(law of one)，686
 物价水平(level of)，645
 相对价格(relative)，658—659
物价水平(Price level)，762
 消费(consumption and)，727
 汇率效应(exchange-rate effect)，728—729
 投资(investment and)，727—728
 净出口(net export and)，728—729
物价指数(Price indexers, in field with)，518—519
价格—收益比(Price-earnings ratio)，559
本金(Principal)
 债券本金(of bond)，557
私人储蓄(Private saving)，**563**
生产物价指数(Producer price index)，**517**
生产(Production)
 分解生产链(breaking up chain of)，674—675
 生产要素(factors of)，537
 增长与生产(growth and)，531—532
 iPod 的生产(of iPod)，674—675
 一国内生产，GDP 衡量生产的价值(within country, GDP measures value of)，495
 特定时期内，GDP 衡量生产的价值(within specific interval of time, GDP measures value of)，495
生产函数(Production function)，539
生产率(Productivity)，**537**
 生产率的决定因素(determinants of)，536—540
 健康与营养影响生产率(health and nutrition affect)，544—546
 人均人力资本(human capital per worker)，538
 生产率的重要性(importance of)，536—537
 与生活水平(living standard and)，537
 人均自然资源(natural resources per worker)，538
 人均物质资本(physical capital per worker)，537—538
 生产函数(production function)，539
 技术进步(technological knowledge)，538—539
产权(Property rights)
 与经济增长(economic growth and)，546—547
公共物品(Public goods)，548
公共政策(Public policy)。参看"财政政策"、"货币政策"(See also Fiscal policy; Monetary policy)
 收益递减与追赶效应(diminishing returns and catch-up effect)，541—542
 与经济增长(and economic growth)，540—552
 与教育(education and)，543—544
 自由贸易与公共政策(free trade and)，547—548
 健康与营养(health and nutrition)，544—546
 来自国外的投资(investment from abroad)，542—543
 寻找工作(job search and)，603—604
 人口增长(population growth and)，548—552
 产权与政治稳定(property rights and political stability)，546—547
 研究与开发(research and development)，548
 储蓄与投资(saving and investment)，540—541
公共储蓄(Public saving)，**563**
购买力与通货膨胀(Purchasing power, inflation and)，656—657
购买力平价(Purchasing-power parity)，**685**，685—690
 作为特例(as special case)，700

索引 ➤ 365

基本逻辑(basic logic of), 686
汉堡包标准(hamburger standard), 689—690
含义(implications of), 686—687
局限性(limitations of), 689

Q

质量(Quality)
  质量变动与CPI(change in, and CPI), 519
  效率工资与质量(efficiency wages and), 611
  效率工资理论与工人素质(theory of efficiency wages and worker quality), 611
数量(Quantity)
  准备金数量,美联储影响(of reserves, Fed influence), 633—634
数量方程式(Quantity equation), 650—652, **651**
货币数量论(Quantity theory of money), 644, **647**

R

随机行走(Random walk), **586**
  与指数基金(index funds and), 587—589
理性预期(Rational expectations), **800**, 800—801
罗纳德·里根(Reagan, Ronald), 644, 827
  政府债务(government debt and), 572
真实汇率(Real exchange rate), **684**, 684—685
真实GDP(Real GDP), **501**
  经济波动(economic fluctuations and), 720—726
  自1900年以来美国的真实GDP增长(growth in U.S. since 1900), 744
  名义GDP与真实GDP的数字例子(numerical example of nominal vs.), 500—501
  各国的真实GDP(of various countries), 508
  近代史上的真实GDP(over recent history), 502—503
  与名义GDP(vs. nominal GDP), 499—503
真实利率(Real interest rate), 523—525, **524**, 759
  费雪效应(Fisher effect), 655
  美国经济的真实利率(in U.S. economy), 525
真实变量(Real variables), **649**
衰退(Recession), 572, **719**
  衰退的文化与社会影响(culture and social effect of), 722—723
  支出增加和减税的政策争论(government debate over spending hikes or tax cuts), 814—816
  失业津贴(jobless benefits and), 604—605
  2008—2009年的衰退(of 2008—2009), 745—748
  与真实GDP(real GDP and), 502
  沃尔克的结论(Volcker's decision), 818
冷藏的愤怒:美国黑市上的性、毒品和廉价劳动力(Schlosser)[*Reefer Madness: Sex, Drugs and Cheap Labor in the American Black Market*(Schlosser)], 505
Reilly, David, 805
《1861—1957年英国失业和货币工资变动率之间的关系》(菲利普斯)["Relationship between Unemployment and the Rate of Change of Money Wages in the United Kingdom, 1861—1957"(Phillips)], 786
相对价格(Relative price)
  相对价格变动与资源配置不当(variability and misallocation of resources), 658—659
研究与开发,与经济增长(Research and development, economic growth and), 548
准备金率(Reserve ratio), **628**, 634—635
法定准备金(Reserve requirements), 628, **634**, 634—635
准备金(Reserves), **628**, 633—635
资源(Resources)
  金融资源的流动(flow of financial), 676—677
  自然资源(natural), 537, **538**, 733
  相对价格变动与资源配置不当(relative-price variability and misallocation of), 658—659
留存收益(Retained earnings), 497
工作权利法(Right-to-work laws), 609
风险(Risk)
  风险与收益,二者之间的权衡取舍(and return, trade-off between), 583—584
  企业特有风险(firm-specific risk), **583**
  管理风险(managing), 580—584
  市场风险(market), 583
风险厌恶(Risk aversion), **580**, 580—581
《鲁滨逊漂流记》(笛福)(Robinson Crusoe, Defoe), 536
约翰·D.洛克菲勒(Rockefeller, John D.), 536

Rodriquez, Alex, 513
《货币政策的作用》(弗里德曼)["Role of Monetary Policy, The"(Friedman)], 789
Romero, Christina D., 746
Roosevelt, Franklin D., 747
Ruhm, Christopher J., 723
70规则(Rule of 70), 580
俄罗斯(Russia)
 资本外逃(capital flight), 711
 GDP和生活质量(GDP and quality of life in), 508
 通货膨胀率(inflation rate), 664
Ruth, Babe, 513

S

Sachs, Jeffrey, 550
牺牲率(Sacrifice ratio), 799—800, **800**
保罗·萨缪尔森(Samuelson, Paul), 786—787
托马斯·萨金特(Sargent, Thomas), 800, 801
Sarkozy, Nicolas, 506
沙特阿拉伯(Saudi Arabia), 750—752
储蓄(Saving), 555—556, **562**, 826—829
 与国民收入账户中的投资(and investment in national income accounts), 561—564
 作为可贷资金的供给(as supply of loanable funds), 566—567
 定义的储蓄(defined), 563—564
 与经济增长(economic growth and), 540—541
 通货膨胀增加了储蓄的税收负担(inflation raises tax burden on), 660
 投资,它们与国际流动的关系(investment, their relationship to international flows), 678—679
 国民储蓄(national), **562**, 680—682
 私人储蓄(private), **563**
 公共储蓄(public), **563**
 对鼓励储蓄的修改税法的争论(tax law reform debate to encourage saving), 826—829
储蓄激励(Saving incentive), 566—567
Scheck, Justin, 622
Schlosser, Eric, 505
季度调整(Seasonal adjustment), 496
部门转移(Sectoral shifts), 603
证券化(Securitization), 745

塞内加尔,经济增长率(Senegal, economic growth rate of), 532
服务(Services)
 CPI篮子(CPI basket of), 514—517
 当期生产的服务,GDP包括(currently produced, GDP includes), 495
 无形的服务(intangible), 495
影子经济(Shadow economy), 504—505
Shapiro, Matthew, 747
乔治·萧伯纳(Shaw, George Bernard), 534
皮鞋成本(Shoeleather costs), **657**, 657—658
短期(Short run)
 短期总供给曲线向右下方倾斜(aggregate-supply curve slopes upward in), 734—738
 短期中的反通货膨胀货币政策(disinflationary monetary policy in), 799
 经济波动(economic fluctuations in), 721, 724—726
 利率(interest rates in), 762
 菲利普斯曲线(Phillips curve), 793—794
Siegel, Jeremy, 588—589
新加坡(Singapore)
 经济增长率(economic growth rate of), 532
 追求外向型政策(pursued outward-oriented policies), 547
亚当·斯密(Smith, Adam), 505
社会保障(Social Security)
 社会保障下的收益指数化(indexation of benefits under), 522—523
罗伯特·索洛(Solow, Robert), 786—787
韩国(South Korea)
 热量消耗和人口身高(caloric consumption and height of population), 544
 资本外逃(capital flight), 711
 经济增长率(economic growth rate of), 532
 用于投资的GDP(GDP to investment), 542
 购买力平价(purchasing-power parity), 690
 追求外向型政策(pursued outward-oriented policies), 547
投机泡沫(Speculative bubble), 590
稳定(Stabilization)
 自动稳定器(automatic stabilizers), 777—778
 争论(debate), 812—814

政策观点(policy arguments),773—777
滞胀(Stagflation),**749**,796
标准普尔(Standard & Poor's),826,558—559
统计误差(Statistical discrepancy),496,497
黏性价格理论与总供给曲线(Sticky-price theory, aggregate-supply curve and),737
黏性工资理论与总供给曲线(Sticky-wage theory, aggregate-supply curve and),736—737
Stiglitz,Joseph E.,506—507
股票(Stocks),**557**
 漫画家指导挑选股票(cartoonist's guide to picking),586—587
 企业特有风险的分散(diversification of firm-specific risk),582—583
 有效市场假说(efficient markets hypothesis),585—586
 基本面分析(fundamental analysis),585
 市场非理性(market irrationality),590
 随机行走与指数基金(random walks and index funds),587—589
股票指数(Stock index),558
股票市场(Stock market),557—558
 联邦储备(Federal Reserve and),766—767
价值储藏(Store of value),559,**621**
罢工(Strike),609
结构性失业(Structural unemployment),**602**
 与最低工资法(minimum-wage laws and),606—608
次级贷款者(Subprime borrowers),745
替代(Substitution)
 替代偏向(Substitution bias),517
 替代效应(Substitution effect),829
Summers,Lawrence H.,605
供给与需求(Supply and demand)
 分开供给与需求(disentangling),704
 外汇供给与需求(for foreign-currency exchange),696—701
 可贷资金供给与需求(of loanable funds),696—701
供给冲击(Supply shock),**796**
 20世纪70年代的供给冲击(of the 1970s),798
 与菲利普斯曲线(Phillips curve and),796—798

供给冲击的作用(role of),796—798
瑞典(Sweden)
 购买力平价(purchasing-power parity),690
 地下经济(underground economy in),504—505
瑞士,地下经济(Switzerland, underground economy in),504—505

T

台湾(Taiwan)
 经济增长率(economic growth of),532
 追求外向型政策(pursued outward-oriented policies),547
有形物品,GDP包括(tangible goods, GDP includes),495
关税(Tariffs),706
减税(Tax cuts)
 乔治·W.布什时的减税(under George W. Bush),814—816
 肯尼迪时的减税(under Kennedy),776—777
税收优惠,债券(Tax treatment,Bonds),557
税收(Taxes)
 税收变动(changes in),772—773
 通货膨胀税(inflation tax),652—654
技术知识(Technological knowledge),537,**538**,538—539
 技术知识变动引起的总供给曲线移动(aggregate-supply curve shifts arising from changes in),733—734
技术进步(technological progress)
 促进技术进步的人口增长(population growth promoting of),551—552
债券的期限(Term, bonds),557
泰国(Thailand)
 资本外逃(capital flight),711
 地下经济(underground economy in),504—505
流动性偏好理论(Theory of liquidity preference),**759**,759—761
政策的前后一致性(Time inconsistency of policy),817
货币的时间价值,衡量(Time value of money, measuring),578—580
贸易余额(Trade balance),**672**
贸易赤字(Trade deficit),**673**

衡量一国的收入(measuring a nation's income), 492
美国的贸易赤字(of U.S.), 680—682
贸易政策(Trade policy), **706**, 706—709
　关税(tariff), 706
　进口配额(import quota), 706
贸易盈余(Trade surplus), **672**
权衡取舍(Trade-offs)
　风险与收益之间的权衡取舍(between risk and return), 583—584
转移支付(Transfer payment), 498
交通(Transportation)
　在CPI的一篮子物品中(in basket of goods for CPI), 516
流动，与效率工资(Turnover, efficiency wages and), 611
孪生赤字(Twin deficit), 706

U

地下经济(Underground economy), 504—505
失业(Unemployment), 593—594
　长期失业(chronic joblessness), 601
　周期性失业(cyclical), 594, **597**
　与效率工资(efficiency wages and), 610—613
　摩擦性失业(frictional), **601**
　没有工作的时间(how long without work), 600
　失业的确认(indentifying), 594—602
　激励(incentives and), 604—605
　与寻找工作(job search and), 602—606
　衡量一国的收入(measuring a nation's income), 492
　衡量(measurement of), 594—597
　与最低工资法(minimum-wage laws and), 606—608
　自然失业率(natural rate of), 594, **596**, 790
　长期失业上升(rise of long-term), 601
　随着产量下降失业上升(rises as output falls), 723—724
　通货膨胀与失业的短期权衡取舍(short-run trade-off between inflation and), 785—786
　结构性失业(structural), **602**
　为什么一些人总是失业(Why some people always), 600—602

失业保险(Unemployment insurance), **604**, 604—606
失业率(Unemployment rate), **595**
　衡量指标(measures), 598—599
　自1960年以来的失业率(since 1960), 597
工会(Unions), **608**
　作为卡特尔的一种类型(as type of cartel), 610
　集体谈判(collective bargaining and), 608—610
　工会经济学(economics of), 609
　工会对经济是好还是坏(good or bad for economy), 610
　卡特尔的一种类型(type of cartel), 609
计价单位(Unit of account), **621**
英国(United Kingdom)
　先进经济(advanced economy), 534
　经济增长(economic growth of), 533
　地下经济(underground economy in), 504—505
美国(United States)
　平均收入(average income in), 531
　经济增长(economic growth of), 533
　金融机构(financial institutions in), 556—560
　GDP和生活质量(GDP and quality of life in), 508
　用于投资的GDP(GDP to investment), 542
　政府债务，美国历史(government debt, history of), 570—572
　通货膨胀率(inflation rate), 644
　利率(interest rate in), 525
　货币(money in), 623—624, 625
　自1900年以来的真实GDP增长(real GDP growth since 1990), 744
　贸易赤字(trade deficit), 680—682
　地下经济(underground economy in), 504—505
美国商务部(U.S. Department of Commerce), 499
效用(Utility)
　效用的概念(concept of), 581
　效用函数(function), 581

V

变量(Variables)
　名义变量(nominal), **649**
　真实变量(real), **649**
Varian, Hal R., 674—675

货币流通速度(Velocity of money),**650**,650—652

委内瑞拉(Venezuela)

 通货膨胀率(inflation rate),644

Vissing-Jorgenson,Annette,722—723

保罗·沃尔克(Volcker,Paul A.),798—802,801—802

 决策(decision),818

 反通货膨胀(disinflation),801—802

W

工资—物价螺旋式上升(Wage-price spiral),749

工资(Wages)

 效率(efficiency),**610**,610—613

 一天5美元工资($5-a-day),612—613

 黏性工资理论(sticky-wage theory),736—737

 效率工资理论(theory of efficiency),610—613

瓦格纳法案(Wagner Act),609

财富(Wealth)

 财富任意再分配(arbitrary redistributions of),661—662

 财富效应(effect),727,758

Wessel,David,826—827

女性(Women)

 自1950年以来的女性劳动力参工率(labor force participation rates since 1950),598

 美国经济中的女性劳动力(labor force participation in U.S. economy of),597—598

《欧兹国历险记》(Baum)[*Wonderful Wizard of Oz* (Baum)],662—663

工人(Worker)

 丧失信心的工人(discouraged),**599**

 工人努力程度(effort),612

 工人健康(health),611

 人均人力资本(human capital per),538

 自然资源(natural resources),538

 人均物资资本(physical capital per),537—538

 工人素质(quality),611

 工人流动率(turnover),611

二战与总需求曲线的移动(World War II, shift in aggregate demand),744—745

Z

零底线(Zero bound),822

零通货膨胀(Zero inflation),819—823

利率降至零(Zero lower bound),766

津巴布韦(Zimbabwe)

 超速通货膨胀(hyperinflation in),654

 通货膨胀率(inflation rate),644

 地下经济(underground economy in),504—505

教学支持服务

圣智学习出版集团（Cengage Learning）作为为终身教育提供全方位信息服务的全球知名教育出版集团，为秉承其在全球对教材产品的一贯教学支持服务，将为采用其教材图书的每位老师提供教学辅助资料。任何一位通过Cengage Learning北京代表处注册的老师都可直接下载所有在线提供的、全球最为丰富的教学辅助资料，包括教师用书、PPT、习题库等。

鉴于部分资源仅适用于老师教学使用，烦请索取的老师配合填写如下情况说明表。

教学辅助资料索取证明

兹证明＿＿＿＿大学＿＿＿＿系/院＿＿＿＿学年(学期)开设的＿＿＿名学生 □主修 □选修的＿＿＿＿课程，采用如下教材作为 □主要教材 或 □参考教材：
书名：＿＿＿＿＿＿＿＿＿＿＿＿＿＿＿＿＿＿＿＿＿＿＿＿＿＿＿＿
作者：＿＿＿＿＿＿＿＿＿＿＿＿＿＿＿＿＿ □英文影印版 □中文翻译版
出版社：＿＿＿＿＿＿＿＿＿＿＿＿＿＿＿＿
学生类型：□本科1/2年级 □本科3/4年级 □研究生 □MBA □EMBA □在职培训
任课教师姓名：＿＿＿＿＿＿＿＿＿＿
职称/职务：＿＿＿＿＿＿＿＿＿＿
电话：＿＿＿＿＿＿＿＿＿＿
E-mail：＿＿＿＿＿＿＿＿＿＿
通信地址：＿＿＿＿＿＿＿＿＿＿
邮编：＿＿＿＿＿＿＿＿＿＿
对本教材的建议：＿＿＿＿＿＿＿＿＿＿

系/院主任：＿＿＿＿＿＿（签字）
（系/院办公室章）
＿＿＿年＿＿＿月＿＿＿日

---

*相关教辅资源事宜敬请联络圣智学习出版集团北京代表处。

北京大学出版社
PEKING UNIVERSITY PRESS

经济与管理图书事业部
北京市海淀区成府路205号 100871
联系人：徐冰 张燕
电　话：010-62767312 / 62767348
传　真：010-62556201
电子邮件：em@pup.cn　em_pup@126.com
Q　Q：552063295
新浪微博：@北京大学出版社经管图书
网　址：http://www.pup.cn

Cengage Learning Beijing Office
圣智学习出版集团北京代表处
北京市海淀区科学院南路2号融科资讯中心C座南楼1201室
Tel: (8610) 8286 2095 / 96 / 97　Fax: (8610) 8286 2089
E-mail: asia.infochina@cengage.com
www.cengageasia.com